Le Masque et la Plume

Conception et direction
Laurent Beccaria

Coordination et suivi
Violaine Girard

Révision
Liliane Crapanzano

Création graphique et mise en pages
Pierre Péronnet et Wijntje van Rooijen

Iconographie
Véronique Martingay

Photogravure
Les artisans du Regard

Le Masque et la Plume
se prolonge sur : franceinter.fr
et sur : arenes.fr

Éditions des Arènes
3, rue Rollin 75005 Paris
T 01 42 17 47 80 | F 01 43 31 77 97
arenes@arenes.fr

Jérôme Garcin et Daniel Garcia

Le Masque et la Plume

Avec la collaboration de Lionel Leforestier

LES ARÈNES
ina
france inter

Sommaire

1979 / 2005

L'INSTITUTION

LES MASQUIENS

BIENVENUE AU STUDIO CHARLES TRENET

Jérôme Garcin

Bienvenue au studio Charles Trenet

J'ai une dizaine d'années et ma mère m'offre, pour Noël (est-ce en 1966 ou en 1967 ?), mon premier poste de radio *portatif*. Un Philips gainé de skaï marron chocolat. De grandes ondes sous un bas résille. Je me souviens très bien de son odeur de plastique tiède qui allait longtemps accompagner mes nuits grésillantes. Car je dormais avec ma radio, dont l'aiguille vert phosphorescent brillait dans l'obscurité. C'était un second oreiller, plus dur mais aussi plus prometteur. J'attendais que l'on fût couché autour de moi pour ouvrir cette boîte à musique, à paroles et à rêves qui me donnait l'illusion d'entrer, avant l'heure, dans le monde adulte et d'y avoir déjà ma place.

L'excitation de jouer avec les fréquences fut de courte durée. Très vite, allez savoir pourquoi, je me suis installé sur France Inter. Je m'y sentais bien. Les voix me parlaient et mon paysage s'agrandissait. Mes copains raffolaient d'Europe n° 1. Moi, j'étais Inter comme ma famille était Peugeot, avec une opiniâtre fidélité. Un dimanche soir de la fin des années 1960, que je n'oublierai jamais, je suis tombé sur *Le Masque et la Plume*. Ce fut un choc. Je n'avais pas le sentiment d'écouter une émission – d'ailleurs j'étais trop jeune pour comprendre vraiment de quoi il s'agissait et ce qu'était la fonction d'un critique –, j'avais plutôt l'impression d'assister, en direct, à une étonnante pièce de théâtre.

De ne rien voir ajoutait évidemment à l'inquiétante magie du spectacle que donnaient, sur une scène lointaine et devant un public ardent, une poignée d'acteurs tempétueux. Je fus alors assailli de questions sans réponses. Les intervenants savaient-ils leur texte ou l'improvisaient-ils ? Leurs colères, parfois inquiétantes, étaient-elles feintes ou réelles ? Étaient-ils des complices ou des ennemis ? Quel était le réel enjeu de leurs joutes oratoires où l'injure le disputait au chant d'amour ? Le maître de cérémonie était-il également le metteur en scène ? Et pourquoi les spectateurs riaient-ils de si bon cœur, interpellaient-ils les beaux parleurs avec un tel aplomb, participaient-ils eux-mêmes à ce *happening* festif ? De quelle étrange tribu, à la fois sauvage et ultracivilisée, faisaient-ils donc tous partie ? Pourrais-je, moi aussi, m'inscrire demain dans ce club qui m'évoquait une manière d'aristocratie populaire et où, entre deux tirades dignes de *Cyrano*, un piano romantique ajoutait à la mélancolie du dimanche soir ?

Car il avait suffi de cette découverte pour que j'attrape le virus. Dès lors, je crois bien que je n'ai plus manqué un *Masque et la Plume*. J'ai grandi, je me suis musclé, aguerri avec lui. Je l'ai adoré autant que je l'ai détesté. En raisonnant mes ardeurs, mes soifs d'absolu, il a rompu ma solitude. Il a formé mon esprit critique et même politique (à une époque, il est vrai, où, à la tribune, s'affrontaient la gauche, qui célébrait Brecht avec Gilles Sandier, et la droite, qui louait Anouilh avec Pierre Marcabru). Il m'a très tôt fait comprendre que l'art était un débat permanent ; qu'il allait contre le confort, les conventions, les idées admises ; que l'essence de la bataille d'*Hernani* était de se prolonger de siècle en siècle, d'art en art ; et que, parfois, l'esthétique pouvait rimer avec l'éthique. Dans mon adolescence, je crois bien que je ne suis pas allé au cinéma ou au théâtre sans vouloir sans cesse frotter mes propres goûts à ceux qu'exprimaient, à la nuit tombée, ces avocats lyriques de la défense ou de l'accusation.

Si j'étais insensible au *Masque* littéraire (l'actualité de la librairie m'indifférait totalement, trop occupé que j'étais à dévorer, dans mon coin où il eût été malvenu de me déranger, les œuvres de Stendhal, de Colette, de Nietzsche et de Kierkegaard), j'adorais croiser le fer avec les critiques dramatiques. Après avoir découvert *Ondine*, de Giraudoux, à la Comédie-Française, au printemps de 1974, et être tombé amoureux fou d'Isabelle Adjani, je n'avais guère supporté que Matthieu Galey réduisît l'histoire de la jolie sirène et du chevalier Hans à celle, petite-bourgeoise, d'« un couple pour cartes postales ». En revanche, les critiques de la tribune avaient été, je m'en souviens, mes parfaits interprètes lorsqu'ils avaient chanté les louanges, l'année suivante, de *Partage de Midi*, dans la mise en scène inspirée et dépouillée d'Antoine Vitez. Cette pièce m'avait rendu, pour un temps, très claudélien. Et, tout à mon inconstante jeunesse, j'avais déjà, pour Ludmila Mikaël, pour la haute et brune Ysé, les yeux brillants que je croyais réserver à Isabelle Adjani. Comme Guy Dumur en parlait bien, de Ludmila, ce « chef-d'œuvre de sensualité inquiète », et comme Matthieu, cette fois, avait su trouver les mots justes pour décrire au micro la manière dont elle tirait de « son alto des harmonies aériennes où quelque chose d'une âme se déchire en des dissonances inouïes ». C'était ça, aussi, la révolution dominicale, une manière exacte de mettre des mots sur les choses, de nommer tranquillement l'indicible.

En vérité, je n'attendais pas du *Masque et la Plume* qu'il me prescrivît des pièces ou des auteurs (je passais tout mon temps libre dans les théâtres, de Chaillot à la Cartoucherie, du Français à la gare d'Orsay, de l'Athénée à Hébertot) mais qu'il m'initiât à la philosophie de la mise en scène. Au milieu des années 1970, les versions que donnaient alors, des grands textes, Antoine Vitez, Jean-Louis Barrault, Roger Planchon, Patrice Chéreau, Marcel Maréchal, Claude Régy, André Engel, Giorgio Strehler, Ariane Mnouchkine, Roger Blin, d'autres encore – quelle époque en or – prêtaient en effet à d'interminables et passionnants débats où il était question de fidélité et de trahison, de classicisme et de modernité, de complaisance et d'audace. La tribune du studio 105, ce verger d'Avignon radiophonique, les prolongeait avec éclat.

Le cinéma, c'était encore autre chose. Les ténors du *Masque* ont vraiment ouvert les yeux de l'adolescent que j'étais. Avoir dix-huit ans avec *Parfum de femme* et l'aveugle Vittorio Gassman conduit en plein soleil par le petit enseigne, quelle allégorie ! Je dois beaucoup à Jean-Louis Bory, qui a initié les auditeurs au meilleur du septième art comme, de sa voix haut perchée, il herborisait ses élèves du lycée Henri IV. J'aimais Mankiewicz, Fellini, Antonioni, Buñuel, Kubrick, Visconti, Losey et Truffaut. Mais aurais-je, sans lui et certains de ses acolytes – notamment les quatre Michel (Cournot, Perez, Mardore, Ciment) – découvert Bresson, Wenders, Tanner, Fassbinder, Chahine, Allen, et surtout Philippe Garrel dont *La Cicatrice intérieure* et *L'Enfant secret* furent pour moi des films fondateurs ? J'en doute. Mieux : Bory m'a démontré alors qu'on devait lire l'écran comme la page d'un livre, qu'il ne fallait jamais s'arrêter aux apparences, ni s'enfermer dans des mots-prisons (la passion du cinéma expérimental n'interdisait pas le plaisir du cinoche), qu'on pouvait se passionner à la fois pour *King Kong* et *L'Année dernière à Marienbad*, pour Peckinpah et pour Godard. *Le Masque et la Plume* témoignait, chaque semaine, de cette vertu cardinale : plus vaste est une culture cinématographique, plus grande doit demeurer la faculté d'émerveillement. Cette émission où siégeaient pourtant de forts esprits gardait, jusque dans ses polémiques ardentes, une part d'enfance, et presque un devoir de naïveté qui était l'essence même de son empire et la loi de sa pédagogie. Peut-être lui dois-je d'exercer, depuis trente ans, mon métier de journaliste sans avoir jamais cédé au désabusement et en ayant toujours voulu faire partager, avec ceux que je ne connais pas mais que je considère comme des amis, mes enthousiasmes.

Pour autant, je n'assistais pas aux enregistrements. En moi, l'enfant qui s'endormait avec son poste Philips ne voulait pas vieillir. Et j'étais trop sensible au pouvoir intime des voix pour ne pas craindre d'être déçu en voyant les visages surexposés de mes idoles dominicales. *Le Masque* était radiophonique ou n'était pas.

En 1976 – j'avais vingt ans à peine –, je suis devenu journaliste aux *Nouvelles littéraires* et, au gré de ma vie professionnelle, j'ai commencé à rencontrer par hasard « mes » voix. Je les trouvais finalement assez ressemblantes. Celle, piquante et même urticante, de Matthieu Galey, critique dramatique acéré, portait une fine moustache. Celle, chantante, de Jean-Louis Bory, gloussait sous un gros col roulé et un pif de bande dessinée. Celle, acariâtre, de Jean-Jacques Brochier, sentait le tabac brun et le gibier en sauce. Celle, juvénile et chaloupée, de Bertrand Poirot-Delpech, semblait sans cesse dériver sur la mer, portée par un vent lointain et une chanson viking des Glénans. Celle, tantôt désabusée, tantôt exaspérée, de Michel Polac, enfouissait sous une barbe brouillonne des élans de tendresse réprimée. Celle, impitoyable, de Jean-Didier Wolfromm avait la chair à vif et plein d'écorchures de ronces. Et celle de Georges Charensol, le plus comédien de tous, le plus enfantin aussi, était aiguë, narquoise – c'était une voix de cour de récréation dans une école ardéchoise.

Ah, le cher Georges, mon voisin de colonnes aux *Nouvelles littéraires* qui me tutoyait comme si j'étais son petit-fils ! Il m'avait adopté. Comme j'ai aimé l'écouter parler pendant des heures dans son appartement du quai aux Fleurs, au milieu des tableaux que lui avaient offerts ses amis Vlaminck, Chagall et Rouault. Il était intarissable et je n'étais jamais rassasié. C'est qu'il abolissait le temps. Né en 1899, il avait vu Claude Monet peindre à Giverny et la Goulue danser le french cancan à la foire de Montmartre. Il avait applaudi Sarah Bernhardt dans *Athalie*, suivi les cours de Paul Valéry au Collège de France, interviewé Barrès, Rodin, Méliès, Eisenstein et Man Ray. Il avait le premier découvert Marcel Pagnol, assisté en 1920 à l'incendie du Printemps et joué un rôle de figurant dans *Entr'acte*, de René Clair. Il s'étonnait d'avoir survécu à tous ceux que la gloire avait embaumés et dont il demeurait, là-haut dans sa guérite des bords de Seine, l'humble et ultime témoin.

C'est Georges qui, en 1989, alors que j'allais en devenir l'animateur, me donna, comme un chef étoilé confie une recette bien gardée, le secret du *Masque et la Plume* : « N'oublie jamais, Jérôme, que la radio, c'est du spectacle. S'il n'y a pas de spectacle, la radio devient le pire des assommoirs. Lorsque je suis entré au *Masque*, l'émission était trop solennelle, elle manquait de vie. Avec Jean-Louis Bory, nous avons alors décidé de réveiller le public, de ne pas craindre d'en rajouter et de ne jamais nous prendre au sérieux. Ça a fonctionné au-delà de nos espérances, à tel point que tous les collaborateurs serrés-de-la-fesse ont foutu le camp, jugeant nos engueulades et nos fous rires déplacés. Moi, j'ai passé à cette tribune trente années de plaisir. C'est tout le mal que je te souhaite... »

En évoquant ici les conseils que me prodiguait Georges Charensol, alors âgé de quatre-vingt-dix ans et toujours soucieux de voir se prolonger l'indémodable petit théâtre du *Masque*, je mesure soudain comme le temps s'est vite écoulé. Cela fait un bon quart de siècle, en effet, que j'ai rejoint la famille recomposée du dimanche soir. À la fin des années 1970 (j'avais vingt ans et des poussières), Martine de Rabaudy m'avait téléphoné de la part de François-Régis Bastide. Il souhaitait que j'entre dans l'équipe littéraire du *Masque*. J'avais dit oui. C'est si facile de dire oui au téléphone. Le jour de l'enregistrement, un samedi, je m'étais présenté à la porte de la Maison de la Radio. On m'avait conduit jusqu'à l'immense studio 104, avec ses centaines de places et son bourdonnant brouhaha de salle de concerts. C'était donc ça, l'émission que j'écoutais depuis ma plus tendre enfance, une foule compacte, gourmande de miel et de sang, tournée vers la scène éclairée où se jouait, rythmée alors par les intermèdes du pianiste Christian Ivaldi, une comédie qui pouvait soudain tourner aux jeux du cirque. J'étais tétanisé. J'aurais aimé disparaître sous terre. Mon premier *Masque et la Plume*, au cours duquel j'égrenai quelques bégayants propos, fut un calvaire. Si je continuai néanmoins, ce fut grâce à François-Régis Bastide. Il sut me rassurer et m'aiguillonner à la fois. Il excusait ma jeunesse qui, je crois, lui rappelait un peu la sienne. Il allait être, jusqu'à sa mort en 1996, l'un de mes meilleurs amis.

J'ai toujours soupçonné François Mitterrand d'avoir nommé, en 1981, ce fidèle militant socialiste ambassadeur de France à Copenhague, et puis à Vienne, enfin à l'Unesco, pour la seule et bonne raison que le président admirait la rigueur plénipotentiaire avec laquelle le patron du *Masque*, d'une belle voix de chancelier, arbitrait les débats. Diplomate dans l'âme, doué pour la représentation comme d'autres le sont pour l'introspection, François-Régis excellait à apaiser les querelles qu'il avait finement suscitées, réconciliait d'une main de prélat les partis adverses, et finissait par proclamer, en se mettant lui-même au piano, que Schubert adoucit les mœurs.

Dans ses ambassades comme au studio 104, François-Régis, enfant longiligne et aquilin de la Côte des Basques, ancien de la division Leclerc doué pour la parade, avait vraiment le physique de l'emploi. Le nez était bourbonien et la taille gaullienne ; le profil tenait de Cocteau et la main, de Brendel. Il aimait la compagnie du duc de Saint-Simon et du comte de Gobineau. Il croyait aux signes astrologiques, aux vertus des voitures suédoises et à l'avenir de Michel Rocard. Il avait adoré incarner un ministre de l'Intérieur dans le film de Francis Girod, *La Banquière*. Écrivain frémissant, resté toujours fidèle aux sortilèges giralduciens, lui aussi amoureux transi d'innombrables ondines, l'auteur de *La Fantaisie du voyageur*, salué à ses débuts par François Mauriac, invoquait volontiers ses grands aînés de la littérature diplomatique, Chateaubriand, Stendhal, Claudel, Saint-John Perse, Paul Morand, Albert Cohen, en espérant secrètement qu'il ne déparerait pas, et qu'on ne l'oublierait pas. Moi, je ne l'ai pas oublié.

Lorsque je le rejoignais en Autriche, où il exerçait sa charge avec une fierté amusée, et passais des étés dans sa jolie maison de La Garde-Freinet, où il plantait des agapanthes et écrivit son dernier et merveilleux roman, *L'Homme au désir d'amour lointain*, François-Régis me disait toujours regretter l'époque du *Masque*. Pour celui qui avait aimé séduire avec le verbe, elle avait été sa vie rêvée. D'ailleurs, malgré l'affection qui nous liait et le souhait que je lui exprimais souvent de recueillir son avis sur la façon dont je conduisais l'émission, il préférait ne pas l'écouter. Il en parlait comme d'une femme aimée et trop vite quittée, dont la nouvelle vie ne le regardait plus. Il me priait seulement de bien m'occuper d'elle, de ne point la tromper et surtout de l'empêcher de vieillir. Je m'y efforce toujours, cher François-Régis.

En vérité, ce n'est pas lui mais Pierre Bouteiller qui me l'a confiée, cette émission. Après le départ en fanfare de Bastide pour ses ambassades et leur cortège de voitures officielles, Pierre prit en effet, et pendant sept ans, les rênes du *Masque et la Plume*. Il l'anima avec cet humour, cet esprit de repartie, ce plaisir de briller et ce faux dilettantisme que les auditeurs lui connaissent. C'était moins *Le Masque*, d'ailleurs, que le prolongement hebdomadaire et vespéral de son magazine quotidien, tranche 9 h/10 h. Il recevait les critiques à la tribune (j'étais alors dans l'équipe littéraire) comme ses invités du matin, avec un alliage précieux d'insolence et d'urbanité. Il lui arriva même de consacrer *Le Masque* à la chanson, à la mode, à la télévision, à l'opéra. Il s'attachait plus à orchestrer une conversation éclairée qu'à reproduire les figures imposées de l'institution dont il avait hérité.

Et puis, à l'automne de 1989, Pierre fut nommé directeur des programmes de France Inter. Du jour au lendemain, il lui fallut trouver un successeur. Parce que je dirigeais la rubrique culturelle de *L'Événement du jeudi*, où je suivais l'actualité des livres mais aussi du théâtre et du cinéma, et que j'étais désormais un ancien du *Masque et la Plume*, il me proposa d'en devenir l'animateur et le producteur. J'acceptai sans hésiter. J'avais alors trente-deux ans et le sentiment d'un passage de témoin naturel, d'un adoubement. D'ailleurs, François-Régis Bastide m'appela aussitôt de Vienne pour m'embrasser, Michel Polac me lança un chaleureux « Bienvenue à la maison », Georges Charensol m'envoya une lettre merveilleuse dans laquelle il regrettait de n'être plus un jeune homme pour pouvoir repartir à zéro avec moi, et la délicieuse, rigoureuse, léonine, sororale Martine de Rabaudy, qui avait assisté tous les producteurs successifs, voulut bien rester à mes côtés. L'inoxydable émission ne recommençait donc pas, elle continuait. C'était un long fleuve intranquille. Et moi, j'étais tout excité. Quinze ans plus tard, mon bonheur n'est pas retombé. J'ai l'impression que, plus l'émission vieillit, plus je rajeunis. Je m'y sens chef d'orchestre, de tribu, de timonerie, de gang et parfois même de gare. Producteur-animateur ? Non, Fregoli. Musique !

Dès le moment où j'ai dirigé les débats du *Masque et la Plume*, j'ai voulu retrouver l'esprit collégial et populaire, pugnace et rigolard, qui m'avait tant marqué lorsque je l'écoutais, enfant, sur mon poste Philips. Je voulais réentendre les éclats de voix de cette invisible cérémonie. J'ai demandé aux critiques d'être plus brefs et plus saillants, de ne s'installer ni dans la digression, ni dans le compromis, de s'interrompre davantage et de s'affronter sans ménagements. D'oser la mauvaise foi, toujours préférable à l'hypocrisie. Je me suis exercé d'emblée à ma fonction paradoxale, qui consiste à exciter la tribune afin qu'elle ne ronronne pas et à la calmer lorsqu'elle devient trop agitée. (En somme, je suis un souffleur professionnel de chaud et de froid.) Et puis le public avait un peu délaissé, dans les années 1980, le grand studio Charles Trenet. Je ne cache pas avoir travaillé patiemment à le reconquérir en lui tendant à nouveau le micro pour qu'il s'exprime et réplique aux critiques, en créant pour lui le prix annuel des auditeurs (cela me vaut, à l'approche de Noël, plus de cinq mille cartes et mails) et en ouvrant chaque émission par une sélection soignée des meilleures lettres de la semaine.

Ah, le courrier ! Je n'en extrais qu'une poignée de pépites, mais je ne compte plus les heures que je passe, dans mon bureau, à le lire. Il vient de partout, de tous les coins de la France comme de l'étranger. Il est drôle, savant, méchant, adorable, osé, coruscant, péremptoire, poétique. Par la passion, souvent radicale, qu'il exprime pour les films, les livres, les pièces, et par la ferveur avec laquelle, d'égal à égal, il oppose ses goûts à ceux des critiques, que je n'épargne guère en lisant parfois les phrases assassines qui leur sont destinées, il empêche chaque semaine qu'on cède à la routine ou à la complaisance. Il vigile. (C'est un néologisme qu'utilisait volontiers Barbara, et qui convient très bien, je trouve, aux épistoliers du *Masque*.) Il répète sans cesse que la culture vivante est l'affaire de tous. Il donne surtout le secret de fabrique de l'émission : son principe démocratique, lequel abolit sans démagogie toute forme de hiérarchie. Car il n'y a pas d'un côté les critiques qui posséderaient la science et, de l'autre côté, les auditeurs qui la découvriraient ; il n'y a pas les professeurs d'en haut et les élèves d'en bas. Auditeurs d'Inter (qui enregistrent souvent les émissions, les collectionnent, les échangent), spectateurs du Charles Trenet, chroniqueurs à la tribune, tous donnent leur avis, tous font partie de ce *club* dominical – et combien de fois, à propos du cinéma de Claude Sautet, par exemple, ou des livres de Nicolas Bouvier, il m'est apparu que le public, jamais blasé, était en avance sur « les professionnels de la profession ».

C'est grâce au courrier que j'ai fait la connaissance d'André Degaine. Ce retraité des PTT, qui avait monté une troupe de théâtre dans les locaux de la poste de la rue du Louvre, était l'auteur d'une merveilleuse et monumentale *Histoire du théâtre* dont chaque page, illustrée de dessins, augmentée de vignettes, était rédigée à la main, d'une belle écriture ronde et précise. Il m'avait envoyé l'unique exemplaire de son ouvrage auto-édité. Aussitôt, je m'enthousiasmai au micro pour cette œuvre digne, dans son artisanale conception, du facteur Cheval. Alerté, l'éditeur Nizet se manifesta et le publia en fac-similé. Près de vingt mille auditeurs du *Masque* en firent un singulier best-seller. Miracle du bouche-à-oreille que la radio favorise. Je rencontrai alors André Degaine, pur produit du TNP, « spectateur absolu », aussi doué à l'oral qu'il était convaincant par écrit, et lui proposai de venir distribuer, à chaque *Masque* théâtre, un peu de sa culture encyclopédique. On connaît la suite. Bonheur, impair et passe.

J'ai rêvé, à une époque, de rassembler dans un livre les missives de ces auditeurs de tous âges et de toutes conditions auxquels *Le Masque* donnait de la plume et chez lesquels il réveillait une inspiration qui attendait, pour s'exprimer, le rendez-vous du dimanche soir. Parmi les quelque dix-huit mille lettres reçues en quinze années (à raison d'une centaine par semaine), certaines sont restées gravées dans ma mémoire.

Je pense à cet agriculteur du Ronchois (Seine-Maritime) qui, à l'heure où il les nourrissait dans l'étable, imposait l'écoute de l'émission à ses quarante vaches laitières, baptisées « les Garcinettes » (une photo était jointe à la lettre), et qui me fit part, un jour de mai 1997, de ses surprenantes observations, que je m'empressai de lire à l'antenne : « Figurez-vous que si votre gentille impertinence et vos mots d'esprit laissent de marbre la plus grande majorité de mes ruminants, j'ai constaté, interloqué, que trois vaches, contre tout ordre naturel bien compris, préféraient laisser leur auge pour approcher du transistor dès que le ton velouté de votre organe venait caresser leurs oreilles [...] En revanche, dès que vous donniez la parole à Olivier Schmitt, mes trois vaches cultivées fuyaient dans un vent de panique à l'autre bout du bâtiment avant de revenir à pas comptés, la narine tremblante et l'oreille aux aguets. Je vous serais reconnaissant de bien vouloir demander à M. Schmitt de se mettre en relation le plus rapidement possible avec le centre de biologie moléculaire de l'INRA. » D'autres lettres suivirent, qui firent s'esclaffer les auditeurs.

Je pense aussi au formidable feuilleton policier, intitulé *Le Bal des Masqués*, que m'envoyait chaque semaine un mystérieux auditeur de Hyères, dans le Var. Sur le modèle des *Dix Petits Nègres*, il faisait disparaître l'un après l'autre, au *Château de Garcinmore* où les recevait Sir Jeremy Garcin, tous les critiques littéraires de l'émission et enquêtait pour savoir qui donc avait pu tuer Ralph Sorin dans la bibliothèque, Bernie Rapp dans la cave, Patsy Martin dans sa chambre, qui avait poignardé Ivan Lebrun avec un coupe-papier et noyé Johnny Ézine dans la baignoire, pourquoi Josy Savigneau était morte après

Pages suivantes : le 3 février 1992, Jérôme Garcin rend hommage à Guy Dumur au Théâtre Renaud-Barrault

avoir bu un verre de whisky, et quel était, dans l'affaire, le rôle ambigu de Peter Assouline. Le coupable, finalement dévoilé, était mon fidèle copain Bernard Pivot qui, selon ce correspondant anonyme, aurait « conçu un plan machiavélique pour mettre fin au *Masque* livres dont le succès d'audience lui portait ombrage ».

Je pense encore aux pièges épistolaires que me tendit un correspondant d'Amiens, Guillaume de Fonclare. Il releva un jour une impardonnable faute de français que j'avais commise à l'antenne et m'adressa un long courrier à la fois accablé et très drôle que je pris un soin particulier à déclamer *in extenso*. Flatté de m'entendre battre publiquement ma coulpe et de s'entendre applaudir par les spectateurs, il se prit au jeu et, sous des pseudonymes divers, bombarda *Le Masque et la Plume* de missives apocryphes. Il m'est arrivé de déceler la supercherie, mais plus souvent, je le confesse, j'ai été dupé. C'est que Guillaume de Fonclare excelle dans l'exercice de style. Il a fallu cette émission, qui repose sur les vieilles lois françaises de la rhétorique, pour qu'il se découvre écrivain.

Je pense enfin aux marées postales qui ont envahi ma table après que les critiques ont descendu *Laissez-passer*, de Bertrand Tavernier, ou *Le Seigneur des Anneaux*, de Peter Jackson. D'ailleurs, par un effet quasi biologique, les auditeurs prennent fait et cause pour les films que la tribune a malmenés et attaquent ceux qu'elle a encensés. Ce permanent désaccord, parfois stigmatisé pour le seul plaisir du débat, rythme l'émission et lui assure sa longévité. Si j'évoque ici davantage le cinéma que le théâtre ou la littérature, qui sont pourtant les deux seules rubriques originelles – le *masque* de la commedia dell'arte et la *plume* d'oie des écrivains –, c'est non seulement parce qu'il a attiré vers nous un public de plus en plus jeune mais aussi parce qu'il justifie le succès du rendez-vous dominical de France Inter.

Tous me le disent, me l'écrivent : *Le Masque et la Plume*, c'est le dernier îlot de résistance. À quoi, diable ? À la sponsorisation du septième art, à la vedettisation des vedettes, au journalisme de connivence et à l'abdication de la critique. Contrairement à l'époque où Jean-Louis Bory et Georges Charensol s'écharpaient à propos de *La Grande Bouffe* ou de *Et la tendresse ?... bordel !*, nous vivons en effet un temps où les films bénéficient en amont d'un tel lancement, d'une telle surenchère de superlatifs, d'une telle emphase flagorneuse, que la vraie critique est réduite à une fonction anecdotique, voire superflue. Jamais assez rassasiés d'interviews de metteurs en scène, de chiffres d'entrées, de parts de marché, de portraits d'acteurs et de séquences de tournages, les magazines, les radios, les télévisions (dont la plupart sont, au même titre qu'une marque automobile ou un champagne, des partenaires officiels) assurent ainsi la claironnante promotion des grosses productions et s'interdisent de les juger. Combien, depuis quinze ans, de responsables de chaînes, hertziennes et câblées, ne m'ont pas proposé, avec un enthousiasme excessif, de retransmettre *Le Masque et la Plume* (il suffisait selon eux de placer deux caméras dans le studio pour avoir « un bon spectacle, et pas cher ») avant de se raviser brutalement. Ils réalisaient soudain qu'ils étaient diffuseurs de films sur le petit écran et ne pouvaient donc « s'offrir le luxe » (*sic*) de payer au prix fort la programmation d'une émission fondée sur la liberté de penser et décidément allergique à ces deux virus modernes que sont l'à-plat-ventrisme et l'à-quoi-bonisme. Cette attitude me rappelait la triste époque – au milieu des années 1970 – où le puissant Blic (Bureau de liaison des industries cinématographiques) avait obtenu la censure définitive du *Masque et la Plume*, dans son éphémère version télévisée, sur FR3.

L'indépendance de cette tribune est si forte et son attachement au service public si puissant qu'il n'est pas rare d'entendre les critiques dire pis que pendre de films ou de pièces qui portent le label Inter. Je me souviens de la semaine qu'avait consacrée France Inter au film de Claude Berri dont elle était partenaire, *Lucie Aubrac*. Pas de jour sans une interview à l'antenne du réalisateur et de ses comédiens, sans un éloge appuyé de cette ode cinématographique à la Résistance. Et puis vint le dimanche soir, et ce fut la curée : le film, en effet trop didactique et peu inspiré, de Berri ne trouva grâce aux yeux d'aucun critique. La direction d'Inter aurait pu, le lundi matin, se plaindre de voir que *Le Masque* avait rompu l'accord passé avec le cinéaste-producteur, mais il n'en fut rien. Jamais, en quinze ans, un directeur de la chaîne – et j'en ai connu plusieurs – ne m'a fait de remarques sur les propos tenus dans mon émission, jamais l'incroyable liberté dont je jouis n'a été *empêchée*. C'est cela, précisément, qui attire de plus en plus de jeunes auditeurs : lassés du robinet d'eau tiède des radios périphériques, de la fausse civilité (elle rime parfois avec servilité) qui règne sur les plateaux de télévision, des unes mensongères proposées par les magazines, des liens incestueux qui unissent des journalistes et des producteurs, les cinéphiles – qui ont lu Pierre Bourdieu et aiment Wong Kar-Wai – attendent du *Masque* qu'il demeure farouchement accroché à ses principes d'insoumission. S'il leur arrive d'être énervés par l'émission, jamais ils ne la soupçonnent de collusion, de vénalité ou de complaisance. Cinquante ans après sa création, elle bénéficie d'un taux de confiance inégalé.

C'est d'ailleurs la raison pour laquelle *Le Masque et la Plume*, contre toutes les lois du marché (pas d'affiches sur les murs ni de publicités dans les journaux pour vanter les mérites d'une émission dont l'auditorat est modeste mais militant), a encore un tel pouvoir de prescription. Je ne compte plus, de *Épouses et concubines* au *Cauchemar de Darwin*, les films dont nous nous sommes faits les avocats lyriques, les passeurs obstinés. Car si l'on ne dissuadera personne d'aller voir *Astérix*, *Taxi* ou *Brice de Nice* – des films qui roulent très bien sans nous –, on a en revanche l'incroyable pouvoir d'inciter le public à découvrir au plus vite *Bouge pas, meurs et ressuscite* de Vitali Kanevski, *Les Roseaux sauvages* d'André Téchiné, *Western* de Manuel Poirier, *La Vie rêvée des anges* d'Erick Zonca, *Voyages* d'Emmanuel Finkiel, *Être et avoir* de Nicolas Philibert, *L'Esquive* d'Abedallatif Kechiche ou *Quand la mer monte* de Gilles Porte et Yolande Moreau. Je ne cite pas ces films par hasard, que *Le Masque* a tant aimé faire aimer. Cela vaut également pour le théâtre et pour les livres (un sondage publié en mars 2005 par *Livres Hebdo* désignait *Le Masque* comme l'émission la plus prescriptrice, toutes radios confondues). Lorsque, à l'unisson, quatre critiques, connus pour leur sévérité, adjurent les spectateurs qui leur font face et les auditeurs qui tendent l'oreille de courir voir un film des frères Dardenne, une pièce d'Olivier Cadiot à la Colline, ou de lire *Le Rat et l'Abeille* de Raymond Dumay chez Phébus et *Poussières de la route* de Henri Calet au Dilettante, l'effet est immédiat. *Le Masque*, alors, déplace des foules. Preuve que notre effrayante broyeuse mécanique est aussi, pour qui sait l'écouter, une merveilleuse fabrique d'amour.

Cet argument, je n'en finis pas de l'opposer à ceux, comédiens, écrivains, metteurs en scène, cinéastes, qui me reprochent souvent de diriger, d'une main de fer, un peloton d'exécution. Je comprends très bien la violence qu'expriment, en m'agressant, les « victimes » du *Masque*. Certaines d'entre elles me disent avoir été blessées à vie par des propos acerbes tenus à la tribune et tout ce qui va avec, les rires du public et les applaudissements. On me parle même de chasse à courre et d'« hallalis ». Des actrices m'ont avoué avoir pleuré en écoutant des critiques les condamner sans appel. Des cinéastes m'ont accusé d'avoir « cassé » leur film et jurent ne s'en être jamais remis. Des romanciers remontent jusqu'aux tranchées boueuses de 1914-1918 : « J'ai écouté *Le*

Masque depuis Casablanca, m'écrit Marc Dugain, l'auteur de *La Malédiction d'Edgar*, et à entendre ce que d'autres écrivains ont pris, je me sens comme un survivant de Verdun. » (Ce soir-là, en effet, Jean-Christophe Rufin et Michel Onfray avaient essuyé des tirs nourris.) Des metteurs en scène, qui ont la mémoire courte ou sélective, feignent de regretter le bon temps de Bory et Charensol, dont la fureur verbale était pourtant bien supérieure à celle qui s'exerce aujourd'hui. (Je me souviens, au tout début des années 1980, d'un lâcher d'œufs pourris sur la tribune du *Masque* et le beau costume de Bastide : l'attentat avait été perpétré, en signe de représailles, par un réalisateur malmené et sa bande de copains musclés.)

Que répondre à ces attaques légitimes, sinon que l'émission, enregistrée dans les conditions du direct, c'est-à-dire sans coupes ni montage, n'est jamais à l'abri des crues et des débordements ; que je peine parfois, c'est vrai, à endiguer les flots de colère qu'elle charrie ; mais que sa puissance d'exécration est proportionnelle à sa faculté d'enthousiasme, que « sans la liberté de blâmer, il n'est point d'éloge flatteur », et qu'ils sont très nombreux, les artistes ignorés des grands médias, auxquels l'incorruptible *Masque et la Plume* a donné la place qu'ils méritent, un nouveau public, de la confiance et même de l'espoir.

L'émission doit son succès à sa crédibilité mais aussi à sa scénographie. Dans sa présentation (des centaines de spectateurs assis dans un amphi face à la scène où siègent les critiques) comme dans son immuable déroulé, elle s'apparente – Georges Charensol me l'avait-il assez répété – à une pièce de théâtre dont les répliques sont improvisées mais où les rôles sont établis de manière presque définitive. Inutile de citer des noms, les auditeurs fidèles les connaissent bien : dans chaque émission, qu'elle soit cinématographique, littéraire ou dramatique, il y a invariablement le méchant irascible, le gentil indulgent, le savant pointilleux, le dilettante insoucieux, le mauvais camarade, le toujours courtois, le jamais content, le faux candide et le vrai cérébral. Tous ont en commun d'avoir le trac des comédiens avant le lever du rideau. (L'expérience n'y fait rien : le chevronné Guy Dumur m'avouait autrefois ne pas dormir la veille de l'émission, car il s'exerçait à être brillant, et passer ensuite une seconde nuit blanche, car il regrettait de n'avoir pas su exprimer comme il le souhaitait ce qu'il avait préparé.) Après s'être méchamment affrontés au micro, les critiques entretiennent dans la vie des rapports disons urbains, parfois même fraternels, mais qui n'effacent pas leurs divergences esthétiques. Les temps ont en effet changé.

À l'image de notre société, les conflits du *Masque* ne sont plus guère idéologiques, et *L'Humanité* ne ferraille plus avec *Le Figaro*. Aux esprits militants ont succédé les idiosyncrasies. Un exemple parmi tant d'autres : les critiques appartenant à des organes de gauche sont aujourd'hui les premiers à vitupérer le cinéma social britannique, façon Ken Loach, ou à railler les réalisateurs français encore engagés dans la lutte civique, tels Robert Guédiguian et Bertrand Tavernier. Dans une atmosphère alourdie par la fumée des cigarettes, mes prédécesseurs animaient des débats dignes de la Mutualité en mai 1968 ; je dirige davantage, dans un studio non-fumeurs, les tables rondes électriques de Cerisy-la-Salle où l'on s'entre-déchire pour un subjonctif. Le goût très français qui s'y exprime de la rhétorique suppose, évidemment, un usage soigné de la mauvaise foi et un abus du bon mot pour lequel, selon la formule établie, certains de mes comparses tueraient père et mère.

On me demande souvent comment je prépare et conçois l'émission. C'est très simple. Cela relève plus de l'artisanat que de la production industrielle. En cinquante ans, le travail d'élaboration n'a guère évolué. C'est de la radio à l'ancienne. Seul dans mon atelier, j'imagine un *Masque* idéal. Il doit être à la fois grave et humoristique, émouvant et exaspérant, exigeant et populaire – j'applique volontiers, en effet, les lois vilariennes de « l'élitaire pour tous ». En vertu de quoi j'établis avec tactique la liste des films, des pièces et des livres dont on parlera. Lorsque j'ouvre une émission avec un débat d'actualité sur *Anges et démons* de Dan Brown, c'est pour mieux glisser dans la foulée les magnifiques *Lettres à Madeleine* d'Apollinaire, en sachant pertinemment que les auditeurs attirés et amusés par la polémique sur le best-seller anglo-saxon ne pourront pas manquer de vouloir découvrir la correspondance amoureuse adressée, depuis les tranchées, par le poète d'*Alcools* à une belle inconnue.

Une fois le programme arrêté, je vais voir les films et les pièces, je lis les livres, et je rédige à la main, sur chacun d'entre eux, une fiche. Elle me permet de résumer l'œuvre que je soumettrai au jugement des critiques. C'est un exercice pédagogique dont mes prédécesseurs se passaient, mais auquel je tiens beaucoup : il épargne en effet à l'auditeur, qui ne jouit pas des mêmes privilèges que les critiques citadins, la désagréable impression de se sentir étranger à nos conversations. J'ai horreur des discussions d'initiés.

Et puis, inutile de le cacher, ce petit travail de synthèse, où je glisse avec le plus de discrétion possible mon propre avis, calme mon regret, dont j'ai souffert au début, dont je m'accommode très bien aujourd'hui, de n'être plus un attaquant et d'endosser désormais le costume noir de l'arbitre. Pas facile, en effet, d'être chaque semaine, dans la presse écrite, un journaliste engagé (au *Nouvel Observateur*, dont je dirige les pages culturelles), un critique volontiers soupe au lait, et de devenir, au micro, un modérateur, parfois même affublé d'un casque bleu. Combien de fois ai-je été tenté de sortir de mon *emploi*, d'intervenir dans le débat, d'infirmer des jugements que je trouvais trop aimables sur un film que j'avais détesté ou au contraire d'opposer, à l'éreintement d'une pièce, l'émotion que les comédiens m'avaient procurée ! Et pourtant, je tiens bon. Je persiste en effet à penser que l'animateur du *Masque et la Plume* n'est pas seulement celui qui distribue équitablement la parole aux critiques, c'est aussi celui qui représente tous les auditeurs, qui est leur porte-voix – leur ambassadeur, eût dit François-Régis Bastide, qui excellait dans le devoir de réserve. S'improviser cinquième critique de la tribune serait rompre aussitôt notre pacte de stabilité et le fragile équilibre sur quoi repose l'entente tacite entre le public silencieux et les Savonarole lyriques. Voici pourquoi, madame, certains de mes silences sont si éloquents.

Il ne me reste plus qu'à désigner les quatre participants à l'émission – ils sont une dizaine pour le cinéma, une demi-douzaine pour la littérature et autant pour le théâtre. Inutile de le cacher : j'aime jouer sur les oppositions historiques (*Positif* contre *Les Cahiers du cinéma*), générationnelles (*Les Inrockuptibles* contre *La Revue des deux mondes*) ou caractérielles (Jacques Nerson contre Gilles Costaz, Alain Riou contre Serge Kaganski). À l'exception de Michel Ciment, doyen érudit qui est entré au *Masque* à l'époque de François-Régis Bastide, j'ai remercié quelques vétérans (ils m'en veulent encore) et choisi la plupart des critiques qui siègent aujourd'hui à la tribune. Rappelons ici cette évidence qu'on peut briller par écrit et être terne au micro. Et inversement. Mon choix s'est donc porté sur des chroniqueurs qui ajoutent aux qualités dont ils font preuve dans leurs journaux respectifs des talents oratoires et même quelques propensions au cabotinage.

J'éprouve pour eux tous, qu'ils soient plus jeunes ou plus vieux que moi, une tendresse tantôt paternelle, tantôt fraternelle. Ainsi, je ne compte plus, depuis *Les Nouvelles littéraires* et nos promenades augeronnes, lui à vélo, moi à cheval, nous deux en selle, mes années de complicité affectueuse et drôle avec Jean-Louis Ézine. Et la place me manquerait ici pour vanter les qualités professionnelles mais aussi humaines de chacun d'entre eux, dont je connais à la fois la voix de comédie et, plus secrète, la voix intérieure. Ici, le passé est toujours présent. J'ai pleuré la mort de Guy Dumur et de Jean-Didier Wolfromm. J'ai regretté le départ du cher Jacques Siclier, fatigué qu'il était de voir de nouveaux films, préférant désormais la compagnie en noir et blanc de ses vieux chefs-d'œuvre aux voix fantomatiques. J'ai été partagé entre joie et tristesse lorsque Philippe Collin et Thierry Jousse m'ont annoncé qu'ils abandonnaient l'émission pour réaliser leurs propres films – ils avaient raison ! J'en veux encore au brillant et pugilistique Frédéric Bonnaud de m'avoir sacrifié pour son excellent magazine quotidien sur France Inter, *Charivari*. Et les exemples sont pléthore de ces histoires de radio, de cette histoire d'une famille. Non sans mal, j'ai tenté aussi de féminiser un *Masque et la Plume* où, par une singulière tradition, les hommes avaient le beau rôle. (Il faudra un jour qu'on m'explique pourquoi, par exemple, la critique de cinéma est par essence machiste. Est-ce l'héritage musclé de la Nouvelle Vague ?) Désormais, Danièle Heymann, Élisabeth Quin, Sophie Avon, Armelle Héliot, Olivia de Lamberterie, Patricia Martin et Marie-Aude Roux donnent au *Masque* un son nouveau et forment, selon moi, un étincelant contre-pouvoir.

Une fois les fiches rédigées et les critiques convoqués, il ne me reste plus qu'à me rendre à la Maison de Radio France. L'enregistrement a lieu le jeudi soir. Deux heures avant, avec un stoïcisme qui fait toujours mon admiration, les spectateurs, certains venus même de province, font la queue, debout dans le grand hall. À 20 heures, ils pénètrent dans le studio Charles Trenet, qu'ils remplissent à ras bord. Ils sont de toutes les générations, de tous les milieux sociaux. Il y a les fidèles du premier rang, c'est comme une famille recomposée, ou une bande de copains qu'on dirait sortie d'un film choral. Il y a les néophytes, qui veulent mettre des visages sur les voix qui leur sont chères. Il y a ceux qui oseront prendre le micro que leur tendra une hôtesse, se lever et interpeller les critiques. Il y a les timides qui rongeront leur frein pendant l'émission et préféreront m'envoyer une lettre dont je lirai, la semaine suivante, un court extrait. Il y en a qui prennent des notes, comme à la fac. Il y en a qui voient les films avant qu'on en parle et ceux qui attendent qu'on en parle pour aller les voir.

Et il y a, parmi les permanents, un jeune homme qui s'appelle Ali Rébeihi. Un soir, après un enregistrement, il m'a raconté ce qu'il devait au *Masque*. Orphelin de père, il a grandi dans une cité de Toulouse. Il a découvert l'émission par hasard, au début des années quatre-vingt-dix. Il l'a aimée. Elle lui a fait découvrir un monde qu'il ignorait. Il est allé ensuite en bibliothèque pour lire, dans les magazines et les revues, les chroniques de celles et ceux qu'il écoutait le dimanche, sur France Inter. C'est à ce moment-là qu'est né son désir fou de devenir journaliste. Il s'est inscrit dans une école parisienne qui forme aux métiers de la presse. Il travaille aujourd'hui à la radio et à la télévision. « Le Masque *a forgé mon destin* », m'a-t-il avoué. Cela seul, pour moi, suffit à illustrer l'idée que je me fais de mon travail, et de cette émission.

À tous les pessimistes congénitaux qui invoquent la défaite de la pensée, proclament la mort des arts, stigmatisent le mauvais goût de l'époque, désespèrent de la curiosité de leurs contemporains, font croire qu'il y aurait une France culturelle d'en haut et une autre d'en bas, je ne saurais trop conseiller de venir passer une soirée au Charles Trenet :

ils trouveront, dans ce public fervent et multiple, amoureux du beau et indifférent aux modes, de bonnes raisons de croire à une certaine idée de la culture.

Il faut le voir, ce public, lorsque, une fois l'an, je reçois à la tribune « leur » lauréat du prix des auditeurs : il se passe alors quelque chose de magnifique, qui est de l'ordre de la gratitude. Nos spectateurs, pour qui le cinéma n'est pas un divertissement mais une *urgence*, n'applaudissent pas, par simple convention, le réalisateur qu'ils ont élu, ils le remercient de leur avoir offert de mieux vivre, de vivre plus loin, plus haut. De Claude Sautet à Manuel Poirier, d'Yves Robert à Nicolas Philibert, tous les visiteurs du 105 m'ont dit leur émotion d'être soudain assis devant un cœur collectif qui palpite. Et je n'oublie pas Maurice Pialat, prix des auditeurs 1991 pour son *Van Gogh*, venu l'année suivante recevoir celui que les auditeurs du *Masque* avaient décerné, pour *Les Nuits fauves*, à Cyril Collard, lequel agonisait, à trente-cinq ans, sur son lit d'hôpital. Pialat m'avait prié de prendre la place, pour le saluer, de son ancien assistant. Il avait fait mieux, ce soir-là, en avouant, la gorge serrée : « La scène du commissariat, dans *Police*, c'est Cyril qui l'a faite entièrement. Et sur *À nos amours*, je ne compte plus les plans qu'il a tout seul réalisés. À cette époque, lorsqu'il m'arrivait de quitter soudainement le plateau, il continuait de tourner à ma place. Si j'étais parti définitivement, c'est Cyril, je le sais, qui aurait terminé mon film à ma place. » Cette confession vibrante en guise d'ultime hommage, le jeune cinéaste des *Nuits fauves* a pu l'entendre à la radio, avant de disparaître. C'est ça, aussi, *Le Masque*, comment dire ? un moment public d'intimité.

D'ailleurs, cela fait quinze ans que, refusant avec le sourire les propositions qu'on m'a souvent faites de produire d'autres émissions sur des radios concurrentes ou à la télévision, j'anime *Le Masque et la Plume* avec le même plaisir, la même excitation à la fois physique et intellectuelle, le même petit frémissement en écoutant partir et descendre en cascade, depuis la régie, le générique enjoué, *Romance sans parole*, de Mendelssohn, joué par Daniel Barenboïm. Avec, surtout, la certitude d'avoir hérité chaque semaine d'une formidable ambition : celle de dénoncer les impostures, de résister à la marchandisation et de faire aimer au plus grand nombre les belles œuvres que le temps n'atteint pas et que, depuis un demi-siècle, *Le Masque*, ce compagnon de route radiophonique, accompagne obstinément ■

1955
1960

LES FONDATIONS

UN DIMANCHE À LA MAISON

DIMANCHE 13 NOVEMBRE 1955. Barbara, qui a enregistré quelques semaines plus tôt son premier disque deux titres, ne chante pas encore « *les arbres nus de novembre* », mais l'automne est quand même là. Et les occasions de se réjouir ne sont pas nombreuses, en cette fin d'année 1955. À l'intérieur, la IVe République patine comme jamais : Edgar Faure, qui a chassé Mendès France du pouvoir en février, se retrouve à son tour en mauvaise posture. Tentant le tout pour le tout, il décide de dissoudre l'Assemblée nationale. Mauvaise pioche : le verdict des urnes le renverra à ses foyers en janvier 1956. À l'international, la guerre froide devient glaciale : les pays du bloc de l'Est ont formé, au printemps, le pacte de Varsovie, pour riposter à la création de l'OTAN. Et si la guerre d'Indochine est « officiellement » terminée, celle du Vietnam s'amorce déjà.

Que faire, alors, pour tenter d'égayer un morose dimanche d'automne ? S'enfermer devant la télé ? Ce privilège – car c'en est un, à l'époque – n'est pas donné à tout le monde : l'année précédente, en 1954, seulement 1 % des ménages possédaient un poste de télévision. Pourtant, tous les foyers, ou presque, s'acquittent déjà de la redevance ! Celle-ci, en effet, a été instituée dès 1933[1] pour les détenteurs d'un poste récepteur de radiodiffusion. En 1955, la redevance radio vaut un peu plus de 1000 anciens francs, soit environ 25 de nos

1 Loi du 30 mai 1933. La redevance est étendue aux téléviseurs par la loi du 30 juillet 1949. Elle est supprimée pour la radio en 1978.

Barbara devant l'Écluse.

euros d'aujourd'hui[2]. Une somme modique, en rapport avec les revenus des Français de l'époque : les Trente Glorieuses n'en sont qu'à leur premier tiers... La radio est le grand loisir populaire du moment. Avec le cinéma. D'ailleurs, en 1955, l'ancêtre de *Télérama* s'appelle encore *Radio-Cinéma* (en grandes capitales) -*Télévision* (en tout petit). Dans le camp des radios privées, Radio Luxembourg occupe le haut du pavé, avec des émissions comme le *Crochet* ou l'inépuisable *Famille Duraton* lancées avant guerre et qui poursuivront leur carrière jusqu'au milieu des années 1960.

Un petit nouveau avec de grandes ambitions est apparu au début de l'année (très précisément le 1er janvier 1955) : Europe n° 1. La station séduit les

2 À la même époque, les possesseurs d'un poste télé doivent s'acquitter du triple.

Présentation de la DS 19 au Salon de l'automobile, en octobre 1955.

jeunes, avec son programme musical « branché », mais fait aussi preuve d'inventivité tous azimuts. L'émission *100 000 Français ont toujours raison*, par exemple : imaginée par Jacques Antoine et présentée par André Gillois, elle fait figure de précurseur hexagonal dans le domaine des sondages d'opinion. Comme le téléphone est encore peu répandu chez les particuliers, les promoteurs de l'émission ont eu l'idée de glaner leur panel dans les salles de cinéma. Chaque jeudi soir (à 20 h 50), les ouvreuses de 225 salles obscures réparties sur tout le territoire exposent au public la question du jour, décomptent les voix pour ou contre et s'empressent, sitôt le film commencé, de transmettre les résultats au studio parisien ! La première a lieu début octobre, à la veille de l'inauguration du 42e salon de l'auto (qui verra le triomphe de la DS 19). On apprend, ce soir-là, que 73 % des sondés sont contre les limitations de vitesse sur route. Au fil des jeudis, on saura aussi que 63 % approuvent la peine de mort ou 73 % sont favorables aux guérisseurs. Mais le jour où André Gillois prévoit d'interroger le panel sur la situation en Indochine, les autorités font comprendre qu' *«elles ne souhaitent pas connaître, et encore moins faire connaître, l'opinion de 100 000 Français sur ce sujet brûlant*[3] ». L'émission s'arrête là, deux mois seulement après son démarrage. Elle avait vingt ans d'avance.

Côté radio d'État, la bonne vieille Radio-diffusion française (RDF), devenue en 1951 la RTF (avec un T pour télévision), offre à cette époque trois programmes : le Poste national, sérieux et prestigieux ; le Poste parisien, plus populaire et Paris Inter, station d'orientation culturelle, avec une nette prédominance musicale.

Cet après-midi du dimanche 13 novembre 1955, les auditeurs ont ainsi le choix entre *Du sport et des chansons* sur RTL ; *Sports* sur Europe n° 1 ; *Reportages sportifs* sur Monte-Carlo ; *Procès de famille*, une pièce de Diego Fabbri enregistrée au Théâtre de l'Œuvre pour le Programme national ; *Sport et musique* sur le Poste parisien et enfin un concert de musique de chambre à Paris Inter.

Mais il existe aussi, sous l'autorité de l'État, une flopée de postes locaux, à petits moyens, qui ne tiennent l'antenne qu'une partie de la journée et que *Radio-Cinéma-Télévision* range sous l'appellation de « régionaux français » : Bordeaux, Lille, Limoges, Montpellier… ou Alger ! Dans la capitale, le régional de l'étape s'appelle Paris IV et n'émet guère au-delà de ce qui n'est pas encore le périphérique. Quelques heures par semaine et le dimanche après-midi, Paris IV héberge le programme du Club d'Essai, le « laboratoire » de la RTF. Or, ce dimanche 13 novembre, le Club d'Essai a justement un nouveau-né à dévoiler : *Le Masque et la Plume*, « magazine public des lettres et du théâtre » produit et animé par Michel Polac et François-Régis Bastide. L'émission se propose, pendant près de deux heures (la diffusion dure de 14 h 30 à 16 h 15), de parler de l'actualité littéraire et théâtrale. Une brochette de critiques, face au public, distribuera bons et mauvais points, ponctués d'improvisations musicales confiées au pianiste Jean Wiener.

Combien seront-ils à avoir écouté *Le Masque*, ce jour-là ? Mystère. Du reste, aucune trace sonore n'a été conservée de cette première émission – les archives du *Masque* répertoriées à l'INA ne débutent qu'au 22 janvier 1956.

Pourtant, ce 13 novembre 1955, *Le Masque* a déjà une histoire derrière lui ▪

3 Cité par Jean-François Remonté in *Les Années radio, 1949-1989*, L'Arpenteur, 1989, p. 15.

LE CLUB DU POÈTE

LE « JARDIN EXTRAORDINAIRE » de Charles Trenet a existé. Et c'est là qu'est né *Le Masque*. En plein cœur de Paris, au 37, de la rue de l'Université.

Petit retour en arrière : en 1942, aux années les plus noires de l'Occupation, la RDF est tout entière vouée à la propagande vichyssoise. Pierre Schaeffer, un ingénieur des PTT, musicien et compositeur à ses heures perdues – il aura bientôt la « révélation » de la musique concrète –, est chargé du perfectionnement du personnel de la RDF. Dans le cadre de cette mission il fonde en janvier 1943, selon ses propres termes, un *« laboratoire de l'art radiophonique »*. Le Studio d'Essai est né. Installé au 37, rue de l'Université, dans un hôtel particulier avec jardin, l'équipe du Studio d'Essai invente de nouveaux styles de radio, comme celui de l'entretien littéraire avec la série « Paul Claudel parle » (lire page 50).

Résistant clandestin, Pierre Schaeffer enregistre sous le manteau des œuvres d'écrivains et de poètes résistants : Paul Eluard, Jean Lescure ou Jean Tardieu. Gaulliste convaincu, il va faire du Studio d'Essai le fer de lance de la reconquête des ondes parisiennes. Le 19 août, il est chargé de *« prendre possession des locaux, du personnel et des moyens de l'ex-Radio-diffusion nationale »*. Grâce à un émetteur pirate, l'équipe du Studio d'Essai parasite immédiatement l'antenne de la très collaboratrice Radio Paris avec un programme musical. Le 22 août, elle lance l'appel à l'insurrection.

Jean Tardieu, le poète de la radio, en 1954.

Le club du poète

En 1945, Pierre Schaeffer est envoyé en mission aux États-Unis et au Canada. Le Studio d'Essai, privé de son mentor, est à deux doigts de mettre la clé sous la porte quand, en mars 1946, le nouveau patron de la RDF, Wladimir Porché, propose à Jean Tardieu de reprendre le flambeau. Le 7 avril, Tardieu s'installe aux commandes de ce qui devient le Club d'Essai. Les locaux sont les mêmes : en attendant la construction d'une Maison de la Radio, dont on parlait déjà avant guerre mais qui ne verra le jour qu'en 1963, la RDF continue d'être dispersée dans plusieurs hôtels particuliers à travers Paris. Au 37, rue de l'Université, sous l'impulsion de Jean Tardieu, commence alors l'une des plus belles aventures de la radio française.

Déjà, avec Pierre Schaeffer, et malgré les pesanteurs de l'Occupation, l'imagination avait régné dans les lieux. « *Schaeffer avait l'art de mélanger des gens atypiques et ingérables* », se souvient Janine Marc-Pezet. Aujourd'hui à l'Atelier Mémoire de Radio France, elle a commencé sa carrière avec Pierre Schaeffer quand celui-ci dirigeait le Groupe de Recherche de l'ORTF (version télévisuelle du Studio d'Essai, que Schaeffer anima de 1960 à 1975 et dont devaient – notamment – sortir les Shadoks[1]). Et Janine Marc-Pezet d'expliquer : « *Il aimait casser les choses établies pour voir ce qui allait en sortir. Quand j'ai commencé, j'étais hallucinée d'entendre parler "anthropomorphisme", "sémiologie", "sémantique" au petit déjeuner. En même temps, Schaeffer était capable d'envoyer quelqu'un de surdiplômé passer un mois au secrétariat. C'était l'art du contre-emploi, et la révolution culturelle permanente...* »

Tardieu va suivre l'exemple. Avec un peu moins de sémiologie, mais un peu plus de poésie. « *Pendant les années où vécut le Club d'Essai[2], je me suis cru à la fois parti à la conquête de l'empyrée et chargé de "gouverner" une petite île fictive, une île enchantée où affluaient tous les sons, toutes les paroles de la vie et de l'imaginaire* », écrira-t-il dans ses Mémoires[3].

Né en 1903, d'un père peintre et d'une mère professeur de harpe, Jean Tardieu est marqué, très jeune, par le mariage de la littérature – la plume – et du théâtre – le masque. Dans ses Mémoires, toujours, il raconte comment, alors qu'il n'avait que huit ou neuf ans, il fut subjugué par une représentation du *Malade imaginaire* à la Comédie-Française : « *Là, se rencontraient, par un feu qui n'est pas encore refroidi, les métaux opposés du langage français, les raffinements d'une culture littéraire déjà presque parvenue à son apogée et, avec l'accent faubourien de Paris, l'inépuisable et inventive cocasserie du parler populaire.* [...] *Les comédiens ne rataient pas leur but. La jonglerie des voix et des gestes, dits "de composition", volait dans le même sens que la jonglerie du texte.* » Et d'ajouter : « *L'expérience devait laisser dans ma mémoire une trace ineffaçable et qui, en un sens, allait marquer profondément mes goûts et mon esprit.* »

1 Pour recruter son équipe, Pierre Schaeffer avait fait passer dans la presse une petite annonce, ainsi libellée : « *Cherchons chercheurs sachant chercher* »... **2** Le Club d'Essai cessera ses activités en 1960, à la création du Service de la Recherche qui deviendra, en 1964, Groupe de Recherche de l'ORTF. **3** Jean Tardieu, *On vient chercher Monsieur Jean*, Gallimard, 1990.

Un technicien de la RDF montre à un élève la manipulation d'un graveur de disque sous le contrôle de Pierre Schaeffer.

Francis Ponge au Club d'Essai en février 1954.

Après des études de lettres, il entre comme rédacteur dans une entreprise de presse où il se lie d'amitié avec un collègue de bureau : Francis Ponge. Lui-même taquine la muse : ses premiers poèmes, préludes à une œuvre importante, paraissent dès 1927, dans la NRF.

À la Libération, Jean Tardieu retrouve Francis Ponge : nommé directeur des pages littéraires de l'hebdomadaire *Action*, ce dernier confie à Tardieu la rubrique dramatique, qu'il partagera avec un jeune passionné de théâtre, né en 1920, Paul-Louis Mignon. Les deux critiques sympathisent. La même année, Tardieu est appelé à la RDF, pour y devenir « chef du service des émissions dramatiques ». Paul-Louis Mignon le suit : « *Jean Tardieu était un homme tellement charmant...* se souvient-il. *Toujours à l'écoute, toujours accueillant. C'était aussi quelqu'un qui savait vous donner sa chance, et qui avait un don pour diriger les destins.* » Ensemble, ils inventent une nouvelle émission, *Six critiques en quête d'auteur* : comme, plus tard, au *Masque*, l'idée est déjà là de mettre en scène une tribune de critiques. Mais l'émission est enregistrée en studio, et les interventions des critiques sont tapées à la machine, puis... lues par des comédiens. « *Le résultat était assez exécrable, les acteurs déclamaient nos textes* », se souvient Paul-Louis Mignon. L'émission tourne court. Mais quand Tardieu part diriger le Club d'Essai, Paul-Louis Mignon le suit encore.

Au 37, rue de l'Université, Tardieu occupe au premier étage un bureau qui donne sur le jardin : « *Entre le rêve et le réel.* » Le réel, ici, a des airs de joyeux foutoir. « *C'était un endroit où on arrivait par hasard et où on était tout heureux de s'accrocher* », raconte Pierre Tchernia, qui y séjourna en 1948 et 1949 : « *Je cherchais du travail. J'ai débarqué je ne sais plus trop comment dans cet hôtel particulier avec son charmant petit jardin. Il y avait un grand studio, très bien équipé, dont l'ambiance tenait souvent du hall de gare. Lorsque je suis arrivé, la première fois, une quinzaine de garçons et de filles, accroupis par terre, parlaient de tout et de rien dans un désordre chaleureux, sous le regard de deux messieurs plus âgés – c'est-à-dire qu'ils devaient avoir dans les trente ans ! – assis sur des chaises. Les idées naissaient comme ça, dans une totale liberté de création et de ton. Et cet endroit était dirigé par un poète ! Tardieu couvait tout son petit monde de son œil bienveillant. Quelle époque extraordinaire, quand on y repense !* »

Pierre Tchernia, Pierre Dumayet, François Billetdoux, toute une génération de futurs piliers de la radio et de la télévision va émerger du Club d'Essai. Pendant que les techniciens y inventent la radio de demain (la première émission en modulation de fréquence est diffusée du Club d'Essai le 28 mars 1954), le charisme de Jean Tardieu en a fait un foyer de création et de rencontres artistiques. La musique y occupe une place importante, avec Maurice Jarre, Marius Constant, Pierre Henry, Georges Delerue ou Edgar Varèse, qui hantent régulièrement les couloirs de la maison... Ce qui donnera à Jean Tardieu l'idée de lancer une chaîne exclusivement musicale : la future France Musiques, qui démarre dans les locaux du Club d'Essai au printemps 1954. Côté littérature, Francis Ponge, l'ami de toujours, est un fidèle du micro. Mais le 37, rue de l'Université verra aussi défiler Jean Cocteau, Philippe Soupault, André Gide, Boris Vian, Roland Dubillard...

Et des comédiens débutants : Michel Bouquet, Micheline Dax, Jeanne Moreau, Jean Topart...

Le plus jeune de la bande n'avait que dix-sept ans lorsqu'il a poussé, la première fois, la porte du Club d'Essai. C'était en 1947 : « *J'étais encore lycéen à Janson de Sailly*, raconte Michel Polac, car c'est de lui qu'il s'agit. *J'animais, avec des camarades, un journal lycéen fait de bric et de broc*, Entre nous, *que nous diffusions dans tous les lycées de Paris.* » Pour le coup, il est trop modeste, Polac : son journal « *fait de bric et de broc* » a quand même publié des lettres de Jean Paulhan, ou un article de Jean-Louis Bory, ce jeune professeur qui a reçu, en 1945, le prix Goncourt pour son premier roman, *Mon village à l'heure allemande*. Le Club d'Essai, à ce moment-là, s'intéresse au phénomène naissant des radio-clubs, ces associations de passionnés, qui montent leur radio dans leur coin avec un mélange de spontanéité et de naïveté rafraîchissant. Jean Tardieu a chargé l'un de ses collaborateurs, Bernard Blin, de suivre le dossier. Est-ce lui, ou Jean-Marie Oberlin, autre proche collaborateur de Tardieu et futur premier patron de France Musiques, qui a l'idée de contacter Michel Polac ? Toujours est-il que celui-ci se retrouve invité au 37, rue de l'Université et se voit proposer de participer à une expérience de radio-club des lycées. « *Tardieu aimait raconter que j'étais arrivé au Club d'Essai en culottes courtes. La vérité, c'est qu'ils m'avaient adopté.* »

La vérité, c'est que lui-même va se prendre au jeu. « *Je voulais être écrivain, je faisais un peu de peinture, c'était mon côté touche-à-tout de m'intéresser à la radio.* » L'année suivante, alors qu'il rêve de partir pour Tahiti, Polac rend visite à T'Sterstevens, qui vient de publier le récit de son voyage en Océanie. Le portrait que l'écrivain lui brosse des mers du Sud – moustiques, lèpre et autres joyeusetés – le dégoûte du rêve polynésien, mais lui donne une idée d'émission : *Conseils à un jeune Français pour...* La même année, il organise un hommage à Antonin Artaud, après sa mort. C'est ainsi que, petit à petit, Polac fait son trou à la radio.

Également passionné de théâtre, en 1951 il propose à Tardieu *Entrée des auteurs*, une émission chargée de repérer les nouveaux talents de la scène : « *J'avais demandé à Jeanne Laurent de m'ouvrir ses archives* », résume Polac. Jeanne Laurent, disparue en 1989, avait été nommée à la Libération « sous-directeur des Spectacles et de la Musique à la direction générale des Arts et des Lettres au ministère de l'Éducation nationale ». Pfft ! Un titre impossible, pour une fonction que cette Bretonne opiniâtre va porter à son apogée. Elle sera une sorte de ministre de la Culture de l'époque, adulée par les milieux artistiques. Avant d'être limogée, en 1952, parce que trop dérangeante, elle aura eu le temps d'imposer quelques grands chantiers : la décentralisation théâtrale, notamment. C'est elle, aussi, qui donnera Chaillot à Vilar. Jeanne Laurent avait, par ailleurs, créé une commission d'aide à la première pièce : « *C'était le meilleur endroit pour repérer des textes intéressants avant qu'ils ne soient montés* », raconte Polac. Il débusque ainsi la pièce d'un certain Samuel Beckett, *En attendant Godot* : « *J'ai tout de suite compris l'importance du texte. Deux ans avant qu'elle ne soit montée sur scène par Roger Blin, j'ai organisé dans*

La Cantatrice Chauve d'Eugène Ionesco mise en scène au théâtre des Noctambules, à Paris en mai 1950.

le grand studio du Club d'Essai sa lecture publique par des comédiens devant une cinquantaine de spectateurs. »

Mais le Club d'Essai ne suffit pas à nourrir son homme. Pendant que continue l'aventure d'« Entrée des auteurs », Michel Polac se trouve un job : « *Jacques Peuchmaurd, un collègue du Club d'Essai*[4]*, avait un ami qui venait de racheter les Noctambules. Celui-ci me proposa d'en être le secrétaire général.* » Ancien théâtre de chansonniers devenu, en juillet 1939, théâtre de comédie, les Noctambules, au 7 de la rue Champollion[5], se sont illustré le 16 mai 1950 en donnant la première représentation d'une pièce appelée à une très longue carrière : *La Cantatrice chauve*, d'Eugène Ionesco, mise en scène par Nicolas Bataille. Comme la Huchette, créée en 1948, les Noctambules appartiennent à ce réseau, alors très vivace rive gauche, de théâtres minuscules (86 places seulement, à la Huchette), qu'Albert Camus sur-

4 Jacques Peuchmaurd deviendra par la suite le directeur littéraire de Robert Laffont. **5** C'est aujourd'hui un cinéma.

nommait « *les pissotières du Quartier latin*[6] », où va pourtant émerger le théâtre de l'après-guerre. « *Mon rôle y était un peu flou*, se souvient Michel Polac. *Je lisais des manuscrits. Je collaborais au choix des pièces...* » Mais c'est son expérience des Noctambules qui lui donne l'idée de faire évoluer son émission : « *J'avais le sentiment qu'il fallait sortir du studio, faire une vraie émission culturelle en public. J'ai réussi à convaincre Tardieu.* »

Le 31 octobre 1954 – un dimanche, déjà –, le Club d'Essai propose donc une nouvelle émission, *Pour l'amour du théâtre*, enregistrée... au théâtre des Noctambules. « *C'était à la fois du spectacle, puisqu'on jouait des petites pièces en un acte, et de la critique, avec déjà une tribune face au public. J'avais fait imprimer des invitations, que j'avais distribuées dans les universités et les centres culturels pour remplir les 200 places du théâtre.* » L'enregistrement est très artisanal : « *Nous n'avions pas les mêmes exigences techniques qu'aujourd'hui. Les critiques se passaient entre eux l'unique micro dont nous disposions...* » Mais Polac, en vrai professionnel qu'il est déjà, n'hésite pas à se fâcher à l'occasion. Les archives de la radio montrent que l'émission du 21 novembre connaît quelques ratés : « *Un seul technicien présent à l'enregistrement* [...] *La bande casse trois fois à la diffusion : à 14 h, 14 h 23 et 15 h 45* », note la feuille de route, qui souligne le « *mécontentement justifié du producteur* ».

Malgré ces impedimenta, Polac n'aura pas longtemps à faire du porte-à-porte pour remplir sa salle : l'émission trouve rapidement son rythme et son public. « *C'était l'époque où la radio, prédominante, faisait l'objet de critiques dans la presse.* Le Monde, Le Canard enchaîné... *avaient parlé de l'émission. Au bout de quelques mois, le théâtre était complet à chaque enregistrement.* » Raymond Devos (lire page 185), Louis de Funès ou Jacqueline Maillan seront quelques-uns des nouveaux talents invités de l'émission, alors qu'ils n'ont pas encore vraiment percé. Parallèlement, Polac enregistre une autre émission aux Noctambules : « Lectures à une voix », où un comédien vient interpréter une pièce courte. Elle durera jusqu'en 1963.

À vingt-quatre ans, Michel Polac s'installe donc tranquillement dans le paysage radiophonique. Pour l'instant, il n'a pas d'ennemis. Il n'est pas encore cette « *putain chinoise* », cette « *hyène puante*[7] » qui divisera les Français quand il se lancera, vingt-cinq ans plus tard, sur TF1, dans l'aventure mouvementée (et pour finir, bétonnée) de *Droit de réponse*. Dans *Franc-Tireur*, qui lui consacre un portrait en 1957, on voit, sur la photo, un jeune homme sage et propre sur lui, le cheveu bien coiffé en arrière et le nœud de cravate impeccable. « *Un regard pénétrant, un profil aigu, un sourire suspendu entre l'ironie et la gentillesse* », note tout de même l'auteur de l'article[8]. En fait, le « trublion » perce déjà. Jean Tardieu, qui l'a sans doute deviné, va lui mettre dans les pattes un autre jeune homme sage. Vraiment plus sage ■

6 Cité par André Degaine, *Histoire du théâtre dessinée*, Nizet Éditeur, nouvelle édition septembre 2004. 7 Rapporté dans *L'Écho du siècle, Dictionnaire historique de la radio et de la télévision en France* (sous la direction de Jean-Noël Jeanneney), Hachette Littérature 1999, p. 413. 8 *Franc-Tireur* du 6 février 1957.

Louis de Funès, le 12 décembre 1954. Encore inconnu, il fut invité dans l'émission de Michel Polac *Pour l'amour du théâtre*.

Un art radiophonique ?

Pourrait-il, ou non, exister un « huitième art radiophonique », qui irait plus loin qu'une simple « radiogénie » ? La création, en janvier 1943, du Studio d'Essai par Pierre Schaeffer découle de cette réflexion amorcée dès les années 1930. Né en 1910 à Nancy, Pierre Schaeffer (disparu en 1995) était polytechnicien et ingénieur de Supélec. Il entre à la RDF en 1936. Mobilisé à l'été 1939 comme lieutenant des transmissions, puis démobilisé un an plus tard, il fonde Radio Jeunesse en août 1940 et participe, dès l'automne, à la création du groupe Jeune France[1]. Mis sur pied sous l'égide du Secrétariat général à la Jeunesse, Jeune France avait notamment pour buts l'aide à la création dramatique et musicale, spécialement en province et en milieu rural, et d'« *apporter un concours qualifié aux émissions de Radio Jeunesse* ». Jean Vilar, Paul Flamand (patron avec Jean Bardet des éditions du Seuil, créées en 1935 et qu'ils avaient rachetées avant guerre) et beaucoup d'autres fréquentent le groupe, qui irriguera les milieux culturels de l'après-guerre.

Autour de Pierre Schaeffer, une équipe de jeunes gens, dont Claude Roy, qui n'étaient pas des professionnels de la radio, s'essaient à tous les genres : le débat controverse, le magazine d'actualités culturelles, etc. Le retour de Pierre Laval au gouvernement, en avril 1942, qui signe un durcissement de la collaboration, met fin à l'expérience. À partir de janvier 1943 commence l'aventure du Studio d'Essai[2], dont la mission est de « *rechercher les éléments d'une doctrine de l'émission artistique radiophonique et d'en former les professionnels, les ingénieurs du son notamment* ». Le Club d'Essai lui succédera à la Libération.

En d'autres termes, *Le Masque et la Plume* trouve sa lointaine origine… dans le régime de Vichy. Un raccourci qu'il convient de tempérer : Pierre Schaeffer s'illustrera comme résistant clandestin. Et la Radio nationale, distincte de Radio Paris (« *Radio Paris ment, Radio Paris ment…* »), n'était pas entièrement vouée à la propagande vichyssoise : « *C'était un milieu de travail supportable* […] [facilité par] *le besoin d'évasion des auditeurs et l'indifférence relative des dirigeants*[3]. » ■

1 Sur le groupe Jeune France, voir Jean-Pierre Rioux (sous la direction de), *La Vie culturelle sous Vichy*, Complexe, 1990, et notamment la contribution de Véronique Chabrol, « L'ambition de Jeune France », pp. 160-178. **2** Sur la fondation du Studio d'Essai, voir notamment Jean-Noël Jeanneney (sous la direction de), *L'Écho du Siècle*, *op. cit.* Et Jean-Pierre Rioux, *op. cit*, notamment la contribution d'Hélène Eck, « À la recherche d'un art radiophonique », pp. 269-292. **3** Hélène Eck, voir note 2.

Pierre Schaeffer en 1961 par Robert Doisneau. Cet esprit libre avait passé une annonce libellée : « Cherchons chercheur sachant chercher. »

UN COCTEAU ROMANTIQUE

QUELQUES SEMAINES après les débuts de *Pour l'amour du théâtre*, en décembre 1954, le Club d'Essai lance une nouvelle émission : *Une idée pour une autre*. Le titre – pas très fameux – cache un magazine littéraire : des critiques de la presse écrite – Jean d'Ormesson, François Nourissier, Jean Dutourd… –, des débutants à l'époque, viennent « causer » dans le studio de la rue de l'Université, autour des nouveautés de librairie du moment. Plutôt que d'une véritable tribune critique, il s'agissait en fait d'une sorte de salon littéraire, les intervenants se renvoyant mutuellement la balle. L'animateur et producteur de cette émission s'appelle François-Régis Bastide. Il est à peine plus âgé que Michel Polac : vingt-huit ans. Mais il a déjà commencé à faire carrière sur plusieurs fronts.

Né en 1926, à Biarritz, « *non loin de Ravel, dans une maison où la musique était partout*[1] » Bastide appartient à la bourgeoisie de province cultivée. Son père, médecin, jouait de l'orgue et transmit à son fils l'amour du piano – il fera ses gammes au conservatoire de Bayonne. Sa mère se passionnait pour la littérature. Les deux parents appréciaient la peinture. Bastide héritera du tout. En 1944, il

1 In *Dictionnaire des écrivains contemporains de langue française par eux-mêmes* (dir. Jérôme Garcin), Mille et Une Nuits, rééd. 2004, p. 31. F.-R. Bastide avait rédigé sa notice en 1988.

François Régis Bastide, *« une moitié homme du monde, une moitié diplomate et une troisième moitié écrivain »* selon Jean d'Ormesson.

« *s'engage dans les spahis marocains de la division Leclerc*[2] ». Mais certaines notices biographiques mentionnent la Ire armée du général de Lattre. Alors, de Lattre ou Leclerc ? En décembre 1950, l'écrivain Paul Gadenne, qui s'était réfugié à Biarritz pendant la guerre et a bien connu la famille Bastide, évoque avec humour dans son journal, qui ne sera publié que quarante-trois ans plus tard, à propos de celui qu'il appelait familièrement « Régis » : « *Le passé de gloire militaire qu'il s'est lui-même inventé pour les vieilles dames du Femina*[3]. » « *Bastide était trop jeune pour avoir fait la guerre*, tranche l'académicien Michel Mohrt, qui fut dès les années 1950 l'un de ses proches amis. *Mais il participa, en Allemagne, à l'armée d'occupation.* » Ce qui expliquerait cette fameuse « Messe au général Kœnig », composée par Bastide, si l'on en croit ses biographies officielles : Pierre Kœnig, nommé Gouverneur militaire de Paris le 25 août 1944, resta à ce poste jusqu'à la fin de la guerre, avant d'être nommé commandant des Forces françaises en Allemagne. Ce qui expliquerait aussi la genèse du premier livre de Bastide, publié en 1947 chez Gallimard : *Lettre de Bavière*, où il fustige l'attitude trop revancharde, à ses yeux, de ses concitoyens à l'égard des Allemands occupés.

En 1948, on retrouve Bastide, âgé seulement de vingt-deux ans, secrétaire du Centre culturel de Royaumont, qui a récupéré l'année précédente l'organisation des célèbres « Décades », tenues avant guerre à Pontigny (et qui migreront, en 1952, à Cerisy) : chaque été, pendant trois fois dix jours, des intellectuels venus de Paris se retrouvent à l'ombre de cette abbaye cistercienne du Val-d'Oise pour colloquer sur les sujets les plus divers. Une sorte de « Trilogie de la villégiature » façon Saint-Germain-des-Prés. « *Il faut imaginer Royaumont aux années 1949-1950 qui sont "mes" années*, racontera plus tard Bastide. *Ce lieu magique surgit de la guerre, et apparaît à une poignée d'intellectuels (cela se disait encore peu) en quête de culture (cela ne se disait pas vraiment) comme un clocher/phare. Chacun a faim d'échanges, de parlotes et de silence... Nous fonçons. En avant les colloques, les week-ends thématiques, les semaines musicales. Ici, des écrivains allemands et français, et non des moindres, Heinrich Böll, Emmanuel Mounier, etc. se réunissent autour d'Albert Béguin... Ici Curzio Malaparte, pas encore très bien considéré à Paris, vient s'installer, écrire, faire du vélo, parler, charmer... Le Centre, c'était un grouillement de jeunes médecins dont la plupart aujourd'hui sont devenus de grands noms de la médecine, de poètes polonais, de musiciens hongrois (Kodály), de normaliens prestes, de comédiens en quête (Alain Cuny), de psychanalystes empêtrés (Lacan), et de frères et sœurs fervents, toujours prêts à se réunir autour de l'orgue, ou sous les arbres, à la poursuite de Vladimir Jankélévitch, qui dissertait sur le concept de la peur. Nous enchantant*[4]. »

Pour le jeune Bastide, c'est aussi l'occasion rêvée de mondaniser et de se tisser un réseau. Car Paul Gadenne l'a bien perçu : Bastide a de l'ambition. Mais aussi de la grâce, ce qui aide à faire passer bien des choses. « *C'était un séducteur-né* », se souvient Gilles Jacob, le président du Festival de

2 *Id. Ibid.* **3** Paul Gadenne, *Le Rescapé*, *carnets 1949-1951*, éditions Séquences, 1993, p. 68. **4** F.-R. Bastide, *Le Sourire de Royaumont*, in Brochure spéciale pour le 20e anniversaire de la « Fondation Royaumont », 1984, p. 7.

Claude Luter et Zackarias accompagnent Sydney Bechet au Club du Vieux-Colombier en 1952.

Cannes, qui le rencontrera à la fin des années 1960. Et de décrire « *ce condottiere au nez bourbon* » : « *Un œil qui vous déshabillait du regard, une chevelure voluptueuse, des mains de pianiste, une classe folle et un profil à la Cocteau.* » Mais un Cocteau romantique : Bastide était un admirateur nostalgique de Stendhal, du romantisme allemand et de Giraudoux. Cette façon particulière d'être à la fois dans le siècle, jusqu'à participer, en homme de cour, à toutes ses *combinazione* – y compris politiques –, et à la fois hors du temps lui conférait tout son charme. « *Brillant, élégant, une moitié homme du monde, une moitié diplomate et une troisième moitié écrivain* », résume Jean d'Ormesson, qui participa aux premières années du *Masque*. Au fond, Bastide était, pour reprendre le titre de son dernier roman, paru peu avant sa mort, en 1996, « *L'Homme au désir d'amour lointain* ». Ajoutez à cela une passion dévorante pour la mécanique automobile et une autre tout aussi dévorante et inattendue pour l'astrologie (il s'amusait à deviner le signe astrologique d'une personne qu'il rencontrait pour la première fois, et il ira même jusqu'à tenir une rubrique spécialisée dans *Marie-Claire*...) et on obtient le portrait d'un homme qui occupa, pendant quarante ans, une place enviée dans la vie culturelle française : collaborateur du Seuil dès 1953 puis conseiller littéraire et directeur de collection ; membre du comité de lecture de la Comédie-Française (de 1968 à 1975) ; membre du Haut Conseil culturel franco-allemand ; écrivain ; juré du prix Médicis ; conseiller municipal de Biarritz en 1977 ; délégué national du PS chargé des questions audiovisuelles l'année suivante, et pour finir, ambassadeur à Copenhague puis à Vienne sous Mitterrand. Bref, un grand commis des lettres qui achève sa carrière en grand commis de la République, réincarnation contemporaine du M. de Norpois proustien...

Bastide, on l'a compris, n'était ni un révolutionnaire, ni un provocateur. Enfermé avec ses chroniqueurs dans son studio du Club d'Essai, il aurait sans doute conduit ses auditeurs à la somnolence. Tandis que Polac, lâché tout seul dans son théâtre des Noctambules, devant un public, risquait de mettre le feu aux cintres. Jean Tardieu l'avait bien deviné, qui leur imposa de se marier : « *Vous êtes complémentaires. Alors bricolez donc un truc ensemble !* » leur lance-t-il un jour[5]. L'initiative de Tardieu ne réjouit ni l'un, ni l'autre : « *Bastide fréquentait déjà le milieu littéraire à la mode, et moi le petit théâtre bohème. Au début j'étais plutôt réticent, inquiet : au Club d'Essai, on se croisait sans vraiment se parler* », raconte Michel Polac. « *Polac et moi, c'était un peu le mariage de la carpe et du lapin* », reconnaîtra un jour Bastide. « *Mais,* continue Polac, *nous n'avions pas le choix. Il a bien fallu se plier à l'injonction de ce grand escogriffe de Tardieu.* »

Nous sommes au début de 1955. Sans cesser d'animer leurs émissions respectives, Polac et Bastide se rapprochent donc et commencent d'imaginer une formule unique. « *Bastide a accepté de se couler dans le moule que j'avais conçu : une émission enregistrée en public, un micro dans la salle pour les interventions du public, une tribune de critiques et des intermèdes musicaux* », note Polac. *Le Masque* demandera tout de même « *neuf mois de*

5 Rapporté par François-Régis Bastide dans un entretien à *L'Express* du 23 juin 1994 : « Le Masque et les Plumes ».

gestation », comme le racontera Bastide, le 18 février 1965, lors de l'émission anniversaire des dix ans.

Fin juin 1955, *Pour l'amour du théâtre* et *Une idée pour une autre* s'interrompent avec l'été. Elles ne reprendront pas. *Le Masque* leur succède le 13 novembre. Qui a trouvé le titre ? Dans cette même émission des dix ans, Bastide évoque une trouvaille collective : « *Je me souviens du jour où, avec Jean Tardieu, nous avons cherché un titre et nous sommes arrivés à fabriquer* Le Masque et la Plume *à nous trois. Mais c'était après en avoir essayé bien d'autres et nous nous sommes dit : "C'est vraiment le plus mauvais qu'on choisit." [...] Ce n'était peut-être pas le meilleur, mais maintenant qu'il existe, on ne va pas en changer.* » Mais en 1994, dans L'Express[6], il reviendra sur la paternité du titre : « *Polac assure que c'est moi, je prétends que c'est lui.* » « *C'est Tardieu* », assure aujourd'hui Michel Polac. Le mystère reste d'autant plus entier qu'une nouvelle version, inattendue, est arrivée pendant que ce livre s'écrivait : « *C'est ma tante qui a trouvé le titre de l'émission* », a écrit à France Inter un auditeur, Gilbert Roy, entendant sur l'antenne que Radio France s'apprêtait à fêter les cinquante ans du *Masque* et lançait un appel à souvenirs. Sollicité d'en dire plus, Gilbert Roy a tenté de « *rassembler les souvenirs de la famille* » : « *Il y avait eu un concours auprès des auditeurs. Ma tante avait proposé "Masques et Plumes". Elle avait été récompensée par un radio-électrophone très beau et très moderne. Mais elle avait surtout ri d'entendre, à l'antenne, qu'on félicite "une jeune fille" d'avoir trouvé ce titre. Car ma tante était bien une demoiselle, mais c'était une vieille fille !* » Michel Polac ne se rappelle rien de tel. « *Organiser un concours pour trouver le titre ? Franchement, je n'y crois pas...* » Toutefois, les « *neuf mois de gestation* » de l'émission auraient largement permis de le faire. Et, détail troublant, le « *radio-électrophone très moderne* » était précisément l'objet du moment : Philips avait sorti le sien en 1954, Teppaz suivit avec sa gamme Transitradio... Alors, la « vieille dame », toujours fringante, des émissions de radio aurait-elle été vraiment baptisée par une vieille fille ?

Une présence féminine, jeune ou vieille, c'est cependant la seule chose qui manque à la première émission du *Masque*. Autour de Polac et de Bastide sont réunis Roland Barthes, Jean Cayrol, Guy Dumur, Max Favalelli, Robert Kanters et Morvan Lebesque pour parler de théâtre ; Georges Lerminier, Paul-André Lesort, Michel Mohrt (lire page 60), Claude Roy et Jean Nepveu-Degas pour la littérature. Les deux tribunes, qui s'enchaînent, sont ponctuées par les improvisations, au piano, de Jean Wiener et complétées d'une pièce courte, donnée par la compagnie Jacques Mauclair.

L'enregistrement a eu lieu le samedi 5 novembre, à 17 heures, au théâtre du Vieux-Colombier. L'annonce en a été faite la veille, le 4, dans *Le Parisien libéré*, où Georges Lerminier officie. Les Noctambules, c'est fini. Polac les a abandonnés sans regret : « *La salle était très mal insonorisée. J'étais obligé de demander aux voisins du dessus de ne pas faire de bruit pendant l'enregistrement de* Pour l'amour du théâtre. *Et puis, c'était trop petit. Nous voulions quelque chose de plus grand, mais sans quitter la rive gauche.* »

6 *Id. Ibid.*

Le Vieux-Colombier, dans la rue du même nom, près de la place Saint-Sulpice, est justement disponible. L'orchestre a la jauge idéale : 400 places, le double des Noctambules. Ce sera bien assez grand à remplir, pensent les deux producteurs-animateurs. Et puis, le Vieux-Colombier, ça a de l'allure. La salle est chargée d'histoire, depuis qu'en 1913 Jacques Copeau, cofondateur de la NRF, critique littéraire, acteur, metteur en scène et directeur de troupe, a récupéré ce petit théâtre de quartier, l'Athénée Saint-Germain, pour y monter ses productions où se feront connaître des acteurs comme Louis Jouvet (qui était aussi régisseur et éclairagiste). Quand débute *Le Masque*, Copeau n'est plus là depuis longtemps (il a quitté le Vieux-Colombier en 1924 et est mort en 1949) mais la salle a gardé son aura : en 1944, Sartre y a fait sensation avec *Huis clos*, monté par Raymond Rouleau.

Après guerre, les caves du théâtre accueilleront des soirées de jazz New Orleans où se produira Boris Vian, tandis que, au-dessus, la scène, dirigée depuis 1943 par Pierre Annet-Badel, continue de s'ouvrir aux nouveaux talents : en avril 1955 est créée *La Famille Arlequin*, une comédie du tout jeune Claude Santelli, avec Jacques Fabbri, Raymond Devos et Rosy Varte, qui remporte un franc succès. Oui, le Vieux-Colombier était bien l'endroit rêvé pour lancer une émission comme *Le Masque et la Plume*. Et Bastide, face au public, va se découvrir un talent de chef d'orchestre : « *Il utilisait et dominait la salle*, racontera François Nourissier le 21 avril 1996, dans l'hommage du *Masque* que Jérôme Garcin a préparé au lendemain de la mort de Bastide. Le Masque et la Plume *était une des premières émissions qui pouvait déraper sous l'influence du public. Il y avait une facilité à faire réagir la salle, à la faire rire, à la faire applaudir, qui pouvait devenir très vite dangereuse, car cela poussait chaque participant à faire un numéro. Bastide ne faisait pas de numéro. Il utilisait comme une dynamique la présence de la salle, mais ne la laissait jamais devenir excessive. C'était un travail très difficile.* »

D'autant plus difficile que Polac, à ses côtés, ne ratait jamais une occasion de souffler sur les braises. Quitte à provoquer lui-même un charivari. Dans l'émission du 22 janvier 1956, un spectateur se lève, dans la salle, pour déplorer les improvisations pianistiques de Jean Wiener : « *Je préférerais de la musique militaire* », dit-il. En fait de spectateur, c'est un comédien. On devine appointé par qui : déjà, dans son journal lycéen, *Entre nous*, Michel Polac inventait des fausses lettres de lecteurs (par exemple un Don Juan prétendant que toutes les femmes étaient des idiotes) pour déclencher un courrier scandalisé.

Polac et Bastide, c'était vraiment pode et antipode. Mais entre eux, le courant passera tout de même pendant quinze ans. Et sans leur attelage, *Le Masque* n'aurait certainement pas connu la même histoire. Paul-Louis Mignon a bien raison de dire que Jean Tardieu avait un don pour diriger les destins... ■

Jean Cayrol par Edouard Boubat. Directeur littéraire du Seuil, il fit partie de l'équipe théâtre du *Masque*.

Il était là à la première !

Il est l'unique survivant de la première tribune du *Masque et la Plume*. Respect ! D'accord, il reste aussi Michel Polac – longue vie à lui –, mais c'était un « gamin », à l'époque. Tandis que Michel Mohrt, c'est quand même autre chose : il est né l'année du déclenchement de la guerre – la Grande, bien sûr. Et des onze critiques qui intervinrent à la tribune ce désormais fameux 13 novembre 1955, il est donc le seul à pouvoir encore témoigner. « *L'embêtant, c'est que je ne me souviens pas du tout de ce que j'ai pu dire ce jour-là, ni de ce dont nous avons parlé*, s'excuse-t-il. *À mon âge, vous comprenez, la mémoire…* »

À son âge, quatre-vingt-onze ans, on s'émerveille d'abord de le voir toujours aussi élégant, façon Vieille Angleterre éternelle : complet *so british*, souliers vernis, foulard de soie en guise de cravate, moustache et crinière blanche à la Major Thompson. « *Plus britannique, bien plus, que les Londoniens d'aujourd'hui* », disait déjà de lui Matthieu Galey dans les années 1960[1]. Pourtant Michel Mohrt n'est que breton – de Morlaix. La pente familiale le destinait à devenir avocat : son oncle était le bâtonnier de Brest, sa carrière semblait toute tracée et d'ailleurs il fit son droit à Rennes. Mais voilà, il terminait son service militaire quand la guerre, l'autre, éclata. Il se retrouve enrôlé dans l'armée des Alpes. Obtiendra la Croix de guerre : « *J'en suis plus fier que toutes les autres décorations ou distinctions que j'ai pu décrocher* », dit-il, lui qui fut élu à l'Académie française, au fauteuil de Marcel Brion, en 1985. De cette élection, Matthieu Galey dira encore, dans son *Journal* : « *Michel Mohrt aujourd'hui, tout ragaillardi d'être immortel. Un homme enfin heureux, sorti de sa clandestinité boudeuse de réactionnaire misanthrope*[2]. »

Après la défaite de 1940, Michel Mohrt reste quelque temps en zone libre, à Marseille. Écrit un premier livre, *Les Intellectuels devant la défaite de 1870*[3]. Fait la connaissance de Robert Laffont, qui se lance alors, près du Vieux-Port, dans l'édition. En 1945, les voilà tous les deux à Paris. Michel Mohrt devient conseiller littéraire de Robert Laffont (« *Nous étions quatre : Kleber Haedens, Morvan Lebesque, Louis-René des Forêts et moi* ») tandis qu'il publie son premier roman, *Le Répit*, chez Albin Michel. En 1947, il part au Canada, enchaîne sur les États-Unis, où il décroche une chaire de littérature française à Yale, puis en Californie. Il revient en France en septembre 1952. Deux mois plus tard, il entre à la NRF, où il va faire désormais toute sa carrière, siégeant au célèbre comité de lecture

1 Matthieu Galey, *Journal*, Grasset, 1986, Tome 1, p. 348. **2** *Id.* Tome 2, p. 368. **3** Buchet-Chastel, 1942, rééd. Le Capucin, 2004.

Michel Mohrt est membre du comité de lecture de Gallimard depuis 1952.

de la rue Sébastien-Bottin[4]. Parallèlement, il continue son œuvre d'auteur, et commence aussi une carrière de critique littéraire et cinématographique, au *Figaro*. Ce qui l'amènera au *Masque*. « *Bastide avait lu un de mes articles, il a cherché à me voir, nous sommes très vite devenus amis, même si nous étions très différents. Moi, je ne suis jamais sorti beaucoup de mon bureau, alors que Régis était... très répandu. Il fréquentait tout le monde. C'est lui, par exemple, qui m'a présenté à Cocteau...* »

Du *Masque*, Michel Mohrt se souvient de ses apartés avec Bory – « *J'ai l'impression que c'était hier* » –, il se souvient aussi d'avoir « *égratigné* » *Tristes Tropiques* de Claude Lévi-Strauss (lire page 62). Il cherche d'autres souvenirs, ouvre des chemises de couleur : « *C'étaient des textes que je gardais pour publier plus tard ; plus tard est arrivé et je ne les publierai jamais...* », n'en revient toujours pas de l'impact de cette « *petite émission de radio* » qu'il a quittée en 1968 : « *Il n'y a pas si longtemps, je sors de chez mon traiteur – excellent, entre parenthèses, je vous le recommande – quand une dame m'aborde : "Ah ! Michel Mohrt !" Moi, interloqué : "Madame, je n'ai pas l'honneur de vous connaître." Et elle : "Non, mais je vous écoutais au* Masque et la Plume *!"...* » ■

4 Sur ses souvenirs gallimardesques : *Ma vie à la NRF*, Éditions des Équateurs, 2005.

1956

Claude Lévi-Strauss, *Tristes Tropiques*
Michel Leiris, *La Règle du jeu*

« — la joie sous les tropiques... »

LE 22 JANVIER 1956, la tribune littéraire du *Masque* débat de deux livres importants parus à l'automne précédent : *Fourbis*, deuxième volume de *La Règle du jeu*, l'autobiographie en quatre volumes de Michel Leiris, ethnologue, mais aussi écrivain et poète (1901-1990), inaugurée en 1948 avec *Biffures*. Et *Tristes Tropiques*, de Claude Lévi-Strauss, également ethnologue (né en 1908), ouvrage appelé à une célébrité mondiale, mais qui ne souleva pas l'enthousiasme du *Masque*...

FRANÇOIS-RÉGIS BASTIDE — Il a été beaucoup question dans la presse de *Tristes Tropiques* [...]. Un ethnologue, connu pour avoir étudié certaines peuplades de l'Amazonie et écrit des livres scientifiques, a rassemblé son expérience dans un livre qui est tout autant un livre de Mémoires qu'une prise de position sur l'ethnologie [...]. [Quant au] livre de Michel Leiris, *Fourbis*, c'est un roman (*sic*), mais Leiris est aussi un ethnologue.

GUY DUMUR — La différence est que l'un est ethnologue de profession, tandis que l'autre ne fait pas [directement] profession d'ethnologue. Je regrette que Leiris ne soit pas plus connu [...], c'est certainement l'un de nos plus grands écrivains. Il a été mêlé au mouvement surréaliste. Il a commencé pendant la guerre, avec un petit livre, *L'Âge d'homme*,

Ci-contre et pages suivantes : photos et auto-portrait Claude Lévi-Strauss en Amazonie.

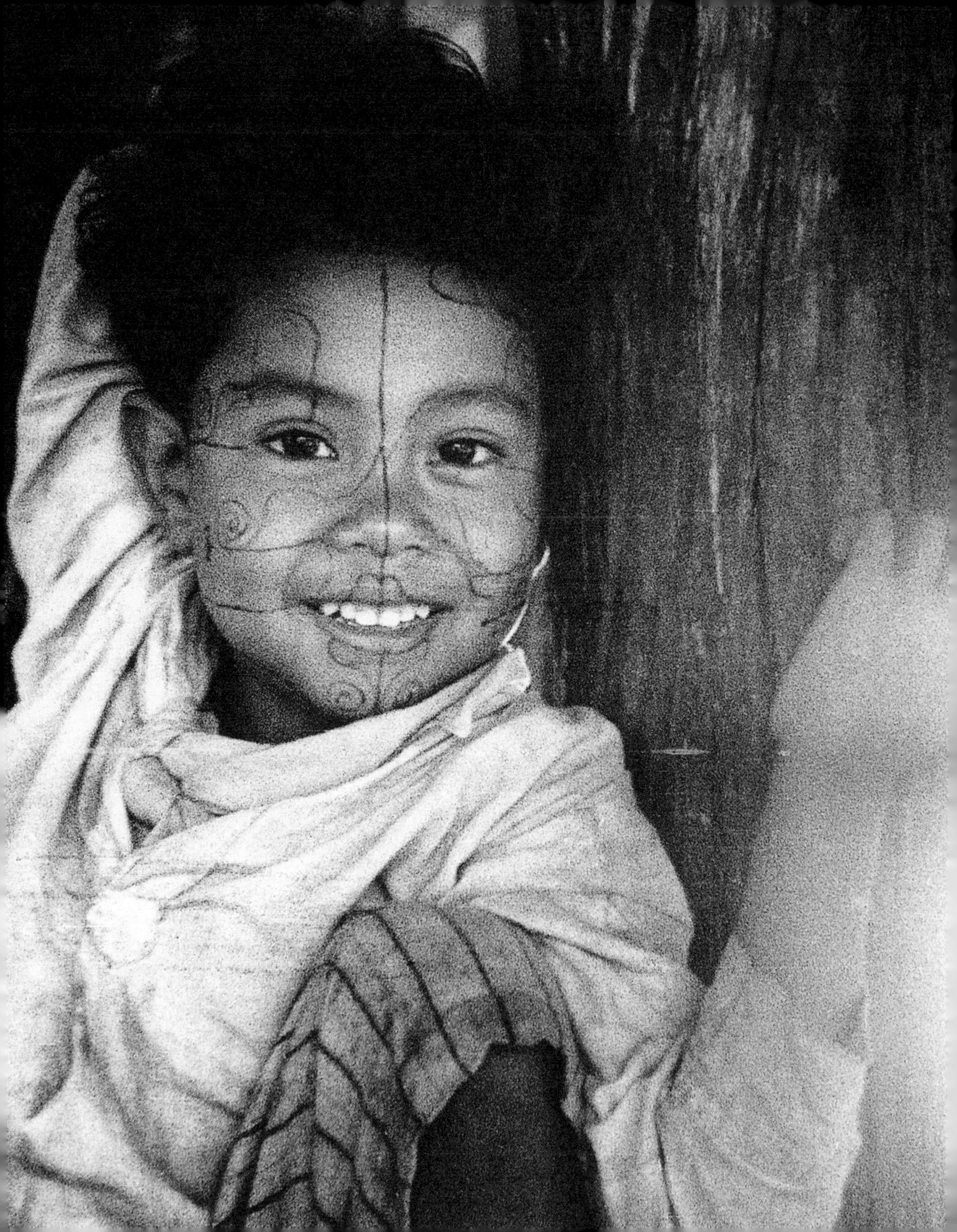

une espèce de confession d'un caractère particulier, continuée et amplifiée dans une somme, *La Règle du jeu*, dont [vient de paraître le deuxième volume].

FRANÇOIS-RÉGIS BASTIDE — Tu as dit que Leiris était un grand écrivain. Est-ce que vous êtes tous d'accord [là-dessus] ?

MICHEL MOHRT — Qu'est-ce qu'un grand écrivain ?... Je ferai tout à l'heure quelques réserves [...], en partie sur l'homme qui apparaît à travers cette confession.

GUY DUMUR — Leiris entreprend une espèce de confession. Mais il vient à une époque où les investigations psychologiques, la psychanalyse, ont fait des progrès et il essaie d'appliquer ces techniques plus modernes d'introspection à son œuvre. Il rapproche des événements présents d'événements antérieurs, mais aussi d'un passé plus lointain [qui n'est pas strictement biographique]. Le lien, la consonance, c'est le langage. [Pour répondre à Michel Mohrt, on peut se demander] quel homme apparaît sympathique à partir du moment où il s'avoue tout entier ? C'est le reproche fait à Rousseau il y a deux cents ans. [Certes] Leiris avoue être extrêmement lâche, hésitant, incapable de décisions, mais il en ressort une espèce de grandeur et de courage véritable.

MARCEL MOUSSY — C'est une entreprise de sincérité totale [qui prolonge par d'autres moyens] une cure psychanalytique échouée, une sorte d'autoanalyse [dont Leiris] mesure les risques [...].

MICHEL MOHRT — On trouverait les mêmes turpitudes privées et publiques dans *La Vie de Henri Brulard*, [mais], question de cerveau congénère ou d'affinités électives, Stendhal [m'est plus sympathique]. [Et puis tout de même le livre] est alourdi de considérations politiques qui sont, comme on dit, « valables », mais qui ne sont pas les miennes[1]...

FRANÇOIS-RÉGIS BASTIDE — Chez Leiris, le souci technique est très apparent ; si l'on veut aller par là, le ton de *Henri Brulard* se retrouve plus facilement chez Lévi-Strauss, [à la nuance] d'une plume chargée de romantisme.

MICHEL MOHRT — On a le sentiment d'être devant une grande œuvre dont il ne reste que des morceaux [...], un édifice qui s'est écroulé [...], des fragments.

MARCEL MOUSSY — Leiris est un homme enfermé en lui-même et qui essaie d'en sortir avec les plus grandes difficultés. [Il en] est arrivé à rechercher la fraternité, même de la manière la plus ingénue : je songe à cette scène à Dakar, où Leiris,

1 Dans un livre de Mémoires, *La Maison du père* (Gallimard, 1979), Michel Mohrt évoque ses sympathies de jeunesse, jamais totalement reniées, pour l'Action française.

Pablo Picasso et Michel Leiris au festival de Cannes, en avril 1951.

la nuit de l'armistice je crois, sort dans les rues en quête de contacts, en quête d'amitié et se fait dévaliser par un groupe d'indigènes [...].

MICHEL MOHRT — L'exemple est typique : il va de déconvenue en déconvenue, c'est une succession de maladresses, de pataquès, d'erreurs qui finissent par en faire un personnage presque comique. Mais cette absurdité est à la longue agaçante [...]. [Le contraste] entre un ton seigneurial, très monté [qui lorgne du côté] de Chateaubriand ou d'André Breton [...] pour expliquer des ratages [tourne] à l'humour involontaire.

FRANÇOIS-RÉGIS BASTIDE — [Venons-en à] *Tristes Tropiques*. Pour donner une idée approximative du livre : Lévi-Strauss assiste à une cérémonie d'initiation nambikwara en Amazonie et tout d'un coup, il se souvient du culte qui était célébré par son grand-père rabbin à Versailles. L'exemple – et le rapprochement est très court, pas appuyé – m'a touché : c'est le « je » qui parle, pas l'ethnologue, le « je » de Montaigne, du *Voyage en Italie* [...] : c'est le livre d'une vie.

GUY DUMUR — Sorti de l'École normale, agrégé de philosophie, Lévi-Strauss est poussé par le grand psychologue Dumas à faire de la sociologie et de l'ethnologie. Il est envoyé au Brésil [...] comme professeur pour participer à la création de l'université de São Paulo. Il est conduit à étudier les Indiens d'Amérique du Sud, étude poursuivie de manière ininterrompue jusqu'à la guerre. Revenu en France lors de la guerre [...], Vichy [le contraint à nouveau au départ, cette fois] à la Martinique. Puis ce sont des séjours en Amérique [...] et d'autres voyages. C'est tout cela qu'il nous raconte [...]. Or ce livre commence par une phrase importante : « *Je hais les voyages et les explorateurs* » [...]. Attaque dirigée contre ces récits, que nous voyons paraître à droite et à gauche [...], d'abord sympathiques, de petits jeunes gens qui, pour faire croire qu'ils étaient les premiers Blancs à pénétrer dans telle ou telle tribu, ont soigneusement éliminé les boîtes de conserve [...]. Lévi-Strauss essaie d'expliquer ce qu'est vraiment la profession d'ethnologue, ce qu'elle lui a apporté [...], comment elle a modifié sa vision du monde [...]. L'homme est beaucoup plus grand à ses commencements, lorsqu'il doit affronter la nature [...], que dans notre civilisation actuelle. Malheureusement, Lévi-Strauss n'est pas un écrivain, c'est un savant, un auteur d'ouvrages scientifiques. Ici, il a voulu faire « œuvre », alors il se laisse aller à écrire comme un homme qui n'en a pas l'habitude croit que l'on doit écrire. Bien sûr, ce n'est pas « pompier » [mais il y a une forme] d'exagération, d'amplification, des maladresses [...].

MARCEL MOUSSY — [Lévi-Strauss fait] au contraire preuve d'une habileté consommée. Après la première phrase, on est un peu déçus parce qu'on a tous envie de récits d'explorateurs [...]. On en a tous lu, même de mal écrits [...], par des gens qui en remettaient effrontément...

FRANÇOIS-RÉGIS BASTIDE — Généralement rewrités...

MARCEL MOUSSY — ...Or ce besoin d'aventure, de dépaysement, va être parfaitement satisfait [...]. Au cœur du livre, on arrive aux descriptions des mœurs de ces deux tribus si voisines et si différentes : les Bororos et les Nambikwaras. On partage, fascinés, la vie quotidienne de ces tribus [...], on découvre des mœurs extraordinaires, comme celles de ce village où les gens habitent en cercle [...]. Le cercle est divisé selon une ligne est/ouest et les mariages ne s'effectuent que d'une moitié à l'autre. Le nouvel époux [va habiter la maison de son beau-père] et toute sa vie il sera tenté de franchir la ligne où sont ses souvenirs d'enfance, de retourner chez lui. Il y a un lieu neutre : « la maison des hommes » [...]. Chaque pas a un sens social [...]. Lorsque les missionnaires ont aligné le village, toute une culture a disparu.

MICHEL MOHRT — Je discuterais le titre : [je me demande] si la « tristesse » de l'auteur n'est pas de quelque façon préalable, si le souci de tout expliquer n'a pas tué l'enthousiasme [...], la naïveté, la fraîcheur [...], ne l'a pas empêché de s'enivrer. [Peut-être aurait-il pu connaître] la joie sous les tropiques...

GUY DUMUR — [Le titre est une réponse] précise à ces faux explorateurs qui nous peignent des Indiens parés de plumes, leur joie idyllique [...], alors qu'ils sont rongés de maladies, que les tribus disparaissent [...]. Il y a aussi ce long passage sur les Indes [...], cette misère extraordinaire. Alors, les tropiques, à moins d'adopter la perspective de Bernardin de Saint-Pierre...

MICHEL MOHRT — Oui mais je pense au *Partage des eaux*, que je viens de lire, d'un romancier cubain qui vit au Venezuela : Alejo Carpentier. [Il relate] la remontée de l'Orénoque à la recherche d'un instrument de musique qui ne subsiste que dans une tribu : [eh bien, le narrateur est dans] un émerveillement continuel – peut-être parce qu'il est pris dans une aventure amoureuse avec une jeune Indienne – mais aussi [parce qu'il a atteint une forme] de dépouillement [...]. Pourtant, là aussi, la misère sévit...

GUY DUMUR — Dans un cas, il s'agit d'un roman...

MICHEL MOHRT — Nous y sommes ! Il y a deux ordres de connaissance et [je me demande si par la voie] du roman ou de la poésie, on ne prend pas plus de choses dans ses filets que sur un plan uniquement scientifique ■

1958 L'année cinématographique

« — c'est peut-être autre chose qu'un film de gags... »

LE 16 JANVIER 1958, *Le Masque* dresse le bilan cinématographique de l'année écoulée, qui était aussi la première année où l'émission s'ouvrait au septième art. Jean de Baroncelli, Georges Charensol, Claude Mauriac et Jacques Doniol-Valcroze (pour *Les Cahiers*) s'essaient à un palmarès.

MICHEL POLAC — L'année 57 restera-t-elle dans l'histoire du cinéma uniquement pour *Les Nuits de Cabiria* ? [de Fellini].

CLAUDE MAURIAC — [C'est assez] mon avis.

JACQUES DONIOL-VALCROZE — Elles sont dans ma liste, pas en très bonne place, mais enfin, elles y sont. En tête de mon palmarès viendrait plutôt *Un Roi à New York* [de Charlie Chaplin].

GEORGES CHARENSOL — Si *Les Cahiers* m'avaient demandé mon avis (rires à la tribune), je l'aurais peut-être mis dans ma liste [...]. Mais j'ai revu *Les Temps modernes* à la télévision et le plus mauvais gag des *Temps modernes* est tellement meilleur que le meilleur gag d'*Un Roi à New York* [...] ! On est bien obligé de reconnaître la décadence du seul homme de génie qu'ait produit le cinéma depuis ses origines.

Charlie Chaplin dans *Un Roi à New-York*.

CINEDIS **Un Roi à New York** CINEDIS

de CHARLES CHAPLIN

Alec Guiness et William Holden dans *Le Pont de la rivière Kwaï.*

« [*Le Pont de la rivière Kwaï*] c'est le plus beau ratage de l'histoire du cinéma. »

MICHEL POLAC — Georges Charensol, *Un Roi à New York*, c'est peut-être autre chose qu'un film de gags...

JACQUES DONIOL-VALCROZE — En deuxième place, viendrait *Un homme dans la foule*, d'Elia Kazan.

JEAN DE BARONCELLI — Bon, ces classifications sont absurdes. On devrait faire le meilleur film par pays. [...] Pour la France : *Sait-on jamais ?* [de Vadim].

GEORGES CHARENSOL — Je préfère à l'originalité apparente de *Sait-on jamais ?* l'originalité réelle de *Porte des Lilas* [de René Clair].

JACQUES DONIOL-VALCROZE — [On a l'impression] que René Clair s'ennuie quand il filme.

GEORGES CHARENSOL — Mon cher, vos provocations me laissent indifférent.

MICHEL POLAC — Revenons à l'Amérique.

JEAN DE BARONCELLI — *Douze hommes en colère* [de Sydney Lumet] [...]. C'est intéressant du point de vue de l'histoire du cinéma, [parce que ça marque] un transfert de talent de la télévision au cinéma.

CLAUDE MAURIAC — Si on pense au grand public, [il faut tout de même citer] *Le Pont de la rivière Kwaï*.

MICHEL POLAC — Personnellement, j'en suis revenu déçu [...], c'est le plus beau ratage de l'histoire du cinéma.

CLAUDE MAURIAC — Il y a quelques images qui sont parmi les plus belles des envols de vautours...

MICHEL POLAC — Doniol-Valcroze, vous faites la moue...

JACQUES DONIOL-VALCROZE — Des envols de vautours, on en voit dans tous les documentaires [...]. Il y en a dans *L'Espoir* de Malraux de beaucoup plus beaux.

CLAUDE MAURIAC — Mais non, c'est un vol de pigeons, faites attention ! ■

1958

Francis Walder
Saint-Germain ou la Négociation

« — …allez-y, défendez-le ! »

PREMIER DÉCEMBRE 1958 : le Goncourt est décerné à Francis Walder pour *Saint-Germain ou la Négociation*. L'auteur est un Belge de 52 ans, ancien diplomate, totalement inconnu du monde des lettres ; son livre n'a aucun rapport avec Saint-Germain-des-Prés, le quartier alors à la mode : il s'agit d'une intrigue romancée sur la paix de Saint-Germain signée en 1570 entre catholiques et protestants français. L'ouvrage, sorti en juin chez Gallimard, a été tiré à 3 000 exemplaires, dont la plupart dorment toujours, à la rentrée, dans les stocks de l'éditeur. Personne n'avait misé un centime sur les chances de Walder d'obtenir la moindre récompense, a fortiori le Goncourt. Cette année-là, le grandissime favori était Armand Lanoux. Mais les jurés, n'arrivant pas à se départager entre Lanoux et Robert Sabatier, choisirent… un parfait outsider. *L'Express* notera que l'auteur (dont le livre est immédiatement réimprimé par vagues de 30 000 exemplaires) accueille sa soudaine célébrité « *avec la timidité résignée et un peu raide du monsieur qui sait, en toutes circonstances, faire son devoir*[1] ». Le même jour, le Renaudot ira à Édouard Glissant, pour *La Lézarde*. Le 6 décembre suivant, *Le Masque* fait le point. Nicole Vedrès, Alain Bosquet, Luc Estang et Jean d'Ormesson sont à la tribune.

FRANÇOIS-RÉGIS BASTIDE — Commençons par le Goncourt, *Saint-Germain ou la Négociation*. J'avoue que les imparfaits du subjonctif m'ont gêné. Ce roman, correctement écrit, m'a un peu donné l'impression d'une de ces cantates ou de ces fugues que font les candidats au prix de Rome à vingt ans. Cela dit, allez-y, défendez-le !

JEAN D'ORMESSON — C'est un livre distingué, bien écrit […], mais moi ce que j'aime, ce sont les livres brûlants et ratés, où l'on sent un peu de génie. C'est un livre honorable, mais un Goncourt, mon Dieu, tout de même…

1 Cité par Jacques Robichon dans *Le Défi des Goncourt*, Paris, Denoël, 1975.

Le peintre Touchagues et Francis Walder le 13 décembre 1958 après son succès au Goncourt.

LUC ESTANG — Pourquoi « tout de même » ? Qu'est-ce qu'un Goncourt ?

ALAIN BOSQUET — Je suis heureux que justement [les jurés] n'aient pas couronné un livre qui d'avance puisse être lu par 200 000 personnes, mais par leur choix, du fait que ce sont les Goncourt, de l'imposer peut-être à 200 000 personnes.

FRANÇOIS-RÉGIS BASTIDE — Y a-t-il des lecteurs du prix Goncourt dans la salle ? (Devant les rires du public, il commente :) Ce public est une grande famille ! [Passons maintenant au Renaudot], *La Lézarde*, d'Édouard Glissant.

JEAN D'ORMESSON — [Là encore] je suis contre le choix du jury. Personnellement, je n'aime pas du tout ce livre. Dans le métier que nous faisons, il y a un côté flic, sinon magistrat, qui me déplaît énormément, mais enfin il faut être courageux : non, je n'aime pas. Ce roman poétique qui mélange tous les genres est illisible.

ALAIN BOSQUET — Je suis contre la façon de d'Ormesson d'être contre.

NICOLE VEDRÈS — Les choses se compliquent, car moi je suis contre sa façon d'être contre, tout en étant contre. La critique, c'est ça : si vous êtes contre, il ne faut quand même pas dire à tout le monde : « Ne lisez pas ce livre », mais être capable de donner de l'appétit à certaines gens [qui aimeront ce qui ne vous a pas plu] ▪

LES COMPAGNONS DE LA GÉNÉRALE

À QUOI RESSEMBLAIT *Le Masque* des débuts ? Si la toute première émission n'a pas été enregistrée, en revanche les archives sonores de l'INA conservent les traces du magazine de Bastide et Polac à partir du 22 janvier 1956, date de la troisième émission. En effet, le rythme du *Masque*, à l'origine, n'était que mensuel et il faudra attendre la rentrée 1957 – le 17 octobre, précisément – pour qu'il devienne définitivement hebdomadaire[1]. Le déroulé de cette émission du 22 janvier 1956 montre qu'il s'agit alors d'un vrai « spectacle ». La diffusion, qui dure plus de deux heures, commence par la tribune dramatique, animée par Polac. Puis Germaine Montero vient interpréter quelques chansons de *L'Auberge des Adrets*[2] ; Jean Tissier prend la suite, pour jouer, seul en scène, *Les Méfaits du tabac*, petite pièce satirique de Tchekhov. C'est enfin la tribune littéraire, animée par Bastide. Et l'émission se clôt par le récital de deux chanteurs chiliens, Romano et Renato. Tout cela devant le public du Vieux-Colombier, et toujours ponctué des improvisations musicales de Jean Wiener.

1 Diverses tentatives avaient déjà eu lieu durant l'année 1956, mais sans suite. 2 Mélodrame de Benjamin Antier, rendu célèbre par l'interprétation que fit, en 1824, Frédéric Lemaître du rôle de Robert Macaire.

Madeleine Renaud dans *Oh, les beaux jours!* de Samuel Beckett. Elle créa le personnage de Winnie en 1963.

Première constatation : Polac et Bastide, s'ils ont été « pacsés » par Tardieu, font pour l'instant encore chambre à part. Chacun son territoire – le théâtre reste l'apanage de Polac, la littérature le pré carré de Bastide. Deuxième constatation : hormis les chansons et la pièce courte, le principe de l'émission est déjà bel et bien figé – *Le Masque* réunit une tribune de critiques face à un public, pour débattre de l'actualité artistique, en l'occurrence littéraire et théâtrale.

Ces critiques, d'où viennent-ils ? « *Nous lisions les journaux; quand les papiers d'un critique nous plaisaient, nous nous disions "Celui-là, on l'aime bien, on va l'inviter"* », raconte Michel Polac. En réalité, ce n'était pas aussi simple que cela. À cette époque, la vie culturelle est en ébullition : le théâtre comme la littérature voient arriver de nouveaux talents, toute une jeune garde qui va quelque peu bousculer ses aînés, ainsi qu'on le verra au chapitre suivant. En théâtre, une figure domine alors la critique : Jean-Jacques Gautier, qui officie au *Figaro* comme un curé en chaire. Jean-Jacques Gautier dit le bien et le mal, le bon et le mauvais. Il est tout-puissant : il peut remplir ou vider une salle selon qu'il a aimé ou non un spectacle. Son public de prédilection : celui que les caissières de théâtre appellent alors, dans leur jargon, « les visons » : c'est-à-dire le public le plus fortuné, souvent lecteur du *Figaro*, et qui peut se permettre de sortir beaucoup. L'ennui, c'est que Jean-Jacques Gautier est ennemi de l'avant-garde. Il ne comprend que le théâtre d'avant guerre, et encore, pourvu qu'il soit vierge de la moindre audace ; préfère le boulevard[3] – même si c'est vrai qu'à l'époque, le boulevard, ce n'était pas Laurent Ruquier – ; récuse en bloc ces nouveaux talents qui dépoussièrent les planches : Vilar, Planchon, Roger Blin... et méprise les auteurs qui se révèlent. À la création d'*Oh les beaux jours* de Beckett, il parlera d'un « *festival d'abjection* » : « [...] *Le cœur se serre, la chair se hérisse. Et surtout, l'on pèle de gêne. De gêne d'être là. Oui, je baissai la tête, je n'osais plus regarder le plateau. J'avais le sentiment de participer à une vision indécente.* » « *Gautier, c'était notre tête de Turc*, raconte Michel Polac. Pour l'amour du théâtre *avait en partie été monté pour le contrer.* » Un même esprit, bien sûr, préside à la création du *Masque* : il va de soi que Jean-Jacques Gautier ne sera jamais convié à la tribune – du reste, il aurait probablement décliné l'invitation avec dédain.

Cette ligne « anti-Jean-Jacques Gautier » va perdurer : le 10 octobre 1965, dix ans après la création du *Masque*, la tribune, ce jour-là consacrée au théâtre, va s'en prendre violemment au critique du *Figaro*. À propos de la présentation, à l'Odéon,

3 En 1944, il signa d'ailleurs ses premiers papiers dans *Le Figaro*, alors replié à Lyon, « Le Boulevardier ». À la Libération, il est officiellement chargé de la rubrique théâtrale. En 1946, il obtient le Goncourt pour *Histoire d'un fait divers*. Élu en 1972 à l'Académie française, il meurt en 1986.

Bertrand Poirot-Delpech par Édouard Boubat. Dans les colonnes du *Monde*, il a tenu la chronique théâtrale pendant douze ans, puis le feuilleton littéraire pendant dix-sept ans.

d'*Yvonne, princesse de Bourgogne*[4] dans une mise en scène de Jorge Lavelli, Michel Polac lance : « [Cette pièce] *a donné lieu à l'un des articles les plus insensés que j'aie jamais lus de Jean-Jacques Gautier.* » Gilles Sandier saute sur l'occasion : « *Je me suis toujours interdit de dire un mot sur cet homme ici. [...]. Quand le public en a parlé, j'ai toujours refusé de répondre, par courtoisie envers ce qui est quand même un confrère, par mépris pour l'homme et parce que c'est vain. Gautier fait son métier de critique au* Figaro : *il faut mettre en cause non pas Gautier, mais les structures du théâtre français* [et de proche en proche, l'ensemble des structures sociales]. *Tant que la société française restera ce qu'elle est, il y aura tous les Gautier qu'on voudra. Si Gautier s'en va, il en viendra un autre. Il fait son métier plutôt mieux qu'un autre : il dit au public la médiocrité qu'il aime et qui est la sienne. Cependant [...], il y a des bornes :* [il] *nous livre un article comme on ne pensait plus en voir dans la presse française depuis 1944. Que Gautier dise "un certain Gombrowicz", c'est aussi bête que si quelqu'un en 1920 avait dit "un certain Proust". Mais qu'il dise : "Evidemment, les esthètes pourris – c'est bien sûr* [en partie nous, au *Masque*], qu'il vise – *s'extasient parce qu'il vient de l'étranger, si c'était M. Dupont de La Garenne-Colombes, ah, ça serait beaucoup moins beau !", on croyait ce genre de propos réservés à l'avant-guerre et à une presse spécialisée* [...]. » La salle applaudit à tout rompre, et Georges Lerminier renchérit : « *Il y a quelques années, à propos de* Meurtre dans la cathédrale[5], *Gautier a écrit : "La pièce est de T.S. Eliot, grand poète paraît-il : croyons-le, puisqu'ils le disent..." et je pourrais en citer cent de cette veine.* » Bastide, qui ne veut pas être en reste, conclut : « *Il n'a même pas lu le programme ! Il aurait vu que la pièce n'est pas contemporaine, mais de 1935. C'est accablant !* » Un peu plus tard, dans la même émission, il est question de deux petites pièces de jeunesse de Pinter, *La Collection* et *L'Amant*, avec notamment Michel Bouquet, Delphine Seyrig et Jean Rochefort. Polac raconte : « [J'y suis allé hier et je me suis retrouvé] *en compagnie d'un public typiquement de Jean-Jacques Gautier. Très élégant, avec beaucoup de fourrures. Et les gens étaient assez déroutés. À l'entracte, une dame demandait : "Alors, qu'est-ce que tu en penses ?" Son amie a répondu : "Pff... Pour l'instant, je ne comprends pas très bien, on verra au troisième acte." L'ennui, c'est qu'il n'y avait pas de troisième acte, puisque ce sont deux pièces en un acte...* »

Le Masque théâtre s'est donc construit contre Jean-Jacques Gautier. À front commun, renforts hétéroclites : « *L'émission rassemblait tout ce que la critique comptait de pro-avant-garde, aussi bien des vieux de la vieille, des vrais critiques professionnels, comme Georges Lerminier, du* Parisien libéré, *que moi, qui commençais dans le métier* », se souvient Alfred Simon, entré dans la critique un peu par hasard pour la revue Esprit, et qui arrive au *Masque* en 1957 (lire page 85). Le 15 juin 2000, dans sa réponse au discours de réception de René de Obaldia à l'Académie française, Bertrand Poirot-Delpech convoque, pour célébrer l'œuvre du récipiendaire, une cohorte d'amis disparus : « *François-Régis Bastide, Jean-Louis Bory, Gilles Sandier, Georges Lerminier [...], tous compagnons de "générale" pendant des milliers de soirs et que vous avez si fort réjouis.* » *Le Masque* théâtre a largement puisé dans

4 Première pièce de Witold Gombrowicz, publiée en 1935 et jouée pour la première fois en 1938, en Pologne. 5 Drame de Thomas Stearns Eliot publié en 1935. Sa création française par Jean Vilar, en 1945, au Vieux-Colombier, avait fait sensation.

Élia Kazan et Michel Ciment par Jacques Prayer.

cette corporation des « compagnons de la générale », comme on pourrait définir les critiques dramatiques : on se cooptait par affinités, dans un même esprit d'ouverture à l'avant-garde. C'est du reste ce qui se passa pour Poirot-Delpech : en 1959, il succède à Robert Kemp, qui vient de mourir, comme critique dramatique du *Monde*. Sans être aussi réactionnaire et borné que Gautier, Robert Kemp ne comprenait pas grand-chose au nouveau théâtre (il avait des excuses : il était né en 1879). À peine installé dans son fauteuil, le jeune Poirot (il a tout juste trente ans) est invité au *Masque*. Et voilà *Le Monde* représenté à la tribune.

Un même recrutement par affinités électives s'opéra pour la littérature, sauf qu'il n'y avait pas, là, d'épouvantail à combattre dans le genre de Jean-Jacques Gautier. En revanche, un hebdomadaire, en particulier, se révéla un vivier propice à l'émission : *Arts*.

Ce journal existait depuis le début des années 1920 – il s'appelait alors *Beaux-Arts* – et il appartenait depuis sa fondation à la famille Wildenstein, célèbres marchands de tableaux. À la Libération, il fut rebaptisé *Arts-Lettres-Spectacles* (mais tout le monde disait *Arts*) et le jeune Louis Pauwels en fut un temps son rédacteur en chef, avant de passer le relais à André Parinaud, qui restera dix-neuf ans à ce poste. Dans le milieu des années 1950, à l'époque où démarre *Le Masque*, Parinaud, constatant que Georges Wildenstein, le fils du fondateur, se désintéressait du journal, chercha d'autres partenaires financiers. C'est ainsi que Jacques Laurent y engloutit une partie des droits d'auteur qu'il avait gagnés sous le pseudonyme de Cécil Saint-Laurent. Puis Georges Wildenstein récupéra la gestion de l'hebdomadaire et laissa Parinaud libre de faire le journal qui lui plaisait, pourvu qu'on n'y parlât pas politique. Aux côtés de Parinaud, Jean Le Marchand assurait le secrétariat général de la rédaction. Son credo était simple : il pensait que le vrai journalisme devait passer par les écrivains. En conséquence, il n'eut de cesse d'attirer ceux-ci à *Arts*, et de leur laisser carte blanche. C'est par exemple Jean Giono qui fit le compte-rendu du procès Dominici. Paul Morand, Jean Cocteau, Alexandre Vialatte et bien d'autres apportèrent également leur collaboration au journal. *Arts*, qui paraissait chaque mercredi sur seize pages grand format, était ainsi devenu, pour reprendre le mot de Chardonne, le « *dernier bastion des lettres* » et sa notoriété allait bien au-delà de son tirage modeste – 25 000 exemplaires. Conséquence logique, l'hebdomadaire attirait beaucoup de jeunes talents : Jean-René Huguenin, Bernard Frank, Régis Debray s'y firent remarquer. Jean d'Ormesson, Matthieu Galey, Pierre Marcabru y exercèrent leur talent critique, les deux premiers en littérature et le troisième en théâtre. Tous trois allaient se retrouver au *Masque et la Plume* des débuts. Gilles Sandier se fit lui aussi connaître dans les colonnes de l'hebdomadaire. Ainsi que, quelques années plus tard, un certain Jean-Louis Bory, réputé jusqu'alors comme écrivain et critique littéraire, mais qui fit, dans *Arts*, ses débuts de critique cinématographique. On connaît la suite…

En 1966, Georges Wildenstein meurt. L'année suivante, Daniel, son fils, en proie à des problèmes de succession, décide d'arrêter la publication. *Arts* disparaît, mais à cette époque-là, l'équipe « tournante » du *Masque* s'est déjà figée depuis quelques années. Bory et Sandier sont les derniers arrivés. Les deux nouvelles recrues suivantes (pour le cinéma) n'apparaîtront qu'au début des années 1970 : Samuel Lachize (en 1971) et Michel Ciment (en 1972). L'un (à *L'Humanité Dimanche*) et l'autre (à *Positif*) ne sont pas des débutants. À l'émission du 18 avril 1971, Bastide, accueillant Samuel Lachize pour la première fois, fait remarquer qu' « *il connaît déjà tout le monde à la tribune* ». Ciment et Lachize sont bien, eux aussi, des compagnons de la générale – pardon, d'avant-première, comme on dit dans le cinéma.

Il faudra attendre Jérôme Garcin et le début des années 1990 pour qu'un vrai renouvellement s'opère à la tribune. Entre-temps, la « génération *Arts* » sera partie à la retraite, ou rejoindre les anges.

Une tribune, des tribuns. « *Dès les débuts de l'émission, la présence du public incitait aux coups de gueule des critiques*, se souvient Pierre Marcabru. *Le côté critique d'humeur l'a très vite emporté, surtout en théâtre, où Polac encourageait les excès. La tribune littéraire de Bastide était beaucoup plus sage.* » Georges Lerminier, critique « *exigeant* » du *Parisien*, selon Marcabru, est de ceux qui s'imposent rapidement. (Il est capable de remarquer, dans la mise en scène d'*Antigone*, par Vilar, que le nom de Zeus a été retiré « *deux ou trois fois* » du texte original de Sophocle... – lire page 180). Mais c'est le personnage de Morvan Lebesque (lire page 84) qui, à cette époque, frappe surtout les esprits : « *Lui, il avait un authentique côté tribun, il aimait empoigner son public, le dominer,* continue Marcabru. *C'était aussi un critique très engagé politiquement, moins provocateur peut-être que Sandier, qui arrivera plus tard, mais plus organisé: Sandier s'énervait un peu au coup par coup, tandis que chez Morvan Lebesque, la fièvre était constante.* » Morvan Lebesque était un critique « *chaleureux, passionné, mais véhément, un peu trop même* », au goût de Paul-Louis Mignon. On a vu que ce dernier suivait Jean Tardieu depuis déjà de longues années. Polac et Mignon s'étaient évidemment croisés au Club d'Essai, et comme en 1955 Paul-Louis Mignon devient critique dramatique au Poste parisien, Polac l'invite tout naturellement à siéger au *Masque*. Mais Paul-Louis Mignon n'y restera pas longtemps : « *Dans le débat, l'emportaient les tribuns aux formules incisives et tranchantes. Les critiques de cette époque étaient les militants de la cause d'un certain théâtre. Moi, je me sentais en porte à faux. Je considérais que des œuvres, des mises en scène, n'étaient pas forcément à rejeter d'un bloc.* »

L'époque n'était pas à la mesure. Une « révolution culturelle » était à l'œuvre, dans laquelle le jeune *Masque* allait jeter toutes ses forces ▪

La plume du *Canard*

Né en 1911 à Nantes, Morvan Lebesque fut une des plumes du *Canard enchaîné*. Entré en 1952 dans l'hebdomadaire satirique, il donnait chaque semaine une chronique polémique qui connut, dans les années 1960, une très grande popularité. C'était aussi un passionné de théâtre (il écrivit même quatre pièces), pilier de la revue *Théâtre populaire* (lire page 102), ce qui lui avait valu son entrée au *Masque*, où il dominait la tribune théâtre. « *C'était une très grande gueule* », se souvient Alfred Simon. Une grande gueule qui continue d'alimenter la polémique : le 25 février 2005, le conseil municipal de Quimper débat du baptême de plusieurs rues. Morvan Lebesque doit avoir la sienne, mais un conseiller communiste s'insurge qu'on veuille ainsi récompenser « *un ancien collabo* ». Morvan Lebesque (de son vrai prénom Maurice, qu'il avait changé en son équivalent breton) fut un chantre de la bretonnité, parfois avec débordements : avant guerre, il avait été (très peu de temps, il est vrai), rédacteur en chef de *L'Heure bretonne*, une publication marquée à l'extrême droite. Et au début de l'Occupation, il collabora (mais il ne fut pas le seul…) à *Je suis partout*. En 1970, il publia, au Seuil, *Comment peut-on être breton*, un très beau livre où il évoquait cette « *colonie de l'intérieur, privée de sa langue, de son histoire, travestie en folklore puéril* » : « *La Bretagne*, écrivait-il dans une formule devenue célèbre, *n'a pas de papiers. Elle n'existe que dans la mesure où à chaque génération, des hommes se reconnaissent bretons. À chacun, l'âge venu, la découverte ou l'ignorance.* » La même année, il mourait d'une crise cardiaque, au Brésil, où il était parti en reportage pour *Le Canard* ▪

La passion du théâtre

Il arrive au *Masque* en 1957, il le quittera en 1980 : Alfred Simon fut l'un des plus fidèles critiques dramatiques de l'émission. Rien ne le prédestinait à devenir critique : il est à l'origine professeur de philosophie à l'École alsacienne de Paris. « *Mais j'étais un enragé de théâtre*, raconte-t-il. *J'avais tâté de la comédie en amateur et j'essayais de voir tout ce qui était important.* » Une passion qui s'avérera payante. Proche de la revue *Esprit*[1], « *avec laquelle je me sentais en osmose* », il se voit proposer, en 1951, de prendre la chronique dramatique. C'est justement le moment où Vilar s'empare du TNP : « *J'étais un adepte de Vilar et de sa vision du théâtre populaire, je suis devenu un inconditionnel du TNP. De toute façon, à cette époque, si on aimait le théâtre, on aimait le TNP. Au* Masque, *il suscitait un enthousiasme unanime.* »

Le Masque, Alfred Simon y arrive par la bande : il a fait la connaissance de Georges Lerminier, qui parle de lui à Polac, lequel le contacte. Il se retrouve à partager la tribune avec Morvan Lebesque, Guy Dumur, Pierre Marcabru... « *des professionnels qui m'intimidaient un peu* ». Mais il ne reste pas longtemps un « amateur ». « *Compagnon de route* » du TNP, il donnera, au festival d'Avignon des années Vilar, des conférences enthousiastes dans le verger d'Urbain V. Très proche, ensuite, du Théâtre du Soleil et d'Ariane Mnouchkine, il se verra proposer un petit rôle dans son *Molière*. De 1965 à 1987, il enseignera même l'histoire du théâtre au conservatoire de la rue Blanche. Jacques Weber et Fanny Ardant, entre autres, furent ses élèves. Et aussi un certain Jacques Nerson, bien connu des auditeurs du *Masque* pour ses philippiques presque aussi redoutables que celles du Sandier de la grande époque. Quand Simon arrive au *Masque*, Gilles Sandier n'est pas encore de l'équipe. Mais dès qu'il la rejoint, au début des années 1960, Simon et lui vont faire la paire : « *J'étais un peu le Charensol de Sandier, son clown blanc. Comme j'écrivais pour* Esprit, *il me traitait au micro de "démocrate chrétien visqueux", mais hors antenne, il me disait : "Dites donc, j'ai vu un Claudel magnifique, cette semaine. Ça devrait vous plaire..."* »

Claudel : « *Mon Dieu, dans l'écriture théâtrale moderne. Avec Beckett. La création d'*En attendant Godot, *ça, quand même, ça a été la grande affaire...* » ▪

1 Revue d'idées fondée en 1932 par un groupe d'intellectuels réunis autour du philosophe Emmanuel Mounier, et dont le mot d'ordre était « *dissocier le spirituel du réactionnaire* ».

"DITES DONC, FRB..."

« Nouveau Roman », « nouveau théâtre »..., les années 1950 sont marquées par un vaste mouvement de remise en cause artistique : *Le Masque* n'aurait pas pu mieux naître. Mais si le contexte est porteur, l'émission va, en retour, contribuer à porter le contexte.

Côté théâtre, jamais, sans doute, les scènes parisiennes n'avaient connu une telle effervescence. « *Il est difficile, pour quelqu'un de vingt ans, d'imaginer le prestige du théâtre de cette période*[1] », rappelait en août 2000 Robert Abirached, qui fut notamment directeur du théâtre sous le premier septennat de François Mitterrand. Au début des années 1950, les petites salles du Quartier latin révèlent au public de nouveaux auteurs, Ionesco, Beckett et Adamov, que la critique va réunir sous l'appellation « théâtre de l'Absurde ». Ionesco débute avec *La Cantatrice chauve*, Beckett avec *En attendant Godot* et Adamov avec *La Grande et la Petite Manœuvre*. Leur point commun ? Un théâtre dépouillé, mécanique, concret, souvent tragique, parfois comique, mais par l'absurde, justement. Boris Vian ou Fernando Arrabal seront rattachés à cet « antithéâtre » que par dérision Roger Blin, le metteur en scène de Beckett, aimait appeler « théâtre impopulaire », pour l'opposer au Théâtre populaire de Vilar.

Vilar, c'était l'autre « *grande affaire* » de ces années-là, comme dirait Alfred Simon. En 1947, ce fils de commerçants sétois, révélé deux ans plus tôt

1 Conférence donnée le 27 août 2000, consultable sur www.theatre-contemporain.net

François-Régis Bastide, lauréat du prix Fémina le 26 novembre 1956, dédicace son roman, *Les Adieux*.

à Paris avec la création de *Meurtre dans la cathédrale*, monte à Avignon une « semaine d'art » qui fait sensation par son ambition : trois créations, dont un Shakespeare et un Claudel. En 1948, la « semaine » devient festival. La durée s'allonge, la renommée grandit, le public plébiscite. Commence, chaque été, une étrange transhumance vers le palais des Papes : des jeunes, sac au dos ; des enseignants ; des dentistes ; des postiers... tous passionnés de théâtre, toutes classes sociales confondues, qui s'entassent sur les mauvaises chaises des débuts. « *Ce sont des pèlerins* », aimait à dire, admiratif, l'anticlérical Sandier. « *Il faut aider Vilar, ou bien renoncer à se plaindre* », dira Sartre. En juillet 1951, le 5e Festival d'Avignon attire plus de 10 000 spectateurs[2] et Gérard Philipe triomphe dans *Le Cid*. L'aura de Gérard Philipe, qui va lier sa destinée d'acteur à la carrière du metteur en scène (et inversement), permet au tout jeune festival de rayonner jusque dans les couches les plus modestes de la société. À la consécration du public succède la consécration officielle : le 28 août 1951, Jeanne Laurent (lire page 40) nomme Jean Vilar à la tête du Théâtre national populaire.

L'idée d'un « théâtre populaire », subventionné par l'État, pour « *donner des "phares" au peuple* » est née au tournant du XIXe siècle, soutenue par les intellectuels de l'époque (Anatole France, Émile Zola, Octave Mirbeau...), dans le droit-fil de la célèbre formule de Jaurès : « *Un chef-d'œuvre est diminué à n'être possédé que par quelques-uns.* » Ce n'est qu'en 1920 que la Chambre vote enfin un crédit pour l'installation de ce « Théâtre national populaire » dans l'enceinte du palais du Trocadéro, construit pour l'Exposition universelle de 1878 sur la colline de Chaillot. Mais l'immense salle de concerts du Trocadéro (6 000 places !) se révèle impraticable pour le théâtre. Une autre Exposition universelle, celle de 1937, rase le Trocadéro pour construire l'actuel palais de Chaillot. Le Théâtre national populaire se voit doté, en sous-sol, d'une salle flambant neuve, de deux mille huit cents places d'une seule coulée et toutes de face. Un chef-d'œuvre de modernisme pour l'époque. La programmation, en revanche, pécherait plutôt par un classicisme ennuyeux. Le Théâtre national populaire n'attire pas les foules – sinon le public scolaire qui s'y rend contraint et forcé. Vilar hérite donc d'une maison où tout est à repenser et à reconstruire. Avec l'aide de Jean Rouvet au poste d'administrateur, Vilar, capitalisant la dynamique d'Avignon, va faire de Chaillot une Mecque du théâtre moderne : décors dépouillés à l'extrême (un arbre = la campagne, c'est l'imagination du spectateur qui crée le décor) ; suprématie du jeu des acteurs (Vilar remplace « mise en scène » par « régie ») ; services rendus au public (tarifs économiques ; placement gratuit, une nouveauté, ainsi que le système d'abonnement pour plusieurs spectacles).

2 Sur l'histoire du Festival d'Avignon, voir « Nos Avignon », long texte introductif de Bernard Dort à l'album *Avignon, 40 ans de festival*, Hachette/Festival d'Avignon, 1987.

Gérard Philipe par Agnès Varda dans *le Cid* mis en scène par Jean Vilar au festival d'Avignon en Juillet 1951.

Le Théâtre national populaire façon Vilar (désormais, tout le monde ne le désignera plus que par ses initiales : TNP) suscite l'engouement presque fanatique d'une partie de l'intelligentsia. Le journaliste Morvan Lebesque (lire page 84) publie même un manifeste « Pour un nouveau théâtre », qui est surtout un manifeste de soutien inconditionnel à Vilar. Il participe, en 1953, à la création, par Roland Barthes et quelques autres, de la revue *Théâtre populaire* (lire page 102), dont trois des principaux animateurs – outre Morvan Lebesque : Guy Dumur et Bernard Dort – seront, dès ses débuts, de l'aventure du *Masque et la Plume*. « *À l'époque, on était TNP ou Comédie-Française*, rappelle Alfred Simon. *Morvan Lebesque reprochait aux Français de rater une révolution du théâtre.* Le Masque, *il faut bien le reconnaître, et j'en avais d'ailleurs ma part, avait complètement versé du côté du TNP. Je me souviens qu'à un des tout premiers* Masque *auxquels j'ai participé, Michel Polac nous avait raconté, presque la larme à l'œil, qu'il avait passé une soirée entière à discuter avec Vilar à Avignon. Il en était terriblement fier...* »

La Comédie-Française, en revanche, est l'objet récurrent des sarcasmes du *Masque*. Dans l'émission du 22 janvier 1956, la troisième seulement, rappelons-le, Michel Polac annonce, sous les rires de la salle : « *Bon, il y a longtemps que nous n'avons pas parlé de la Comédie-Française...* » Les critiques se déchaînent. Même le très réservé Paul-Louis Mignon entonne : « *Les sociétaires du Français ont pris conscience* [qu'on] *y faisait du très mauvais travail*. » Bernard Dort évoque « *une crise du statut et une crise de la création artistique* ». Jean Nepveu-Degas explique « *qu'il y a toujours eu un décalage* [avec le théâtre de création] : *la Comédie-Française ne sera jamais un théâtre d'avant-garde, mais il faut que ce décalage reste à peu près possible* ». Et Georges Lerminier de conclure : « *Il faudrait que la Comédie-Française redevienne une troupe avec un chef, à défaut d'un style et d'une esthétique nouvelle*. » Fermez le ban.

Et puis, il y avait Brecht. En mai 1954, dix-huit mois avant la création du *Masque*, un événement secoue le petit monde des théâtreux parisiens. Le Berliner Ensemble est venu, dans le cadre du premier Festival international de théâtre de Paris, présenter *Mère Courage et ses enfants*, de Bertolt Brecht, dans la mise en scène et les décors de l'auteur. Brecht a commencé d'écrire pour le théâtre dès 1918. *Mère Courage et ses enfants* date des années d'exil, quand Brecht et sa femme, Helen Weigel, avaient été obligés de fuir le nazisme. La pièce avait été créée à Zurich, en 1941, mais encore jamais représentée à Paris, où Brecht était du reste quasi inconnu (une tentative de monter *L'Opéra de Quat'Sous*, en 1936, au théâtre Montparnasse, s'était soldée par un piteux échec). Pour beaucoup, le spectacle du Berliner Ensemble[3] est une révélation. C'est le début des « années brechtiennes ».

Vilar, le théâtre de l'Absurde, Brecht, mais aussi Jean-Louis Barrault, qui régnait depuis 1946 sur Marigny, avant de se voir confier l'Odéon en 1959,

3 Après la guerre, Brecht rentre en Allemagne, à Berlin-Est. En 1949, il crée avec sa femme le Berliner Ensemble, qui deviendra l'une des vitrines culturelles de la toute jeune RDA.

Jean Vilar photographié par Agnès Varda au cours d'une répétition au festival d'Avignon.

Jérôme Lindon, le directeur des Éditions de Minuit, avec Alain Robbe-Grillet par Henri Cartier-Bresson.

le Théâtre des Nations, qui s'installe en 1957 place du Châtelet (dans l'actuel Théâtre de la Ville) pour y accueillir des troupes du monde entier… « *C'était une période formidable pour le théâtre, et* Le Masque *était évidemment beaucoup plus intéressé par le théâtre qui s'élaborait sous nos yeux que par le théâtre du passé, que nous laissions à Jean-Jacques Gautier*, souligne Pierre Marcabru. *Même le boulevard était vivant. Il faut dire que le boulevard, à l'époque, c'était André Roussin, c'était Anouilh… Leurs nouvelles pièces étaient toujours très attendues du public et même si nous les détestions plutôt, elles pouvaient susciter d'interminables débats à la tribune du* Masque. *C'est d'ailleurs intéressant de constater que dans la période actuelle, il n'y a plus d'auteur d'avant-garde, mais il n'y a plus non plus de grand auteur de boulevard.* » « *Avec le recul, cette époque paraît extraordinaire,* ajoute Paul-Louis Mignon. *D'un soir à l'autre on passait de Montherlant à la nouvelle pièce de Ionesco, de Claudel à la découverte de Beckett, d'Anouilh à Vinaver…* »

L'engouement indéfectible du *Masque* pour Vilar durera jusqu'au tournant des années 1960. Dans l'émission du 5 novembre 1961, par exemple, sont traités successivement l'*Antigone* de Sophocle, mise en scène par Vilar à Chaillot – « *Prodigieux !* » s'enflamme Alfred Simon (lire page 85) – et le *Tartuffe* de Molière mis en scène par Anouilh, qui a transposé l'action à la Belle Époque, avec François Perier dans le rôle-titre. Si Perier est épargné, Anouilh est étrillé : « *La marque d'Anouilh sur* Tartuffe, *ça ne peut que diminuer Molière* », tranche Marcabru. « *Oui, mais ça grandit Anouilh !* », rétorque Lerminier...

Mais les modes, c'est bien connu, se démodent. Durant les années soixante Brecht sera encore monté en province, mais, contesté politiquement et jugé « *artistiquement dépassé*[4] », il disparaît peu à peu des grandes scènes parisiennes. Le triomphe de *Mère Courage et ses enfants* dans la Cour d'honneur d'Avignon en 1959 est aussi son chant du cygne : c'est la dernière fois, pour longtemps, qu'on y joue Brecht[5]. Vilar s'éloigne de Chaillot en 1963, pour en confier les rênes à son fidèle Georges Wilson. Mais quatre ans plus tard, Gilles Sandier expliquera à la tribune du *Masque* que le TNP, malgré son succès public qui perdure, « *c'est fini* » (lire page 268). L'année suivante, dans la foulée des événements de Mai, Vilar est même chahuté à Avignon : « *Je me souviens d'avoir pris un pot avec lui dans un bistrot*, raconte Bertrand Poirot-Delpech. *Il était pratiquement en larmes. Il ne comprenait pas, après tout ce qu'il avait fait, qu'on vienne lui reprocher, en somme, de ne pas avoir accompli, à lui seul, toute la Révolution en France...* »

Déjà, au *Masque* du 14 décembre 1961, Michel Polac avait pu annoncer, sans provoquer de hauts cris, que le « *sujet principal* » de l'émission serait la *Judith* de Jean Giraudoux, mise en scène par Barrault à l'Odéon, avec Loleh Bellon dans le rôle-titre. Giraudoux ? Mais oui, Giraudoux : « *Giraudoux n'a pas vieilli*, commence Georges Lerminier, *il y a trente ans c'était l'avant-garde. Eh bien, ça a moins vieilli que l'avant-garde des années 1950.* » Et d'expliquer que dans le théâtre d'après guerre, il existait un « *climat de défiance vis-à-vis du langage, [...] de toute communication* », alors qu'au contraire, le théâtre de Giraudoux manifeste sa « *confiance dans le langage* » et ne craint pas une certaine « *préciosité* ». Et Lerminier de conclure : « *En fin de compte, j'aime mieux les ailes de papillon de Giraudoux que les sabots pesants de tel ou tel auteur à la mode.* »

En revanche, le règne – parfois tyrannique, parfois éclairé – des metteurs en scène est plus que jamais d'actualité. Le mouvement qui s'était amorcé avant guerre prend, dans les années 1960, toute son ampleur. Plus qu'une mode, c'est une tendance lourde, qui va durer jusque dans les années 1980. Toujours à propos de cette *Judith*, Pierre Marcabru relève la « *contradiction* » entre une mise en scène volontairement grave et un texte « *clinquant, brillant, canularesque* » : « *Est-ce qu'en gommant cette tendance on ne trahit pas l'esprit profond de Giraudoux ?* » Et Georges Lerminier de répondre : « *Ceci pose le problème des mises en scène actuelles [...]. Jusqu'où peut-on aller dans la tricherie vis-à-vis d'un auteur qu'on peut appeler classique [sans atteindre] le noyau théâtral ? [...] C'est certainement au prix de cette contradiction que le spectacle de Barrault est une réussite et que Giraudoux sort du purgatoire ou même de l'enfer où on voulait le confiner.* » Quatre ans plus tard, dans l'émission du 1er avril

4 Bernard Dort, « Nos Avignon », *op.cit.* **5** Brecht ne fera sa réapparition dans la Cour d'honneur qu'en 1978.

1965, la tribune critique la mise en scène, par Jorge Lavelli, des *Enchaînés*, d'Eugene O'Neill. Lavelli a transposé cette histoire de brouille conjugale sur un ring de boxe, transformant ses acteurs, dont Maria Casarès, en bateleurs de pugilat. « *Une mascarade* », commente Poirot-Delpech qui, déplorant que Maria Casarès se soit laissé embarquer dans cette galère, dénonce « *le masochisme des acteurs qui ne savent pas résister à cette frénésie de mise en scénite* ». Mais Pierre Marcabru, c'est important, prend la défense du jeune Lavelli en soulevant un point sensible : « *Il y a un manque dramatique de textes contemporains* [forts]. *Que vouliez-vous que monte Lavelli ?* »

Cette absence de nouveaux auteurs d'envergure, toujours d'actualité – bien sûr viendra Koltès, mais ce n'est pas un arbre qui fait la forêt –, capables d'écrire pour les nouvelles générations de metteurs en scène, explique que l'histoire du *Masque* théâtre continuera d'être dominée par les figures et les révolutions de la mise en scène : le Living Theatre ; l'« esprit 68 » ; les apparitions d'Ariane Mnouchkine (« *Voilà le vrai théâtre populaire* », dira-t-on d'elle, au *Masque*, en 1972, alors que Vilar est mort l'année précédente…) d'Antoine Vitez, de Patrice Chéreau… ; le travail de Jack Lang à Nancy puis à Chaillot… *Le Masque*, la plupart du temps, réservait à la nouveauté un préjugé favorable.

C'est ainsi que dans l'émission du 19 février 1967, la tribune s'enthousiasme pour la présentation à Vincennes du *Labyrinthe* d'Arrabal, par un « *tout jeune metteur en scène* » : « *Un spectacle expérimental, très excitant, un véritable festival d'invention dramatique*, se félicite Alfred Simon. *Il y a dix ans, il aurait été joué dans un des petits théâtres de la rive gauche, il faut aller le chercher maintenant à la maison des jeunes et de la culture de Vincennes. Paris est en train de se vider* [de sa création]. » Et Gilles Sandier de renchérir : « *Ce travail* [est une] *orgie de théâtre, avec une invention scénique constante. C'est l'avant-garde d'aujourd'hui !* »

Évidemment, quand on sait que le « *tout jeune metteur en scène* » en question s'appelait Jérôme Savary, on est tenté de sourire aujourd'hui. Un seul critique, à la tribune, avait fait la moue : Wolf Kaufman, du *New York Herald Tribune*, qui venait à l'émission pour la première fois. « *Je n'ai rien vu* [dans ce spectacle] *d'expérimental, rien de neuf, rien de beau. Tout cela existait déjà en 1930* », dira-t-il. Bon, Wolf Kaufman ne sera pas réinvité au *Masque*. Tant pis pour lui. Ces étrangers, ça n'y connaît rien, en modernité. Le même jour, Yvan Audouard, convié lui aussi à la tribune, se fera à peine entendre. Il s'en explique en fin d'émission : « *Je n'ai pas beaucoup parlé, mais j'ai écouté avec un peu d'ennui. Je suis ravi de participer à cette tribune, mais je constate que tantôt elle s'érige en tribunal révolutionnaire, tantôt en toutes sortes de choses auxquelles j'ai du mal à participer. […] Si la révolution théâtrale est à base de pédantisme et de dogmatisme, je ne vais pas tarder à m'enfermer dans un réactionnarisme bougon.* » Sa sortie, on s'en doute, lui vaudra une volée de bois vert de Sandier et d'Alfred Simon…

Un autre phénomène d'importance touche le théâtre, en même temps qu'apparaît *Le Masque*

Jean-Louis Barrault par Roger Pic.

Bertold Brecht et sa femme, Helen Weigel, arrivent à Paris en 1954.

et la Plume : la décentralisation. Jusqu'à la Seconde Guerre mondiale, la totalité de la création théâtrale française se faisait à Paris. Ce sera la grande œuvre de Jeanne Laurent que de permettre l'éclosion de foyers de création en province. Les cinq premiers Centres nationaux dramatiques en région voient le jour entre 1946 et 1952 : Centre dramatique de l'Est (à Colmar, puis Strasbourg), Comédie de Saint-Étienne, Centre dramatique de l'Ouest (à Rennes), Grenier de Toulouse et Centre dramatique du Sud-Est (à Aix). C'est tout un nouveau public qui s'ouvre au théâtre, et s'intéresse à sa critique. *Le Masque*, tant qu'il n'est diffusé que par le Club d'Essai sur l'antenne de Paris IV, ne s'adresse qu'aux spectateurs parisiens. Mais tout change en 1957, quand (on le verra au chapitre suivant), *Le Masque*, fort de son succès grandissant, est hébergé sur l'antenne nationale de Paris Inter, qui deviendra six ans plus tard France Inter. D'autant que le mouvement de décentralisation se poursuit : après 1958, il sera relayé et étendu avec le réseau des maisons de la culture.

Et puis, il y a Roger Planchon. Ce fils de cafetier (né en 1931), autodidacte et fou de théâtre comme de cinéma, monte une troupe amateur à Lyon. En 1953, leur Théâtre de la Comédie (100 places), qu'ils ont construit eux-mêmes, est le premier théâtre de province à jouer tous les soirs. Ses créations se font l'écho des scènes parisiennes : Brecht, Ionesco, Adamov... mais aussi Shakespeare, Calderón ou René Char. En 1957, Planchon est accueilli par la municipalité de Villeurbanne. Commence l'aventure du Théâtre de la Cité, qui ne sera pas sans heurts : en 1959, l'État lui refuse une subvention et Planchon, confronté au développement de son théâtre, se retrouve étranglé. Le 23 mars 1959, *Le Masque* connaîtra « *le big moment* » de sa jeune histoire, pour reprendre l'expression de Bastide, lorsqu'il l'évoquera dans l'émission anniversaire des dix ans. Planchon, en duplex de Villeurbanne, lance un appel à l'aide, tandis que sur le plateau du *Masque* Jean Vilar salue le travail du jeune metteur en scène (alors âgé de vingt-sept ans) dans cette « *cité ouvrière* » qu'est Villeurbanne. Dès le lendemain de l'émission, racontera Bastide, Planchon était convoqué par Malraux et « *les choses s'étaient arrangées très vite* ». Par ailleurs, au cours de l'émission, un spectateur avait lancé l'idée d'une souscription, qui permettra de réunir 800 000 francs de l'époque. Quarante-six ans plus tard, Roger Planchon dit aujourd'hui « *ne pas se souvenir de l'épisode* », et il s'en excuse même, ajoutant : « *Mais à l'époque, c'était mon lot quotidien. Je courais sans cesse après les subventions pour faire tourner la baraque...* »

En littérature, c'est plus simple qu'au théâtre. Une seule « révolution », dans ces années-là, bouscule le monde des lettres, mais elle est radicale.

Tout commence en 1953 avec la publication des *Gommes*, un roman « policier » se jouant des codes du genre. L'auteur, Alain Robbe-Grillet, ingénieur agronome, est inconnu du public. Son premier roman, *Un régicide*, refusé par Gallimard, a été repêché par Jérôme Lindon, directeur des petites Éditions de Minuit, issues de la Résistance (elles ont été fondées dans la clandestinité en 1942), qui le publie en 1949 dans l'indifférence générale. *Les Gommes* ne font guère mieux. La « grande » critique y prête à peine attention. Mais Roland Barthes, qui commence à être très écouté d'un petit cénacle, expliquera, dans *Critique*, que *Les Gommes* ouvrent la voie à un nouvel art romanesque. Il parlera de « roman objectif[6] », et l'expression fera florès, au point d'irriter suprêmement Robbe-Grillet qui y voyait un contresens (lire page 145).

En 1955, *Le Voyeur*, le troisième roman, vaguement licencieux, de Robbe-Grillet, rencontre un petit succès de scandale (et le nouveau roman, pas encore baptisé, s'appellera aussi École du voyeur, ou, chez certaines mauvaises langues, École du gros œil…). Mais l'année suivante, Minuit publie *L'Emploi du temps* de Michel Butor, autre auteur refusé par Gallimard et qu'on peut rapprocher de Robbe-Grillet par un même souci de recherche formelle qui prime sur l'intrigue romanesque. Au début de 1957, Robbe-Grillet récidive avec *La Jalousie*. Cette fois, le grand critique du *Monde* Émile Henriot s'y intéresse, en même temps qu'à la publication, concomitante et toujours chez Minuit, de *Tropismes* de Nathalie Sarraute. Émile Henriot n'a aimé aucun des deux livres, mais le titre de son article, « Le Nouveau Roman[7] », va rester. Quelques années plus tard, Jean Ricardou résumera parfaitement ce qui se joue alors : « *Le roman n'est plus l'écriture d'une aventure, mais l'aventure d'une écriture*. » Saint-Germain-des-Prés, qui ne s'était plus trouvé d'école depuis l'existentialisme, se rue sur ce hochet. À l'automne, le deuxième roman de Butor, *La Modification*, décroche le Renaudot. L'habileté de Jérôme Lindon et de Robbe-Grillet pour recruter de nouveaux disciples (*Tropismes*, en réalité, datait de 1939 et Lindon n'avait fait que le rééditer) et une célèbre photo de groupe devant la porte de la maison d'édition feront le reste. Pendant deux ans, on ne parla plus d'autre chose. Si l'on était moderne, il fallait être nouveau roman. La contamination fera des ravages. Ainsi, Jean-Louis Bory, qu'on verra entrer en scène quelques chapitres plus loin, n'est pas encore, à cette époque, critique de cinéma, mais déjà professeur et écrivain. Le prix Goncourt 1945 avec *Mon village à l'heure allemande* affichait jusqu'ici une inspiration et un style qu'on qualifiera de classiques. Mais il va se laisser séduire par les revendications formelles du nouveau roman, dans lesquelles il a cru percevoir un écho séduisant de la modernité : « *La plume fait le style. De même qu'il y a un style de la plume d'oie blanche, il y a un style de la plume Sergent-Major, par exemple tous les premiers ouvrages de Malraux et les premiers Drieu La Rochelle. Le troisième tome des* Chemins de la liberté *est écrit à la pointe Bic. Sartre et Beauvoir n'appartiennent pas à l'âge de la machine à écrire, ils travaillent à la main. Il faut attendre, pour voir une littérature de la machine à écrire, le nouveau roman. Robbe-Grillet est le représentant*

6 « La littérature objective », article paru dans *Critique* de juillet-août 1954. 7 *Le Monde* du 22 mai 1957.

Le Cri muet : Helen Weigel par Roger Pic, dans le rôle de *Mère Courage* au théâtre des nations.

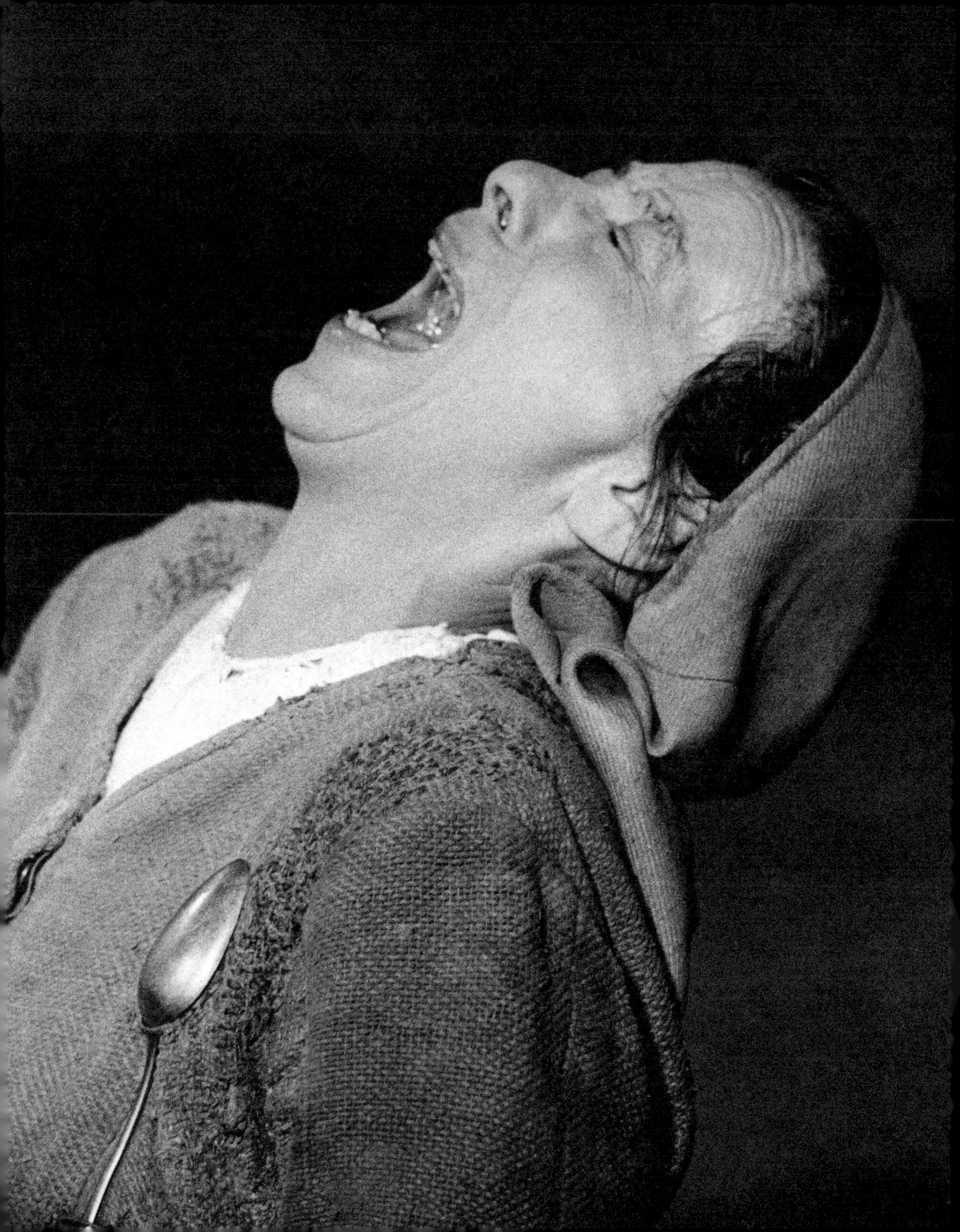

parfait du style Olivetti. Sur papier quadrillé pour plans d'architecte. Avec abscisses et ordonnées[8]. » Et Bory, au nom de cette modernité quadrillée, commettra, hélas ! quelques très mauvais livres... À sa décharge, on notera qu'il n'était pas le seul à s'être laissé impressionner. Claude Mauriac, qui se targuait lui aussi d'appartenir au mouvement, racontera qu'un soir de 1959 il avait donné chez lui un dîner en l'honneur de Nathalie Sarraute. François Mauriac s'était retrouvé placé entre l'invitée d'honneur et Robbe-Grillet. À l'issue du repas, il avait dit à son fils : « *Eh bien, quoi ! Ta Nathalie Sarraute et ton Robbe-Grillet, ils n'ont rien d'extraordinaire ! Ils sont comme les autres !* » Mais sous la boutade perçait un complexe : « *J'ai l'impression de me cramponner au cocotier* », avait conclu l'écrivain[9].

Le Masque était pro-Vilar, pro-Brecht. Il portera un regard très indulgent sur le nouveau roman. Pourtant, à l'automne 1956, six mois avant que n'éclate au grand jour la révolution en question, François-Régis Bastide avait reçu le Femina pour *Les Adieux*, paru chez Gallimard, roman d'une facture très éloignée de ce qu'écrivait alors un Robbe-Grillet. On notera, au passage, que Paul Gadenne avait donc vu juste : ce brave séducteur de « Régis » caressait, depuis longtemps sans doute, les dames du Femina dans le sens du poil. « *Mais Bastide va être emporté par la bourrasque du nouveau roman*, note Alfred Simon. *Il se désolait de voir que sa littérature, tout à coup, paraissait "classique", voire ringarde.* » Beau joueur, pourtant, il va suivre la mode. Alain Robbe-Grillet est reçu une première fois au *Masque* le 21 février 1957, où un duel mémorable l'oppose au très « classique », pour le coup, Michel de Saint-Pierre. « *Personne*, dira Robbe-Grillet à la tribune, *ne reproche à Le Corbusier, même lorsqu'on n'aime pas son architecture, de ne pas construire une cathédrale gothique. En revanche, tout se passe comme si on refusait que le roman puisse connaître une évolution, comme s'il était condamné à la répétition de formules.* » Ce à quoi Michel de Saint-Pierre, à bout d'arguments, finira par rétorquer : « *Je n'admets pas que l'on ne soit pas clair quand on a l'honneur de s'exprimer en français.* » Robbe-Grillet sera encore reçu longuement, en 1959, pour la publication du *Labyrinthe* (lire page 145). Et la sortie de *L'Année dernière à Marienbad*, en 1961, le « premier film du nouveau roman », sur un scénario et des dialogues de Robbe-Grillet, sera aussi largement commentée (lire page 188).

Le nouveau roman n'était pas une vraie école, plutôt une collection d'écrivains réunis sous la bannière (l'étoile bleue) des Éditions de Minuit. S'il résistera moins longtemps à la mode que le TNP de Vilar, quelque chose aura quand même changé dans le royaume des lettres. Le roman « à la Balzac » en a pris pour son grade. La recherche formelle continuera d'explorer de nouvelles voies. Et le public du *Masque* attendait de la tribune qu'elle joue, comme pour le théâtre, son rôle de soutien à la nouveauté. Dans l'émission du 22 octobre 1959, Bastide, évoquant le cour-

8 Jean-Louis Bory, *Le Pied*, Belfond, 1977, rééd. Pocket, 1978, p. 240. 9 Claude Mauriac, *Le Temps immobile*, Tome 6, Grasset, 1981, rééd. Le Livre de poche, 1989, pp. 140 et 141.

rier, parle de plusieurs lettres « *pour nous engueuler d'avoir défendu, la dernière fois, Mlle Sagan* ». Et de lire un extrait d'une de ces lettres : « *Dites donc, FRB, si vous prétendez éclairer les étudiants sur l'actualité littéraire, comment pouvez-vous parler d'une Sagan qui est la banalité même ? La comparer à Simenon ? Pourquoi pas à Saint-Simon tant qu'on y est ?* »

Autre exemple : le 8 septembre 1960, Bastide souligne la question « *gratinée* » *(sic)* d'un auditeur, une « *question de concours général* » : « *Y a-t-il une tendance spécifique dans la littérature d'aujourd'hui ?* » François Nourissier et Luc Estang se jettent à l'eau :

François Nourissier : « Il me semble qu'on pourrait parler, si j'ose une expression aussi neuve et audacieuse, d'une alittérature contemporaine. »
Luc Estang : « Le trait frappant, c'est qu'on pratique de plus en plus une littérature pour littérateurs. Une littérature au second degré. Il n'y a plus de référence à la vie, par exemple, dans le courant qu'illustre *Moderato Cantabile*, on a une transposition de quelque chose qui est déjà littéraire.
François Nourissier : « Oui, les personnages de *Moderato cantabile*, on a l'impression qu'ils ont déjà lu les livres de Marguerite Duras. Mais d'un autre côté, on peut comprendre que la jeune littérature ne se soucie plus tellement du lecteur. À l'âge des loisirs de masse (*Bastide souligne* : « de la mass communication »), la littérature aura de toute façon un public de plus en plus restreint et il est normal que pour une certaine littérature, le public en France, aujourd'hui, ne dépasse pas 3 000 à 6 000 lecteurs, pour un temps au moins. »

Le nouveau roman, finalement, n'avait sans doute été qu'un sursaut, un baroud d'honneur de la littérature française, avant d'entamer sa traversée du désert. Jamais elle ne retrouvera le prestige et l'influence qu'elle avait avant guerre. François-Régis Bastide, qui voyait d'année en année le public déserter les enregistrements de la tribune littéraire, s'en désolait mais n'y pouvait rien. Une autre forme d'expression lui avait ravi la vedette : le cinéma ▪

Revue

Le rôle de *Théâtre populaire*

Revue « de combat », revue engagée, *Théâtre populaire*, qui va fournir au *Masque* quelques-uns de ses critiques dramatiques les plus affûtés, naît en juin 1953. C'est Robert Voisin, qui publie alors à L'Arche les pièces que Vilar monte au TNP, qui en a l'idée. Comme son titre le laisse deviner, la revue sera principalement vouée à soutenir l'entreprise du TNP. Voisin, qui a lu les articles que Roland Barthes a consacrés au théâtre dans *Les Lettres nouvelles*, la revue de Maurice Nadeau créée quelques mois plus tôt, le contacte. Barthes, passionné de théâtre depuis sa jeunesse étudiante, quand il avait fondé avant guerre le Groupe de théâtre antique de la Sorbonne, commence à se faire un nom. Ses premiers textes (dont le fameux *Degré zéro de l'écriture*, qui deviendra aussi le titre de son premier livre, au Seuil, cette même année 1953) ont paru à partir de 1947 dans *Combat*, déjà sous la houlette de Maurice Nadeau, qui s'était enthousiasmé pour cet « *enragé du langage* ».

Outre Roland Barthes, Voisin contacte, pour former le comité éditorial de sa revue, Jean Duvignaud, Guy Dumur, Morvan Lebesque et Bernard Dort. Ce dernier est encore étudiant. Il termine l'ENA (il sera ensuite, pendant dix ans, administrateur civil au ministère de la Santé), mais c'est un fou de théâtre, qui écrit déjà dans *Les Temps modernes* et le tout jeune *Express*. Dort est né en 1929. Barthes en 1915. Malgré la différence d'âge, les deux hommes se lient à l'occasion de la création de *Théâtre populaire*[1]. Pendant quelques années, ils seront même inséparables, se frottant ensemble à l'avant-garde de leur époque ; aiguisant par l'émulation leur regard critique. C'est Barthes qui fait lire Marx à Dort et celui-ci, en retour, lui fait découvrir *Les Gommes* de Robbe-Grillet, ou l'emmène à Lyon, voir deux pièces d'Adamov montées par Planchon dans son petit théâtre encore « amateur[2] ».

Ce seront eux les vrais patrons de la revue. Voisin espérait une revue qui défendrait « une certaine idée du théâtre ». Barthes et Dort iront plus loin, persuadés que la réinvention du théâtre passe par la réinvention de la critique. En mai 1954, ils assistent ensemble à la représentation de *Mère Courage*, par le Berliner Ensemble. C'est le choc. « *Brecht est un marxiste qui a réfléchi sur les signes* »,

1 Sur leur amitié et les débuts de *Théâtre populaire*, voir notamment Louis-Jean Calvet, *Roland Barthes*, Flammarion, 1990, pp 140 et *sqq*. **2** Sur Bernard Dort, voir le colloque de Cerisy de septembre 1998, « Bernard Dort, un intellectuel singulier ». Actes parus dans le numéro 145 de la revue *Théâtre/Public* publiée par le Théâtre de Gennevilliers.

Roland Barthes par Louis Monier. Il fut l'un des plus fervents admirateurs de Brecht.

dira Barthes[3]. Lui qui a détesté Maria Casarès dans la *Phèdre* montée par Vilar, parce qu'il lui reprochait d'habiter tellement son rôle qu'elle donnait le sentiment d'*être* Phèdre, s'enflamme pour la fameuse « distanciation » brechtienne : « *Un homme vient* [il s'agit bien sûr de Brecht], *qui nous dit, au mépris de toute tradition, que le public ne doit s'engager qu'à demi dans le spectacle, de façon à "connaitre" ce qui y est montré, au lieu de le subir ; que l'acteur doit accoucher cette conscience en dénonçant son rôle, non en l'incarnant ; que le spectateur ne doit jamais s'identifier complètement au héros, en sorte qu'il reste toujours libre de juger les causes, puis les remèdes de la souffrance [...], que le théâtre doit cesser d'être magique pour devenir critique [...]* », écrira-t-il dans l'éditorial du numéro d'été (juillet-août) 1954 de *Théâtre populaire*.

Dès lors, la revue, tournant progressivement le dos à Vilar, deviendra, non sans un certain dogmatisme, le « temple du brechtisme à la française ». « *En réalité, Dort aurait aimé être le conseiller de Vilar, celui qui l'aurait inspiré,* décode Alfred Simon. *Vilar ne l'a pas souhaité. Dort, ensuite, l'a attaqué, non sans éprouver, bien sûr, les remords de quelqu'un qui tue le père.* » *Théâtre populaire* s'éteindra en 1964. Vilar a déjà quitté le TNP et la revue, à cette époque, avait depuis longtemps perdu de son influence (bimestrielle à sa naissance, elle était devenue trimestrielle en septembre 1958). Mais durant son premier lustre, elle domina la critique dramatique. Et donna au *Masque* Guy Dumur, Morvan Lebesque et, bien sûr, Bernard Dort, qui y restera jusqu'au début des années 1970. Entre-temps, ce dernier aura complètement abandonné la fonction publique pour verser définitivement dans le théâtre. En 1971, à quarante-deux ans, il soutiendra une thèse de doctorat sur Brecht. Puis il deviendra conseiller du TNS et même professeur au Conservatoire. Il décédera en 1994. Barthes, lui, on s'en souvient, avait été renversé par une camionnette de livraison, rue des Écoles, en février 1980, alors qu'il sortait de déjeuner avec François Mitterrand. Il mourra à l'hôpital, un mois plus tard. À l'inverse de Bernard Dort, il s'était éloigné du théâtre dès la fin des années 1950 ■

3 Cf. note page 102. *Id. Ibid*

Roger Planchon par René Basset en 1950.

1958 André Malraux *Musée imaginaire*

« — un personnage de musée »

1918. UNE SALLE DU LOUVRE où l'on a réuni *La Kermesse* de Rubens, *Le Bœuf écorché* de Rembrandt et la *Pietà d'Avignon* : un adolescent a « *le souffle coupé par le bondissement de ces cloches profondes qui s'accordaient dans mon cœur*[1] » : il s'appelle André Malraux.

Ses deux triptyques d'après guerre – *Le Musée imaginaire* et *La Métamorphose des dieux* – auront l'ambition, à une échelle parfois jugée démesurée, de faire résonner cette chambre d'échos. Succès auprès du « public cultivé » (spécialement du volume *Les Voix du silence*, premier tome du *Musée imaginaire*), mais accueil mitigé de la part des deux corporations qui régentent la critique savante : les historiens d'art et les philosophes. On ne pardonne pas à Malraux ses intrusions d'autodidacte[2]. Le 30 janvier 1958 – dans moins de six mois Malraux sera ministre de De Gaulle – *Le Masque*

1 Cité par Jean-Yves Tadié, *in* André Malraux, *Écrits sur l'art*, Introduction au premier volume, « Bibliothèque de La Pléiade », Gallimard, 2004. 2 La reprise récente (novembre 2004) de l'ensemble de l'œuvre esthétique dans La Pléiade proposait d'écarter les objections persistantes des spécialistes pour l'inscrire « *dans la critique d'art des écrivains* », tradition que pourraient illustrer les noms de « *Diderot, Baudelaire, Valéry, Breton, Proust...* ».

André Malraux en 1933, l'année où le prix Goncourt fut attribué à *La Condition humaine*.

consacre une émission au *Surnaturel* – le premier volume de *La Métamorphose des dieux*...

FRANÇOIS-RÉGIS BASTIDE — Je crois que je n'ai pas compris grand-chose...

MICHEL POLAC — Ton cas n'est pas isolé : les Italiens ont dit que Malraux était « le Cecil B. De Mille de l'esthétique » et les Anglais que c'était un « critique d'après-dîner ».

ROBERT KANTERS — Oui : *after-diner criticism* – c'était un article au sujet de son Goya[3] : [on jugeait] regrettable que le commentaire de Malraux porte si souvent sur des Goya dont l'authenticité est extrêmement douteuse... Demandons à Berne-Joffroy[4], puisque c'est lui le spécialiste, ce qu'il y a dans ce livre.

FRANÇOIS-RÉGIS BASTIDE — C'est le premier tome d'une histoire de l'art...

ROBERT KANTERS — Là, tu résous le problème, ou tu prétends le résoudre.

ANDRÉ BERNE-JOFFROY — Il faut situer Malraux sur son vrai plan qui n'est pas d'abord celui d'un historien de l'art, mais plutôt d'un métaphysicien [...]. Je ne suis pas du tout un maniaque de [son] projet : certaines vues ne me semblent pas toujours exactes, en particulier celles de l'introduction [où il marque] une grande différence entre le musée « traditionnel » – celui de Delacroix, de Baudelaire et même de Cézanne, et d'autre part le musée « imaginaire », ce domaine illimité où l'art roman se mêle à ceux de l'Orient ancien, des Empires d'Asie et d'Amérique installés dans un Moyen Âge éternel [...]. Ceci dit, la justesse des thèses de Malraux n'est pas en cause. Devant des ouvrages comme celui-ci, il n'y a qu'à tirer son chapeau.

ROBERT KANTERS — Ne pas discuter la justesse des vues, c'est pousser l'admiration un peu trop loin. Nous n'avons pas à traiter Malraux comme un personnage de musée.

ANDRÉ BERNE-JOFFROY — On peut ne pas être hégélien et avoir une grande admiration pour le monument qu'a construit Hegel ; on peut trouver *L'Iliade* ennuyeuse et voir que c'est un grand poème.

Le 17 juin 1973, à l'occasion d'une « *grande biographie* » due à Jean Lacouture, *Le Masque* revient, en compagnie de l'auteur et de Jean Daniel, sur l'itinéraire de Malraux (qui met d'ailleurs la dernière main – les deux tomes paraîtront en 1974, puis en 1976, l'année de sa mort – à la suite de *La Métamorphose*...). Quinze ans ont passé, mais *Le Masque* affiche toujours vis-à-vis de Malraux une certaine... perplexité.

3 *Saturne, essai sur Goya*, Gallimard, 1950. 4 Également inclassable, André Berne-Joffroy (né en 1915) est notamment l'auteur d'un ouvrage de référence sur le Caravage et d'études sur Paul Valéry. Il fut conservateur au musée d'Art moderne de la ville de Paris (après 1965).

André Malraux, ministre de la Culture, assiste à la répétition d'un concert au Grand Palais en juillet 1959.

JEAN LACOUTURE — En 1958, face au drame algérien, Malraux ne voyait que deux hommes d'une certaine stature : le général et lui [...]. Il postulait à un ministère de haute responsabilité, soit l'Intérieur, soit les Affaires algériennes, en prise directe avec l'action, un ministère d'intervention... Savoir ce que Malraux aurait donné [à ce poste], nos imaginations peuvent courir...

FRANÇOIS-RÉGIS BASTIDE — Elles ne peuvent pas courir longtemps...

JEAN DANIEL — Je me souviens de ce projet algérien de département pilote [...], de département exemplaire. Je n'ai jamais su d'où il le tenait, si c'était le fruit de sa propre imagination ou...

FRANÇOIS-RÉGIS BASTIDE — Ah oui, les kibboutz... tout ça... Il voulait faire une espèce d'Israël en Algérie...

« Malraux aboutit à l'invention de l'immortalité de l'homme de pierre : il s'arrête en chemin et laisse le chemin s'achever vers la statue ou le portrait. »

André Malraux par Inge Morath.

JEAN LACOUTURE — Oui, mais avec l'accord de Bourguiba et du sultan du Maroc, c'était un peu audacieux...

FRANÇOIS-RÉGIS BASTIDE — Totalement irréalisable !

JEAN DANIEL — À l'époque, c'était tellement bouché que ça représentait une forme de progrès...

FRANÇOIS-RÉGIS BASTIDE — On croit connaître un peu les dernières années, le ministère, etc. Le RPF c'est déjà un peu plus loin [...]. Tout ce qui va jusqu'au maquis me semble le plus fascinant. Par exemple, le premier Malraux, le Malraux qui n'a pas son bachot [...], marchand de livres pas très convenables ; le Malraux – que je ne soupçonnais pas – ami de Max Jacob ; le Malraux admirateur de Charles Maurras – il y a une phrase qui n'est pas piquée des hannetons – et puis le Malraux retour d'Angkor, après la fameuse histoire des statues volées, qui est au fond l'équivalent de ce qu'on appelle aujourd'hui un gauchiste...

JEAN LACOUTURE — C'est un peu plus tard...

FRANÇOIS-RÉGIS BASTIDE — Cet homme qui a été tout près du communisme, qui est devenu un anticommuniste au temps du RPF, c'est un parcours d'une très grande complexité. Une autre question : pourquoi Malraux n'est pas entré naturellement dans le surréalisme ? *Lunes en papier*, c'était très proche...

JEAN LACOUTURE — Il m'a répondu : [à cause d'] « une histoire de géographie : j'étais en Indochine au moment du manifeste surréaliste ». *Lunes en papier*, c'est effectivement un Malraux pré-surréaliste. Il fut aussi proche du dadaïsme, et fonda une revue dans cette mouvance avec Marcel Arland. Il « rate » le surréalisme parce que ça éclate [en son absence], et après il n'a pas envie de monter dans le train en marche. D'autant que le surréalisme devient vite une Église avec un pape, et un pape très autoritaire...

FRANÇOIS-RÉGIS BASTIDE — Il va aller au congrès de Moscou avec Dabit, avec Guilloux[5], mais peu de temps avant il parle encore de « ces forces de gauche qui m'excitent avec modération »...

JEAN DANIEL — L'homme de gauche pour les masses, à cette date, c'est Gide.

JEAN LACOUTURE — Oui, Ramon Fernandez cite la phrase d'un ouvrier, dans une réunion publique au moment du 6 février,

5 Bastide mêle deux épisodes : le 1er Congrès des écrivains soviétiques – en août 1934, auquel Malraux assista avec Aragon et Nizan – et le fameux voyage de l'été 1936, où Eugène Dabit trouvera la mort et dont Gide devait tirer son *Retour d'URSS* – voyage auquel Malraux n'a pas participé.

qui dit : « Faudrait qu'on aille dans la rue et qu'on soit pressé par un type vraiment gonflé comme André Gide par exemple… »

FRANÇOIS-RÉGIS BASTIDE — L'oncle Gide, c'est trop beau ! Le cher oncle, dans sa cape et ses imparfaits du subjonctif !

JEAN LACOUTURE — Mais Malraux parle des forces de gauche françaises. Il a été un révolutionnaire, mais il n'a jamais appartenu aux chapelles, aux organisations [qui ne lui paraissaient] pas marquées d'un certain caractère épique et romantique. Alors qu'aller à Moscou, avec l'aura de la révolution d'Octobre, entre Ehrenbourg et Kolstov, il avait l'impression de se hausser ! Les tribunes du Front populaire, entre Chautemps et Daladier, ce n'était pas toujours très excitant…

FRANÇOIS-RÉGIS BASTIDE — [La Résistance ?]

JEAN LACOUTURE — Beaucoup de gens sont allés le voir [dès 1941-1942] : d'Astier, Roger Stéphane… Sa première réaction est de leur demander : « Vous avez des armes et de l'argent ? » Sans soutien matériel à cette date, il croit qu'on ne peut faire que du théâtre. C'est le complexe du technicien, le thème de l'efficacité… alors qu'on ne voit souvent chez lui que le comédien.

FRANÇOIS-RÉGIS BASTIDE — [Malraux est athée ?]

JEAN LACOUTURE — De ses conversations avec lui, l'abbé Bockel [l'aumônier de la brigade Alsace-Lorraine] rapporte qu'il opposait religion et destin : l'homme religieux et l'homme du destin.

JEAN DANIEL — Il lui avait dit : « Je suis agnostique : il faut bien que je sois quelque chose […] mais vous savez mieux que moi que nul n'échappe à Dieu. »

JEAN LACOUTURE — Oui, mais il s'efforce depuis si longtemps d'inventer l'immortalité de l'homme de pierre que c'est quand même une compensation […]. Avec *La Métamorphose des dieux*, enfin avec toute son œuvre esthétique – qui n'est pas de loin celle que je préfère –, Malraux aboutit à l'invention de l'immortalité de l'homme de pierre : il s'arrête en chemin et laisse le chemin s'achever vers la statue ou le portrait ▪

1959

Otto Preminger
Autopsie d'un meurtre

« — C'est une petite culotte de nylon rose bordée de dentelles... »

AUTOMNE 1959 : le nouveau film d'Otto Preminger arrive en France. Depuis *Laura* (en 1944), qui a révélé Gene Tierney, Otto Preminger (1906-1986) est révéré des cinéphiles. Et Preminger est volontiers annexé dans le courant de la nouvelle vague. L'année précédente, en 1958, il a signé à l'écran l'adaptation de *Bonjour tristesse*, avec Jean Seberg et David Niven. Cette fois, avec *Autopsie d'un meurtre*, il revient au film noir réaliste. James Stewart, Lee Remick et Ben Gazzara sont au générique. Ainsi qu'un certain « panty », que Preminger s'attarde à filmer sous toutes ses coutures (ce qui ne manquait pas d'audace pour l'époque). *Le Masque*, bien sûr, plébiscite (émission du 5 novembre 1959). Sauf Charensol, qui refuse de se laisser aveugler.

FRANÇOIS-RÉGIS BASTIDE — Nous arrivons aux grandes choses, Charensol !

GEORGES CHARENSOL — C'est exactement zéro ! Une pièce de théâtre qui roule – je m'excuse – autour du slip d'une dame...

JEAN DUTOURD — Charensol est très incomplet : il parle de slip, mais ça ne dit rien. C'est une petite culotte de nylon rose bordée de dentelles... (*Rires.*)

GEORGES CHARENSOL — C'était la précision que j'attendais de vous, mon cher Dutourd.

MICHEL POLAC — Vous pourriez commencer par dire que le film est d'Otto Preminger !

FRANÇOIS-RÉGIS BASTIDE — Avec M. James Stewart.

FRANCE ROCHE — Un homme est arrêté pour homicide. [Le meurtre est motivé parce que la victime] est supposée avoir violé la femme de l'assassin [...]. [Le procès va devoir éclairer ce point] : Est-ce que la femme a réellement été violée ? L'intérêt [réside dans] ce que Preminger arrive à injecter dans cette intrigue classique. Son avocat parvient à faire acquitter l'accusé, mais tandis qu'il passe pour innocent aux yeux du jury, il l'est de moins en moins pour le spectateur et lorsqu'il est acquitté [...], il est [en fait] condamné par la salle. Cette ambiguïté m'a plu [d'autant qu'elle est exprimée] sans blabla.

GEORGES CHARENSOL — Qu'est-ce qu'il vous faut ! Ça dure deux heures et demie et ça cause tout le temps.

PIERRE MARCABRU — C'est un très grand film ! (*Quelques applaudissements* « bien maigres » *remarque Charensol*) La sympathie va à cette figure d'avocat misanthrope. La justice est une partie de ping-pong ou de poker et c'est ce que le film a très bien rendu.

JEAN DOUCHET — Je reviendrai plutôt sur la forme, car c'est là surtout que s'étale le divorce entre la jeune et l'ancienne critique...

GEORGES CHARENSOL — Je me voile la face dans ma barbe blanche !

JEAN DOUCHET — La mise en scène est admirable, [en rupture avec] une écriture d'il y a vingt ou vingt-cinq ans qui a fait son temps [...].

GEORGES CHARENSOL — Je ferais remarquer, en passant, que ce n'est pas du tout l'écriture de Resnais dans le seul chef-d'œuvre que nous ayons eu cette année, *Hiroshima mon amour*. Alors, vous généralisez, quand vous parlez uniquement de vos amis Truffaut et Chabrol. Il y a d'autres metteurs en scène français, excusez-moi de vous le dire !

JEAN DOUCHET — J'estime aussi le travail de Resnais.

GEORGES CHARENSOL — Reconnaissez qu'entre *Hiroshima* et Preminger, il y a des kilomètres...

JEAN DOUCHET — Je ne prendrai qu'un exemple : dans un plan général très court, les deux procureurs sont réunis. L'un est d'une intelligence satanique, l'autre insignifiant. Et celui-là jette un regard terrible de profond mépris... Regard intense mais fugitif qu'il faut saisir.

GEORGES CHARENSOL — Sur un film qui dure trois heures, c'est difficile... ▪

Pages suivantes : Otto Preminger saisi derrière la caméra par Inge Mili en Janvier 1959.

BNC 92

1959

Alain Resnais
Hiroshima mon amour

« — je suis resté un quart d'heure à la porte du cinéma, appuyé contre une vitrine à me reprendre »

TOUT LE MONDE CONNAÎT le mot de Pierre Desproges : « *Marguerite Duras n'a pas écrit que des conneries. Elle en a aussi filmé.* » Avant de passer elle-même derrière la caméra, l'auteur des *Petits Chevaux de Tarquinia* (un pur chef- d'œuvre, et Desproges n'aurait sans doute pas dit le contraire), Marguerite Duras s'est d'abord essayée au scénario et aux dialogues. En 1958, Alain Resnais, qui n'a jusqu'ici réalisé que des courts-métrages, dont le fameux *Nuit et Brouillard*, qui lui a valu la célébrité deux ans plus tôt, lui commande une histoire d'amour et de mort, sur fond de guerre nucléaire et de réconciliation des peuples. Ainsi naît *Hiroshima mon amour*. Le scénario est superbe. L'image aussi. Et *Le Masque* (émission du 25 juin 1959) se dispute pour savoir lequel des deux sort gagnant. Subtile dialectique, entre les pro-Duras et les pro-Resnais.

FRANCE ROCHE — [Je m'élève] contre une critique péremptoire, qui a assené qu'on devait accepter ou refuser en bloc le film de Resnais : ne peut-on pas, au cinéma, dissocier les éléments beaucoup plus aisément [que dans d'autres formes d'art] ? J'ai parfaitement le droit de dire que j'ai aimé les images de Resnais, mais le texte beaucoup moins.

CLAUDE MAURIAC — Vous en avez le droit bien sûr, et je pensais comme France Roche la première fois, mais j'ai tendance à me méfier de mes propres impressions, de l'agacement que j'avais ressenti face au texte de Duras. Je suis donc allé le revoir et je suis de ceux qui pensent que

Emmanuelle Riva et Eiji Okada dans *Hiroshima mon amour*.

les éléments en sont indissociables. [Ce film] fait entrer le cinéma dans une nouvelle ère, [il l'ouvre à une] certaine complexité : demain on pourra faire un film sur un texte de Sarraute – ce qui vaudra d'ailleurs mieux que Duras, question de goût personnel, mais sans doute aussi de qualité [réelle]. Si on y réfléchit [l'univers des grands cinéastes est demeuré assez simple] : l'univers de Stroheim est finalement élémentaire, ça vaut aussi pour Chaplin qui est génial, mais à la manière de Molière [...].

GEORGES CHARENSOL — Je vais avoir l'air de me contredire, puisque j'ai souvent dit que j'étais d'abord un visuel. Mais l'essentiel ici, c'est le long monologue d'Emmanuelle Riva ; l'image est un contrepoint. Si c'est un des trois ou quatre plus grands films depuis 1894, c'est à Marguerite Duras qu'on le doit plutôt qu'à Alain Resnais, qui a été un admirable serviteur de ce monologue inoubliable.

MICHEL POLAC — Ça me paraît un paradoxe, mais...

JACQUES DONIOL-VALCROZE — C'est bien de renverser la vapeur, puisque les gens qui attaquent le film s'en prennent surtout à Marguerite Duras. Cependant – c'est une vérité de La Palice mais vous avez tendance à l'évacuer – sans Resnais il n'y aurait pas de film. Bien plus, tous ses courts-métrages débouchent sur *Hiroshima* : *Toute la mémoire du monde*, c'est l'angoisse de la connaissance qui se disperse ; l'éclatement de notre monde humain, c'est *Hiroshima* et *Le Chant du styrène* ; le dépouillement, le retour aux sources, c'est encore *Hiroshima*.

GEORGES CHARENSOL — J'admire Resnais, son talent de Van Gogh exalté – je vous rappelle que je faisais partie des jurés du prix Jean Vigo qui l'a couronné[1] – mais sur *Hiroshima*, il n'a apporté que son très grand talent tandis que Marguerite Duras a eu un trait de génie...

JACQUES DONIOL-VALCROZE — Je me répète mais *Hiroshima*, c'est spécifiquement l'univers d'Alain Resnais. D'ailleurs il est venu trouver Marguerite Duras et lui a dit : « Voilà ce que je veux faire, raconter une histoire d'amour sur le fond de l'horreur d'Hiroshima... » Le substratum est d'Alain Resnais, alors projeter toute la gloire sur...

GEORGES CHARENSOL — Ils ont collaboré étroitement, mais Marguerite Duras a tiré vers elle – peut-être inconsciemment – le projet de départ.

MICHEL POLAC — Vous ne parlez pas beaucoup des images, alors que ce qui me semble génial, ce sont certains plans : je pense à celui où la remontée dans

1 Pour *Nuit et Brouillard* en 1956.

Emmanuelle Riva et Eiji Okada dans *Hiroshima mon amour.*

la mémoire nous est suggérée par un travelling entre des arbres dénudés [...].

JACQUES DONIOL-VALCROZE — Et le découpage Nevers-Hiroshima...

MICHEL POLAC — À la fin, ce sont des bribes qui apparaissent à l'écran, et on sent qu'elle [Emmanuelle Riva] se détache de cet amour...

GEORGES CHARENSOL — Je crois que c'est pourquoi ce film m'a laissé absolument bouleversé : je suis resté un quart d'heure à la porte du cinéma, appuyé contre une vitrine à me reprendre.

FRANCE ROCHE (*Attendrie mais narquoise*) : Beau spectacle...

GEORGES CHARENSOL — Ce qui ne m'était pas arrivé depuis *Les Rapaces* de Stroheim, je vous assure[2] !

FRANCE ROCHE — Heureusement, ça ne vous arrive pas souvent... ■

2 Film de 1923. Évidemment, Charensol l'avait vu à sa sortie...

NOUVELLE VAGUE

LE 21 FÉVRIER 1957, dix-huit mois après sa création, *Le Masque et la Plume* est relayé pour la première fois sur les ondes de Paris Inter. Quinze jours plus tard, le 7 mars, l'émission est dorénavant diffusée exclusivement sur ce poste – le jeudi, à 22 heures, ce n'est qu'à la toute fin des années 1960 qu'elle renouera avec une diffusion dominicale. Pour *Le Masque*, c'est un sacré changement de braquet : de confidentielle et parisienne, l'audience devient nationale. «*Merci, Agathe Mella*», résume Michel Polac. Le responsable de ce coup de baguette magique est en effet une responsable, Agathe Mella, première femme nommée à la tête d'une station de radio française. C'était au début de 1953. Quelques semaines plus tôt, le premier sondage d'opinion sur la radio, réalisé par l'INSEE, avait rendu un verdict sans appel : Radio Luxembourg enfonçait en bonnes opinions (on ne mesurait pas encore l'audience) les stations du service public[1]. Wladimir Porché, le patron de la RTF, avait réagi en changeant les responsables des trois postes nationaux. Agathe Mella, entrée à la radio en 1935, ancienne résistante, héritait de Paris Inter. «*Elle a sur la radio des conceptions originales et hardies*», écrivait alors *La Semaine radiophonique*[2]. De fait, Agathe Mella va s'attaquer à la rénovation de Paris Inter. La création d'Europe n° 1, en 1955, qui ouvre un nouveau front et séduit les jeunes, la convainc que l'antenne qu'elle dirige doit se distinguer sur le chapitre de la culture. Elle a écouté *Le Masque* au Club d'Essai. Elle a aimé. Elle décide de le jeter dans le vrai grand bain de la radio[3]. «*Le Femina de Bastide*

1 Source : Comité d'histoire de la Radio-diffusion ; www.chr-asso.fr 2 *Idem*. 3 En 1972, Agathe Mella partira diriger France Culture, où elle restera jusqu'à sa retraite, malgré l'hostilité du ministre de l'Information de l'époque, Philippe Malaud, qui, voyant en elle une «*cryptocommuniste*», avait demandé sa tête. Elle est morte en 2002.

Jane Seberg, Jean-Paul Belmondo et Jean-Luc Godard en septembre 1959.
Pages suivantes : Jean-Claude Brialy, Juliette Mayniel et Claude Chabrol à la terrasse du café des *Deux Magots* en avril 1959.

nous a beaucoup aidés, souligne Polac. *À l'époque, c'était une belle consécration pour l'auteur. Le renom de l'émission en avait profité.* »

Cette même année 1957, à la rentrée d'automne, *Le Masque* expérimente une autre nouveauté : la création d'une tribune des critiques de cinéma. « *En fait,* précise Michel Polac, *dès l'origine, avec Bastide, nous avions souhaité parler de cinéma. Tardieu avait refusé. Il considérait que le cinéma n'avait pas le prestige du théâtre et de la littérature. Avec le recul, ça fait évidemment sourire. Même les critiques de cinéma n'étaient pas très bien considérés. Tout a changé avec la nouvelle vague.* »

La nouvelle vague ? Elle trouve sa lointaine source dans la cinéphilie, qu'on voit apparaître après guerre. Le cinéma, alors, fête son demi-siècle d'existence. C'est encore un art très jeune, mais qui suscite déjà chez certains spectateurs une approche passionnée, culturelle et presque fétichiste. Le cinéphile ne consomme pas le cinéma comme un loisir. Le nom des vedettes de l'écran n'est pour lui qu'une information, souvent moins importante que l'identité du réalisateur, du scénariste, du chef éclairagiste... Le cinéphile a ses chapelles, ses écoles, ses clans. Il aime ou il déteste, mais toujours avec ferveur. Le cinéphile se recrute un peu partout. La puissante Fédération française des ciné-clubs (FFCC) constitue un vivier de choix. Mais on déniche aussi le cinéphile dans certains cinémas parisiens : le MacMahon, notamment, près de l'Étoile. Le cinéphile a ses journaux, où s'expriment d'autres cinéphiles, qui pratiquent une critique « criticisante », toujours fervente, mais influencée par les chapelles ou les écoles. Trois revues se partagent le marché de la cinéphilie. *Cinéma*, la revue de la FFCC (dont le titre se complétait du millésime de l'année en cours), fondée en 1954. Et surtout, *Les Cahiers du cinéma* et *Positif*. *Les Cahiers* apparaissent en 1951, autour de la personnalité d'André Bazin. *Positif* est créé en 1952, par des khâgneux lyonnais, avant de rallier Paris en 1956. Très vite, tout oppose les deux revues, qui « *s'étriperont sur tout, sauf sur Jerry Lewis*[4] ». *Positif* détestera la nouvelle vague. *Les Cahiers* l'encenseront. Et pour cause : ses films seront réalisés par d'anciens collaborateurs de la revue – François Truffaut, Jean-Luc Godard, Claude Chabrol, Jacques Doniol-Valcroze, Éric Rohmer... –, qui avaient théorisé dans ses colonnes une nouvelle approche cinématographique, avant de passer eux-mêmes à l'action.

Du passé, faisons table rase : les tenants de la nouvelle vague rejettent en bloc le cinéma de papa, jugé lourd, compassé, artificiel. Ils se revendiquent d'une esthétique plus proche du réel : scènes extérieures, décors naturels, caméra à l'épaule, nouveaux acteurs au jeu plus spontané... Le texte fondateur du mouvement est l'article que donne François Truffaut dans le numéro 31 des *Cahiers* (janvier 1954) intitulé « *Une certaine ten-*

4 Édouard Waintrop, in *Libération* du 23 décembre 2004.

Le premier numéro des *Cahiers du Cinéma*

CAHIERS DU CINÉMA

Nº 1 • REVUE DU CINÉMA ET DU TÉLÉCINÉMA • AVRIL 1951

DU CINÉMA

dance du cinéma français ». Texte fleuve, qui oppose la « *tradition de la qualité française* » (entendez tous les grands réalisateurs de l'époque, jugés « *bourgeois* » et sans inventivité) à un « *cinéma d'auteur* », que Truffaut appelle de ses vœux, mais qui manque encore à l'appel. Le prodrome du « renouveau » intervient deux ans plus tard, en 1956, avec l'apparition de Bardot nue dans *Et Dieu créa la femme*. L'actrice incarne un rêve de liberté et d'émancipation des préceptes moraux de la société française d'après guerre. La critique cinéphile plébiscite le film « *pour sa valeur doublement dérangeante, car sa liberté est celle des mœurs autant que du cinéma : petit budget, dialogues peu écrits, intrigue lâche, extérieurs*[5]... ».

Pour l'instant, la nouvelle vague n'a pas encore de nom. Mais le film de Vadim paraît sur les écrans alors qu'on sait que Truffaut, Godard et les autres travaillent déjà à leur premier long-métrage. Le 3 octobre 1957, Françoise Giroud, dans *L'Express*, se penche sur les aspirations de la jeunesse française : « *La nouvelle vague arrive* », prédit-elle. Le titre fait mouche. Il est repris en février 1958 par Pierre Billard, dans *Cinéma 58*, mais cette fois dans sa seule acception cinématographique. Voilà la nouvelle vague baptisée. Toutefois, son coup d'envoi officiel attendra la présentation triomphale à Cannes, le 4 mai 1959, des *Quatre Cents Coups* de François Truffaut. L'essai est transformé l'année suivante, quand Jean-Luc Godard sort *À bout de souffle*.

Avec 400 000 spectateurs en salle, *Les Quatre Cents Coups* seront un vrai succès commercial pour un « film d'auteur » : Truffaut occupera la onzième place du box-office de 1959, très loin, certes, derrière le numéro un, *La Vache et le Prisonnier* d'Henri Verneuil, qui consacre Fernandel comme l'acteur le plus populaire de France. *À bout de souffle* aussi, sera un succès : 380 000 spectateurs. Puis Chabrol, Rivette, Demy, Melville, Rohmer... vont à leur tour se conquérir un public.

D'emblée, la nouvelle vague pèse donc d'un poids non négligeable dans ce cinéma français qui est alors le seul véritable loisir de masse du pays. En 1957, l'année de la création de la tribune cinématographique du *Masque*, les salles de l'Hexagone ont enregistré leur deuxième record historique de fréquentation de tous les temps : 411 millions d'entrées, un chiffre qui n'avait été dépassé que dix ans plus tôt, en 1947, avec 423 millions d'entrées[6]. Jusqu'en 1960, le nombre d'entrées annuelles ne passera jamais sous la barre des 350 millions d'entrées. Quand *Le Masque* s'ouvre au cinéma, celui-ci rassemble donc toutes les vertus : il avait déjà l'audience du public ; le mouvement de la nouvelle vague et son berceau, la cinéphilie, l'ont fait entrer dans le champ intellectuel.

À nouvelle tribune, nouveaux critiques – excepté Pierre Marcabru, qui écrivait également pour le cinéma dans *Combat*, et se retrouve désormais à par-

5 In René Prédal, *La Critique de cinéma*, Armand Colin, 2004, coll « 128 », p. 59. **6** Source : Fabrice Montebello, *Le Cinéma en France*, Armand Colin, 2005.

Fritz Lang lisant *Les Cahiers du cinéma* en 1955.

ticiper au *Masque* cinéma comme au *Masque* théâtre. Polac et Bastide recrutent Jean de Baroncelli, le critique du *Monde*. Claude Mauriac, fils de François, écrivain lui-même, qu'on a déjà croisé dans le nouveau roman, mais aussi passionné de cinéma (il a publié, en 1954, chez Albin Michel, *L'Amour du cinéma*), qu'il critique au *Figaro*. Georges Sadoul, dont la monumentale *Histoire générale du cinéma*, en six volumes, a paru entre 1946 et 1954 (elle n'a cessé d'être rééditée depuis) et qu'on peut considérer comme l'un des pères de la cinéphilie. Mais aussi François Truffaut (qui, bientôt absorbé par le tournage des *Quatre Cents Coups*, ne fera qu'un passage éclair à la tribune) ou Jacques Doniol-Valcroze.

On l'a compris : *Le Masque* avait été pro-Vilar et pro-Brecht ; il avait été pro-nouveau roman ; il sera pro-nouvelle vague. Jusqu'à l'excès d'injustice. Le 12 octobre 1961, à propos du *Cave se rebiffe*, de Gilles Grangier, avec Jean Gabin, sur des dialogues de Michel Audiard, Pierre Marcabru assène : « *C'est une forme de cinéma qui n'a pas besoin de nous, c'est sans ambition.* » Et hop, on passe à autre chose ! Moins expéditif – mais plus cruel : le 12 avril 1962, *La Chambre ardente*, le nouveau film de Julien Duvivier (à qui l'on doit notamment, excusez du peu, *Pépé le Moko*, *La Bandera*, *La Belle Équipe*, mais aussi *Le Petit Monde de Don Camillo*...), est étrillé dans un esprit qui n'est pas sans rappeler les diatribes énoncées huit ans plus tôt par Truffaut dans « *Une certaine idée du cinéma français* » (où Truffaut raillait d'ailleurs, avec un mépris assumé, « *l'amusant* Pépé le Moko »). « *C'est merveilleusement, visiblement bien fabriqué. Rien ne manque : les grenouilles croassent et les corbeaux coassent. La musique est bien faite. Les sapins de la forêt sont superbement noirs et les chapes de brume tellement jolies ont repris du service. Il y en a tellement qu'on reste parfaitement de glace et qu'on s'ennuie mortellement* », résume Jean-Louis Bory, sous les rires et les applaudissements du public. Et Georges Sadoul d'enfoncer le clou : « *J'ai été comme Bory, je me suis terriblement ennuyé. Mais le public, lui,* [a l'air d'aimer]... » Dans la même émission, François Truffaut, présent dans la salle, se voit dérouler le tapis rouge pour *Jules et Jim* : « *Un film entièrement réussi* », résume la tribune ; « *J'ai adoré* », dit Bastide, tandis qu'une femme, dans le public, crie son « *admiration* » au cinéaste, sous les applaudissements nourris de la salle. Deux poids, deux mesures...

Heureusement, un critique est là pour contrebalancer ses collègues un peu trop aveuglés par la mode. C'est Georges Charensol. Lui est de la « vieille école » : né en 1899 (lire page 132), il a connu Méliès. Autant dire que la nouvelle vague ne l'impressionne pas. Et qu'il n'entend pas non plus se laisser impressionner par ses collègues de la tribune. D'ailleurs, quand Pierre Marcabru, le 12 avril 1962, « descend » *Le cave se rebiffe*, il est bien conscient d'en profiter parce que « *Charensol n'est pas là...* ». Deux ans plus tôt, le 5 novembre 1959, à propos de *Rue des Prairies*, de Denys de La Patellière, le même Marcabru avait évoqué un film « *très ennuyeux [...], morne, mou : une succession de numéros de Gabin. [...] Quant aux dialogues d'Audiard, c'est du sous-Jeanson*[7] *!* ».

7 Henri Jeanson, célèbre dialoguiste dont l'essentiel de la carrière se fit avant guerre, et qui travailla notamment avec Marcel Carné (*Hôtel du Nord*...).

Mais ce jour-là, Charensol était là, qui avait rectifié le tir : « *Jean Gabin est probablement le plus grand comédien du cinéma français [...]. Les dialogues d'Audiard, c'est du bon dialogue à la Jeanson. [...]* »

Après 1962, la nouvelle vague s'essouffle. Dix-huit ans plus tard, François Truffaut réalise *Le Dernier Métro*, un film académique et bourgeois, qu'on peut voir comme le condensé de tout ce qu'il reprochait dans sa jeunesse à « *une certaine tendance du cinéma français* ». La nouvelle vague est devenue une vieille lame. Mais qu'on ne s'y trompe pas, elle aura eu beaucoup plus d'importance que le nouveau roman et restera comme « *le premier mouvement à avoir stylisé au présent, dans l'immédiateté de son histoire, le monde dans lequel vivaient ses contemporains*[8] ». Elle aura aussi causé plus de dégâts, renvoyant, pendant quelques années, les grands noms qui faisaient le cinéma « tradition qualité » à un purgatoire pénible. Au plus fort du tsunami, un réalisateur comme Clouzot, par exemple, avait les pires difficultés à faire financer ses projets.

La présence, dès les premiers enregistrements, de Georges Charensol aura sans doute évité au *Masque* cinéma d'être victime du reflux de cette nouvelle vague que l'émission avait contribué à porter. Jusqu'à la fin de sa participation au *Masque*, au milieu des années 1980, Charensol ne cessera, à l'écart de toute chapelle, de défendre le cinéma et les cinéastes qu'il aimait – au premier rang desquels son cher René Clair, qui allait finir par être réhabilité. Mais si ses confrères de la tribune se rendaient parfois coupables d'emportements partisans, ils partageaient avec lui une indépendance de jugement, en dehors de toute pression politique ou économique, qui sera la marque de fabrique de l'émission et ne va pas peu contribuer à sa longévité. Nulle part ailleurs qu'au *Masque* régnera, dans la critique cinéma, cette liberté de ton, qui vaudra d'ailleurs à l'émission d'être interdite de petit écran.

Leur indépendance, les critiques du *Masque* la devaient à deux maîtres, qui les avaient inspirés : Léon Moussinac (lire page 136) et Louis Delluc. « *Si nous avons ici une tribune des critiques, c'est parce que ce genre de critiques a été imposé par eux au lendemain de la Première Guerre mondiale. [...] Léon Moussinac était un très grand homme, auquel je rends un hommage d'autant plus profond qu'il était pour moi un maître et un père* », rappelait Georges Sadoul, dans l'émission du 19 mars 164, alors qu'on venait d'apprendre la disparition de Moussinac. Et Charensol de renchérir : « *L'importance de Moussinac et Delluc ne peut pas être comprise par la jeune génération. [...] Si nous existons aujourd'hui, si nous avons un cinéma libre, c'est incontestablement à eux que nous le devons.* »

Voilà donc *Le Masque* cinéma lancé. Cette nouvelle tribune va attirer à l'émission un public élargi. Au désespoir de Bastide, les enregistrements de la tribune littéraire sont de plus en plus boudés par le public, tandis que les émissions cinéma font le plein.
Il va falloir s'agrandir... ■

8 Antoine de Baecque, *La Nouvelle Vague*, Flammarion, 1998.

Journaliste du siècle

« *Charensol. Au* Masque et la Plume*, sa voix combine la trompette de cavalerie et le hennissement du cheval*[1]», notait Paul Morand dans son journal. Une trompette de fabrication ardéchoise. Georges Charensol était né à Privas, en 1899, d'un père horloger et musicien. Lui-même apprendra d'ailleurs le métier d'horloger. Mais très tôt il se passionne pour la littérature, le théâtre et les «*arts visuels*»: la peinture et le cinéma, encore balbutiant. En 1918, il monte à Paris avec l'envie de faire du journalisme. «*J'ai toujours dit et répété que j'étais un journaliste, rien qu'un journaliste. [...] Pas un critique, un informateur*», dira-t-il en 1990, au soir de sa carrière[2]. Entre-temps, il aura embrassé presque un siècle de vie culturelle française. Il aura connu Monet à Giverny, ovationné Sarah Bernhardt sur scène, fréquenté Chagall, Rouault, Vlaminck, croisé Anatole France et Antonin Artaud, rencontré Eiseinstein. Il aura tutoyé Marcel Pagnol, connu Léon-Paul Fargue, Kessel, Montherlant, Cocteau, été l'ami de René Clair, on en passe, on en oublie... Et occupé pendant près de trente ans un fauteuil au *Masque et la Plume*, record que seul Michel Ciment a réussi à battre. Charensol, pour reprendre le mot de Jérôme Garcin, c'était un «*Rubempré ardéchois aux illusions gagnées*[3]».

Sa carrière débute à *L'Éclair*. Sa première critique de cinéma, sur *Le Lys brisé*, de Griffith, date de 1919. Puis c'est *Paris-Journal*, *L'Intransigeant* et enfin *Les Nouvelles littéraires*, où il entre en 1925, trois ans après la création de l'hebdomadaire. Théâtre, expositions, cinéma... Charensol est partout, voit tout. Et il lit tout, ou presque. En 1926, il est chargé de couvrir la proclamation du Goncourt pour *Les Nouvelles littéraires*. Pour tromper l'attente, il propose à ses confrères courriéristes littéraires de se retrouver dans un autre salon de chez Drouant, autour d'une table. Le Renaudot est né... Charensol ne quittera le jury qu'en 1984.

En 1937, il participe à la création du prix Louis-Delluc. À la Libération, il préside l'Association française de la critique de cinéma, qui vient de voir le jour. En 1949, il est

1 Paul Morand fut un auditeur inconditionnel du *Masque*, allant jusqu'à organiser chez lui des «déjeuners *Masque et la Plume*», qui réunissaient Bastide, Bory, Matthieu Galey, Guy Dumur... et il évoque plusieurs fois l'émission dans son journal. La citation est datée du 21 mars 1976 : Paul Morand, *Journal inutile*, vol. 2, Gallimard, 2001. 2 Georges Charensol, *De Montmartre à Montparnasse*, entretiens avec Jérôme Garcin, François Bourin, 1990. 3 *Idem.*

Georges Charensol, «*un Rubempré ardéchois aux illusions gagnées*» selon Jérôme Garcin.

nommé rédacteur en chef des *Nouvelles littéraires*, poste qu'il occupera jusqu'en 1962, pour ne plus se consacrer ensuite qu'à sa chronique de cinéma jusqu'à la mort du journal, en 1984. Mais c'est *Le Masque* qui lui apporte la notoriété – et même la célébrité. Quand il arrive à la tribune, en 1957, il approche déjà de la soixantaine. Tout de suite, il sait jouer de la carte « *barbe blanche* », se laissant « chambrer » sur ses goûts « classiques », pour mieux railler ensuite l'enthousiasme juvénile de ses confrères pour la nouvelle vague. « *La radio, c'est du spectacle* », aimait-il répéter. Et le spectacle, Charensol savait le créer. « *Ça va barder…* » annonce-t-il en ouverture de l'émission du 25 juin 159. « *Pourquoi ?* » lui demande Michel Polac. « *J'ai un compte à régler avec mon vieil ami François-Régis Bastide. Il* [le sait] *d'ailleurs : il a foutu le camp, il s'est* [réfugié] *dans la salle…* ». « *Ça commence mal…* », se pince sa consœur, France Roche. La salle retient son souffle, prête à rire, ou à s'indigner. Ou les deux. Le contentieux ? Dans la tribune cinéma précédente, alors qu'il était absent, Bastide a cru pouvoir parler en son nom à propos des *Quatre Cents Coups* : « *Charensol déteste certainement* Les Quatre Cents Coups… » avait-il lancé. « *Il se trouve que j'ai écouté l'émission à la radio*, explique l'intéressé. […]. *C'était très désagréable,* [d'autant que] *j'avais consacré dans* Les Nouvelles littéraires – *parues deux jours avant – un article enthousiaste pour* Les Quatre Cents Coups… *[…] J'en termine pour dire que je ne fais partie d'aucun gang : quand j'entre dans une salle de cinéma, j'ignore complètement si le film est de Jean Renoir, d'Hitchcock ou de Rossellini ; je ne sais donc pas d'avance,* [à l'inverse de] *mes camarades, que ça sera un chef-d'œuvre. Je vais voir un film* anonyme ; *il se trouve que* Les Quatre Cents Coups *c'est très bien, je le dis et on m'interpelle : "Ah ! Mais c'est François Truffaut !" Ah bon ? Je ne connais pas François Truffaut, mais je connais un très bon film qui s'appelle* Les Quatre Cents coups. »

« *Quand j'ai commencé* Le Masque et la Plume : en 1972], *j'avais trente ans, Charensol en avait plus de soixante-dix,* rappellera Michel Ciment, le 4 juin 1995, dans l'hommage que lui consacrera *Le Masque* après sa disparition. *Nous avions des désaccords* [à peu près sur tout], *nous n'appartenions pas à la même génération et n'avions pas la même façon de regarder le cinéma. Mais ce que j'admirais chez lui, c'était une extraordinaire indépendance d'esprit. Il était complètement imprévisible dans ses jugements, aussi bien capable d'aimer* Cocorico, Monsieur Poulet [4] ! *et de défendre un cinéma classique par ailleurs.* »

Il habitait quai aux Fleurs, dans l'île de la Cité, un appartement tapissé

4 Film de Jean Rouch, de 1974. L'histoire d'un vendeur de poulets, au volant de sa vieille 2 CV, dans la brousse africaine.

A gauche, Frédéric Lefrèvre et Georges Charensol ; à droite Germaine Gardel et Raymond Lefèvre lors de l'impression des *Nouvelles littéraires* à l'imprimerie de la presse, rue du Croissant à Paris.

de livres et des œuvres de ses amis peintres. « *Nous nous étions liés d'amitié et il m'invitait souvent dîner chez lui*, raconte Gérard Parmentier, qui tiendra les improvisations musicales du *Masque* entre 1979 et 1982. *Il présidait la table, en patriarche, entouré de sa femme, de ses grands enfants, parfois même de ses petits-enfants*[5]. *Il adorait aller au cinéma avec sa petite-fille : il préférait faire la queue comme tout le monde, payer son billet et se mêler aux vrais spectateurs plutôt que de profiter des projections pour les journalistes. Entre deux bouchées – la chère était bonne –, il m'interrogeait sur la musique. Je le provoquais en lui demandant si, à son avis, le cinéma était un art. Le repas se terminait toujours par de franches rigolades.* »
Georges Charensol avait presque l'âge du cinéma. Il s'est éteint l'année de son centenaire, le 15 mai 1995 ■

5 Sa famille lui a consacré un site très bien fait : http://gcharensol.free.fr/.

L'indépendance de la critique

Les producteurs de cinéma, qui le détestaient, l'avaient surnommé le « Moscoutaire ». Il leur imposera le droit à l'indépendance de la critique. Léon Moussinac, qui naît la même année que Louis Delluc (1890), a joué un rôle essentiel dans la compréhension et la défense du tout jeune « septième art » (l'expression date de 1911). Très tôt rallié au communisme, Moussinac entre à *L'Humanité* en 1922[1]. Pendant dix ans, il y tiendra une chronique cinématographique inédite tant sur le fond que sur la forme : Moussinac écrit à la première personne, défend la dimension artistique du cinéma, commente aussi bien le cadrage que le montage (très important à ses yeux), le jeu des acteurs ou la lumière… le tout dans la plus parfaite liberté de ton. Certes, Moussinac n'échappait pas à un certain dogmatisme, quand il écrivait, par exemple (en mars 1927) : « *En régime capitaliste, le cinéma ne saurait être qu'une industrie, un film ne pouvant avoir d'autre but que de faire de l'argent ; en régime communiste, le cinéma ne saurait être qu'un art, un film ne pouvant avoir d'autre but que d'amuser, d'émouvoir ou d'instruire.* » Mais bon : ça ne l'empêchait pas d'adorer le cinéma américain…

Surtout, il fut le premier à réfléchir sur l'histoire du cinéma. Dès 1927, il rédige un inventaire raisonné des films scientifiques et comiques. En ce sens, Georges Sadoul ne fut que son continuateur. Moussinac fut aussi le premier à s'intéresser au cinéma sous l'angle du patrimoine : en 1933, il réclame la constitution d'archives du film. Trois ans avant qu'un certain Henri Langlois ne décide de consacrer sa vie à ce sujet.

En 1928, un producteur, furieux contre l'une de ses critiques assassines, décide de l'attaquer en justice, au prétexte que Moussinac lui porte un préjudice économique. Le producteur est épaulé par ses confrères. Moussinac, en face, est seul. Il perd en première instance, mais gagne en appel. Dans la foulée, il crée avec René Clair et Jean Prévost (de la NRF), l'Association amicale de la critique cinématographique. L'indépendance de la critique est reconnue.

Léon Moussinac disparaît en 1964. Depuis 1967, un prix, décerné par le Syndicat français de la critique cinéma au « meilleur film étranger de l'année », honore sa mémoire ■

1 Le 27 mai 2004 s'est tenue, à Bobigny, une table ronde consacrée à « L'apport de Léon Moussinac à la critique de cinéma dans *L'Humanité* » : www.humanite.presse.fr

Léon Moussinac vers 1930, à l'époque de la création de l'Association amicale de la critique cinématographique

LE PUBLIC AU BALCON

« *L'histoire du* Masque, *c'est aussi l'histoire de ses changements de théâtres* », rappelait François-Régis Bastide le 18 février 1965, lors de l'émission anniversaire des dix ans. Un an après son démarrage au Vieux-Colombier, *Le Masque* déménage une première fois, pour se rendre à l'Alliance française. Créée en juillet 1883 pour « promouvoir la langue et la culture françaises à travers le monde », l'Alliance française s'installe d'abord au 215, boulevard Saint-Germain. Dès 1919, elle plante ses pénates au 101, boulevard Raspail, l'adresse qu'on lui connaît toujours aujourd'hui. Le bâtiment abrite une salle d'à peine plus de 400 places[1], avec un petit balcon, soit une jauge sensiblement égale à celle du Vieux-Colombier. « *Dès que nous sommes passés sur Paris Inter, la salle était bourrée à chaque enregistrement* », se souvient Michel Polac. *Le Masque* ne restera que deux saisons à l'Alliance française, avant de déménager encore, pour s'installer au Récamier, dans la rue du même nom, à deux pas du Bon Marché, mais toujours rive gauche. Cette fois, la jauge est plus grande : 584 places très exactement, dont 200 en balcon.

Le Récamier, comme le Vieux-Colombier, a un passé. Surtout, c'est un théâtre « *pas comme les autres* », qui dépend de la Ligue de l'enseignement. Un peu d'histoire : le 25 octobre 1866, Jean Macé, journaliste républicain et professeur, né en 1815 dans une famille ouvrière, lance dans *L'Opinion nationale* un appel au rassemblement de tous ceux qui « *désirent contribuer à l'enseignement du peuple* ». Et il réclame la prise en charge par l'État de l'instruction publique pour tous. La revendication ne sera

1 Refaite en 2000, elle accueille désormais des concerts de musiques du monde.

Ralph Vallone et Françoise Sagan au cocktail Maxim's pour l'inauguration du théâtre Récamier, en décembre 1958.

entendue que quelques années plus tard, avec Jules Ferry, mais l'appel de Jean Macé suscite un bel enthousiasme. Trois semaines plus tard, le 15 novembre 1866, la Ligue de l'enseignement est créée. Rassemblement des forces progressistes et de la gauche anticléricale, elle connaîtra une immense influence sous la IIIe République. Le gouvernement de Pétain la dissout en avril 1942, et confisque son patrimoine, mais à la Libération, la Ligue, qui s'est reconstituée à Alger dès 1943, retrouve ses possessions. Et notamment son siège social de la rue Récamier.

L'immeuble a été édifié en 1908, sur un terrain reçu en donation, et la rue sera percée pour l'occasion. Signe de l'importance, à cette époque, de la Ligue, la première pierre a été posée par Gaston Doumergue et l'année suivante, en 1909, le bâtiment est inauguré par le président de la République, Armand Fallières. La bâtisse héberge une grande salle de conférences, conçue par l'architecte Charles Blondel et construite, dit la légende, à l'emplacement exact où Mme Récamier tenait autrefois salon. Très vite, la salle Récamier entend jouer un rôle « éducateur » : des séances de cinéma y sont organisées pour les enfants des écoles. En 1929, la salle est donnée en gérance à Pathé, qui y organise un cinéma commercial – mais les séances pour les enfants continuent, et en 1936 le Récamier sera occupé par les travailleurs en lutte, un peu comme l'Odéon en 1968.

En 1957, la Ligue décide de récupérer la salle à son profit et d'y effectuer des travaux, pour en faire un théâtre. Mais pas n'importe quel théâtre : « *Le Théâtre Récamier ne peut pas être un théâtre comme les autres* », souligne *L'Action laïque*, la revue de la Ligue[2]. L'impulsion est donnée par Élie Ferrier[3], fou de théâtre, ancien élève de Dullin et responsable, à cette époque, du secteur culturel de la Ligue. Or Ferrier s'enthousiasme pour le vent de nouveauté qui souffle alors sur les scènes parisiennes. En mars 1958, *L'Action laïque* a ainsi ouvert ses colonnes à Roland Barthes qui y donne un cours magistral en accéléré sur « *Brecht et notre temps*[4] ». En phase avec ce mouvement, le Récamier se doit d'accueillir « *un répertoire tourné vers la cité* », pour « *un public de travailleurs dans sa grande majorité*[5] ». On se croirait chez Vilar et, de fait, le Théâtre Récamier servira, entre 1959 et 1961, de « petite salle » du TNP (Gémier n'ouvrira qu'en 1967). Après le départ de Vilar, en novembre 1962 le Récamier démarre sa nouvelle saison par *L'étoile deviendra rouge* du dramaturge irlandais Sean O'Casey. Le « pitch » tient en quelques mots : deux frères, l'un fasciste, l'autre communiste, aiment la même femme... On reste plus que jamais dans les clivages de l'époque. Pourtant, le 22 décembre 1958, le gala d'ouverture du Récamier n'avait pas vraiment rassemblé le public de Billancourt : Arletty, Olivia de Havilland, Marcel Carné, Françoise Sagan, Eugène Ionesco, le marquis de Cuevas... La fête avait été brillante, et très jet-set. Ce qui n'avait pas empêché l'équipe du *Masque et la Plume* de s'intéresser très tôt à ce nouveau théâtre : le 27 novembre 1958, alors que la salle n'a pas encore ouvert au public, *Le Masque* consacre une partie de son émission à « *L'aventure du Théâtre Récamier* ». Quelques semaines plus tard, Bastide, Polac et leurs critiques débarquent sur place pour y enregistrer l'émission. À quelques rares retours à l'Alliance française près, pour cause d'indisponibilité de la salle, *Le Masque* va passer près de cinq ans au Récamier.

« *Cette fois, le grand balcon nous donnait le sentiment d'être dans un vrai théâtre* », se souvient Michel Polac. Et les participants de la tribune vont le ressentir. L'émission devient bel et bien un « théâtre de critiques ». « *Dans les coulisses, nous parlions calmement, dès qu'on entrait en scène, on devenait un peu acteurs* », raconte Pierre Marcabru. « *Les grandes gueules se faisaient interrompre, les timides se révélaient, les renfrognés, comme moi, devenaient bavards* », ajoute Bertrand Poirot-Delpech. Cette théâtralisation du *Masque* ne tient pas seulement à la nature des lieux mais aussi, et d'abord, à la présence du public : « *Nous n'étions pas entre nous, tout glissement vers un éventuel ronron était cassé par le public ; les participations de la salle relançaient le débat, le rendaient plus nerveux* », précise

2 *L'Action laïque* de novembre 1962, p. 22. 3 Pour l'anecdote : le père de Pef, l'auteur du *Prince de Motordu*. 4 *L'Action laïque* de mars 1958, p. 18. 5 Voir note 58.

Pierre Marcabru. C'est si vrai que l'émission du 8 septembre 1960, consacrée à un « panorama de la littérature actuelle », d'après des questions d'auditeurs, mais enregistrée pour une fois en studio, loin du Récamier et de son public, est pour l'essentiel... d'un inintérêt absolu : les critiques (Claude Mauriac, Luc Estang, François Nourissier) s'épanchent mollement au micro, si mollement que l'assoupissement gagne l'auditeur et finit par le terrasser. L'expérience, heureusement, ne fut pas renouvelée.

Pendant que les critiques s'enflamment, Bastide et Polac s'en tiennent à une sage réserve (enfin, presque toujours...) que Jérôme Garcin, aujourd'hui, prend soin de respecter. « *Notre rôle est de faire parler les autres, et non pas de dire ce que nous pensons*, expliquait Michel Polac, dans l'émission du 22 octobre 1959, en réponse au courrier d'un auditeur. *Nous le regrettons souvent, même souvent nous ne sommes pas du tout d'accord. L'expérience nous prouve que lorsque nous avons une opinion sur le sujet du débat, le débat est beaucoup moins bon. Nous ne sommes ni critiques littéraires, ni de théâtre, ni critiques cinématographiques. Nous sommes d'humbles producteurs.* »

Mais les producteurs ont aussi une vie privée. En décembre 1959, Michel Polac quitte *Le Masque*. Il a demandé un congé de deux ans : il part rejoindre une femme en Iran. Pour le remplacer, Bastide fait appel à un jeune romancier de son âge (ils sont nés tous les deux en 1926), qu'il a rencontré dans ses activités d'éditeur, Jérôme Peignot. Le hasard a voulu que, deux mois plus tôt, François Nourissier ait évoqué, à la tribune, le second roman de Jérôme Peignot, *Constance* : « *C'est le fils d'un célèbre imprimeur, Charles Peignot* [lire page 142]. *Il a respiré dans le salon de son père un climat littérairement étouffant. [...] Son premier livre* [s'intitulait] Jéromiade [...] [et c'étaient] *les "jérémiades" de Jérôme, petit garçon myope pas à l'aise dans sa peau, puis jeune garçon myope et pas à l'aise, puis le monsieur myope etc. Ce nouveau livre est à mi-chemin entre la suite des jérémiades et un récit plus dur, plus cruel, un roman dans le style de* La Princesse de Clèves. [...] [Une chose est sûre] : *Jérôme Peignot va devenir un écrivain. Il l'est déjà aux deux tiers.* »

Pendant que Bastide tient la tribune, Jérôme Peignot, dans la salle, tend le micro aux spectateurs. « *Et à l'occasion, je disais mon mot* », précise-t-il. C'est lui, surtout, qui va être chargé du montage de l'émission. Il se rend si bien indispensable qu'au retour de Michel Polac, deux ans plus tard, comme convenu, Jérôme Peignot reste dans l'équipe.

Mais les producteurs-animateurs ont aussi une vie privée (*bis*). Bertrand Poirot-Delpech, arrivé au *Masque* en même temps que Jérôme Peignot, va lui ravir sa femme. « *Régis était très ami avec Poirot, j'ai eu l'impression qu'il prenait son parti, alors ça m'a éloigné et j'ai fini par partir.* » En cinquante ans d'existence, la petite chronique indiscrète du *Masque* est évidemment riche d'autres anecdotes tragi-comiques, mais bon, ce n'est pas le sujet. Nous voilà au tournant des années 1960. *Le Masque* est installé, avec ses trois tribunes. Son succès va grandissant.

Il va bientôt entrer dans la légende de la radio ■

L'œil de la lettre

Remonter la biographie de Jérôme Peignot, c'est s'offrir une fabuleuse plongée dans l'histoire de la littérature, de l'imprimerie et de la typographie. Les citations de Valéry au fronton du palais de Chaillot ? Ecrites (ou plutôt sculptées…) en Peignot. La collection de La Pléiade, chez Gallimard ? Composée en Garamond, un caractère dessiné par le fameux typographe éponyme de la Renaissance, mais ressuscité et refondu par Deberny & Peignot au XXe siècle.

La dynastie commence dans la première moitié du XIXe siècle, avec Clémentine Peignot, l'arrière-arrière-arrière-grand-mère de Jérôme. Les Peignot sont des fondeurs de caractères. Leur entreprise prospère si bien que Clémentine, née pauvre, pourra dire : « *Dans ce plomb, il y a de l'or.* » En 1923, la fonderie Peignot fusionne avec la fonderie Deberny, dont l'origine remonte à Laure de Berny. Laure de Berny, c'est-à-dire « La Dilecta », le premier amour de Balzac, avec qui il vécut quinze ans, avant de connaître Mme Hanska. La Dilecta, qui avait plus de vingt ans de plus que Balzac, fut tout à la fois sa maîtresse, sa muse, et son garde-fou financier. Balzac, dont on sait qu'il rêvait naïvement de faire fortune en devenant imprimeur, avait racheté en 1827 une petite fonderie de caractères, la maison Gillé. Mais Balzac n'avait pas la fibre entrepreneuse. Son affaire d'imprimerie est un désastre. L'imprimerie est liquidée, mais Laure de Berny renfloue la fonderie et la confie à son fils, Alexandre, qui la fera fructifier, abandonnant au passage sa particule au fronton de l'entreprise.

Quatre générations plus tard, c'est la ruine : l'arrivée de la photocomposition a signé la mort du plomb. La fonderie Deberny & Peignot, dirigée depuis un demi-siècle par Charles Peignot, le père de Jérôme, ferme en 1972. « *Mon père avait été collabo, c'était un salaud, j'avais rompu tout contact avec lui* », dit son fils. Comble du comble, Charles Peignot était aussi le beau-père par alliance de Jean-Jacques Gautier, que l'on aimait tant au *Masque et la Plume* : « *Gautier ? Un con fini* », tranche encore Jérôme Peignot, qui puisera dans son enfance et sa jeunesse sombres matière à une trilogie, *Les Jéromiades*, qu'il publie entre 1957 et 1960.

Mais du prestigieux passé familial Jérôme Peignot a hérité du goût de la (bonne) littérature et de la belle ouvrage. « *Pourquoi ne mêles-tu pas ton brin de plume et ton amour de la typographie ?* » lui suggère un jour Christian Bourgois. Le mariage donnera *De l'écriture à la typographie*, paru chez Gallimard, où pour la première fois on parlait de la typographie sous l'angle littéraire et esthétique. Puis ce seront les *Typoèmes*, superbes poésies visuelles réalisées par l'Imprimerie nationale.

Jérôme Peignot par Louis Monier.

Ce n'est pas tout. Jérôme Peignot est aussi le neveu de «Laure». Une autre Laure: cette fois, il s'agit de Colette Peignot, dont la courte existence (1904-1938) avait été un scandale pour la famille, en raison notamment de ses liaisons avec Boris Souvarine et Georges Bataille, et parce que «Laure» était une femme absolument libre. Après sa mort, Bataille et Michel Leiris publient sa correspondance – sulfureuse – à deux cents exemplaires hors commerce. Les *Écrits de Laure* deviennent vite mythiques: Charles, son frère (toujours lui...), qui en détenait les droits, interdisant toute autre publication. Finalement, en 1971, Jérôme Peignot brave l'interdit et confie le texte à Jean-Jacques Pauvert, qui le publie aussitôt. Le retentissement est considérable. Simone de Beauvoir, Marguerite Duras, Michel Foucault... créent une Association des amis de Laure, dont Roland Dumas est l'avocat, pour parer à toute tentative de censure de la famille. «*Quand j'ai croisé François Mitterrand, alors qu'il était devenu président de la République,* se souvient Jérôme Peignot, *la première chose qu'il m'a dite, c'est: "Je suis content de vous rencontrer. Je connais les* Écrits de Laure *par cœur."*» ■

1959 Alain Robbe-Grillet *Le Labyrinthe*

« — mes romans sont le comble de la subjectivité »

LE 22 OCTOBRE 1959, *Le Masque* consacre la seconde partie de son émission à parler du *Labyrinthe* (Minuit), le nouveau roman d'Alain Robbe-Grillet, son quatrième depuis *Les Gommes*, paru chez le même éditeur en 1953 dans l'indifférence générale. Mais, entre-temps, « R.G. » est devenu le « pape » du nouveau roman...

FRANÇOIS-RÉGIS BASTIDE — C'est le moment d'entrer dans le labyrinthe... [...] Quand j'étais aux États-Unis, on me posait des questions sur Sagan bien sûr, sur Camus et sur Robbe-Grillet. J'aime beaucoup Alain Robbe-Grillet, mais je commençais à en avoir un peu assez [...]. Il est évident que si quelqu'un a conquis une place importante à l'étranger, c'est Alain Robbe-Grillet...

Alain Robbe-Grillet, le pape de l'avant-garde littéraire.

GUY DUMUR — Quand on lit Robbe-Grillet, la question ne se pose pas de savoir si c'est bon ou non, si on aime ou pas. Avec ce livre, tous les autres romans basculent dans le passé et ça, c'est tout de même très important.

LUC ESTANG — On arrive à un point où il faut rendre les armes, [accepter ou refuser] en bloc. Même une critique objective, qui voudrait juger le livre selon les critères de R.G., s'avère impossible.

ROBERT KANTERS (qui s'essaie à un résumé du roman) — Nous sommes dans une ville qui n'est pas nommée [...], au lendemain d'une défaite d'un pays qui n'est également

« J'ai bien dû m'y reprendre douze fois, et puis il y a un moment, un déclic, on est tellement exaspéré, on ne sait pas si c'est une victoire sur soi-même ou sur son ennui, mais on arrive au bout du livre »

pas nommé [...]. Un soldat d'une armée en déroute [...] marche dans le labyrinthe [de cette ville]. Il doit remettre une boîte que lui a confiée un camarade, il va mourir, la boîte qu'il avait en dépôt se révèle contenir une correspondance totalement insignifiante. Si l'on suit R.G., il ne faudrait pas donner d'interprétation, mais nous donnons malgré nous au livre un sens allégorique, nous le chargeons de valeurs émotives, puisque aussi bien nous vivons dans un pays qui a connu une défaite et le labyrinthe, c'est peut-être la condition de l'homme moderne, dont la mission est dépourvue de signification.

MICHEL POLAC — On a l'impression que vous parlez non pas d'un roman, mais d'un mot croisé dont vous cherchez la solution...

FRANÇOIS NOURISSIER (*qui souhaite donner le « mode d'emploi » du livre*) — Je voudrais prévenir les éventuels lecteurs. D'abord, pour commencer, c'est prodigieusement ennuyeux, [...] c'est [néanmoins] le seul livre de R.G. que j'ai lu entièrement [...]. J'ai bien dû m'y reprendre douze fois, et puis il y a un moment, un déclic, on est tellement exaspéré, on ne sait pas si c'est une victoire sur soi-même ou sur son ennui, mais on arrive au bout du livre, et ça c'est quand même une aventure assez prodigieuse. (*Rires dans le public.*)

GUY DUMUR — Je ne m'attendais pas du tout à un débat de ce genre.

Du point de vue romanesque, je trouve cela extrêmement prenant.

FRANÇOIS-RÉGIS BASTIDE — Je peux aussi lire [*Le Labyrinthe*] comme j'ai lu *L'Adieu aux armes*...

FRANÇOIS NOURISSIER — Je voudrais ajouter un mot, car cet effort pour lire, cette exaspération qui m'a pris, c'est quand même dans la mesure où j'ai lu [*Le Labyrinthe*] comme Robbe-Grillet voudrait que je lise son livre. Bastide a raison, c'est un livre qu'on a le droit de lire comme on veut, et à ce moment-là, on découvre la puissance d'envoûtement [de l'auteur], on la subit même, parce que son don d'écriture, d'animer des personnages, l'emporte sur la partie purement théorique et technique et un peu fabriquée de son livre. On a le sentiment de se retrouver devant un écrivain surprenant, extraordinaire, mais qui finalement ne nous dépayse pas [tant que cela]...

Alain Robbe-Grillet a tout écouté depuis la salle. À la fin de l'émission, il monte à la tribune et s'étend longuement sur le contresens qui est souvent fait sur son œuvre, taxée d'« objectivité », alors que lui-même se réclame de la plus grande subjectivité :

ALAIN ROBBE-GRILLET — Certains mots entendus [à cette tribune] m'ont frappé. Le mot « objectif » en particulier [...]. La critique a posé au départ un certain nombre de principes qu' elle appelle « la théorie de Robbe-Grillet » [...]. Si vous voulez que je résume, [ça donne] : R.G. a dit : « L'homme c'est fini, ce n'est pas intéressant, c'était bon pour le XIXe siècle, maintenant on va parler des tables et des chaises, des verres et des tessons de bouteille. » Il est évident que c'est absurde. Si on avait lu mes livres, au lieu de se contenter de ces définitions arbitraires qui n'ont pas été données par des gens qui avaient lu mes articles théoriques, on s'apercevrait qu'il ne pouvait pas être question de ça. Même quand il y avait des objets en quantité dans certains de mes livres comme dans *La Jalousie* par exemple, ils étaient toujours vus par un homme et [...] pas du tout par un être froid et neutre, ou un œil impartial comme une espèce de caméra idéale qui enregistrerait tout sans rien sentir [...]. [Au contraire, il s'agissait toujours d'un homme pris dans une passion], dans une histoire disons « dramatique » pour faire plaisir à Kanters, [voire] d'un fou [...] comme dans *Le Voyeur* [où on a affaire à] un criminel sadique [...]. Le mot « objectif » a été employé par un critique à mon sujet dans le sens « tourné vers un objet » et dans ce sens -là, ça veut dire quelque chose, mais impartial sûrement pas ! Je sais que mes romans sont le comble de la subjectivité, c'est même la subjectivité totale, mais qui, comme toute subjectivité, est portée par des objets ▪

1959

François Truffaut
Les Quatre Cents coups

« — J'avais envie de coupailler là-dedans... »

ENTRE *Le Masque* et François Truffaut, c'était plus qu'une amitié. Avant de passer à la réalisation, il avait siégé quelque temps à la tribune, parmi les critiques. Quand sort *Les Quatre Cents Coups*, le Masque, évidemment, plébiscite le film. Un mois après son triomphe cannois, Truffaut vient à l'émission le 25 juin 1959, cette fois en invité d'honneur. Il reviendra bien d'autres fois : pour *Jules et Jim*, notamment, en 1962. Et la dernière fois en septembre 1980, pour *Le Dernier Métro*.

FRANÇOIS-RÉGIS BASTIDE — Qu'est-ce que vous pensez maintenant, avec un peu de recul, des *Quatre Cents Coups* ? Vous allez le voir de temps en temps ?

FRANÇOIS TRUFFAUT — Hier soir, je l'ai vu en Hollande, à Haarlem... Les gens ne riaient pas du tout aux mêmes endroits qu'à Paris [...]. J'essayais obstinément de lire les sous-titres – pourtant je ne comprends rien au hollandais – et j'avais l'impression que le film durait trois heures... J'avais envie de coupailler là-dedans...

MICHEL POLAC — On a souvent demandé si vous aviez subi l'influence de [Jean] Vigo [...], mais il y en a peut-être eu d'autres ?

FRANÇOIS TRUFFAUT — À part Vigo, l'autre influence – que personne ou presque n'a remarqué dans la presse – c'est Rossellini, le seul à mon avis qui a su montrer les enfants au cinéma, notamment dans *Europe 51* et *Allemagne, année zéro* [...]

FRANÇOIS-RÉGIS BASTIDE — Vous pouvez parler un peu de votre prochain film ?

MICHEL POLAC — Vous aviez annoncé que vous alliez tourner *Le Temps chaud*, un roman

Jean-Pierre Léaud dans *Les Quatre Cent Coups* en 1959.

de Jacques Cousseau qui a écrit aussi…

FRANÇOIS TRUFFAUT — *Le Chien grillé*.

MICHEL POLAC — Oui, et vous avez abandonné…

FRANÇOIS TRUFFAUT — On a abandonné, parce que ça ne se présentait pas très bien. On aurait accouché d'un petit-fils ou d'un arrière-petit-fils de *Et Dieu créa la femme* et ce n'était vraiment pas la peine de refaire en moins bien ce que Vadim avait fait il y a quatre ans.

FRANÇOIS-RÉGIS BASTIDE — En moins bien… pas forcément !

FRANÇOIS TRUFFAUT — Si, quand même… Alors on fait un film qui s'appelle *Tirez sur le pianiste*, en tout cas c'est le titre du roman d'un auteur américain de la Série Noire pour qui j'ai une énorme admiration, qui s'appelle David Goodis. Et comme j'avais très envie de faire un film avec Aznavour et que je voulais qu'Aznavour soit – si le film est réussi – le personnage le plus sympathique qu'on ait jamais vu sur un

Jean-Pierre Léaud dans *Les Quatre Cent Coups* en 1959.

écran, je pensais qu'il y avait coïncidence entre ce sujet et le mien.

FRANÇOIS-RÉGIS BASTIDE — C'est donc une Série Noire… coctique ?

MICHEL POLAC — Cocteauïenne…

FRANÇOIS-RÉGIS BASTIDE — Avec Aznavour dans le rôle du personnage le plus sympathique.

MICHEL POLAC — D'où vous vient à tous cet attrait pour la Série Noire ? Chabrol est en train de tourner *À double tour* avec Madeleine Robinson…

FRANÇOIS TRUFFAUT — Oui, Chabrol connaît très bien la Série Noire, mais moi je ne connais guère que Goodis, j'aurais aussi bien pu prendre Giraudoux.

UN SPECTATEUR — Pourquoi [parsemer le film] de références très confidentielles, qui n'ont de sens que pour des gens qui lisent des revues type *Cinéma 58* et *Cahiers du cinéma* ?

MICHEL POLAC — Quelles références ?

LE SPECTATEUR — [Cette réplique] : « On joue au Gong Palace *Paris nous appartient* », à mon avis personne ne sait ce que c'est que...

MICHEL POLAC — C'est l'amitié...

FRANÇOIS TRUFFAUT — J'espère simplement que ça n'ennuie pas ceux qui ne comprennent pas, et que ça amuse ceux...

LE SPECTATEUR — Pour ceux qui connaissent c'est très amusant[1] !

FRANÇOIS TRUFFAUT — Oui... Les autres, en principe, ça ne les embête pas, puisque pour eux c'est un titre imaginaire. Pour Rivette, ça peut lui porter chance... D'ailleurs depuis, ce n'est plus un paradoxe : *Les Tripes au soleil*[2] sont sorties au Palace alors pourquoi pas *Paris nous appartient*... Mais à l'époque, c'était le comble de l'audace de l'imaginer... un film en panne depuis un an...

FRANÇOIS-RÉGIS BASTIDE — C'est le code secret de l'amitié, un clin d'œil.

MICHEL POLAC — De même, à un moment donné, il y a un petit garçon qui s'appelle Chabrol...

FRANÇOIS TRUFFAUT — Oui.

MICHEL POLAC — Il y a d'autres choses encore que j'ai remarquées...

FRANÇOIS TRUFFAUT — Oui, mais c'est comme [Henri] Jeanson et Jean Ferry : chaque fois qu'il y a une crapule dans leur film, ils l'appellent Truffaut... (*Rires dans le public.*)

UN SPECTATEUR — Vous n'avez pas eu quelques remords par rapport à votre jeune acteur[3], quant à son avenir [...] ? Vous lui avez fait tourner des scènes qui, pour un gamin tout de même, ne sont pas tout à fait éducatives...

MICHEL POLAC — Je ne trouve pas moi, je trouve qu'il ne fait rien de méchant...

FRANÇOIS TRUFFAUT — Non, je n'ai aucun remords de ce genre, parce que je le crois plus adulte que le personnage que j'ai montré dans mon film et sur un plan personnel, je crois que ce film lui a fait un certain bien : c'est un enfant qui n'est pas absolument adapté, c'est-à-dire qu'il est malheureux avec les enfants de son âge et n'est à l'aise qu'avec des adultes... Même s'il ne fait pas tout de suite des films, c'est un acteur : ce n'est pas le garçon d'*un* film : il a une merveilleuse carrière devant lui ■

1 Premier long-métrage de Rivette, dont le tournage avait commencé durant l'été 1958, dans des conditions acrobatiques : pas de producteur, pas d'argent ou presque (sinon 80 000 francs de l'époque empruntés à la caisse des *Cahiers du cinéma*, c'est-à-dire rien) et juste quatre boîtes de pellicule. Mais une équipe de techniciens motivés par l'entreprise, et toute la « clique » de la nouvelle vague qui suivait l'aventure. Finalement, c'est Claude Chabrol et François Truffaut (« enrichi » par le succès des *Quatre Cents Coups*) qui permettront l'achèvement du film, qui ne sortira qu'en 1960. **2** Film de Claude-Bernard Aubert, terminé en 1958, mais que la censure militaire avait interdit jusqu'en mai 1959. **3** Jean-Pierre Léaud, bien sûr.

1960
1979

LA GRANDE ÉPOQUE

LE JEUNE CHIEN FOU ET LE VIEUX GRIGOU

RENTRÉE 1961 : *Le Masque* accueille un nouveau critique de cinéma, Jean-Louis Bory. L'impétrant a vingt ans de moins que Georges Charensol. Il est né en 1919, un jour de juin, dans un petit village de Beauce, au sud d'Étampes (91), Méréville. Père pharmacien, mère institutrice, études brillantes au lycée d'Étampes, puis à Henri IV, agrégation de lettres en juillet 1945 : le parcours sans fautes d'un élève méritant façon IIIe République. Son premier poste l'a mené au lycée d'Haguenau, dans cette Alsace redevenue française, où le gouvernement dépêchait ses professeurs les moins germanisants possible. Mais le jeune Bory veut écrire, participer à la vie intellectuelle de la capitale. Chance : il décroche, à vingt-six ans, le Goncourt pour son premier roman, *Mon village à l'heure allemande* (lire page 178). Le prix va accélérer sa mutation en région parisienne : il est d'abord nommé à Montgeron (91), et enfin, à la rentrée 1957, à Henri-IV, couveuse, avec Louis-

Jean-Louis Bory par Edouart Boubat.

le-Grand, de l'élite républicaine. S'il continue d'écrire, ses romans n'ont plus le même succès – ni la même veine, il faut bien l'admettre – que *Mon village*... C'est dans le journalisme, en revanche, qu'il va rebondir. D'abord critique littéraire à *Samedi soir*, il passe à *L'Express*, récemment créé. Parallèlement, il collabore, toujours comme critique littéraire, à *La Gazette des lettres* et aux *Cahiers des saisons*, publications « modestes », depuis longtemps disparues, mais qui avaient alors un certain écho. À l'époque, le grand journal culturel, c'est *Les Nouvelles littéraires*, où trône Charensol, et qui tire à 100 000 exemplaires. Mais *Les Nouvelles*, fondées en 1922, c'est déjà « vieux ». Bory n'est pas de cette génération-là. Sa jeunesse et ses amitiés le portent vers les *Technikart* ou les *Inrockuptibles* de son temps – et il faut se souvenir que *L'Express*, dans les années 1950, avait sacrément bousculé le journalisme hexagonal.

Mais Bory n'est pas qu'un passionné de littérature, qui possédait chez lui, à Méréville, dans la maison héritée de ses parents, des milliers de livres tapissant tous les murs, de la cave au grenier. C'est aussi un mordu de cinéma. Ça tombe bien : on cherche justement quelqu'un, à *Arts*, pour tenir la chronique cinéma. Quelqu'un qui possède un joli brin de plume doublé, si possible, d'un talent de polémiste. Jean Le Marchand, qui a connu Bory à *La Gazettte des lettres*, propose son nom à André Parinaud. Le hasard faisant bien les choses, Philippe Huisman, le fondé de pouvoir de Georges Wildenstein, entend au même moment parler de Bory chez des amis dont le fils, élève à Henri-IV – il s'agit de Gilles Anquetil, futur journaliste au *Nouvel Observateur*... –, serine à qui veut l'entendre que son prof de français est un génial fou de cinéma, qui n'hésite pas, à l'occasion, à emmener toute sa classe dans une salle du Quartier latin. André Parinaud, convaincu de toutes parts, engage Bory. Le voilà désormais critique de cinéma. L'année suivante, il abandonne l'enseignement. En 1965, il quitte *L'Express*, où il était toujours critique littéraire, pour le tout jeune *Nouvel Observateur*, où Guy Dumur, patron du service culturel, lui confie également des papiers littéraires. Mais en 1966, lorsque Michel Cournot, le critique cinématographique de *L'Obs*, suspend sa chronique pour réaliser son premier – et unique – long-métrage, *Les Gauloises bleues* (qui sera présenté à Cannes, en pleine tourmente soixante-huitarde), Jean-Louis se voit proposer sa succession. Il cesse alors sa collaboration à *Arts*, qui d'ailleurs agonise.

Bory, au regard des cinéphiles purs et durs et de la critique criticisante, ne fut jamais considéré que comme un amateur. Il ne possédait pas de culture encyclopédique du cinéma, ignorait la plupart des termes techniques et aurait été bien incapable de réciter par cœur le générique intégral des *Quatre Cents Coups*. « *Mais c'était beaucoup plus qu'un critique, c'était un formidable passeur, un pédagogue* », rappellera Michel Ciment, le 14 mars 1991, lors d'un *Masque et la Plume* d'hommage à Bory.

Bory, en effet, privilégiait l'approche affective des œuvres. Il regardait les films en romancier : c'étaient les personnages, l'histoire, qui l'intéressaient, plus que l'image ou la technique. Lui ne se faisait pas une « certaine idée du cinéma ». Il aimait ou il n'aimait pas. Dès lors, il pouvait aussi bien s'enflammer pour un film de cape et d'épée que pour une tentative expérimentale. Le 12 octobre 1961, lors d'un des tout premiers *Masque* auxquels il assiste, il annonce, d'emblée, qu'il a adoré *La Vengeance aux deux visages*, western de et avec Marlon Brando. « *On ne pourra pas vous traiter de critique d'avant-garde, vous avez aussi des goûts pour les spectacles grand public* », lui lance Bastide. Mais Bory était aussi l'un des rares critiques à s'intéresser aux cinémas émergents des pays en voie de développement. C'est lui, par exemple, qui, de retour d'un festival à Beyrouth, en 1969, signera, dans *Le Nouvel Observateur*, le premier article important en faveur de Youssef Chahine. Au *Masque* non plus, il ne ratait jamais une occasion de « caser » ce « cinéma du tiers-monde » qu'il voulait voir se développer. Dans l'émission du 27 mai 1973, il tient à signaler « *un film qui risque de passer inaperçu...* ». Bastide, aussitôt, devine : « *C'est tes bonnes œuvres, ça* », dit-il, un rien complice, un rien condescendant. Il s'agit des *Dupes*, de Tawfiq Salih, « *un cinéaste égyptien qui traite sans démagogie ni trépignement de fureur du problème palestinien et qui pointe les responsabilités des "frères arabes" et pas seulement des vilains Israéliens* », résume Bory, qui ajoute : « *Un film nécessaire, au moment de la visite du prince Fayçal à Paris.* » Il n'y avait que lui pour faire ça. Et le public suivait : « *Il n'était pas de plus grand bonheur pour Bory que de réussir à faire partager son enthousiasme pour un film moldo-valaque dont personne n'avait entendu parler,* racontera le cinéaste Yves Boisset. [Il] *avait ce don miraculeux de communiquer un peu de sa passion [...] et une critique enthousiaste de Bory sur un film difficile déclenchait automatiquement la venue dans les salles du Quartier latin d'un public d'aficionados qu'on pouvait évaluer à près de 50 000 personnes dans les années 1970. Bien peu de critiques, à l'époque et probablement aucun aujourd'hui ne sauraient revendiquer une telle influence*[1]. »

Yves Boisset n'exagère pas. Bory, lui-même, avait coutume de dire qu'il « *vidait et remplissait* » les petites salles du circuit Art et Essai : « *Je fais des fauteuils entre Saint-Séverin et la rue des Grands-Augustins, le boulevard Saint-Germain et la Seine, c'est dans ce rectangle-là que je suis efficace*[2]... » Roger Diamantis, le patron des salles Saint-André-des-Arts, dans la rue du même nom, ouvertes en 1971, chiffrait à 30 000 ou 40 000 spectateurs l'influence de Bory sur les films qu'il projetait, venus des cinémas d'ailleurs. *La Salamandre*, premier film d'Alain Tanner, et pour lequel Bory s'était particulièrement enthousiasmé, avait fait 200 000 entrées au Saint-André-des-Arts...

Ce pouvoir incontestable, Bory n'en usait jamais à mauvais escient. « *"J'aime aimer", me répétait-il toujours*, se souvient Gilles Jacob qui s'était lié d'amitié avec lui dans les années 1960, alors que lui-même commençait une carrière de critique. *Plus tard, il vint souvent déjeuner à la maison le samedi midi, en prélude à l'enregistrement du* Masque. *Il faisait hurler de rire les enfants, puis terminait le repas en lapant des jattes entières de crème anglaise, son péché mignon, avant de filer à la Maison de la Radio.* » Si la critique, c'est « *l'art d'ai-*

1 « Le festival Bory », in *Le Nouvel Observateur* du 10 mai 2000. 2 Entretien avec Jérôme Hesse, in *Gay Pied* n° 36, mars 1982.

mer[3]», comme le suggérait Jean Douchet, de la bande des *Cahiers*, et qui participa lui-même au *Masque*, alors Bory était critique. Et oui, au premier sens du terme, le plus noble, il était un *amateur*. Mais la formule de Douchet est trop courte : s'il suffisait d'aimer pour être critique, *Studio* et *Première* seraient les deux magazines phares de la critique de cinéma en France. Le talent de Bory, c'est qu'il garda aussi, jusqu'au bout, une formidable capacité à s'indigner – contre la bêtise, la vulgarité, l'argent-roi... – qui en remontrerait aux nouvelles générations.

Au *Masque*, son enthousiasme de «*jeune chien fou*», pour reprendre les mots de Michel Polac, allait buter sur les roublardises de ce «*vieux grigou*» de Charensol. «*Il y avait, chez Charensol, un côté Pierre Dac*, juge Jérôme Peignot. *Il était pour ce qui était contre et contre ce qui était pour.*» La rencontre des deux ne pouvait que produire des étincelles. Mais comme l'un et l'autre avaient de l'humour à revendre, la guerre fut une guerre pour de rire. Charensol y trouvera une seconde jeunesse : «*Lorsque François-Régis Bastide m'avait demandé de participer au* Masque et la Plume, *j'avais trouvé que c'était une émission un peu solennelle, je ne dirai pas académique, parce que beaucoup de critiques d'avant-garde y collaboraient, mais néanmoins je trouvais que c'était un peu trop sage. J'ai dit à Bastide que, pour moi, la radio c'était du spectacle et qu'il fallait mettre un peu de vie là-dedans ! J'ai donc commencé à faire des blagues, à raconter des histoires, et puis j'ai eu la chance extraordinaire que Jean-Louis Bory entre dans l'équipe*», racontait-il en 1990. Et de conclure : « [Dès lors], *tous les gars très serrés-de-la-fesse ont foutu le camp. À partir du moment où Jean-Louis Bory est entré dans la bande, le ton de l'émission a changé et elle est devenue l'émission vedette de France Inter*[4]. »

« *Combien de fois, après l'enregistrement de la tribune théâtre, m'est-il arrivé de rester pour assister à celle du cinéma !* se souvient Bertrand Poirot-Delpech. *Pendant des années, Bory et Charensol, avec leur numéro, nous ont fait nous rouler par terre de bonheur.*» Car c'était un numéro. «*Le jeu est devenu un exercice de style*, commente Pierre Marcabru. *D'un côté le clown blanc, de l'autre l'auguste. On attendait leur entrée en scène comme des enfants au cirque.*» «*Oui, ça approchait du numéro de cirque*, confirme Michel Polac. *Mais l'émission ne pouvait plus s'en passer. Sur quatre fauteuils de critiques, deux, d'office, étaient réservés à Bory et Charensol.*» Les deux intéressés s'étaient du reste pris au jeu : «*Il fallait entendre leurs commentaires en coulisses après leur sortie de scène*, raconte encore Bertrand Poirot-Delpech. Et *"alors, tu m'as trouvé comment, aujourd'hui?" "Tu as vu, hein, je ne t'ai rien lâché, cette fois." Etc. Ils étaient devenus d'un cabotinage effrayant !*»

Le public, bientôt, ne venait – presque – plus que pour ça. Et il en profitait davantage que les auditeurs : «*Du temps de Bory-Charensol, les enregistrements de la tribune cinéma duraient facilement deux fois plus longtemps que ce qu'on pouvait passer à l'antenne. Après avoir ri tous ensemble, il fallait couper...*», se souvient

3 In *Les Cahiers* de décembre 1961, cité par René Prédal, *op. cit.* p. 8. 4 Georges Charensol, *De Montmartre à Montparnasse*, *op. cit.*, p. 80.

Georges Charensol en compagnie du peintre Maurice Vlaminck.

Anny Cœurdevey. Les deux duettistes auraient eu le même âge que leur affrontement aurait sans doute été moins serein. Mais ces vingt ans qui les séparaient suffisaient à justifier l'exercice. Le « gauchiste » contre le « vieux réactionnaire » (même si la vérité était beaucoup plus complexe : Charensol pouvait défendre *Le Cuirassé Potemkine* et Bory était l'ami de Céline et de Morand) ; le « vieux » contre le « jeune » ; le « moderne » contre le « passéiste » ; le « branché » (Bory profiterait de la tribune du *Masque* pour militer en faveur de la libéralisation de l'homosexualité) contre « l'archaïque » (voir leur affrontement sur *Théorème*, de Pasolini, page 294) ; etc. Bory et Charensol reproduisaient au micro les querelles qu'on pouvait avoir, durant ces années-là, en famille, chez soi. Les écouter le dimanche soir ajoutait à la proximité qu'on ressentait instinctivement pour eux. On savait, ou on devinait, qu'ils se respectaient l'un l'autre, qu'ils s'admiraient, même. Si on les a si fort aimés, c'est sans doute qu'on aurait aimé que tous les conflits qu'on rencontrait soi-même au quotidien puissent se résoudre ainsi dans le rire.

Pour autant, ce serait leur faire injure que de réduire leurs joutes à un simple numéro de cirque. « *L'écoute du* Masque, *quand j'étais jeune, m'a fait sentir ce qu'était l'esprit français,* raconte Denis Grozdanovitch, ancien champion de tennis passé à l'écriture, et qui, en deux livres seulement, fait déjà pour ses lecteurs figure d'auteur culte[5]. *Cet esprit, que je découvrais dans mes lectures des grands moralistes, je le retrouvais dans les duels Bory-Charensol. Il y avait chez eux un usage de la mauvaise foi qui me ravissait et que Jérôme Garcin a su perpétuer de manière habile. Bory et Charensol s'engueulaient sans jamais perdre l'idée d'être drôles, incisifs, méchants et ludiques. J'avais le sentiment, en les écoutant, de pénétrer dans le salon de Julie de Lespinasse ou de Mme du Deffand. Pour moi qui ai toujours eu l'esprit d'escalier, j'étais d'autant plus admiratif de leur don de la repartie.* »

Charensol exagérait sans doute en prétendant qu'ils avaient, à eux deux, éjecté de la tribune « *les serrés-de-la-fesse* ». Mais seuls survécurent, c'est vrai, ceux qui avaient assez de bouteille pour tenir leur rang. Quand, en 1972, Michel Ciment rejoint l'émission, il fait d'abord profil bas : « *J'étais jeune critique, alors, et à côté de leur numéro bien rodé, j'avais l'impression de passer en vedette américaine*[6]. » Mais, petit à petit, Michel Ciment va s'imposer. Son érudition cinéphilique fera merveille. Il sera celui qui recadre, qui canalise le côté passionnel de la joute borycharensolesque, d'une voix calme, pondérée, qui n'a pas changé en plus de trente ans. Bref, il sera le troisième homme du tandem.

Un tandem vedette qui tiendra l'affiche, sans discontinuer, pendant dix-huit ans. Et qui l'aurait tenue bien davantage encore si...

Mais heureusement, on n'en est pas encore là ▪

5 *Petit traité de désinvolture* (2002) et *Rêveurs et nageurs* (2005), tous deux chez José Corti. 6 *Le Masque et la Plume* du 14 mars 1991, spécial Jean-Louis Bory.

Jean-Louis Bory arrivait à entraîner 30 à 40 000 spectateurs dans les salles de cinéma, au gré de ses passions.

L'avènement du transistor

L'apparition du transistor est contemporaine de celle du *Masque*, et la rapidité avec laquelle s'est imposé l'un n'est pas peu responsable du succès de l'autre. Après les temps héroïques de la « galène », les postes de radio fonctionnaient, depuis quelques décennies déjà, avec des « lampes ». Au fil des ans, le procédé avait gagné en simplicité et en miniaturisation, mais il demeurait encombrant et source de chaleur. Et surtout, gourmand en énergie, donc tributaire d'une alimentation sur secteur. Bref, la radio avait encore un fil à la patte.

Tout change avec l'invention du transistor. Dès la fin des années 1940, les radioélectriciens, des deux côtés de l'Atlantique, planchent sur une nouvelle technologie, à base de germanium, un métal rare, peu vorace en consommation électrique. À peine né, le transistor va s'imposer très rapidement. *Le Monde* du 13 mars 1955 nous annonce qu'il est « *la vedette du salon de la radio* » : « *Le mot est américain et signifie qu'il s'agit d'une résistance de transfert. On pourrait dire en français "transistrance" ; on a proposé "transistron". Mais "transistor" n'est pas plus mal et, finalement, c'est ainsi que l'on désigne ce petit dispositif détecteur et amplificateur d'ondes hertziennes dont l'âme est un minuscule cristal de germanium.* » Quelques mois plus tard, le « Solistor » de Clarville est le premier récepteur français « à transistors » mis sur le marché. L'avènement du transistor va autoriser la fabrication de récepteurs de poche (qui, par glissement métonymique, s'appelleront désormais des transistors), faciles d'utilisation et qui vont connaître un engouement extraordinaire. Pour la seule année 1959, il se vendra 900 000 récepteurs à transistors. Économe en énergie, le transistor peut être alimenté par des piles ordinaires. Désormais, il est possible d'écouter la radio dans le jardin, à la plage… ou dans les automobiles, dont commencent de se doter tous les ménages. Combien de générations de Parisiens auront vécu les embouteillages du dimanche soir, pour rentrer à la capitale de retour de week-end, en se délectant des engueulades Bory-Charensol au *Masque et la Plume*… ■

LE GRAND DÉMÉNAGEMENT

EN DÉCEMBRE 1963, Paris Inter est rebaptisée France Inter. Dernière étape d'une mue générale de la radio publique qui a commencé en 1959, avec l'arrivée de Christian Chavanon à la direction de la RTF. Pour riposter à la concurrence d'Europe 1 et s'adapter au déferlement des postes à transistors (lire page 168), Christian Chavanon a commencé par bousculer les grilles de programmes. *Le Masque et la Plume*, qui s'installe comme une des émissions vedettes de l'antenne de Paris Inter, est épargné. Mais la cure de jouvence imaginée par Christian Chavanon, qui quitte son poste deux ans plus tard, ne suffit pas. Une réforme en profondeur de la radio d'État est alors décidée, avec l'aval du ministre de l'Information (!), Alain Peyrefitte. Trois nouvelles stations sont constituées, qui seront nommées, après concours auprès des auditeurs, France Inter, France Culture et France Musiques[1]. Leur baptême officiel a lieu le 8 décembre. Moins d'une semaine plus tard, le 14 décembre, le général de Gaulle inaugure la Maison de la Radio, construite en bord de Seine, sur la rive droite, dans l'ouest de la capitale. Conçue par l'architecte Henry Bernard (1912-1994), elle affiche une forme circulaire audacieuse pour l'époque – deux couronnes, enserrant une tour centrale de 68 mètres de hauteur – qui va lui valoir son surnom : la Maison ronde.

Le projet d'un bâtiment unique regroupant les différents services de la radio dispersés dans Paris remontait... aux années 1930. Sa construction, commencée en 1959, a duré quatre ans et fait appel à la générosité du public : les Français étaient invi-

1 Sur la création de France Inter, voir notamment Jean-Noël Jeanneney, *L'Écho du siècle*, *op. cit.*, pp. 140 et *sqq*.

La Maison de la Radio en construction, fin 1960.

tés à donner 1 franc pour financer le projet. « *La radio s'est saisie du contact avec les intelligences, les sensibilités, les volontés,* déclare de Gaulle, lors de l'inauguration. *Par tout ce qu'elle projette de vivant et d'émouvant, par la façon qui est la sienne, péremptoire et immédiate, elle est le moyen d'information adapté par excellence à notre époque mécanisée, agglomérée et précipitée.* » Paroles savoureuses, quand on sait qu'au même moment Alain Peyrefitte créait le Service de liaison et d'information interministériel, véritable chambre de censure destinée à museler la parole politique de la radio et de la télévision. L'année suivante, enfin, Peyrefitte créait l'ORTF, dans lequel allaient se fondre radio et télévision et qui accentuerait la mainmise du pouvoir sur l'audiovisuel.

Mais la Maison de la Radio n'est pas qu'un monstre politique et administratif. C'est un monstre tout court : 2,5 hectares de surface au sol, 64 studios, des centaines de bureaux, des kilomètres de couloirs. Qui se mordent la queue. L'Opéra avait sa rivière souterraine. Le Louvre son fantôme. La Maison ronde a ses piétons de l'absurde, qui marchent des heures avant de revenir à leur point de départ, sans avoir trouvé ce qu'ils cherchaient. *Le Masque* va en faire l'expérience : en janvier 1965, Mario Monicelli tourne à Paris son *Casanova 70*, avec Marcello Mastroianni. Une partie du tournage a lieu dans la Maison de la Radio et une journée coïncide même avec l'enregistrement de l'émission. Du coup, Polac et Bastide invitent l'acteur. « *Mais Mastroianni est resté introuvable, cette maison est ronde et on peut se courir après très longtemps* », racontera Michel Polac au public et aux auditeurs, la semaine suivante.

Car *Le Masque*, dès l'ouverture de la Maison ronde, s'y est installé. En vérité, il n'a pas eu le choix. « *Nous voulions rester rive gauche, mais les patrons de la radio ont exigé que nous nous servions de ce nouvel équipement qui avait coûté une fortune et qu'il fallait rentabiliser* », raconte Michel Polac. Rester rive gauche ? « Oui, confirme Alfred Simon, *car* Le Masque *était, par essence, une émission de la rive gauche : le public qui venait aux enregistrements était le même qui fréquentait ces petits théâtres de poche du Quartier latin où s'inventait l'avant-garde. En partant nous installer rive droite, et totalement à l'écart du quartier des théâtres, nous avions peur de perdre ce public-là.* » Rive gauche, dans ses « maisons » successives, le Vieux-Colombier, l'Alliance française puis le Récamier, *Le Masque* était aussi au cœur du quartier des éditeurs. C'était enfin une terre d'élection pour la cinéphilie : outre les nombreuses salles Art et Essai qui essaimaient entre Saint-Germain-des-Prés et Saint-Michel, la Cinémathèque s'était installée rue d'Ulm en 1955, l'année de la création du *Masque*. Certes, elle partira elle aussi pour la rive droite, au palais de Chaillot, quelques semaines seulement avant le déménagement du *Masque* pour la Maison ronde, mais n'empêche : le « cœur de cible » de l'émission, comme on dirait aujourd'hui, était bel et bien rive gauche.

La Maison ronde, cependant, n'était pas sans offrir quelques avantages. D'abord, de bien meilleures conditions techniques. *Le Masque* accédait enfin à la qualité « son de studio », sans pour autant perdre ce qui faisait sa singularité : le public. Après avoir « étrenné » le studio 102, *Le Masque*, devant son succès grandissant, fut promu au 104, le plus grand studio public de la Maison ronde : plus de 1000 places assises ! Le public était doublé par rapport au Récamier. Et la présence d'une telle foule apportait véritablement une caisse de résonance aux enregistrements.

Avant de quitter le Récamier[2], *Le Masque*, à l'occasion d'un de ses derniers enregistrements sur place, le 29 novembre 1963, avait réservé à son public rive gauche une petite surprise que Matthieu Galey, pré-

2 Le Récamier poursuivra encore longtemps son aventure théâtrale. Jean-Louis Barrault en sera même le directeur de 1971 à 1978. Antoine Bourseiller lui succédera, puis, en 1978, le Récamier sera interdit au public pour raisons de sécurité (il n'y a pas d'issue de secours !). Aujourd'hui, la salle, qui appartient toujours à la Ligue de l'enseignement, sert de studio de répétition à la Comédie-Française.

On ne compte plus les récits des visiteurs errants dans le dédale de la « maison ronde ».

sent à la tribune ce jour-là, raconte dans son journal : « *Au* Masque et la Plume *: Aragon. Il est venu réciter des passages de son prochain livre,* Le Fou d'Elsa. *Beau, avec le profil net, les cheveux bien blancs ; le complet croisé bleu sombre : un PDG. Il dit quelques mots : précieux, un tantinet poseur. Puis il s'installe et se met à déclamer – oui, déclamer ! – pire que Malraux (mais plus Comédie-Française), enflant la voix au rythme des vers, victorhuguesque, ridicule. Les vieilles dames, un peu réticentes – un communiste ! –, ne tardent pas à se pâmer, reconnaissant un des leurs : un poète du* XIX*e. [...] Kanters chuchote : "On se croirait chez Mme de Bargeton[3] !" Seule dans une loge, Elsa, l'œil miclos, hume cet encens. Tandis que Bastide, bras croisés, tête basse, adopte l'attitude d'un croyant à l'élévation. Cabotin ou sincère[4] ?* » Jérôme Peignot, quarante ans après, se souvient lui aussi de ce moment : « *Nous étions consternés ! Aragon massacrait son texte. Il y mettait trop de grandiloquence. La séance fut extrêmement pénible...* »

Les « *vieilles dames* » qu'évoque Matthieu Galey étaient des fidèles de l'émission. Depuis sa naissance au Vieux Colombier le public se partageait en trois parts : les étudiants, le public cultivé, qui fréquentait, comme celui des étudiants, le chaudron culturel de la rive gauche, et un fort contingent de vieilles dames, attirées là notamment par le charme si irrésistible de Bastide. « *Mais même ces vieilles dames-là étaient des vieilles dames de la rive gauche* », souligne Alfred Simon. Le déménagement pour la Maison de la Radio aura raison des plus fragiles, et aussi de quelques étudiants : « *Venir au 104, c'était toute une expédition,* raconte encore Alfred Simon. *Alors, nous avons hérité des vieilles dames du* XVI*e, qui venaient en voisines, mais qui n'étaient pas du tout le même public qu'à l'origine. Bastide était ravi. Polac, beaucoup moins.* » L'intéressé confirme : « *L'arrivée au 104 nous a fait perdre des étudiants et augmenté le contingent des vieilles dames. Un jour, c'était à l'époque de la Révolution culturelle chinoise, j'en ai eu marre, et j'ai dit au micro qu'il y aurait bien besoin d'une descente de gardes rouges dans la salle. Les vieilles dames m'ont conspué, Bastide était furieux. Il adorait avoir son public de mamies, moi ça me désespérait...* »

Une partie du public déplorera elle aussi le déménagement. Dans l'émission des dix ans, en février 1965, un an après l'arrivée dans la Maison ronde, une spectatrice juge que l'émission « *est devenue un peu plus compassée* ». Une autre regrette les petites salles de l'Alliance française ou du Récamier « *où on pouvait lier connaissance, alors qu'ici, c'est froid, c'est nu* ». En fait, il faudra quelque temps pour que le public s'habitue au gigantisme du 104 et y trouve ses marques. Mais, toujours au cours de la même émission, un spectateur se veut plus rassurant, qui ne constate « *aucune dérive académique du* Masque *: on s'y querelle souvent* ».

Ouf ! Merci, Bory et Charensol. Et merci, Gilles Sandier, qui vient de rejoindre l'équipe et ne va pas peu contribuer à lui éviter toute « dérive académique » ▪

3 Personnage des *Illusions perdues*. Mme de Bargeton règne sur la bonne société d'Angoulême. Le jeune Lucien de Rubempré en devient l'amant. Pour créer Mme de Bargeton, Balzac s'était beaucoup inspiré de sa propre relation avec Laure de Berny, La Dilecta (lire page 142, le portrait de Jérôme Peignot). 4 Matthieu Galey, *Journal, op. cit.*, Tome 1, p. 282.

Le « debriefing whisky »

Dès les années 1900, un marchand de spiritueux existait à l'angle de la rue Gros et de l'avenue de Versailles dans le XVIe arrondissement parisien. Dans les années 1920, l'endroit se transforme en bistrot. Quarante ans plus tard, ses tenanciers virent une aubaine dans la construction de l'immeuble de l'ORTF face à leur porte : « *Moins d'un an après l'ouverture de la Maison ronde, le café s'était déjà rebaptisé Les Ondes* », se souvient Roland Dhordain, le « père » de France Inter.

C'est dans ce bistrot que l'équipe du *Masque et la Plume* installa ses quartiers, dès son arrivée à la Maison de la Radio. Après chaque enregistrement, François-Régis Bastide et Michel Polac entraînaient l'équipe prendre un pot. Assistants, réalisateurs, critiques… tout le monde venait : « *C'était l'heure du* debriefing whisky », résume Martine de Rabaudy, l'ancienne assistante de Bastide.

Le montage se décidait là, autour de la table. « *L'enregistrement public durait toujours beaucoup plus longtemps que la durée qui nous était impartie pour la diffusion, surtout les émissions cinéma, à cause des numéros Bory-Charensol. C'est aux* Ondes *que nous discutions des coupures à faire, pendant que le souvenir était encore tout chaud. Ensuite, je repartais aussitôt commencer le montage et je terminais le dimanche matin* », se souvient Anny Cœurdevey, ancienne assistante de réalisation sur *Le Masque* (de 1964 à 1973).

La famille resserrait ses liens. Après s'être écharpés comme des chiffonniers à la tribune, Bory et Charensol trinquaient paisiblement. Annette Lyautey, « metteur en ondes » du *Masque* de 1978 au milieu des années 1980, se souvient des conversations, qui filaient régulièrement vers d'autres rives : « *Bastide aimait parler politique. Il nous racontait les anecdotes et les dessous de ce petit monde qu'il côtoyait avec de grandes ambitions. En l'écoutant au café, nous avions tous compris, ses collaborateurs, qu'il rêvait d'être ministre un jour.* »

Le départ de Michel Polac ne changea rien au rituel des *Ondes*, qui tenait au cœur de François-Régis Bastide. Mais Pierre Bouteiller porta le coup de grâce à la tradition en déplaçant les enregistrements au jeudi soir. Lorsqu'il a pris sa suite, Jérôme Garcin s'est coulé dans le moule. « *À 21 h, la première équipe s'en va. Et à 22 h, quand le second enregistrement est terminé, tout le monde est fatigué et veut rentrer* », explique-t-il aujourd'hui. Rachetées en 1996 par Christophe Boyer, un Auvergnat, comme il se doit, *Les Ondes* sont toujours là. Le café accueille désormais le public venu en avance à l'enregistrement. Le *debriefing whisky* a été remplacé par un *apéritif Coca*. Les auditeurs y fêteront peut-être le centenaire du *Masque*… ■

Le jour où Bory et Charensol ne se sont pas rencontrés

Lundi 10 décembre 1945. Les Dix de chez Drouant, qui ce jour-là ne sont que six, s'apprêtent à décerner le Goncourt. Trois romans restent en lice : *Si peu que rien*... de Denis Marion, dont l'action se passe dans les milieux du cinéma ; *Drôle de jeu* de Roger Vailland (qui décrochera l'Interallié, une semaine plus tard) et *Mon village à l'heure allemande*, un premier roman remarqué par la critique. *Mon village*..., ainsi qu'il est précisé dans le contrat établi par les éditions Flammarion à son auteur, « *retrace un tableau pittoresque d'une commune française pendant l'Occupation* ». Suspense ? Pas vraiment. Léo Larguier, l'un des jurés du prix, a cru pouvoir prédire, à un journaliste des *Nouvelles littéraires*, que ce « *Goncourt ne serait pas très animé* ». Il faut dire que le Goncourt va être décerné pour la deuxième fois en moins de six mois : le débarquement allié de 1944, puis la Libération de Paris et la fin des hostilités sur le territoire français avaient empêché, l'année précédente, les jurés de se réunir. Or, une tradition veut que chaque millésime ait son Goncourt. Le 2 juillet 1945, l'Académie a donc décerné le Goncourt 1944 à Elsa Triolet, pour *Le premier accroc coûte deux cents francs*[1]. Elsa Triolet ayant été la première femme couronnée par les Dix, l'événement avait été largement commenté dans la presse. On pouvait donc raisonnablement penser, comme Léo Larguier, que les journalistes, à l'inverse des jurés, hésiteraient à remettre le couvert.

Perdu. Dès midi, ils sont plus de cent cinquante reporters et photographes à se bousculer chez Drouant. Une affluence qui ne s'était encore jamais vue, même avant guerre, et qui ne se justifie en rien, aucun des trois impétrants n'étant célèbre. Mais la capitale a ainsi de ces fièvres... « *Tout Paris semblait s'être donné rendez-vous,* racontait l'envoyé des *Nouvelles littéraires. On se poussait, on serrait des mains, on se marchait sur les pieds. Les uns grimpaient sur des chaises, d'autres sur les tables, à la grande stupéfaction des maîtres d'hôtel*[2]. »

L'arrivée des jurés ajoute encore à la confusion. C'est

1 Le titre empruntait aux messages codés diffusés par la BBC dans la nuit du 5 au 6 juin, annonçant à la Résistance l'imminence du débarquement. 2 *Les Nouvelles littéraires* du 13 décembre 1945.

Jean-Louis Bory reçoit le prix Goncourt en 1945 pour *Mon Village à l'heure allemande.*

précisément le moment que les lumières choisissent pour s'éteindre (les restrictions ne sont pas terminées...). C'est donc à la lueur des bougies que les jurés doivent gravir, l'un derrière l'autre, au milieu des journalistes, l'escalier qui les conduit au salon où les attend leur déjeuner : « *Francis Carco tutoyait dans l'ombre, avançant à tâtons, de vieux amis retrouvés qu'il lui avait fallu dévisager de fort près pour les reconnaître. Roland Dorgelès aidait Madame Colette à trouver sa route*[3]... » Amusante procession, qui fait les délices de la presse : « *Décernera-t-on le prix à l'aveuglette ?* » ironise l'envoyé du - tout jeune - *Monde*.

La cohue accompagnant l'arrivée des jurés n'était rien comparée à celle qui accueille la proclamation du prix. D'autant que la lumière est revenue au moment précis

3 *Ibid.*

où André Billy, le nouveau secrétaire de l'Académie, reparaît pour annoncer les résultats. Le lauréat? *Mon village à l'heure allemande.* « *Un Goncourt de circonstances!* » ironise encore la presse. Mais, surprise, l'auteur est présent! Prévenu trois jours plus tôt de la bonne fortune qui allait peut-être lui échoir, Jean-Louis Bory, jeune professeur de lettres fraîchement nommé à Haguenau (Bas-Rhin), a sollicité et obtenu de sa hiérarchie un congé de quelques jours pour « *éventuelle obtention d'une récompense littéraire* ». Des dizaines de têtes se tournent alors vers un pâle jeune homme aux yeux noirs, « *une lueur de malice dans le regard, le front haut, garni d'un cheveu abondant*[4] ». De partout, on l'empoigne et, parce qu'il n'est pas très grand (1 m 65), on le hisse de force sur une chaise et on l'assaille de questions. À l'annonce de son âge, on s'extasie: c'est le plus jeune lauréat de l'Académie[5]! Enfin, les courriéristes ayant épuisé leur curiosité, la foule se retire et, sur le registre des Goncourt, après avoir consigné les résultats du scrutin, André Billy observe: « *Jamais le prix Goncourt n'a attiré autant de monde chez Drouant.* »
Mais la fête n'est pas terminée. Dans un salon contigu, les Renaudot vont, à leur tour, proclamer leur lauréat. Moins formaliste que son aînée, la compagnie des Renaudot, qui fête ses vingt ans, ne compte ni président, ni secrétaire. Pourtant, celui qui s'avance vers les journalistes fait un peu figure de chef de file du jury, car il est le fondateur du prix. Cet homme, bien sûr, c'est Georges Charensol.

Tandis que Jean-Louis Bory accède tout juste à la célébrité, Charensol est, lui, déjà bien connu des milieux culturels parisiens (lire page 132). Devant ses confrères journalistes, il annonce que le Renaudot 1945 est décerné au *Mas Théotime*, d'Henri Bosco, roman paysan bien connu de générations d'écoliers qui ont transpiré sur des kilomètres de dictées dans les sillons de sa « *glèbe luisante et noire* ». « *Si Bory n'avait pas eu le Goncourt, il aurait très certainement eu le Renaudot* », dira plus tard Georges Charensol. Dans ce cas, ne serait-ce que pour remercier les jurés qui avaient voté pour lui, Bory aurait peut-être tout de suite noué des liens avec Charensol. Au lieu de quoi, il ira remercier les jurés Goncourt, « Madame Colette » en tête.

Ce lundi 10 décembre 1945, les deux hommes ne font donc que se croiser dans les salons de Drouant. Leurs chemins se rencontreront seize ans plus tard, à l'automne 1961, lorsque Jean-Louis Bory viendra, pour la première fois, s'asseoir à la tribune du *Masque et la Plume*, où Charensol règne déjà en paterfamilias caustique et bourru, qui sait remettre à sa place la jeunesse avide de le brocarder. Avec Bory, il aura fort à faire ■

4 *Le Figaro* du 11 décembre 1945. 5 Et il l'est toujours!

Georges Charensol pose devant son portrait peint par Marcel Gromaire.

1961 Jean Vilar *Antigone*

« — Chaque fois que Zeus montre le bout du nez, il me semble qu'on lui dispute la place. »

1961 : C'EST L'ANNÉE DU PUTSCH D'ALGER et des négociations avec le FLN. La France est au bord de la guerre civile. Vilar, convaincu que le théâtre doit participer *« aux inquiétudes de la nation*[1] », décide de monter l'*Antigone* de Sophocle. L'histoire d'Antigone est connue. Pour avoir bravé l'interdiction de Créon, le roi, d'enterrer son frère Polynice, Antigone est emmurée vivante. Le message est limpide – à la question de savoir si l'on doit désobéir aux ordres lorsqu'ils sont inhumains, Antigone répond oui. Elle y gagne son salut : vaincue, dans sa chair, par le pouvoir, sa mémoire sera honorée par la cité. Pour l'éternité.

Pendant près de vingt siècles, le théâtre grec antique était resté absent des planches. C'est Mounet-Sully, tragédien de la Comédie-Française, qui le fait revivre à la fin du XIXe siècle. Mais le tournant marquant sera la « re-création » des *Perses*, d'Eschyle, par le Groupe de théâtre antique de la Sorbonne (GTA). Le GTA a été fondé par deux étudiants, Jacques Veil et un certain… Roland Barthes, qui fédèrent rapidement autour d'eux des bonnes volontés enthousiastes. Respect et compréhension du texte d'origine inspirent les travaux du GTA, dont l'un des apports principaux sera de redonner au chœur son importance :

1 Cité par André Degaine, *Histoire du théâtre dessinée*, *op. cit.*, p. 378.

Catherine Sellers et Georges Wilson dans *Antigone* mis en scène par Jean Vilar au théâtre national de Chaillot en janvier 1961.

« *Ce souci de pure délibération humaine, on peut dire que c'est la fonction essentielle du chœur antique [...]. Or ce chœur, c'est, de la tragédie grecque, ce qui a sombré totalement [...]. Il est à peine nécessaire de faire remarquer qu'à ce prix, le théâtre perd toute dimension civique* », expliquera Barthes[2]. La première représentation des *Perses* a lieu le dimanche 3 mai 1936 – le même jour où les élections portent le Front populaire au pouvoir... – dans la cour de la Sorbonne. Le chœur, traité comme un personnage unique, devient l'élément central de la tragédie. Les choristes, au nombre d'une dizaine, ont le visage maquillé et portent un collier de barbe blanche. Le succès et l'influence de ce spectacle « d'étudiants » sera considérable. Confronté, à son tour, à la question de la représentation du chœur, Vilar y répond d'abord maladroitement, sous-estimant son rôle lorsque la pièce est créée à Avignon. Le spectacle donné dans la Cour d'Honneur est un échec. Mais Vilar revoit sa copie avant de présenter la pièce à Chaillot, à l'automne. Cette fois, le chœur est métamorphosé : « *L'entrée et la sortie des choreutes, dans de longues robes gris ardoise d'officiants, se faisaient sur le battement des tambours et la musique électronique et plaintive des ondes Martenot. Les textes étaient psalmodiés, murmurés ou scandés par les choreutes, chanteurs professionnels. La musique faisait ainsi appel à un fonds religieux varié, chrétien, juif ou païen, et créait un cérémonial monastique. L'aspect processionnel, solennel, du chœur sacralisait le discours du coryphée* [ndr : chef du chœur] *qui donnait tout son sens politique à la tragédie. C'est Jean Vilar lui-même qui tenait ce rôle et devenait ainsi la voix de la sagesse qui s'élevait au-dessus du discours des protagonistes*[3]. » *Le Masque* (émission du 5 janvier 1961) est bouleversé.

ALFRED SIMON — Lorsque Vilar l'a jouée cet été à Avignon, nous n'étions qu'un petit bataillon à défendre le spectacle. À travers des défauts éclatants [...] qui tenaient en premier lieu à Catherine Sellers, fort décevante dans le rôle-titre, à travers ces défauts donc – que Poirot-Delpech avait pointés dans *Le Monde* – on sentait quelque chose passer.

GEORGES LERMINIER — Le spectacle m'avait presque totalement déçu, mais j'avais confiance en Vilar pour trouver le tableau définitif : nous l'avons vu si souvent [proposer] des esquisses...

ALFRED SIMON — C'est prodigieux et à la suite [de celui-ci], je n'ai plus envie d'assister à aucun spectacle de théâtre pendant deux mois !

MICHEL POLAC — Si c'est l'effet que vous fait le beau théâtre...

ALFRED SIMON — Mais oui ! C'est une sorte d'épuration...

GEORGES LERMINIER — D'Avignon à Chaillot, c'est un progrès vers la perfection ! [...] La Catherine Sellers d'Avignon nous revient changée, c'est pourtant la même Catherine Sellers.

2 Roland Barthes, « Pouvoirs de la tragédie antique », *Théâtre populaire*, juillet-août 1953 (repris dans les *Œuvres complètes*, I, Seuil, 2002, pp. 266-267). **3** Patricia Legangneux : « Sophocle sur la scène contemporaine », *L'École des Lettres*, décembre 2002.

BERTRAND POIROT-DELPECH — J'insisterais plutôt sur le rôle du chœur. À Avignon, on avait cinq ou six « moines » repus, hideux à voir, installés de surcroît sur des petites stèles et qui ne savaient pas où aller... [Maintenant on a] d'autres exécutants qui chantent admirablement – ça me fait penser aux moines de Solesmes – la musique de Jolivet [qui est] une révélation.

PIERRE MARCABRU — [Je vais] mettre un peu de mouvement, puisque vous êtes unanimes [...]. Je ne suis pas sûr que ce soit l'*Antigone* de Sophocle qu'on nous ait montrée. On nous donne une tragédie politique où le débat d'idées prend une importance capitale et [où] les dieux s'effacent : Antigone [devient] une image de la liberté en face du pouvoir, et spécialement de la liberté de la cité. Or je ne crois pas que ce soit la pièce. Il y a un autre élément intéressant – le terme de « religieux » n'est peut-être pas parfaitement approprié, mais passons –, la partie « religieuse » est comme effacée : c'est une tragédie laïque qui nous est offerte.

GEORGES LERMINIER — Ça tient à la traduction d'André Bonnard – c'est un helléniste suisse, mort il y a trois ou quatre ans –, le premier à suggérer cette interprétation laïque et politique de la tragédie grecque. Aux yeux des Suisses, Bonnard passait pour un dangereux progressiste – pour autant qu'on puisse être progressiste en Suisse. Mais le texte d'André Bonnard n'est pas exactement celui que l'on joue : un troisième [s'y] superpose [qui a] tendance à renforcer le caractère politique. Sans m'avancer, je crois qu'une ou deux fois le nom de Zeus se trouve supprimé. C'est un gommage significatif.

FRANÇOIS-RÉGIS BASTIDE — Remplacé par quoi ?

GEORGES LERMINIER — Mais, par rien... Chaque fois que Zeus montre le bout du nez, il me semble qu'on lui dispute la place.

BERTRAND POIROT-DELPECH — L'hymne à la raison humaine, les travaux des hommes... ça ne m'a pas choqué...

GEORGES LERMINIER — Je ne dis pas que ce soit choquant [...], seulement que l'accent est mis – même dans la grande tirade de Créon – et même par rapport au texte de Bonnard que j'avais, comme à Avignon, sous les yeux, sur [l'aspect politique]. L'adaptation de Wilson est d'un modernisme évident et voulu ▪

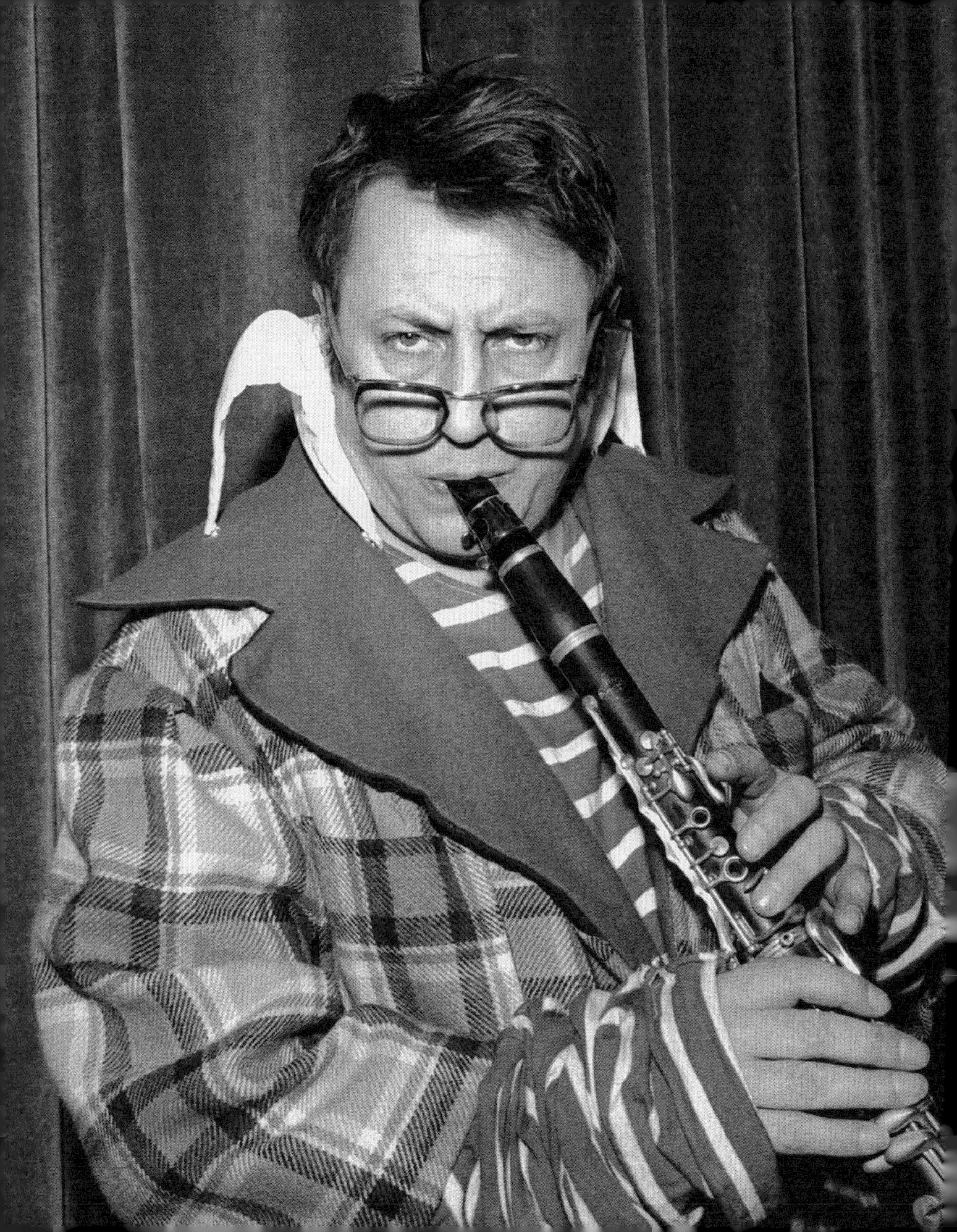

1961 Raymond Devos

« — le béret était très drôle, lui. »

LE 14 DÉCEMBRE 1961, après une tribune consacrée au théâtre, Raymond Devos est l'invité du *Masque*.

FRANÇOIS-RÉGIS BASTIDE — Il y a quelques années, *Le Masque* était encore à l'Alliance française, moi je ne connaissais pas grand-chose au théâtre et au music-hall en particulier, Michel [Polac] était beaucoup plus calé que moi. Un jour, il était en scène et moi dans les coulisses, et je vois arriver un personnage que je ne connaissais absolument pas, que je n'avais jamais vu, et je lui demande : « Monsieur, vous voulez quelque chose ? » Il me dit : « Ben, je vais à cette émission... » « Et qu'est-ce que vous faites ? » Il me répond : « Quand ? » Je lui dis – je vous jure que c'est vrai, cette histoire : « À l'émission, qu'est-ce que vous faites ? » Il me répond : « Quand ? » Je me dis : « C'est un fou ! » Puis je le vois entrer en scène et faire [son spectacle]. Je suis sûr que vous avez deviné qui c'est : il vient d'arriver, Raymond Devos.

MICHEL POLAC — [Nous nous connaissons depuis longtemps...] Vous aviez rencontré Georges Delerue [par mon entremise].

RAYMOND DEVOS — Oui. Je crois avoir fait une de vos émissions, une des premières[1]...

MICHEL POLAC — C'est ça et c'est à dater des Noctambules...

1 *Pour l'amour du théâtre.*

Raymond Devos lors de son spectacle *Les Pupitres* en 1961.

« — C'est tragique, la façon dont on arrive à tuer des vedettes en deux, trois ans : Robert Lamoureux, c'est déjà terminé, Fernand Raynaud, c'est du passé... »

RAYMOND DEVOS — Oui, les Noctambules, j'ai dû faire le guignol, je me souviens que j'avais un béret, le béret était très drôle, lui.

MICHEL POLAC — Et ma foi, c'est comme ça que Devos et Delerue se sont connus, et puis leurs chemins se sont croisés de nouveau cette année, parce que Raymond Devos a demandé à Georges Delerue de faire la musique de son spectacle. On vous connaissait pour vos numéros et comme comédien dans la compagnie Jacques Fabbri et là, vous réunissez les deux...

RAYMOND DEVOS — J'ai accumulé des sketches depuis trois ans [...]. [Il y avait] un liant autour de choses musicales, [par exemple] un flûtiste qui écrit des fugues chaque fois que sa femme en fait une [...] [et j'ai imaginé l'histoire d'un] orchestre dissous par son chef, parce que les musiciens sont indisciplinés. [Cette fois, j'ai préféré monter] un spectacle collectif, avec des acteurs comme Pierre Doris, Michel Roux, Léon Noël, et quinze musiciens, parce qu'on ne peut pas faire une rentrée [en one man show] au music-hall chaque année [...]. Pour se renouveler, ça demande un travail considérable, le public demande toujours des choses nouvelles...

MICHEL POLAC — C'est tragique, la façon dont on arrive à tuer des vedettes en deux, trois ans : Robert Lamoureux, c'est déjà terminé, Fernand Raynaud, c'est du passé...

RAYMOND DEVOS — C'est effrayant, mais ça tient à la technique actuelle, à la télévision, la radio, le disque... ça passe continuellement... ■

Raymond Devos au théâtre des Variétés en septembre 1964.

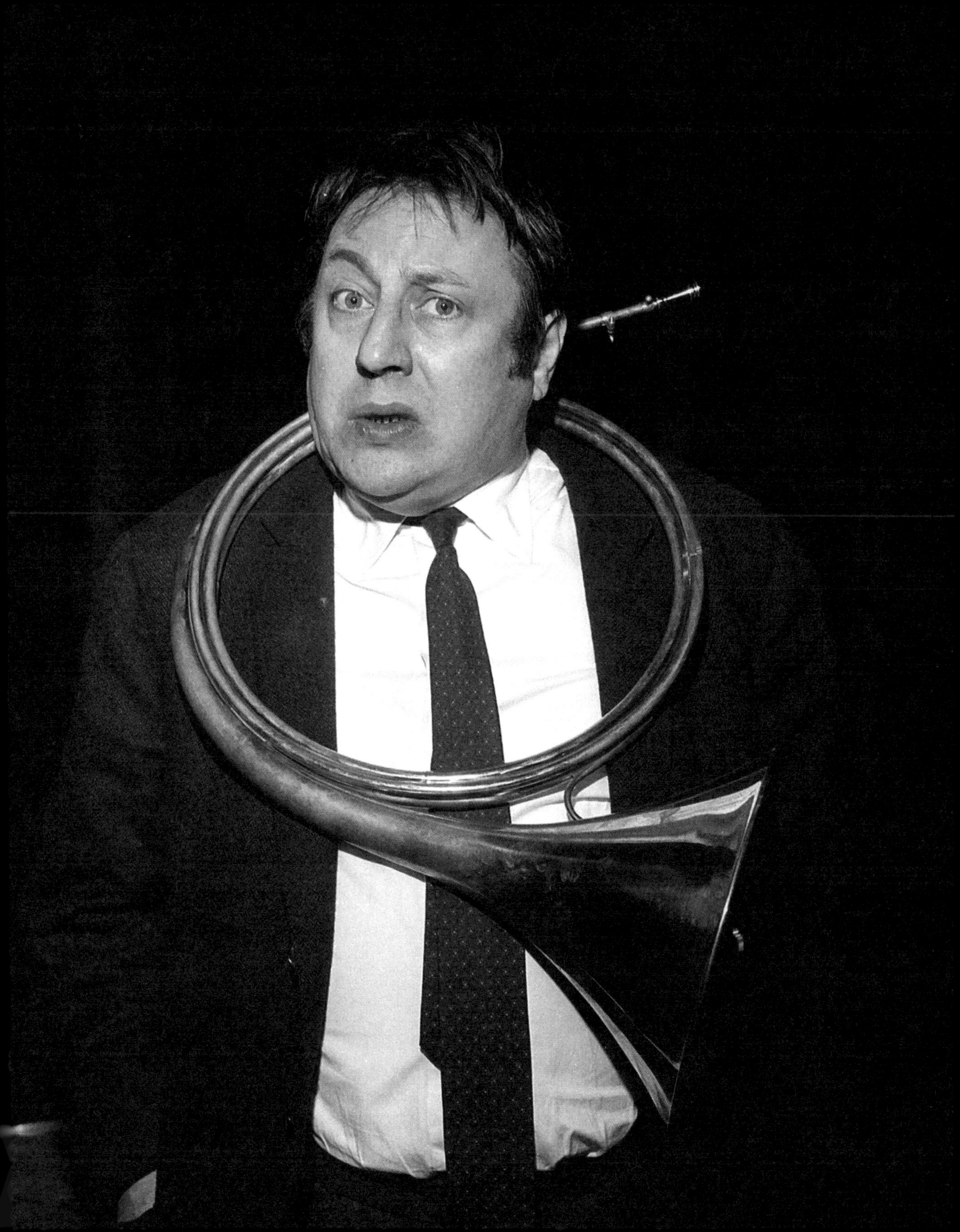

1961 Alain Resnais *L'Année dernière à Marienbad*

« — c'est un film obsédant »

L'Année dernière à Marienbad, troisième long-métrage d'Alain Resnais (après *Nuit et Brouillard* et *Hiroshima mon amour*), marque la rencontre entre le nouveau roman et le cinéma. Le scénario et les dialogues sont d'Alain Robbe-Grillet. Delphine Seyrig est envoûtante. Et le film, sifflé par les uns, encensé par les autres, donnera une célébrité romantique et mondiale à une petite ville thermale de l'Ouest de la Tchécoslovaquie, qui n'apparaît que dans le titre (et ensuite, dans une chanson de Barbara) : Marienbad. *Le Masque* rend son verdict le 12 octobre 1961.

FRANÇOIS-RÉGIS BASTIDE — C'est ennuyeux que Charensol ne soit pas là, parce que [tous les quatre] vous aimez ce film...

GEORGES SADOUL — (sur l'argument du film) Un homme, dans un château baroque, rencontre une femme et prétend l'avoir rencontrée l'année dernière à Marienbad ; la femme le nie, on ne saura pas jusqu'à la fin du film [ce qu'il en est] [...] et je crois que les auteurs (Resnais et Robbe-Grillet) ne sont pas exactement fixés.

PIERRE MARCABRU — [J'ai vu] une référence au cinéma muet de 1922-1923, de Marcel L'Herbier, de l'*Eldorado* ou [du] cinéma d'Epstein, plus tardif, mais qui appartient à la même ligne de cinéma. Resnais a repris l'héritage d'un certain cinéma muet, avant celui de Cocteau, [celui] du surréalisme [...], il l'a assimilé et nous en donne une nouvelle version.

GEORGES SADOUL — Et pourtant, le son a une énorme importance !

PIERRE MARCABRU — Oui, mais le son habille [le film] musicalement, les paroles n'ont pas une importance capitale,

Alain Resnais et Alain Robbe-Grillet par Henri Cartier Bresson en 1961.

[c'est] une psalmodie, plutôt qu'un son qui est repris.

FRANÇOIS-RÉGIS BASTIDE — Beaucoup de gens disent (dont Michel Polac, s'il me permet de le dire) qu'ils se seraient volontiers passés du texte de Robbe-Grillet...

JEAN-LOUIS BORY — Je défends nettement la littérature : je crois que le texte de Robbe-Grillet est inséparable [du film], [...] on a l'impression d'un film muet parce que les voix sont utilisées off [...] [mais] il y a une manière d'obsession créee par la voix [...], le texte de Robbe-Grillet fait une énorme vague, c'est un film obsédant.

PIERRE MARCABRU — C'est un film intemporel, mais dont la structure, les recherches formelles, la direction d'acteurs [sont] très marquées par l'époque 1920-1925 [...] ; je ne crois pas que ce soit le départ d'un nouveau cinéma, mais au contraire l'aboutissement d'un ancien cinéma.

GEORGES SADOUL — Resnais, et c'est un grand compliment, est surtout un monteur et c'est là-dessus que ça repose. [...] *Guernica* est un opéra plus qu'un documentaire et *Marienbad*

Pages suivantes : Delphine Seyrig dans *L'Année dernière à Marienbad.*

« Resnais, et c'est un grand compliment, est surtout un monteur et c'est là-dessus que ça repose. »

aussi est un opéra, d'ailleurs Robbe-Grillet a dit que les films de Resnais le faisaient penser soit à un opéra, soit à une statue.

LOUIS MARCORELLES — Je suis assez perplexe sur ce film [et] comme Charensol n'est pas là, je vais prendre un peu le rôle de l'opposition. Je me demande si ça ne conduit pas à une impasse. Ce qui me paraît très grave, [c'est] cette collaboration entre la littérature et le cinéma. Je prends le contre-pied de Bory : la littérature de Robbe-Grillet, je n'aime pas ça, [elle a] un côté [...] M. Homais de la littérature et on transforme ça en écriture automatique [...]. Resnais est un documentariste qui porte à la littérature un respect indu, qui finalement bâtit tous ses films autour d'une personnalité [...] : *Nuit et Brouillard* c'est Jean Cayrol ; *Le Chant du styrène* c'est l'esprit de Raymond Queneau ; *Hiroshima mon amour* l'esprit de Marguerite Duras. [...] [Ici] il part de la littérature de Robbe-Grillet [qui] dit que le roman est mort, qu'il faut coller (même s'il prétend qu'il n'est pas absolument « objectif ») à la réalité, en un sens il [Robbe-Grillet] postule le cinéma ; ce qui est très curieux [c'est que] Resnais au contraire dit : « Moi je veux un texte » et il prend une littérature qui prétend nier la littérature pour tendre au cinéma : ça devient un labyrinthe !

MICHEL POLAC (au public) — Plutôt de l'avis de Bory ou de Marcorelles ?

UNE SPECTATRICE — Moi, ce film m'a profondément ennuyée ; les photos sont très belles, au début on se laisse prendre [...] je n'aime pas du tout ce récitatif, la voix de cet acteur épouvantable...

UNE DEUXIÈME SPECTATRICE — On a dit que c'était envoûtant, c'est exact... c'est envoûtant dans le genre opium.

JEAN-LOUIS BORY — *L'Année dernière à Marienbad* représente la mort du cinéma dans la mesure où Mallarmé représente la mort de la poésie française et sans Mallarmé [il n'y a] pas de poésie moderne, alors disons comme Goethe : « Meurs et deviens » ! ▪

Alain Resnais en 1960 au montage par Robert Doisneau.

1961

Philippe Sollers
Le Parc

« — quelque chose de très appliqué »

C'EST L'HISTOIRE D'UNE DÉCEPTION – collective. En 1958, Philippe Sollers, un jeune inconnu (mais naissance dans la grande bourgeoisie bordelaise et études chez les jésuites à Versailles, tout de même), fait paraître, à vingt et un ans, son premier roman, *Une curieuse solitude* (Seuil). Adoubé par Mauriac et Aragon, Sollers est lancé. On voit en lui le nouveau grand écrivain français que tout le monde attendait. En 1961, il publie *Le Parc*, un deuxième livre fortement influencé par le nouveau roman, alors au sommet de sa vogue. François-Régis Bastide décide de l'inviter au *Masque*. Nous sommes le 10 octobre 1961. Tapis rouge pour Sollers...

FRANÇOIS-RÉGIS BASTIDE — Vous avez vingt-trois, vingt-quatre ans...

PHILIPPE SOLLERS — vingt-quatre et demi.

FRANÇOIS-RÉGIS BASTIDE — Et votre premier roman a paru l'année dernière, ou il y a deux ans...

PHILIPPE SOLLERS — Non, trois ans.

FRANÇOIS-RÉGIS BASTIDE — *Une curieuse solitude* a été salué par le coup de tonnerre chaleureux de Mauriac qui vous a refait le coup de Barrès, c'est-à-dire le coup que

Philipe Sollers à la réception du prix Médicis pour son roman *Le Parc* en 1961.

Barrès lui avait fait : il vous a promis la gloire ; puis, presque simultanément, un article du cher Émile Henriot[1], qui n'avait pas le même esprit que Mauriac et qui pourtant a entonné le même couplet et [enfin] couplet tout à fait inattendu [...] d'Aragon. Avec une telle caution [votre livre a connu] un succès extraordinaire de vente, des traductions à l'étranger. [...] Puis vous avez plongé dans une revue littéraire : *Tel Quel*, revue hautaine et exigeante qui vous a valu quelque jalousie[2]. [Vous publiez maintenant] un nouveau roman tout à fait différent d'*Une curieuse solitude* [qui était] un récit dans la tradition de Benjamin Constant, de Radiguet... [...] Est-ce que vous auriez écrit *Le Parc* s'il n'y avait pas eu l'influence de Robbe-Grillet ?

PHILIPPE SOLLERS — Oui, sûrement [même] s'il m'est difficile de me désolidariser pour mieux faire valoir mon individualité [...]. [Mais je revendique une] somme d'influences, notamment celle des surréalistes : *Nadja* ou *Le Paysan de Paris* sont des livres qui ont autant compté pour moi que les romans de Robbe-Grillet.

FRANÇOIS-RÉGIS BASTIDE — Quand un critique – mon Dieu je vais le nommer, je crois que je vais vider mon petit paquet à un critique que je n'aime pas et c'est bien mon droit –, M. Maurice Nadeau, a dit, [de votre livre], ce sont des histoires de jeunes filles à la Francis Jammes...

PHILIPPE SOLLERS — Non : *« Des jeunes femmes sorties de Francis Jammes et à l'inquiétante cambrure de reins. »*

FRANÇOIS-RÉGIS BASTIDE — Je n'ai pas compris, il semble que Maurice Nadeau vous ait reproché de ne pas faire de la littérature engagée... ?

PHILIPPE SOLLERS — Non... Il est exaspéré parce que c'est moi, parce que avec quelques amis nous avons une revue...

FRANÇOIS-RÉGIS BASTIDE — En quoi votre conception de la littérature pourrait-elle agacer par ses singularités ?

PHILIPPE SOLLERS — Notre revue, c'est une petite revue que personne ne lit. Je suppose que [l'ensemble des lecteurs] ne remplirait même pas cette salle[3] ; je ne vois pas en quoi ça peut gêner

1 Critique littéraire très influent du *Monde*, qu'il avait rejoint dès sa création en 1945. Il y tenait le « feuilleton ». Il est mort en 1961. 2 *Tel Quel*, dont le premier numéro paraît en mars 1960, fait d'abord preuve d'un certain éclectisme, tout en donnant des gages à l'« école » du nouveau roman. La revue change assez rapidementde cap pour devenir l'étendard d'une avant-garde littéraire qui se réclame de la linguistique structuraliste et de l'antihumanisme théoriq ue. Le nouveau roman sera alors renvoyé du côté d'une forme d'académisme. Sollers date d'ailleurs ce tournant de l'année 1961 et de la sortie de *L'Année dernière à Marienbad* qui témoignerait de la récupération « commerciale » du nouveau roman. (*cf.* Rémy Rieffel, *Les Intellectuels sous la Ve République*, Tome 2, Hachette/Pluriel, 1995, p. 149 *sqq.*). 3 Le Théâtre Récamier pouvait accueillir près de 600 personnes.

Philipe Sollers par Henri Cartier Bresson. Avec le temps, *Le Masque* est de plus en plus sévère à son égard.

des critiques installés partout [...]. *Tel Quel*, c'est quelque chose d'extrêmement modeste qui s'efforce de publier de bons textes sans prendre de positions idéologiques.

FRANÇOIS-RÉGIS BASTIDE — Vous n'aimez pas les positions idéologiques ?

PHILIPPE SOLLERS — Mais non, nous essayons de publier de bons textes ; je ne vois pas pourquoi cette position peut paraître insolente. Nous n'avons pas pour but de publier des textes de témoignages ou qui peuvent servir certains partis.

FRANÇOIS-RÉGIS BASTIDE — Et que pensez-vous de la littérature objectale ? [i.e. : le nouveau roman].

PHILIPPE SOLLERS — Les gens sont curieusement obsédés par ça. La littérature objectale, c'est quelque chose qui leur est rentré dans la tête, ils en voient partout maintenant. La part de l'objectalité dans ce livre est assez restreinte [...].

FRANÇOIS-RÉGIS BASTIDE — Je souhaite au *Parc* ce que Mauriac, Henriot et Aragon ont souhaité à votre premier livre.

Le 15 avril 1965, il est de nouveau question de Sollers au *Masque*. L'écrivain (qui sera bientôt un fervent maoïste) vient de publier *Drame*. Une certaine « perplexité », c'est le moins, commence à se deviner à la tribune, où sont réunis Guy Dumur, Matthieu Galey et Robert Kanters.

« — Vous lisez Sollers, et vous savez où vous êtes, ce qu'il faut penser, ce qu'il faut dire d'intelligent. C'est le patron. Un patron de taille 42. »

FRANÇOIS-RÉGIS BASTIDE — [Après l'évocation d'un livre de Mémoires sur Picasso] Nous allons passer à une littérature [...] moins communicable [...] : *Fièvre* de Le Clézio, et son jumeau dans l'actualité, bien qu'ils n'aient aucun rapport, *Drame* de Sollers. Le parallèle Sollers/Le Clézio est fait dans tous les journaux...

ROBERT KANTERS — [Ce sont] les deux grands espoirs, [...] les deux hommes en chemin. Sollers a rompu avec sa première manière d'*Une curieuse solitude*, roman qui l'avait lancé et qu'il renie depuis qu'il est devenu un disciple du nouveau roman. La littérature est pour lui une religion, un ordre contemplatif fermé. *Drame*, son quatrième livre, est un « poème-essai » sur la création littéraire qui sera extrêmement ennuyeux, au moins pour une partie des lecteurs, mais [l'ennui] n'est pas un critère. [Ce « drame »], c'est le drame de la création [...] ou de l'impuissance littéraire.

FRANÇOIS-RÉGIS BASTIDE — Est-ce que c'est un livre qu'on peut vraiment lire ?

ROBERT KANTERS — Non, c'est une œuvre qu'il n'a pas pu écrire et que nous ne pouvons pas lire.

FRANÇOIS-RÉGIS BASTIDE — Le personnage est exaspérant, mais [je ne peux pas m'empêcher] de ressentir du respect pour cette tentative.

GUY DUMUR — [Ça me fait penser] au mot de Malraux : *« Quoi qu'on puisse penser sur* *le suicide, je respecte toujours les gens qui se suicident.* » Le respect qu'on peut avoir pour *Drame* est de ceux qu'on éprouve devant une tentative désespérée. Mais il y a chez Sollers, contrairement à Le Clézio, quelque chose de très appliqué. Même Robbe-Grillet [...], qui a compliqué la sauce à loisir, et Butor, avant qu'il ne [devienne] complètement fou, ne donnaient pas le sentiment de cette « peine » dans la création. Il [existe] un romancier de l'hermétisme absolu : Maurice Blanchot, [eh bien], je préfère lire Maurice Blanchot. Sollers vient après tout ça, et le dit moins bien. Au reste, si on met vraiment le livre à plat, [je ne suis pas sûr qu'on ait mieux qu']une série de lieux communs sur les affres de la création.

ROBERT KANTERS — [C'est] un livre que vous lisez constamment en marche arrière.

En 1983, Philippe Sollers abandonne Le Seuil et *Tel Quel*, passée de mode, pour rejoindre à grand bruit Gallimard, où il fonde une nouvelle revue, *l'Infini*, et publie un roman, *Femmes*, qui connaît un énorme succès de librairie. Le grand écrivain qu'on avait cru voir apparaître vingt-cinq ans plus tôt n'est finalement qu'un « gendelettres », mais particulièrement influent – et qui publie beaucoup : un journaliste, dans les années 1990, le surnommera « Parrain » et le mot, dans le petit milieu germanopratin, fera florès... Au *Masque*, il y a longtemps que Sollers n'impressionne plus. Le 16 mars 1997, la tribune expédie en quelques minutes le nouveau roman de Sollers, *Studio*, dans lequel le narrateur évoque sa passion pour la poésie, et notamment Rimbaud. Raphaël Sorin et Jean-Louis Ézine sonnent l'hallali.

RAPHAËL SORIN — Avec Sollers, on passe par des hauts – rarement – et par des bas – souvent. Là, on est vraiment très, très bas. J'ai rarement lu un tel tissu d'âneries sur Rimbaud. La manière dont il parle de Mallarmé est grotesque. Tout cela est lamentable...

JEAN-LOUIS ÉZINE — Il y a longtemps que je ne lis plus Sollers pour lui-même. Je le lis pour savoir ce qui se passe dans le monde. Il me donne la météo. Vous lisez Sollers, et vous savez où vous êtes, ce qu'il faut penser, ce qu'il faut dire d'intelligent. C'est le patron. Un patron de taille 42. C'est le mannequin des temps modernes.

Post-scriptum : Dans *L'Année du Tigre*, de Sollers (journal de l'année 1998, paru au Seuil), à la date du 10 novembre : « Autre comédie, *Le Masque et la Plume* à la radio. Les types qui sont là : "*Casanova*[4], ce n'est pas si bien que ça, d'ailleurs Sollers a bâclé son livre", etc. » ■

4 *Casanova l'admirable*, paru chez Plon en octobre 1998.

1961

Luchino Visconti
Rocco et ses frères

« — je connais des milliers d'histoires qui ressemblent à celle de Rocco et de ses frères »

MARS 1961 : *Rocco et ses frères*, le nouveau film de Luchino Visconti, sort en France. C'est l'histoire d'une famille pauvre d'Italie du Sud, les Parondi, montée à Milan – les cinq frères connaîtront des destins différents. Production franco-italienne. Distribution franco-italienne : Alain Delon (qui deviendra une star avec ce film), Renato Salvatori, Anny Girardot, Suzy Delair, Claudia Cardinale, Roger Hanin… *Le Masque* en rend compte dans l'émission du 16 mars. Et, fait exceptionnel, le réalisateur est assis à la tribune, au milieu des critiques.

FRANCE ROCHE — [Je suis] partagée, car il y a en réalité cinq films dans Rocco, qui enchaîne différents épisodes [autour] des cinq fils de cette même famille […] de Lucanie, qui vient chercher du travail à Milan. […]. Certains de ces sketchs sont remarquables, d'autres moins. Si on doit donner des notes : J'aime assez Vicenzo ; beaucoup Simone ; presque tout à fait Rocco et pas du tout Ciro. [Je suis] d'ailleurs gênée par le discours de Ciro, qui peut se résumer à : « Somme

Luchiano Visconti par Federico Pattelani à Rome vers 1960.

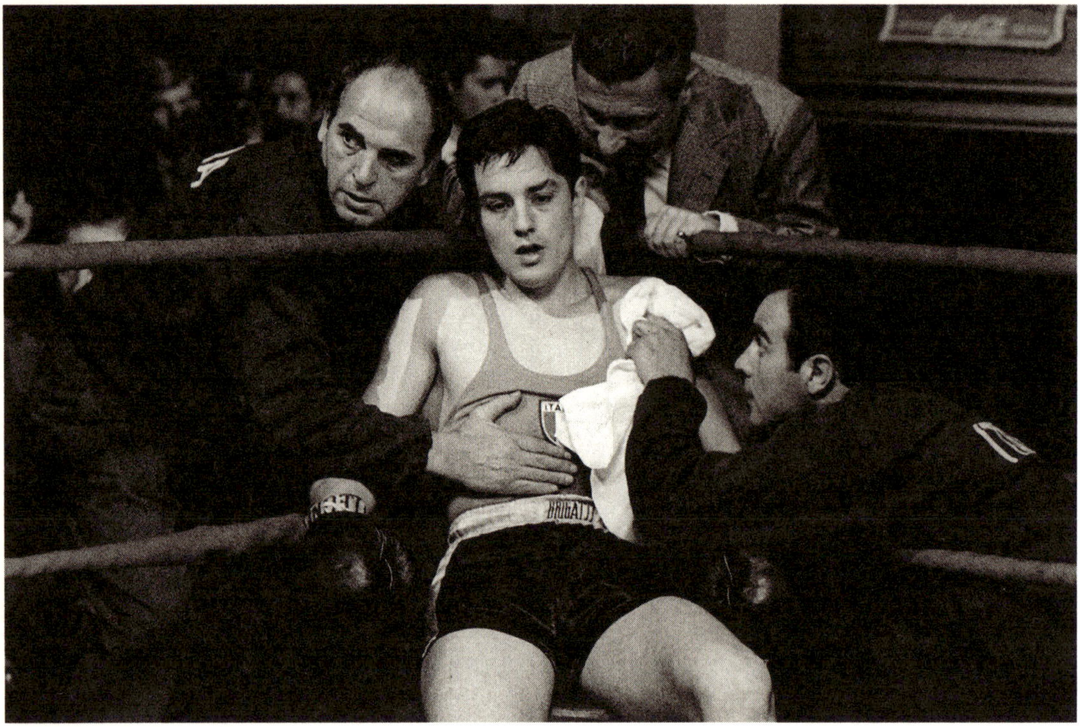

Alain Delon dans *Rocco et ses frères.*

toute, quand on est bon ouvrier, les choses [finissent] par s'arranger. »

PIERRE MARCABRU — [Malgré ce qu'a dit France Roche], le récit est continu, [il s'agit] essentiellement de la réaction de personnages devant un déracinement. [...]. Le drame de ce film est qu'il passe à Paris dans la version française et la V.F. le tue, tout au moins dans la seconde partie, la partie du lyrisme. Le lyrisme en français ne passe pas du tout. [...]. La fin du film est traitée non pas dans le néoréalisme, mais dans le vérisme, et dans le vérisme de l'opéra, or cela passe très bien dans la langue italienne, et ne passe absolument pas dans la langue française.

MORVAN LEBESQUE — C'est un film très important, avec des morceaux extraordinaires, exceptionnels, spécialement les morceaux de violence, mais la fin, trop sentencieuse, est plaquée. Et il y a une question de dialecte : il s'agit de méridionaux venus dans le Nord de l'Italie, on ne le sent absolument pas [en V.F.] et comment le sentirait-on : il aurait fallu parler auvergnat, breton [...]. Sans parler auvergnat ou breton, on aurait peut-être pu donner un accent paysan, il aurait fallu inventer quelque chose [...] Le film repose en grande partie sur la véracité des voix et des langages, alors évidemment, la version française est ratée.

GEORGES SADOUL — C'est l'un des films les plus importants [depuis] plusieurs années. [J'avais] prédit qu'un jour [le cinéma] atteindrait le niveau de la littérature et la dépasserait. [...] Si le style d'Antonioni se rapproche de Tchekhov, le ton de Luchino Visconti serait plutôt du côté de Dostoïevski, mais aussi d'un très grand auteur italien complètement inconnu en France : Giovanni Verga. À chaque projection, on découvre de nouvelles beautés. Ce film n'est pas décousu, au contraire sa structure [est] très méditée. C'est le deuxième volet d'une grande trilogie romanesque, commencée avec *La terra trema (La terre tremble)*. Visconti est l'inventeur d'un nouveau genre cinématographique : le cinéroman.

FRANÇOIS-RÉGIS BASTIDE — C'est la première fois, dans les annales du *Masque*, que les critiques sont là, mettant en pièces ou en louanges un film, et que l'auteur du film soit à côté.

FRANCE ROCHE — Quelquefois, il était dans les coulisses.

FRANÇOIS-RÉGIS BASTIDE — Ah oui, mais il venait après.

LUCHINO VISCONTI — C'est assez difficile de m'exprimer... On a dit que c'était un [scénario] un peu forcé, *programmatico* [Bastide : « Programmatique ? c'est un joli mot à inventer en français], je n'ai rien inventé, je connais des milliers d'histoires qui ressemblent à celle de Rocco et de ses frères. [J'ai voulu décrire une situation que les Français ne connaissent pas] : le problème de l'immigration intérieure [...], d'une zone déprimée [vers] une zone plus évoluée, pour trouver du travail, pour vivre vraiment. [...]. Je n'ai rien inventé. [...]. Il y en a beaucoup qui réussissent à s'insérer dans la vie industrielle du Nord, [à acquérir] une conscience d'ouvriers, une conscience d'hommes, [à ne plus être traités comme des] parias.

PIERRE MARCABRU — Malgré tout, ce n'est pas le personnage de Ciro qui est le personnage principal du film, c'est le personnage de...

LUCHINO VISCONTI — Mais oui, monsieur, mais oui, monsieur !

PIERRE MARCABRU — C'est le personnage de Rocco.

LUCHINO VISCONTI — Non, monsieur, c'est Ciro, c'est ça le point !

MORVAN LEBESQUE — Ciro n'agit pas, il fait un discours à la fin...

LUCHINO VISCONTI — Mais si, il agit ! Il prend une décision terrible [...] qui va contre cette espèce d'esprit de famille [lorsqu'il] dit [...] : « Que mon frère se dénonce », c'est la décision la plus dure, la plus sérieuse, la plus consciente. Mes collaborateurs n'étaient pas d'accord. Ils me disaient : « Tu vas faire un personnage odieux », alors qu'il s'agit seulement

« — j'ai voulu mettre dans le caractère de Rocco cette espèce de bonté [...], de charité complète et sans limite »

d'un personnage vrai. Rocco est très complexe ; il part du prince Mychkine, de *L'Idiot* : j'ai voulu mettre dans le caractère de Rocco cette espèce de bonté [...], de charité complète et sans limite, qui est aussi dangereuse que l'égoïsme de Simone.

PIERRE MARCABRU — L'utilisation d'acteurs français pour des personnages italiens ne vous gêne pas ?

LUCHINO VISCONTI — C'est la grande erreur de la coproduction, [...] des questions d'affaires, d'argent. Depuis qu'on a inventé ça [les coproductions], pour la France il me faut un acteur français, pour l'Amérique un acteur américain...

FRANÇOIS-RÉGIS BASTIDE — Vous les avez tout de même choisis...

LUCHINO VISCONTI — Évidemment [mais] quand je faisais *La terre tremble*, je n'avais pas ces problèmes ; quand De Sica faisait *Ladri di biciclette (Le Voleur de bicyclette)*, c'était un film tout à fait italien et [maintenant], quand on se trouve dans ces situations, il faut doubler pour la France *Rocco*, ce qui est une erreur formidable. Je lutte pour avoir une édition italienne à Paris : on ne veut pas.

UN SPECTATEUR — En quoi ce film suit la filiation de *La terre tremble* ?

LUCHINO VISCONTI — C'est très simple : dans *La terra trema*, il s'agissait de toute une famille du Sud qui vivait en Sicile et qui ne trouvait pas la poussée pour partir, dans *Rocco*, ils ont le courage [de partir] et si je viens à bout de ma trilogie, un autre film décrira le monde nouveau dont parle Ciro.

UNE SPECTATRICE (qui a vu le film lors de sa présentation à Rome) — Je n'ai pas envie de le voir en français.

LUCHINO VISCONTI — Non... allez-y quand même ! (*Rires dans le public.*) ■

1962 Pier Paolo Pasolini *Accattone*

« — M. Pasolini fait le complexe du Golgotha ! »

AVRIL 1962 : *Accattone*, le premier film de Pier Paolo Pasolini, déjà connu en Italie comme romancier et poète, sort sur les écrans français. L'action se déroule dans la banlieue pauvre de Rome et relate les tribulations d'Accattone, un petit maquereau minable, qui vit des charmes de Maddalena. *Le Masque et la Plume*, qui en parle le 12 avril, loupe le coche. Même Jean-Louis Bory, qui deviendra l'un des plus fervents avocats de Pasolini (lire page 294 ce qu'il dira au *Masque* de *Théorème*), passe à côté. Seul Georges Sadoul défendra, ce jour-là, Pasolini...

FRANÇOIS-RÉGIS BASTIDE — [Venons-en à] *Accattone*, de M. Pasolini. [Personnellement], j'ai détesté.

JEAN-LOUIS BORY — J'ai trouvé l'histoire a priori sympathique, mais ça m'a paru un film faussement courageux. [...] Qu'on présente Pasolini comme le Jean Genet de l'Italie, moi je proteste. M. Pasolini fait le complexe du Golgotha !

BERNARD DORT — [J'estime aussi] que c'est un film faussement courageux. Et complètement théâtral.

PIERRE MARCABRU — Je trouve ce film abominable, parce qu'il y a une utilisation du réalisme dans un but esthétique qui est absolument une escroquerie. D'autre part, c'est un film d'une prétention sans limites. Il date de quinze ans sur le plan de l'image, Fellini a fait beaucoup mieux et d'une façon plus intelligente et plus sensible. C'est un film littéraire, mais sans aucune sensibilité.

GEORGES SADOUL — [Je vous trouve un peu durs]. Pasolini mis en scène par Pasolini me paraît intéressant ▪

Pier Paolo Pasolini par Bruno Barbey.

1964

Luis Buñuel
Le Journal d'une femme de chambre

« — une bombe totalement désamorcée »

MARS 1964 : sortie sur les écrans du *Journal d'une femme de chambre*, de Luis Buñuel, adapté du roman d'Octave Mirbeau, dont l'action se passe aux alentours de 1900. Avec Jeanne Moreau, Michel Piccoli, Daniel Ivernel. Dans l'adaptation de Buñuel, qui voulait se venger de l'Action française parce qu'elle avait insulté *L'Âge d'or*, Joseph, le violeur et assassin de petite fille, est devenu un disciple de Charles Maurras. *Le Masque* (émission du 19 mars) est – très – partagé.

GEORGES CHARENSOL — C'est une œuvre d'une importance capitale, car c'est une œuvre réaliste. À une époque où nous sommes tous enfoncés jusqu'au cou dans l'irréalisme le plus total, où nous oublions que le cinéma est fait pour enregistrer la vie, Buñuel nous rappelle à l'ordre.

ROBERT BENAYOUN — Je trouve ce film admirable, contrairement à ce que dit

Charensol pas tellement réaliste, mais délirant. Je ne peux pas le séparer de *l'Ange exterminateur*[1], deux films faits coup sur coup. Buñuel a voulu réagir, à mon avis, contre une partie de l'opinion qui prend dans Buñuel ce qui l'arrange [...].

PIERRE MARCABRU — C'est une œuvre assez réduite et c'est en cela qu'elle me gêne. D'habitude, chez Buñuel, il y a le surréalisme et ici, il y a le surnaturalisme, qui me paraît très dangereux. C'est le côté le plus faible de Mirbeau qu'arrondit Buñuel et non pas le plus fort. On n'est pas plus choqué par ce film qu'on le serait par un film d'Autant-Lara. [En outre], les dialogues

1 Autre film de Buñuel, datant de 1962, très corrosif sur la bourgeoisie.

Jeanne Moreau et Luis Buñuel lors du tournage du *Journal d'une femme de chambre*.

sont très mauvais, la direction d'acteurs beaucoup trop explicative. On revient au cinéma qu'on avait quitté il y a vingt ans.

JEAN-LOUIS BORY — Ma déception a été à la mesure de mon attente. J'aime profondément Buñuel parce qu'il est révolutionnaire. Or, ce *Journal d'une femme de chambre* n'est pas du tout révolutionnaire, et voici pourquoi. On nous présente des personnages qui, à l'époque de Mirbeau, en 1900, étaient anticonformistes : un militaire imbécile, un curé hypocrite, un bourgeois répugnant. [...] En 1964, on se fout de ces caricatures ! Le *Journal...* perd ses griffes, sa force explosive, parce que les personnages nous paraissent faux et plus du tout scandaleux. (*Comme la salle applaudit mais que Charensol, à ses côtés, hurle son indignation, il poursuit*) Buñuel n'a pas trouvé, dans ce film de 1964, l'équivalent de l'agressivité de Mirbeau en 1900. Je pose un problème moral et politique, pas esthétique ! [Et Marcabru a raison] C'est mal fait, mal tourné, mal joué. [Au fond], ce que je reproche à ce film, c'est d'être une bombe totalement désamorcée.

GEORGES SADOUL — Je suis en complet désaccord avec Bory. Pour moi, au contraire, c'est le film le plus directement engagé qu'ait jamais fait Buñuel ▪

1964

Ingmar Bergman
Le Silence

« — Bergman va très loin »

EN 1964, le cinéaste suédois Ingmar Bergman, dont l'œuvre est déjà très prisée des cinéphiles (il a connu la consécration officielle dès 1957 avec *Le Septième Sceau*, grand prix du jury à Cannes) donne avec *Le Silence* une de ses œuvres majeures. Ce huis clos métaphysique et sexuel est l'histoire de deux sœurs, Ester (Ingrid Thulin) et Anna (Gunnell Lindblom) et d'un petit garçon, Johan, le fils d'Anna. Après un voyage en train, ils s'arrêtent dans un hôtel d'une ville inconnue. Les deux sœurs vont s'affronter violemment, tandis que l'enfant hante les couloirs de l'hôtel. Le film connut à sa sortie des démêlés avec la censure, en raison d'une scène (incroyablement osée pour l'époque…) où Gunnell Lindblom se masturbe.

Le Masque en rend compte le 19 mars 1964. Ce même jour, la tribune a déjà parlé du *Journal d'une femme de chambre*, de Buñuel (lire page 208). Charensol explique que « *cette semaine, nous avons deux des films les plus importants de l'histoire du cinéma* », mais Bastide annonce qu'il a « *détesté* » *Le Silence*. Bory l'a trouvé « *admirable* ». Pour Georges Sadoul, « *c'est un bon film,* [mais je ne] *partage pas l'enthousiasme de Charensol* ». À Bastide, qui s'essaie à un résumé (négatif) du film, Robert Benayoun oppose « *que c'est un film tellement ambitieux qu'il impose le respect* ». Puis Charensol et Bory, qui s'étaient écharpés un peu plus tôt sur Buñuel, se retrouvent pour une fois faire front commun. Bory donnera là son plus long « monologue » du *Masque*. Près de 8 minutes, d'une traite, saluées par des tonnerres d'applaudissements.

GEORGES CHARENSOL — Je crois que c'est un film que chacun interprétera comme il le veut, c'est certainement un film qui est très cher à Bory, mais il m'est également très

Ingrid Thulin dans *Le Silence* d'Ingmar Bergman.

cher à moi-même, car je suis très disponible, je suis disposé à aimer passionnément un film réaliste comme le *Journal d'une femme de chambre* et [à aimer] *Le Silence*. Jusqu'ici, vous n'avez pas parlé du titre, c'est pourtant là l'essentiel. Vous nous avez décrit des scènes très osées, pénibles et d'une audace que je n'ai jamais vue à l'écran, mais l'essentiel, c'est cette incommunicabilité. Deux femmes, seules, complètement séparées du monde, se trouvent confrontées l'une à l'autre et [le film nous montre] les dégâts que cela occasionne. Voilà ce que j'ai vu dans ce film, mais comme je sens une violente opposition de la part de Bastide, qui veut absolument qu'on dise du mal de ce film, je cède la parole à Bory !

Pages suivantes : Portrait d'Ingmar Bergman, sa femme et leur fils Daniel en 1960 par Lennart Nilsson.

16

« le tic-tac d'une montre [...] qui impose cette idée que la vie de ces gens coule vers la mort. »

JEAN-LOUIS BORY — On ne peut pas prendre ce film en cours de marche, sinon on passe complètement à côté. Accompagne le générique le tic-tac d'une montre, qui impose un premier thème : le temps, qui revient épisodiquement, et qui impose cette idée que la vie de ces gens coule vers la mort. Dès que le générique s'arrête, paraît le premier personnage, qui est le silence, un silence que Bergman tout de suite rend accablant et presque irrespirable, parce qu'il est accompagné d'une impression de chaleur étouffante, en même temps qu'une sensation de huis clos qui rappelle Sartre. (*Suit le résumé détaillé des premières scènes du film*). On sent qu'entre les deux femmes il y a une tension pour l'instant inexplicable. L'aînée s'appelle Ester. La seconde, Anna, est prise d'un malaise qui accentue cette [impression] d'étouffement et d'emprisonnement. On ne quitte pas le huis clos, on change seulement de prison. La cellule du train est remplacée par la chambre d'un hôtel, vaguement palace oriental rococo, merveilleusement silencieux, avec d'interminables couloirs, de vastes escaliers... [Et dans une des chambres de cet hôtel vont s'enfermer] trois solitudes. D'abord, la solitude d'un petit garçon, qui commence par s'ennuyer et se

promène dans les couloirs, et [se met] à explorer le monde étrange des grandes personnes. [...].
Puis la deuxième solitude, celle de la femme frustrée, Anna. Elle ne voit pratiquement plus son mari, elle est murée dans le silence de ses désirs physiques. C'est une femme qui connaît la faim du corps – elle est jeune, belle, son corps exige ! [Et autour de] cette femme dont le corps est terriblement exigeant, il y a cette ville étrangère, [...], cette foule virile et ces gens vaguement oisifs, prêts à tout, dont les regards brûlants déshabillent une femme, surtout quand elle est belle, blonde et suédoise. Il y a une électricité à laquelle cette femme ne résiste pas. Et là, Bergman va très loin. Et pourquoi pas ?
Enfin, il y a la troisième solitude, celle de la femme damnée au sens baudelairien du terme mais oui, Bastide, c'est ça le film ! (*Rires du public.*)

FRANÇOIS-RÉGIS BASTIDE — C'est *ton* film. Nous n'avons pas vu le même.

JEAN-LOUIS BORY — Elle est condamnée au silence parce que sa passion est doublement indicible, étant donné que la personne qu'elle aime est sa sœur. [Je résume], trois silences, donc : le silence de l'enfant, celui de l'innocence ; le silence de la nuit du corps et le silence de cette femme prisonnière d'une passion indicible. Ces suffocations finissent par la mort, qui revient comme un leitmotiv, très suédois d'ailleurs, mais oui, c'est vrai !

FRANÇOIS-RÉGIS BASTIDE (ironique) — C'est bien, c'est du Bory. Il fait un boulot formidable !

GEORGES CHARENSOL — Mais il a toujours été génial !

JEAN-LOUIS BORY (qui continue encore deux minutes sur *« l'enlacement de ces trois silences, au cœur d'un hôtel silencieux, au cœur d'une ville réduite au silence »*) conclut — Bergman [c'est voulu] n'a pas fait un film plaisant.

FRANÇOIS-RÉGIS BASTIDE — Jean-Louis Bory me fait penser à notre ami Jean Cayrol, aux éditions du Seuil, lorsqu'il rend compte d'un manuscrit que personne n'a encore lu. Il en parle d'une façon telle qu'on se dit : « C'est formidable ! » Toutes les mains se lèvent, tout le monde veut lire à son tour le manuscrit, et le vendredi suivant tout le monde fait le constat que Cayrol a parlé d'un roman absolument merveilleux, mais qui n'avait rien à voir avec le manuscrit qui nous était soumis.

MICHEL POLAC — En sortant de ce film, j'avais envie d'aller voir un autre film, pour me purger. Un film dont j'ai dit beaucoup de mal la fois dernière, parce que j'en étais le procureur : *Les Parapluies de Cherbourg*, que je trouve creux, mais joli. Ce film-ci est peut-être plein, mais tellement laid que j'avais envie d'aller voir dix fois *Les Parapluies* ! ■

1964

Michael Cacoyannis
Les Troyennes

« — Si Sartre a été malade, c'est probablement qu'il avait vu les premières répétitions ! »

PENDANT L'ÉTÉ 1964, Jean-Paul Sartre écrit à Rome une adaptation de la tragédie d'Euripide, écrite en 415 avant J.-C., et qui se lit comme un réquisitoire contre la folie de la guerre et les génocides. Pendant que Troie est livrée aux flammes et que les Grecs ont massacré tous les hommes, les Troyennes, orphelines de leurs pères et de leurs mères, veuves de leurs maris, attendent, sur la plage, leur exil. « *Dans une interview donnée à Gisèle Halimi pour l'hebdomadaire yougoslave* NIN *et publiée par la revue* Bleu nuit *(n° 14, novembre 1988), Sartre indique :* “Pour que notre public puisse ressentir les vérités profondes exprimées par Euripide, il était nécessaire de dramatiser la pièce et de modifier certains personnages.” *Ainsi Hécube, qui reste la reine de Troie et n'accepte pas la défaite, n'est pas la vieille femme indécise d'Euripide. Trois ans après la fin de la guerre d'Algérie, Sartre stigmatise les guerres de conquête et dresse une véritable accusation contre les guerres coloniales*[1]. » La pièce est créée au TNP le 10 mars 1965, dans une mise en scène de Michael Cacoyannis. Élénore Hirt est Hécube ; Judith Magre, Cassandre et Françoise Brion, Hélène. *Le Masque* se penche sur leur sort le 1er avril 1965.

1 Source : Exposition Sartre à la BNF pour le centenaire de la naissance du philosophe, printemps 2005.

Judith Magre joue Cassandre dans *Les Troyennes*, adaptée par Jean-Paul Sartre.

MICHEL POLAC — Le spectacle le plus important ?

ALFRED SIMON — *Les Troyennes* était le plus attendu, [...] ma déception est à la mesure de mon impatience.

PIERRE MARCABRU — Vous êtes un peu dur...

ROBERT KANTERS — Du point de vue de l'actualité – puisqu'il y a Sartre dans le bateau – *Les Troyennes* [est bien] l'événement.

UN SPECTATEUR — Cacoyannis a pris des libertés incroyables ! Quand on a une tragédie d'Euripide traduite par un monsieur qui s'appelle Sartre, on doit avoir un peu de respect !

ALFRED SIMON — Cacoyannis s'est dit : Sartre a pris des libertés par rapport aux *Troyennes*, pourquoi je n'en prendrais pas avec Sartre ?

BERTRAND POIROT-DELPECH — C'est scandaleux, la bouillie qu'on a fait du texte de Sartre ! Sur le fond, il était d'une extrême fidélité, [...] la forme lui appartenait. J'ai comparé sa traduction avec la Budé ;

« — il a simplement tiré parti du fait qu'Euripide avait écrit cette pièce en grande partie pour faire honte aux Grecs de leurs guerres coloniales »

il y a des apports parfois croustillants [...]. Il a aussi développé les aspects polémiques, introduit des allusions à la guerre d'Algérie. Mais là, il a simplement tiré parti du fait qu'Euripide avait écrit cette pièce en grande partie pour faire honte aux Grecs de leurs guerres coloniales (*sic*), il en a profité et il a eu raison !

PIERRE MARCABRU — L'adaptation [de Sartre] est plus proche d'une comédie dramatique ; Cacoyannis est resté dans la tragédie. Sa mise en scène est uniquement visuelle, comme s'il n'entendait pas le texte.

ALFRED SIMON — De même que Claudel est resté fidèle à Eschyle, Sartre reste fidèle à Euripide. En vérité, Euripide c'est un peu le Sartre de l'époque – le couple Euripide pour le théâtre et Socrate pour la philosophie. Il y a d'ailleurs pas mal de gens depuis dix ans s'ils avaient pu faire avaler la ciguë à Sartre...

UN SPECTATEUR — M. Cacoyannis nous avait dit ici même qu'il était en parfait accord avec Sartre, qu'il travaillait avec lui...

MICHEL POLAC — Il nous l'a dit, oui [Sartre, malade, n'aurait pu finaliser cette collaboration].

UNE SPECTATRICE — C'est froid, figé... Si Sartre a été malade, c'est probablement qu'il avait vu les premières répétitions !

ROBERT KANTERS — C'est une bonne chute ! Mais je voudrais revenir sur cette [prétendue] opposition entre la fidélité de Sartre et la « trahison » de Cacoyannis. Lorsque Hécube [dans l'adaptation de Sartre] s'adresse aux dieux, c'est une reprise du monologue de Franz dans *Les Séquestrés d'Altona* ; le texte est parsemé d'allusions à la guerre d'Algérie et il y a des modifications très profondes, jusque dans les positions de répliques. Ça ne vaut peut-être pas la peine de chicaner pour savoir qui a le plus tripatouillé l'autre...

ALFRED SIMON — La distribution – à part Éléonore Hirt – pose un gros problème. J'avais été frappé dès l'annonce, un mois avant la générale, par son manque de brillant. Judith Magre est moins bonne que d'habitude, elle n'est pas à sa place. Dans la scène d'Andromaque, Nathalie Nerval est nettement insuffisante. Ces metteurs en scène se considèrent comme les véritables auteurs et choisissent leurs comédiens pour être des mécaniques à exprimer ce qu'ils veulent. J'ai d'ailleurs appris quelque chose de très grave : Cacoyannis avait commencé les répétitions avec Loleh Bellon dans le rôle d'Andromaque et c'est lui qui s'en est séparé. Est-ce qu'on peut hésiter entre Loleh Bellon et Nathalie Nerval ? Évidemment celle-ci le gênait moins pour ce qu'il voulait faire du spectacle.

BERTRAND POIROT-DELPECH — C'est l'impérialisme du metteur en scène : « C'est moi, Cacoyannis, et vous allez voir ! » En réalité, c'est le même défaut profond dans la plupart des spectacles contemporains : aujourd'hui le metteur en scène se prend pour l'auteur. Les mœurs du cinéma sont passées par là.

ALFRED SIMON — Pirandello faisait la satire de cette mise en scène dès l'entre-deux-guerres. En Allemagne, c'était déjà à l'ordre du jour. Mais en France, c'est très récent : Dullin, Jouvet, Copeau et, à notre époque, Vilar n'ont jamais tenté de se substituer à l'auteur. Je crois que le génie même de Planchon nous a fait beaucoup de mal : les spectateurs n'acceptaient pas cette dictature, maintenant c'est fait. Les jeunes, ça leur plaît, et l'idée que Planchon utilise la « scène-stylo » comme Godard la « caméra-stylo », c'est ce qui les retient. Ils ne viennent plus voir Molière ou Shakespeare, mais Planchon et demain Bourseiller ou Lavelli... ▪

"MAUVAIS FRANÇAIS"

« LE MASQUE *n'était pas seulement une émission rive gauche, c'était aussi une émission de gauche : presque tous les critiques de la tribune penchaient politiquement de ce côté-là* », rappelle Jérôme Peignot. Bon, Michel Mohrt n'était pas spécialement un gauchiste. Robert Kanters non plus. Le 12 janvier 1969, dans l'émission-bilan de 1968, Michel Polac demande à la tribune si le principal événement de 1968 a été littéraire, théâtral ou cinématographique. Ni l'un ni l'autre pour Matthieu Galey, qui répond : « *Les événements politiques.* » « *Quels événements ?* réplique Kanters. *L'élection de Nixon, ou la victoire de De Gaulle aux élections législatives ?* » Quant à Charensol, il était inclassable. Mais c'est vrai que la dominante était de gauche (elle l'est toujours), à commencer par les deux producteurs-animateurs de l'émission, qui prendront tous les deux du galon après l'élection de François Mitterrand à la présidence de la République, l'un à la télévision, l'autre dans les ambassades. Pour autant, prétendre que *Le Masque* des débuts était une émission « engagée » n'aurait pas de sens – sinon qu'elle était engagée, on l'a vu, dans les mouvements qui renouvelaient le théâtre, la littérature et le cinéma. Le retour de De Gaulle au pouvoir et l'avènement de la Ve République ne font pas de vagues au Récamier. Tout change, cependant, avec le manifeste des 121.

Sans doute l'un des plus célèbres appels d'intellectuels français, le manifeste des 121 ressembla d'abord, selon l'expression de l'historien Jean-François Sirinelli, « *à une sorte d'Arlésienne*[1] »

1 Jean-François Sirinelli, *Intellectuels et passions françaises*, Fayard, 1990.

Manifestation au métro Charonne.

puisqu'il ne fut publié nulle part sur le moment, sinon à l'étranger, dans des journaux italiens et allemands. *Les Temps modernes* d'octobre 1960 contenaient deux pages blanches, initialement prévues pour la déclaration et la liste des signataires, mais dont l'imprimeur avait refusé l'édition. Du texte complet, seules furent connues les dernières phrases, reproduites dans *Le Monde* du 6 septembre 1960 qui annonçait que 121 écrivains, universitaires et artistes avaient signé une pétition pour le droit à l'insoumission dans la guerre d'Algérie :

« – Nous respectons et jugeons justifié le refus de prendre les armes contre le peuple algérien.
– Nous respectons et jugeons justifiée la conduite des Français qui estiment de leur devoir d'apporter aide et protection aux Algériens opprimés au nom du peuple français.
– La cause du peuple algérien, qui contribue de façon définitive à ruiner le système colonial, est la cause de tous les hommes libres. »

Suivait la liste des 121 premiers signataires (beaucoup d'autres les rejoindront par la suite), dans

Pages suivantes : graffiti sur un pont de la Seine après la répression sanglante de la manifestation du 17 octobre 1961.

ICI ON NOIE

LE
ALGERIENS

laquelle on relevait les noms de Maurice Blanchot, Marguerite Duras, Françoise Sagan, Alain Resnais, Nathalie Sarraute, Simone Signoret...

S'il fut peu suivi d'effet dans les Aurès, en métropole, en revanche, le manifeste des 121 (« *Le Mayflower de la gauche* », raillera Matthieu Galey...) provoqua une censure gouvernementale d'une ampleur digne des années noires de la collaboration. Tout à coup, il devenait presque impossible, à tout le moins suspect, de citer dans un organe de presse le nom d'un des signataires. Quant aux professeurs qui avaient signé, ils furent suspendus de l'Éducation nationale – ce fut le cas de Jean-Louis Bory, mais à cette époque, il ne participait pas encore au *Masque*. Un seul locataire régulier de l'émission avait signé : Bernard Dort (mais pas son ami Roland Barthes, ce qui avait provoqué un éloignement passager entre les deux hommes). La tribune de Bastide et Polac perdait donc un de ses membres, qui se retrouvait interdit d'antenne. Et s'il fallait en plus sélectionner les livres, les films ou les pièces commentés dans l'émission pour rayer les noms des signataires mis à l'index par le pouvoir « *ça devenait carrément intolérable*, résume Jérôme Peignot. *J'ai donc proposé à Bastide une solution extrême : saborder l'émission ! Il a tout de suite été d'accord* ». Bastide téléphone alors au cofondateur du *Masque*, Michel Polac, toujours en Iran : « *Il m'a exposé la situation, m'a demandé si j'acceptais que l'émission se saborde et j'ai bien sûr répondu oui sans hésiter* », raconte Michel Polac. Aussitôt dit, aussitôt fait : alors qu'il vient à peine de reprendre, après l'interruption de l'été, *Le Masque* s'arrête soudain, à la fin de septembre 1960. Pour une durée indéterminée.

Heureusement, l'indignation provoquée par la censure gaulliste fait presque plus de bruit que le tollé causé par l'appel à la désertion des 121. Comprenant sans doute qu'il ne faut pas faire d'eux des martyrs, le gouvernement prêche bientôt l'apaisement. Toutes les sanctions sont levées. Jean-Louis Bory est par exemple réintégré dans son poste de professeur à Henri-IV dès la fin du mois d'octobre. *Le Masque*, lui, s'arrêtera trois mois : il reprend en janvier 1961. Dès lors, le ton ne sera plus tout à fait le même. Désormais, on va pouvoir parler d'émission « engagée ».

Il y a d'abord l'arrivée de Bory. Laquelle n'est pas totalement déconnectée du manifeste : quelques mois après l'affaire de sa suspension/réintégration, Bory demande son congé de l'Éducation nationale « *pour convenances personnelles* », congé qui deviendra définitif en 1965. Sa prise de position lui a valu des reproches de certains parents d'élèves, mais aussi d'autres professeurs, reproches d'autant plus percutants qu'ils n'étaient pas haineux – simplement, lui disait-on : un professeur se doit d'être « neutre », d'observer un « devoir de réserve ». S'il refuse de se laisser intimider, sur le fond, toutefois, Bory a conscience que sa position est délicate. Pour être tout à fait libre d'agir, il va préférer, désormais, se consacrer à ses activités d'écrivain et de critique. On a raconté, comment il était arrivé au *Masque*. Très vite, il va faire de la tribune une tribune. Quand Charensol ne juge les films que pour eux-mêmes, Bory n'isole jamais une œuvre de son contexte politique et social – il va même constamment de l'un à l'autre. Et quand le gouvernement donne de la censure, il réplique du tac au tac, comme pour *La Religieuse* de Rivette (lire page 263), n'hésitant pas à s'en prendre, en pleine émission, à la très prude et très catholique-réactionnaire « tante Yvonne », l'épouse du Général.

Michel Polac revient en France à l'automne 1961 et réintègre, comme prévu, son fauteuil d'animateur-producteur du *Masque*. Lui aussi va se montrer plus mordant qu'aux débuts de l'émission : « *Durant mon absence, j'avais lu* Aden Arabie, *de* Nizan, raconte-t-il. *Il m'avait communiqué son indignation. Je suis rentré d'Iran très remonté et résolument tiers-mondiste.* » Et puis, en 1964, *Le Masque* théâtre accueille une nouvelle recrue : Gilles Sandier (lire page 232). Avec lui, la barre va virer à gauche toute. Sandier n'était pas seulement le « *militant d'un théâtre bousculant* » (Bertrand Poirot-Delpech), il était aussi le contempteur des dérives bourgeoises et petites-bourgeoises, dans un style plus imprécateur – voire haineux – que Bory. Sandier, en particulier, n'avait pas son pareil pour voir partout la lutte des classes, même là où on ne l'attendait vraiment pas, comme dans *Roméo et Juliette* de Shakespeare ! Parfois, c'est sûr, il poussait le bouchon un peu loin. Mais à relire ce qu'il disait, en 1969, de la comédie musicale Hair, présentée à l'époque comme « révolutionnaire » pour le bourgeois (lire page 306), on est frappé par sa lucidité et par sa clairvoyance.

Si *Le Masque* descend dans l'arène politique, c'est aussi que l'époque s'y prête. Dans les années 1960, la France ne « *s'ennuie* » pas, comme le prétendra un fameux éditorial du *Monde*, à quelques semaines du déclenchement de la bourrasque de mai 1968 : au contraire, une frange non négligeable de sa population – les intellectuels, les étudiants... – découvre la contestation. Contestation politique, à l'intérieur (contre le gaullisme), comme à l'extérieur (guerre du Vietnam) ; contestation sociale ; premières remises en cause de la société de consommation... Dans ses années d'apprentissage, *Le Masque* avait épousé les innovations formelles – nouveau théâtre, nouveau roman, nouvelle vague. À présent, il se fait chambre d'écho de ces aspirations à une nouvelle société.

Mais le public, lui, ne suit pas toujours, comme en témoigne son courrier. Le 28 janvier 1968, par exemple, Bastide ouvre sur la lettre d'« *une dame qui nous en veut d'avoir fait un certain éloge de* Loin du Vietnam[2] *et nous écrit : "Vous êtes tous une bande de salauds. Voyez-vous, Johnson pour moi c'est un mou, moi je suis pour Barry Goldwater*[3] *et vive Westmoreland*[4] *!"* ». Polac lit ensuite un autre courrier, « *anonyme* » : « *Vous n'êtes que des petits boutonneux, pseudo-intellectuels de gauche* » et Bastide de renchérir : « *Moi aussi j'ai ça : "Vous n'êtes qu'une bande d'intellectuels, vous devriez préférer* La Grande Vadrouille*", etc.* » Trois ans plus

2 Documentaire collectif, antiguerre du Vietnam, signé de Jean-Luc Godard, Agnès Varda, Alain Resnais, Claude Lelouch, Chris Marker, Joris Ivens... 3 Candidat ultraconservateur à la présidence des États-Unis. 4 Général américain, chef de l'état-major général de l'armée américaine, qui voyait dans toutes les révoltes des pays en voie de développement l'influence du « *communisme mondial* ».

Marc Tennberg, Roger Hanin et Juliette Greco défilent devant la Maison de la Radio le 6 juin 1968 en solidarité avec les grévistes de l'ORTF.

tard, le 14 février 1971, Bastide, citant toujours le courrier, évoque « *une rescapée de derrière le rideau de fer qui nous dit que notre émission se politise de plus en plus : M. Sandier a voulu nous convaincre que l'œuvre de Strindberg,* Le Songe, *traite de la lutte des classes, or le sujet majeur de cette pièce est la condition humaine, par ailleurs* [interruption de Sandier : « *C'est stupide !* »], *par ailleurs, ce Monsieur nous ennuie avec ses éternelles lamentations sur l'absence de liberté en France, pourquoi n'irait-il pas vivre quelque temps en URSS ? etc.* ». C'est ensuite un auditeur qui reproche au *Masque* d'avoir fait l'éloge de *1789* d'Ariane Mnouchkine (lire page 327), qu'il a trouvé, lui, « *une guignolade primaire* » qui a eu pour effet « *de me faire prendre au pas de course, afin de me désintoxiquer, le chemin du boulevard : c'était Mme* Popesco *jouant* Roussin *et j'y ai goûté, je l'avoue, un plaisir curieux...* ». Nouvelle interruption de Sandier, sans appel : « *Pauv'type !* »...

Entre ces deux dates, il y a eu mai 1968. *Le Masque* fut évidemment du côté des barricades. Le dimanche 12 mai 1968, l'émission, enregistrée deux jours plus tôt, est consacrée au Festival de Cannes. Michel Mardore et Georges Charensol sont avec Bastide et Polac au studio 104, tandis que Jean-Louis Bory et Pierre Billard interviennent en duplex depuis la Croisette. Les « événements », pour l'instant, sont encore circonscrits à « l'agitation étudiante » et les festivaliers cannois continuent d'assister sereinement aux projections. La seule allusion à l'actualité vient de Michel Mardore : « *Je voudrais,* dit-il, *recommander un film yougo-*

Jean-Pierre Léaud, Bernadette Lafont et Françoise Lebrun dans *La Maman et la putain.*

slave qui passe actuellement au Quartier latin... Je sais bien que c'est ennuyeux en ce moment, pour voir un film il faut s'asseoir sur les genoux d'un CRS. » Et Bory, très « tapette de choc », de répondre : « *Choisissez votre CRS !* »

Mais les événements s'accélèrent. À partir du 13 mai, le mouvement ouvrier rejoint le mouvement étudiant. Les intellectuels entrent dans la danse. Cannes est interrompu avant la fin. Et à Paris, l'ORTF se met en grève. *Le Masque* s'arrête : « *Je siégeais nuit et jour à l'intersyndicale de grève*, se souvient Michel Polac. *Bastide était lui aussi très impliqué : il avait monté une section CFDT des producteurs. Le climat, dans la Maison ronde, était exaltant.* » La grève de l'ORTF sera l'une des plus dures : elle se poursuivra jusqu'en juin. L'épuration, ensuite, sera sanglante. Des dizaines de têtes tomberont ou seront mises provisoirement au placard, même celle du très populaire Léon Zitrone. Mais, bizarrement, Polac et Bastide ne seront pas inquiétés : « *À la rentrée suivante, l'émission a repris son cours normal, comme si de rien n'était*, raconte Michel Polac. *Ça nous a un peu étonnés, tout de même. Nous avait-on oubliés ?* »

Oubliés ? Pas si sûr. Au début de 1970, France Inter envisage de créer, le dimanche soir, une émission de radioguidage, à l'intention des auditeurs pris dans les embouteillages de retour de week-end. Laquelle émission s'arrogerait le créneau horaire du *Masque* qui ne se voit pas proposer de créneau de substitution. Bref, on semble se diriger vers une suppression « en douceur » de

Maria Schneider dans *Le Dernier tango* à Paris en 1973.

l'émission. Mais une pétition est lancée, qui recueillera des milliers de signatures. Et le 5 avril 1970, François-Régis Bastide peut annoncer, en ouverture de l'émission : « *Grâce au ciel, nous sommes rétablis ! [...] Merci à tous ceux qui ont signé la pétition !* »

Le Masque est sauvé. Et repart à l'attaque. La décennie 1970 sera plus violente, dans la contestation, que la précédente. Fini, le « flower power ». Au cinéma, notamment, les années 1970-1975 voient l'émergence d'œuvres radicales, dont la sortie n'appelle pas seulement un commentaire critique, mais constitue un « *événement critique* » : « *Ce n'est plus seulement l'œuvre qui est en question, mais la société qui lui a permis d'exister*[5]. » *Salo*... de Pasolini, *La Grande Bouffe* de Ferreri, *La Planète sauvage* de René Laloux et Roland Topor, *Portier de nuit* de Liliana Cavani, *La Maman et la Putain* de Jean Eustache, *Le Dernier tango à Paris* de Bernardo Bertolucci... Ni la politique, ni la religion, ni le sexe ne sont épargnés. « *Tout à coup, aller au cinéma devenait un geste politique, l'expérience d'une certaine limite*[6]. » De *La Grande Bouffe*, qui provoquera au *Masque* une guignolade mémorable entre Charensol et Bory (lire page 359), ce dernier pensait qu'il était « *irrécupérable* », épithète évidemment laudative dans sa bouche. Le scandale causé par le film ne l'étonne pas, il y voit une nouvelle bataille d'Hernani, et d'ailleurs consacre à l'affaire un très long

5 André Habib, « Salo... *et* La Grande Bouffe *: remarques sur une réception impossible* », in *Hors Champ*, janvier 201. 6 *Id. Ibid.*

texte, dans *Le Nouvel Observateur*, intitulé « *La bataille de* La Grande Bouffe ». Au passage, il raccroche le film de Ferreri aux autres œuvres contestées – et contestataires – du moment : « *Topor est fils de Polonais, donc un métèque, et le film a été fabriqué à Prague; Ferreri est italien et son producteur libanais. Eustache est bien de chez nous, mais de Saint-Germain-des-Prés, rien que des drogués. Tout ça, c'est de l'engeance. Ça pue le complot de l'étranger. Il y aurait eu de la conspiration juive dans le Tampax Eustache et le caca Ferreri que ça ne m'étonnerait pas. [...]. Je me sens, par toutes mes fibres, frère de ces mauvais Français- là*[7] ».

Suivront les « années Giscard » (Valéry Giscard d'Estaing est élu à la présidence de la République en avril 1974), où la censure du gouvernement sur les médias audiovisuels sera aussi redoutable qu'aux pires heures du gaullisme. *Le Masque*, imperturbable, restera, pour ses auditeurs – dont on peut penser qu'une majorité penchait également à gauche – une respiration salutaire. Grâce à Sandier. Grâce à Bory, qui ne manquait jamais une occasion de s'en prendre à « Ponia » (Michel Poniatowski), le ministre de l'Intérieur de Giscard. Quand sort *Les Œufs brouillés*, de Joël Santoni, une satire de la vie politique giscardienne (le président de la République, joué par Michaël Lonsdale, s'invite à dîner chez un Français moyen, Jean Carmet), Bory s'en donne à cœur joie, frisant le crime de lèse-majesté en mimant la scène (bien réelle, cette fois) où Giscard avait reçu les éboueurs de l'Élysée au petit déjeuner : « *Bory, très mondain, avait chuinté: "Vous reprendrez bien un peu de marmelade, cher monsieur?" Nous l'avons passé et j'ai été convoqué par la direction de la radio*[8] », racontera Bastide. Mais pas plus.

Bory, pour autant, ne se faisait pas d'illusions. En mai 1976, il est l'invité de Jacques Chancel, à Radioscopie, sur France Inter : « *Oui, je suis libre*, dit-il. *Mais naturellement, je ne suis pas dupe. Je sais très bien que je sers d'alibi au système, je sais très bien que je sers d'alibi à une société que je déteste. J'ai la liberté d'aller sur le podium du festival du livre de Nice et de dire: "Je suis la reine des tapettes" : on me laissera faire, à la condition que je n'empêche pas la construction d'une marina sur la Côte d'Azur. C'est là où s'arrête ma liberté. Au* Masque et la Plume, *je suis libre, mais vous avez pu mesurer la limite de la liberté du* Masque et la Plume, *car dès qu'elle a gêné le fric...* [allusion à la tentative avortée du *Masque et la Plume* télévisé, en janvier 1976. *Ma liberté, elle s'arrête au fric.* »

En 1981, la gauche remporte les élections présidentielles et législatives. Le pouvoir change de camp. La contestation aussi. *Le Masque*, comme d'autres tribunes ou médias de gauche, perd inévitablement de son mordant et pédale quelque temps dans le vide. C'est aussi que Bory est mort, que Bastide est parti, que Sandier va bientôt disparaître à son tour...

Michel Polac, lui, a depuis longtemps quitté le navire... ▪

7 *Le Nouvel Observateur* du 4 juin 1973, repris dans Jean-Louis Bory, *L'Obstacle et la Gerbe. Chroniques 1973 et 1974*, Mémoire du livre, 2002. 8 In « Le Masque et les plumes », entretien dans *L'Express* du 23 juin 1994.

Pages suivantes : Mai 68, pavés contre tir tendu de grenades lacrymogènes.

Le Fouquier-Tinville du *Masque*

« *Ses fureurs répétitives nous faisaient toujours craindre une implosion en direct, quand son débit s'emballait comme une turbine* », se souvient Martine de Rabaudy. Gilles Sandier avait le tempérament sanguin et l'indignation véhémente. « *Il disposait de tout un répertoire d'adjectifs pour stigmatiser tout ce qui n'était pas progressiste et révolutionnaire*, raconte Anny Cœurdevey. *Mais son préféré était "abject", qu'il éructait de sa voix puissante.* » Ancien séminariste, il était bien sûr devenu un anticlérical acharné et, comme tel, pratiquait l'excommunication au quotidien. En 1981, au lendemain de la victoire de la gauche, Matthieu Galey rapporte qu'il « *réclame à cor et à cri la tête de tous les metteurs en scène à la mode (ceux qu'il a encensés naguère), qu'il qualifie d'enfants chéris de la bourgeoisie, ou au mieux d'alibis scandaleux. Bourdet, Maréchal, Lavaudant, à la guillotine*[1]*!* ». La vérité, c'est qu'il était d'une générosité infatigable et ses anciens élèves (il avait été professeur, notamment au lycée de Mostaganem, en Algérie) l'adulaient littéralement.

Il était né (en 1924) Georges Charles Sallet et ses amis l'appelaient Georges. Mais pour les auditeurs du *Masque*, il était donc Gilles Sandier, le nom de plume qu'il s'était choisi pour ses chroniques de théâtre, d'abord dans *Arts*, puis à *La Quinzaine littéraire*, dans *Politique Hebdo*, enfin au *Matin de Paris*. « *Il défendait le théâtre le plus extrême, mais un peu par défi. C'était quelqu'un qui adorait la castagne* », raconte Bertrand Poirot-Delpech. « *Sandier avait le courage de ses partis pris*, juge Alfred Simon. *Il les défendait jusqu'au bout et à un certain moment, il devenait totalement de mauvaise foi, mais le public suivait.* »

A Paris, il habitait rive gauche un bel appartement (« bourgeois bohème », dirait-on aujourd'hui) avec son compagnon, professeur de droit constitutionnel. Jules Chancel, aujourd'hui éditeur chez Larousse, se souvient avec émotion d'avoir été quelquefois invité chez eux, lorsqu'il préparait sa thèse sous la direction de l'ami de Sandier : « *Quand nous avions terminé de travailler, mon prof me retenait à déjeuner. La porte de leur appartement était constamment grande ouverte et leur table – Sandier était fin cuisinier – rassemblait en permanence toutes sortes de gens : j'y ai croisé des théâtreux célèbres, des comédiens, des journalistes, Jack Lang qui n'était pas encore ministre de la Culture, des constitutionnalistes de gauche, de très beaux jeunes*

1 Matthieu Galey, *Journal*, *op. cit.*, Tome 2, p. 173.

Gérard Philipe en Lorenzaccio dans une mise en scène de Jean Vilar, en compagnie de Michel Vitold en 1952.

gens venus d'Afrique du Nord… c'était un mélange étonnant et détonnant, qui baignait dans la bonne chère, le bon vin et l'esprit. »

Malgré l'acharnement de Sandier à « bouffer » du curé, ses années de séminaire avaient laissé des traces : « *Entre nous, on l'appelait l'abbé de cour* », témoigne encore Anny Cœurdevey. « L'abbé » rend l'âme subitement, durant l'été 1982, à cinquante-huit ans. « *Quand il est mort, on a tous été stupéfaits qu'il ait demandé un enterrement religieux à Saint-Séverin, avec musique sacrée qu'il avait choisie lui-même et plages de silence pour les prières* », raconte Alfred Simon. Quelques jours plus tard, le 28 juillet, Matthieu Galey, Jacques Nerson et Pierre Marcabru déjeunent ensemble : « *Sandier est un peu en trop entre nous, plus présent que s'il avait été là, avec ses foucades, ses injustices complices, sa générosité* », note Galey[2].

Son absence, aujourd'hui, est aussi criante que celle de Bory. Car derrière la mauvaise foi, les emportements et l'invective, Sandier voyait juste. Et loin. Qu'on en juge : en 1999, les candidats au bac qui avaient pris l'option « Théâtre/Expression dramatique » se voient proposé de commenter une réflexion de Sandier à propos *d'Ubu roi* : « *Le personnage s'est imposé à notre siècle comme il a dévoré son auteur. Né d'un acte de révolte adolescente contre la bêtise adulte et bourgeoise, le pantin monstrueux que Jarry chargeait d'incarner tout le grotesque du monde est devenu aujourd'hui la figure du pouvoir.* »[3] Bien vu !

Mais plus émouvant encore est le superbe papier qu'il donne au *Matin de Paris* le 28 juillet 1979, après avoir vu, dans la Cour d'honneur d'Avignon, Philippe Caubère en Lorenzaccio, là même où il avait découvert, presque trente ans plus tôt, Gérard Philipe dans le même emploi. « *C'est le même mistral qui souffle dans les mêmes étendards,* écrit Sandier. *Mais d'un Lorenzo à l'autre, plus d'un quart de siècle a passé et beaucoup de nos rêves se sont écroulés. Il n'est pas bon de n'avoir pas vingt ans en Avignon : il y rôde trop de souvenirs et trop d'espoirs abolis qui touchaient à la fois à l'avenir du théâtre et à l'avenir de notre société. Fini le temps lyrique qui fut celui du théâtre au sortir de la Libération. Entre le Lorenzo de Gérard Philipe (c'est en juillet 1952 que nous l'avions vu) et celui de Philippe Caubère, il y a toute la différence d'une crise de civilisation ; la fracture de mai 1968 est ici évidente. Gérard Philipe jouait un Lorenzo qui, bien que clairvoyant jusqu'à la nausée sur l'humaine mascarade et fasciné par la pourriture d'un monde où l'action n'est pas la sœur du rêve, restait une âme bien née au sens de Corneille, un rêveur humaniste. Il gardait noblesse d'âme, lyrisme, générosité avec une tendresse tragique et ses grands yeux fixés sur la ligne bleue de son enfance et de ses rêves de beauté, de justice, de liberté, connaissant l'ivresse des jeux ou l'être et le non-être, il restait frère d'Hamlet. Philippe Caubère, lui, joue en Lorenzo un Lulu florentin encore joli, mais en ruine et vidé de lui-même, un jeune animal androgyne et spectral, sec comme un pruneau, petit insecte noir méchant et ricanant, jeune terroriste muré dans l'idée fixe d'un mur dont il n'espère rien. Florence (notre civilisation) n'est plus qu'un carnaval funèbre, une horrible fantasmagorie de bal masqué ; muré dans son narcissisme méchant, il ne voit plus le monde – toutes valeurs et toutes idéologies écroulées – que comme l'écho de son propre vide auquel sans cesse il se cogne.* »

C'est beaucoup plus qu'une chronique dramatique : c'est un testament visionnaire ■

2 *Id.* p. 212. 3 Citation extraite de Gilles Sandier, *Théâtre en crise*, La Pensée sauvage, 1982, p. 423.

« Gérard Philipe jouait
un Lorenzo qui, bien que
clairvoyant jusqu'à la nausée
sur l'humaine mascarade
et fasciné par la pourriture
d'un monde où l'action
n'est pas la sœur du rêve,
restait une âme bien
née au sens de Corneille,
un rêveur humaniste. »

« Philippe Caubère, lui, joue en Lorenzo un Lulu florentin encore joli, mais en ruine et vidé de lui-même, un jeune animal androgyne et spectral, sec comme un pruneau, petit insecte noir méchant et ricanant »

Lorenzaccio d'Alfred de Musset avec Philipe Caubère au festival d'Avignon.

"IL FAUT SE LANCER..."

AUTOMNE 1970 : *Le Masque* n'est plus diffusé que deux fois par mois. Désormais, il partage en effet son créneau horaire du dimanche soir avec une nouvelle émission, *Le Pour et le Contre*, produite et animée par Michel Polac. Entre le bouillonnant Polac, toujours prêt à la provocation, et le sage et mesuré Bastide, l'attelage aura quand même duré quinze ans. « *Ils étaient un peu comme chien et chat, on ne sentait aucune complicité entre eux, même si, par la force des choses, ils se respectaient* », résume Alfred Simon. « *Leurs différences de caractère, de goûts, d'options dans l'existence longtemps les avaient rendus complémentaires, mais à un moment elles ne furent plus qu'antagonismes et leur séparation s'est imposée d'elle-même. Pas plus qu'ils n'avaient été intimes, ils ne furent hostiles l'un à l'autre. Simplement, peu à peu, ils ne se sentaient plus complices* », confirme Martine de Rabaudy, qui deviendrait le bras droit de Bastide à la fin des années 1970, mais suivait déjà fidèlement l'émission depuis l'époque du Récamier.

Tout de même : la fin commence de s'entrevoir au lendemain de Mai 68. Les accrochages, entre les deux hommes, se multiplient : « *La vérité, je crois,* commente aujourd'hui Michel Polac, *c'est que je me sentais mal de ne pas avoir été viré de l'ORTF après Mai.* » Tandis que Bastide, lui, a tourné la page. « *Dire de Bastide qu'il était un salonnard serait sans doute un peu dur, mais enfin, il y avait chez lui une sorte de conformisme mondain et parisien,* juge Pierre Marcabru. *Alors que Polac était brouillon, mais passionné et provocateur dans l'âme. Il avait un goût pour le contre-pied. Sauf qu'il ne savait pas toujours jusqu'où ne pas aller trop loin. C'est pourquoi le tandem a pu tenir si longtemps : l'un rajoutait de l'huile sur le feu de l'autre, et l'autre coupait le gaz quand les flammes montaient trop haut. Jusqu'au jour où ça a explosé.* »

Sempé, René Clair et Georges Charensol dans le studio 117 de la Maison de la Radio en décembre 1970 par Louis Monier.

L'explosion a lieu le 5 avril 1970. Ce jour-là, *Le Masque* débat du premier film de Raoul Coutard, *Hoa-Binh*, qui raconte le quotidien d'un enfant dans le Vietnam en guerre (lire page 316). Coutard ne prend pas parti pour ou contre la guerre : on la voit, on la sent à chaque image, c'est tout. Polac s'insurge : comment peut-on parler du Vietnam en 1970 sans prendre parti ? Et il insiste, il insiste... Charensol, qui a trouvé le film magnifique, bout sur son siège. À la fin, il demande si Polac a vu le film. «*Non*», répond celui-ci. Scandalisé par autant de «*mauvaise foi*», Charensol se lève de sa chaise : «*Je fous le camp*», dit-il. Effectivement, il tourne les talons et rentre chez lui.

Il faut dire que Charensol avait une dent contre Polac depuis le début de l'enregistrement. Ils avaient en effet commencé par parler de *Borsalino*, de Jacques Deray, film évoquant le Milieu des années 1930. Charensol, qui aimait parler de sa jeunesse, avait raconté comment il avait bien connu Carbone et Spirito, deux des brigands ayant inspiré le scénario. Et Charensol, grand cabot, devant la stupéfaction de l'assistance, avait fait le modeste : « *Oh ben,* [je les ai connus] *comme tout le monde ! C'était l'époque où Georges Simenon se tenait en permanence dans un bar de Montmartre avec une pile de billets de banque et tous les truands défilaient pour lui donner leur version de l'assassinat du conseiller Prince. Simenon sortait le billet et le lendemain* Paris Soir *titrait "La vérité sur l'affaire Prince". Tous les journalistes de l'époque ont vécu ça, c'est pas extraordinaire, c'étaient des personnages de la vie quotidienne...* » Bref, du Charensol des grands jours, le même Charensol qui pouvait dire, sans mentir : « *Moi qui vous parle et qui ai bien connu Rudolph Valentino...* » et que le public du 104 adulait dans ce registre des belles histoires de l'Oncle Paul. Mais Polac, ce jour-là, l'avait méchamment mouché en concluant, après sa tirade, « *que tous ces truands avaient fini à la Gestapo* ». C'était (en partie) vrai, mais balancé aussi durement, le raccourci pouvait laisser entendre que Charensol avait frayé avec des collabos. L'épisode Coutard sera la goutte d'eau qui fera déborder le vase.

Bastide, on s'en doute, est furieux : « *On ne peut pas se priver de Charensol à cause de toi* », assène-t-il à Polac dans l'explication houleuse qui suit la fin de l'émission. Trente-cinq ans plus tard, l'intéressé ferait plutôt amende honorable : « *J'y avais été un peu fort, c'est vrai, aujourd'hui, je ne tiendrais plus le même genre de propos.* » Résultat : « *On a fini la saison, et on s'est séparés* », résume Polac.

La rentrée les trouve donc faire chambre à part. Comme le résume *Le Monde* (daté 3 novembre 1970), *Le Masque et la Plume* « *s'est en quelque sorte dédoublé* ». Même principe pour l'une et l'autre émissions – tribune des critiques et débat en public ; même lieu d'enregistrement, mêmes critiques invités... cherchez l'erreur. La différence ? Au *Pour et le Contre*, « *les critiques ne parlent pas toujours de leur domaine favori*, explique le producteur dans *Le Figaro* du 27 novembre. *Ainsi, un critique littéraire nous dira ce qu'il pense du dernier film qu'il a vu et un critique dramatique du roman qu'il vient de lire. Mon propos est un peu de faire sortir les gens de leur spécialité* ». Mais, note *Le Monde*, chez Polac on est surtout « *plus agressif* » qu'au *Masque*. Le quotidien du soir, après avoir assisté à la première de l'émission (diffusée le 25 octobre) s'interroge pourtant : « *Quelle est la limite entre l'impertinence et la goujaterie ? On put se le demander quand François Nourissier, assisté d'Alexandre Astruc et de Jean-Louis Bory, placé sur la sellette, fut transformé en auguste de cirque, prenant sur la figure des tartes à la crème [...] et au derrière les coups de pied de Michel Polac, qui jouait, en la circonstance, le rôle du clown blanc. Résultat : le public réagit assez mal et refusa de jouer plus longtemps un jeu qui tourna à la confusion. On imagine que Michel Polac voulait ainsi donner du nerf à la discussion et sortir de l'aimable neutralité des débats radiophoniques. Il lui faudra cependant tirer moins bas, sous peine de manquer de victimes.* »

De fait, *Le Pour et le Contre* ne tiendra qu'une saison : l'émission s'arrête en mai 1971. Polac, qui en a « *ras le bol de l'ORTF* » quitte alors la Maison ronde pour plusieurs années. Bastide récupère

François-Régis Bastide seul aux commandes du *Masque et la Plume* après le départ de Michel Polac.

ses quatre dimanches et il ne gardera, de son éphémère « concurrente », qu'une nouvelle recrue, débauchée par Polac qui avait remarqué ses papiers dans *Positif* : Michel Ciment.

Voilà désormais Bastide seul aux commandes du *Masque et la Plume*. Plus de coproducteur. Plus de coanimateur. Mais un assistant, véritable cheville ouvrière de l'émission : d'abord Bernard Deutch, puis la fidèle Martine de Rabaudy. Épouse de Nicolas de Rabaudy, alors critique cinématographique à *Paris-Match* et pensionnaire du *Masque*, elle travaillait déjà dans la Maison ronde depuis quelques années, pour José Artur. Elle arrive au *Masque* en 1978 et n'en partira que vingt-quatre ans plus tard, pour aller vivre dans le Sud, après avoir traversé la période Bouteiller et veillé aux premiers pas de Jérôme Garcin.

Un Bastide seul en majesté. Toujours aussi séducteur : « *Partagé entre ses femmes diverses, ses maisons de campagne successives, sa paresse et son intense activité, ses dons, ses inquiétudes, ses roueries, ses charges*[1]*…* », comme le note Matthieu Galey au sortir d'un déjeuner avec lui. « *Même débordé, il prenait toujours le temps de la conversation pour séduire une jolie femme* », se souvient son ami Gilles Jacob (entré au *Masque* en 1970), qui le résume : « *Brillant avec les mots, brillant avec les femmes.* » Et toujours aussi ambitieux : les années 1970 lui réussissent. Il va adhérer au PS. Courtiser François Mitterrand. Faire l'éloge de ses livres (*La Paille et le Grain*) dans la presse, et commencer à se rêver en ministre de la Culture d'un gouvernement de l'union de la gauche : « *J'aimerais bien m'asseoir dans ce fauteuil* », confesse-t-il à haute voix devant Matthieu Galey, alors que tous deux rendent visite au ministre de la Culture de Giscard, Michel Guy, quelques semaines avant les législatives de 1978 qui semblent promettre la victoire à la gauche[2].

Mais un autre fauteuil le tente aussi, même s'il se doute que c'est pour plus tard, quand l'âge sera venu : un fauteuil quai de Conti. « *Bastide et sa bande d'amis qui étaient dans les premières années du* Masque *– Jean d'Ormesson, Jean Dutourd, Michel Mohrt, Bertrand Poirot-Delpech… – voulaient tous entrer à l'Académie. Ils y sont tous arrivés. Sauf lui* », relève Michel Polac. Un fauteuil quai Conti, ça se chauffe longtemps à l'avance. Bertrand Poirot-Delpech déploya ainsi une belle constance, pendant des années, à faire l'éloge, dans son feuilleton littéraire du *Monde*, du moindre ouvrage publié par un membre de l'Illustre Assemblée. C'était tellement gros que tout Paris en riait. Mais ça finit par payer.

Bastide, lui aussi, avait commencé de préparer le terrain. Le 19 décembre 1974, *Le Masque* accueille un invité exceptionnel. Vous ne devinerez jamais qui : Jean-Jacques Gautier ! Oui, lui, « le » Jean-Jacques Gautier si longtemps honni et vilipendé à la tribune. Accessoirement, le Jean-Jacques Gautier qui a été élu à l'Académie française deux ans plus tôt. Il vient de publier un roman (*Cher Untel*) : ça tombe bien, Bastide va pouvoir l'inviter dans sa tribune littéraire, comme ça, Sandier ne sera pas là, on

1 Matthieu Galey, *Journal*, *op. cit*. Tome 1, p. 308. 2 *Id.*, T. 2, p. 68.

Le critique théâtre du *Figaro*, Jean-Jacques Gautier par Sophie Bassouls. Il fut le « meilleur ennemi » des critiques du *Masque et la Plume*.

évite l'incident diplomatique. En tout, une demi-heure d'entretien en tête à tête, sur la biographie de l'auteur, ce qu'il pense de l'engagement des écrivains, sa semi-retraite de critique, l'Académie, et patati, et patata... Comme aurait dit Bory : cousu de fil blanc. « *François-Régis aurait fini par rentrer à l'Académie* », assure son ami Michel Mohrt, lui-même élu en 1985. Toute la « bande » décrite par Polac a du reste été élue dans la décennie qui court du milieu des années 1970 au milieu des années 1980 (Poirot-Delpech le dernier, en 1986). À cette époque-là, Bastide est ambassadeur. À son retour en France, il pouvait espérer couler une retraite bien tranquille en habit vert, au milieu de ses amis. Mais la maladie le prendra de vitesse. Comme diraient les Anglais : *too bad*.

Dans ce beau parcours, un incident va cependant écorner l'orgueil de Bastide. Lui, le passionné de Giraudoux et de romantisme allemand, commet en 1978 une pièce de théâtre, *Siegfried 78*, dont le « pitch », résumé par *L'Officiel des spectacles* de l'époque, tient en deux lignes : « *Une comédienne, un chef d'orchestre et un étrange officier allemand : comment naissent et finissent les amours.* » « *La pièce a circulé des mois dans Paris. C'était tellement mauvais que personne n'en voulait*, raconte Alfred Simon. *Bastide l'avait donnée à Pierre Dux* [alors administrateur du Français], *mais bien sûr la Comédie-Française avait refusé de la monter. Il nous l'avait aussi donnée à lire, à nous critiques du* Masque, *en disant : "Vous n'aimerez sans doute pas ça, c'est du théâtre de papa, mais j'aimerais bien avoir votre avis..."* Pour ne pas *le vexer, je lui avais répondu que j'avais trouvé la pièce excellente. J'étais tellement persuadé qu'aucun crétin ne prendrait le risque de la monter que je ne pensais pas m'être engagé beaucoup…* »

Mais Alfred Simon a mal vu. À force de mondanités, Bastide réussit à faire jouer sa pièce au Théâtre de l'Atelier, en fin de saison : les représentations commencent le 19 mai 1979. « *La générale fut un désastre. Parce que c'était Bastide, le Tout-Paris s'était déplacé. Et tout le monde était atterré* », raconte encore Alfred Simon. Mais Bastide s'entête. Trois semaines plus tard, il a la (mauvaise) idée de mettre sa pièce au menu du *Masque*, le 10 juin. Pierre Marcabru, invité, s'est défilé : il a donné, dans *France-Soir*, une critique négative et, comble de malchance, son papier est paru avant tous les autres. Il n'a pas envie d'aller à l'abattoir. Bastide, pourtant, met les formes : il affecte de se retirer en régie, pour que les critiques puissent parler « plus librement ».

Commence alors l'exercice le plus périlleux de toute l'histoire de l'émission. « *Il faut se lancer…* », lâche Gilles Sandier. « *Sandier savait se montrer impitoyable, mais c'était au fond quelqu'un de généreux, il n'a pas voulu être trop méchant avec Bastide, il l'a égratigné sans le démolir, c'était parfaitement honnête* », résume Alfred Simon. Guy Dumur, habile, dégage en touche en s'en prenant au metteur en scène. Et Alfred Simon ? « *Je me sentais coincé. J'avais dit à Bastide que sa pièce était excellente ! Alors j'ai raconté que vingt ans plus tôt, dans une distribution éclatante, une telle pièce aurait pu être l'événement de la saison. J'ai été aussi loin que je pouvais, sans m'abaisser.* »

Malgré (ou à cause) des précautions oratoires des uns et des autres, la tonalité de l'émission est désastreuse : on comprend que la pièce est mauvaise, la mise en scène ratée, les acteurs pitoyables. Bastide aura la vengeance sévère. Pierre Marcabru est rayé des listes. Lui qui participait au *Masque* pratiquement depuis ses débuts n'y sera plus jamais invité. C'est même toute la tribune théâtre que Bastide pense, un moment, remettre en question. Dans l'émission du 6 octobre 1979 (la première, depuis le 10 juin !), avec Michel Bouquet, en invité vedette, qui joue dans *No man's land* de Pinter, Bastide annonce son intention de modifier la formule du *Masque* théâtre : « *Cette émission n'est pas tout à fait habituelle, et je crois que c'est comme ça désormais que nous procéderons : au lieu de nous déchirer sur des pièces, j'aimerais mettre l'accent sur un spectacle avec un comédien, une comédienne ou un metteur en scène important. Nous n'aurons cette fois que deux critiques : Guy Dumur, et une nouvelle venue – les présences féminines sont trop rares au* Masque *– Fabian Gastellier de* F Magazine. » Puis, nouvelle interruption de deux mois. Enfin, le 9 décembre, la tribune théâtre revient, dans son format classique. Invités ce jour-là : Matthieu Galey, Fabian Gastellier et Gilles Sandier. « *Essayez de parler des spectacles que l'on peut voir en ce moment, à moins qu'il n'y ait des regrets déchirants ou des scandales à dénoncer, auquel cas Sandier s'y emploiera… comme d'habitude* », commence Bastide. Et Sandier, implacable, de répondre : « *Nous n'avons pas fait d'émission depuis six mois, alors c'est difficile de revenir sur… On a l'impression de sortir un peu de la naphtaline ou du placard…* (Rires de connivence dans le public et applaudissements) *ou disons du purgatoire !* »

L'épisode est terminé. « *Bastide a payé pour sa vanité* », résume Alfred Simon.

Durant ces années 1970, François-Régis Bastide se laisse fasciner par l'importance grandissante de la télévision. Au point de décider, en 1975, d'élargir *Le Masque* et de consacrer désormais une tribune mensuelle à critiquer les programmes du petit écran. « *Je pense,* dit-il dans un entretien au *Figaro*, *que la télévision fait partie de la culture aujourd'hui, comme le livre, le film ou le théâtre. Et qu'il faut la traiter comme telle et non pas la regarder passivement. Qu'il faut choisir son programme de télévision comme on choisit d'aller au spectacle* [...][3]. » La première est programmée en mars. Comme annoncé, les suivantes ont lieu en avril, mai, puis juin. Mais l'expérience s'arrêtera là. La nouvelle tribune a été accueillie « *par un énorme courrier,* explique Bastide. *Je dois avouer qu'un quart seulement de mes correspondants s'en félicitent ; les autres me reprochent de m'abaisser à parler de télévision, en ajoutant : Quand pensez-vous en venir au tiercé*[4] *?* » *L'Aurore*, qui avait dépêché un journaliste à l'enregistrement public de la première émission, le 9 mars, avait aussi pu noter la bronca des spectateurs du 104 : « *Il apparaît qu'aujourd'hui, en France, le petit écran est encore tenu par bon nombre d'esprits comme un divertissement d'ilotes, jeu du cirque tout juste bon à permettre au bon peuple de digérer son pain – fût-il noir*[5]. »

À la rentrée suivante, *Le Masque* reprend donc son rythme ternaire – littérature, cinéma, théâtre. Mais, quelques semaines plus tard, en octobre 1975, c'est la télévision qui contacte *Le Masque*. L'idée est d'adapter la tribune au petit écran. Bastide est tout de suite séduit, quoique redoutant un peu de se colleter avec un partenaire qu'il ne maîtrise pas. Ses craintes étaient malheureusement fondées : il va se faire rouler dans la farine. L'aventure terminée, Bastide tournera définitivement le dos au petit écran ■

3 « *Le Masque et la Plume* : une nouvelle façon de regarder la télévision », in *Le Figaro* du 28 juin 1975. 4 *Id. Ibid.* 5 « *Le Masque et la Plume* mettent la télé sur le grill », in *L'Aurore* du 11 mars 1975.

Comment *Le Masque* s'est fait virer de la télévision…

L'aventure a duré trois semaines à peine, mais elle a laissé des traces…
Tout a commencé le dimanche 18 janvier 1976, à 21 h 25 sur FR3, jour de la première diffusion du *Masque et la Plume* télévisé… Trois semaines plus tard, c'était terminé. François-Régis Bastide et Gilles Jacob, les deux animateurs et co-producteurs de cette version cathodique, ont été priés d'aller exercer leur libre arbitre ailleurs. « *Les masques tombent* », titre aussitôt *Le Point*, qui constate amèrement : « *C'est la plus ancienne émission de radio. Elle aura été la plus fugitive émission de télévision.* » Censure ? Oui-da ! Économique avant tout : des professionnels de la profession (pour reprendre le mot de Godard) n'ont pas apprécié qu'on démolisse sur le petit écran les navets qui encombrent les grands…

En vérité, ce n'est pas la première tentative d'adaptation télévisée du *Masque*. En 1968, déjà, Philippe Labro et Henri de Turenne, qui produisaient alors pour la deuxième chaîne une émission mensuelle, *Caméra 3*, aimaient explorer de nouvelles pistes. En février 1968, ils avaient ainsi eu l'idée de confier à Chris Marker le soin d'aller filmer une entreprise en grève. Le reportage de Marker s'achevait par ces mots prémonitoires : « *À bientôt, j'espère* »… En avril, Labro et Turenne décident de mettre *Le Masque* en boîte. « *J'adorais cette émission que je suivais fidèlement,* raconte Philippe Labro. *J'avais donc proposé à Turenne : "Allons la filmer."* » Le résultat, confié à un réalisateur de l'ORTF, est raté. « *Exécrable,* résume Michel Polac, *la tribune était filmée par une caméra lourde, qui ne bougeait pas. On se serait cru* Au théâtre ce soir. » Labro ne dit pas le contraire : « *Je le referais aujourd'hui, avec la culture télévisée qui est désormais la nôtre, j'utiliserais quatre caméras et je multiplierais les plans de coupe. Là, c'était très statique : juste un enchaînement de gros plans de gens en train de causer avec, de temps en temps, un plan général.* » Mai 1968 tombe à pic pour convaincre Labro de passer à autre chose. L'expérience ne connaîtra pas de deuxième épisode…

Mais cette fois, avec FR3, c'est du sérieux. Le 16 octobre 1975, Maurice Cazeneuve, directeur des programmes de la toute jeune troisième chaîne[1],

1 Elle est née le 31 décembre 1972.

Claude Lelouch, fut l'invité de la première émission télévisée du *Masque et la plume*.

téléphone à François-Régis Bastide. Il veut le voir, pratiquement dans l'heure. À peine entré dans le bureau de FR3, Bastide se voit proposer d'exporter son émission, qu'il anime depuis vingt ans…

Les moyens sont à la mesure de l'ambition affichée. Maurice Cazeneuve offre à Bastide de parler alternativement de littérature, de théâtre et de cinéma. Comme sur Inter. Avant de se raviser : finalement, ce serait mieux de ne parler que de cinéma. Une semaine, on critiquerait les films qui sortent en salle et l'autre, on critiquerait ceux qui sont diffusés sur FR3. Le marchandage laisse Bastide perplexe : « *Il a l'air de ne pas savoir dans quelle croisière ambiguë il s'est aventuré* », note *Télérama*, qui lui accorde deux pages d'interview-portrait dans son numéro du 14 janvier 1976. Mais bon, Bastide, qui est de plus en plus fasciné par le pouvoir de la télévision, accepte. Et il propose à Gilles Jacob de l'épauler pour cette nouvelle aventure. « *Théoriquement, nous sommes libres de dire ce qu'on pense* », veut se rassurer Bastide, dans l'interview qu'il donne à *Télérama*. Théoriquement.

Bastide et Gilles Jacob reprennent le modèle qui a fait le succès du *Masque* radio : quatre critiques à la tribune. Deux fauteuils sont réservés d'office à Bory et Charensol : « *C'était le meilleur moyen de s'assurer une bonne audience,* explique Gilles Jacob. *Les gens auraient envie de voir leurs têtes.* » Mais parce qu'on est à la télé et qu'il ne s'agit pas de faire de la radio filmée, il faut aussi des illustrations. Plutôt que de se contenter des sempiternelles bandes-annonces de films, Bastide et Jacob veulent des extraits significatifs. C'est Anne Andreu qui est chargée de cette mission.

Pour la télévision, *Le Masque* renoue avec la tradition qu'il avait fini par abandonner : ouvrir son plateau à des invités, que les critiques se réservent le droit de chahuter. « *En trois émissions, puisqu'il n'y en aura que trois, les téléspectateurs ont eu droit à Claude Lelouch, Roberto Rossellini et Daniel Toscan du Plantier ! C'était quand même pas mal* », souligne Gilles Jacob.

Mais c'était compter sans la liberté de parole des critiques. Entendre Bory, à la radio, descendre en flammes les films les plus chers et/ou les plus nuls du moment, passe encore. Mais le voir le faire à la télévision, ça ne passe plus. A propos des *WC étaient fermés de l'intérieur*, le premier film de Patrice Leconte, il aura ce jugement lapidaire : « *Y'a qu'à tirer la chasse !* » Producteurs et distributeurs exigent le renvoi des insolents. Mais comme s'ils redoutaient d'apparaître en première ligne de la censure, c'est une obscure « Commission interprofessionnelle permanente du cinéma concernant les rapports cinéma-télévision », créée pour la circonstance, qui monte officiellement au créneau. À la troisième émission, Gilles Jacob et François-Régis Bastide s'entendent dire par Maurice Cazeneuve que leur contrat s'arrête là : « *L'émission s'adapte mal au format de la télévision* », a-t-il le culot de leur asséner. « *Nous n'avons même pas touché d'indemnités* », précise Gilles Jacob.

Le tollé, dans la presse de droite comme de gauche, est énorme. En matière de cinéma, « *la loi secrète de la télévision impose d'y confondre information et promotion* », constate *Le Point*. Devant cette bronca généralisée, Gilbert Grégoire, « secrétaire général » de la fameuse « Commission etc. » se voit obligé d'envoyer au *Film français* une laborieuse mise au point : « *Ce n'est pas la liberté d'information qui est en cause, dans l'affaire du* Masque et la Plume, *assure-t-il.* [Mais] *il est contraire à la déontologie professionnelle qu'un entrepreneur de spectacles critique devant le public qu'il a rassemblé un spectacle présenté par un concurrent*[2]*...* ». Que voilà de la belle rhétorique ! En fait, la télévision, qui a inauguré depuis peu le principe des coproductions de films, est prise à son propre piège. « L'affaire » du *Masque et la Plume* aura servi de leçon : depuis 1976, plus personne ne s'est aventuré à critiquer le cinéma à la télévision. La promotion mercantile, servie par des pseudo-journalistes avec carte de presse et conscience professionnelle au rabais, a pris le relais...

Dans cette histoire, tout le monde n'a pas perdu au change. « *On a su après,* raconte Gilles, *que la chaîne avait marchandé avec les professionnels du cinéma : OK, on retire* Le Masque *de l'antenne, mais en contrepartie, vous nous accordez un cinquième film par semaine, avec lequel nous créons un ciné-club le dimanche soir à 22 h 30.* » Claude Contamine, qui présidait alors FR3, « *l'aurait reconnu, à mots à peine voilés, lors d'un déjeuner qui m'a été rapporté* ». Une chose est sûre : ce cinquième film hebdomadaire, FR3 le réclamait depuis longtemps. En vain. Grâce au *Masque*, elle l'aura obtenu en trois semaines.

Daniel Toscan du Plantier (« *Qui fut formidable,* tient à préciser Gilles Jacob, *c'était l'un des rares à nous soutenir* ») aura beau faire valoir qu'un film sur FR3 le dimanche soir nuirait davantage à la fréquentation des salles obscures qu'une tribune indépendante sur la chaîne, la cause était entendue. C'en est à se demander si, dès le départ, la proposition de Maurice Cazeneuve n'était pas un guet-apens. Ce qui expliquerait son coup de fil « urgent » du 15 octobre précédent, et la rapidité avec laquelle l'émission se mit en place.

« *Nous en sommes sortis chagrins,* raconte Gilles Jacob. *Surtout Régis, qui avait compris qu'il s'était fait manipuler. Nous sommes tombés sur des gens habiles, qui ont obtenu ce qu'ils voulaient. Il y avait pourtant moyen de faire, enfin, une vraie émission d'amour du cinéma. Et de donner le désir, au téléspectateur, du cinéma du reste du monde, au lieu de ne toujours parler que des films français ou américains. Mais nous avons été les dindons de la farce.* » ■

2 *Le Film français* du 27 février 1976.

1965

Pierre Schoendorffer
La 317e Section

« — c'est un film de vaincu »

En 1965, Pierre Schoendorffer adapte à l'écran son roman, *La 317e Section*, paru deux ans plus tôt et dont l'action se situe pendant la guerre d'Indochine. Jacques Perrin et Bruno Cremer incarnent les deux principaux personnages. Autant les Américains ont filmé le conflit du Vietnam, autant « l'Indo » est à peu près absente de la filmographie hexagonale. Les Français ont décidément du mal avec leurs guerres coloniales... Schoendorffer reviendra plus tard sur le sujet avec *Diên Biên Phu* et bien sûr *Le Crabe-Tambour*, encore avec Jacques Perrin. *La 317e Section* obtint le prix du scénario au Festival de Cannes 1965. *Le Masque* en avait parlé dans l'émission du 8 avril.

GEORGES SADOUL — Je n'y crois pas : je ne crois pas au personnage du jeune lieutenant, ce garçon bien rasé et toujours tiré a quatre épingles jusque dans la brousse. Quand il va mourir, à la fin, la barbe lui pousse un peu... Tout m'a paru une reconstitution. [Parmi les films] inspirés par la guerre d'Indochine, celui de Claude Bernard-Aubert, *Patrouille de choc*, celui aussi de Marcel Camus, *Mort en fraude*, m'avaient profondément ému. Là, je suis resté de l'autre côté de la vitre.

JEAN-LOUIS BORY — C'est le premier film de guerre français comparable aux grandes réussites américaines du type de celles de Raoul Walsh ; le premier où on montre le véritable visage de la guerre sans la courtelinade ou l'héroïsme va-de-la-gueule qui nous sont également chers. C'est un chef-d'œuvre – peut-être parce que c'est un film de vaincu – de dignité retenue. La nature est superbement filmée, frémissante, habitée : le gibier triomphe du chasseur, [...] une rafale de mitrailleuses et le sentier le plus innocent, le moindre

Jacques Perrin dans *La 317e Section* de Pierre Schoendorffer.

torrent deviennent infranchissables.
J'irai plus loin. On juge avec ses convictions. Ce n'est pas un secret pour nos amis : les militaires, je ne peux pas les blairer ! Je suis profondément antimilitariste, profondément pacifiste et c'est la première fois que je vois un film qui me fait comprendre les militaires – et des militaires de carrière ! Je n'en suis pas encore revenu…

MICHEL POLAC — Vous allez vous engager !

JEAN-LOUIS BORY — Quand je vois ce sous-lieutenant novice, le pauvre petit ! qui sort directement de Coëtquidan et qui veut humaniser les combats […], qui croit à la possibilité d'une guerre propre, à la possibilité d'éviter les pillages, de sauver les blessés. Ce n'est pas vrai : il n'y a pas de sale guerre, il n'y a pas de guerre propre, il n'y a que des guerres qui sont toutes dégueulasses ! (*Applaudissements dans le public.*) Celui qui a raison dans le film, c'est au fond l'individu que j'exècre de toutes mes forces : c'est l'homme de guerre, l'Alsacien mobilisé par la Wehrmacht, qui a fait le coup de feu à Berlin contre les Russes, qui de dérive légionnaire en dérive légionnaire s'est trouvé du côté des troupes françaises luttant contre le Vietminh, qu'on retrouvera bien sûr en Algérie contre le FLN – d'ailleurs c'est là qu'il mourra : c'est la dernière phrase du film – et qui, eût-il survécu, serait aujourd'hui un affreux au Congo. Ce type-là est tellement vrai, tellement vivant, que je le comprends. Et même, je sens très bien que c'est lui qui a raison, quand il dit au jeune lieutenant, oh avec politesse, parce qu'il respecte la hiérarchie : « Vous avez tort de vouloir sauver ce blessé… on va se faire descendre » […]. Ce film est tout en pudeur, en dignité et d'une profonde honnêteté.

MICHEL POLAC — Georges Charensol, vous allez nous dire que Bory a apporté à boire et à manger dans son auberge espagnole…

GEORGES CHARENSOL — Une fois de plus, Bory juge un film sur ses intentions, […] que je tiens aussi pour admirables […]. Malheureusement, Schoendorffer s'est attaqué à un sujet nettement au-dessus de ses possibilités. Sadoul parlait de *Patrouille de choc* de Bernard-Aubert : il avait raison, car Aubert a été dans le service cinématographique de l'armée d'Indochine.

JEAN-LOUIS BORY — Schoendorffer aussi…

GEORGES CHARENSOL — Oui… mais très peu de temps, et dans des conditions très différentes. Schoendorffer a voulu refaire *La Patrouille perdue* de John Ford […]. À sa décharge, il a tourné dans des conditions difficiles au Cambodge. Il a dû recruter sur place des figurants pour représenter les supplétifs [qui formaient l'essentiel des troupes] : à l'image, quatre Français commandent une cinquantaine d'Asiatiques. Sa sincérité ne fait aucun doute, mais il aurait peut-être fallu un homme dominant un peu plus son métier.

Jacques Perrin et Bruno Cremer dans *La 317ᵉ Section*.

MICHEL POLAC — Jean-Louis Bory, vous vous agitez beaucoup à mes côtés !

JEAN-LOUIS BORY — Je bouillonne ! La direction d'acteurs est remarquable : si Jacques Perrin n'a pas toujours été l'acteur qu'il est ici, c'est que la plupart du temps il était mal dirigé. Et Bruno Cremer est une révélation !

GEORGES SADOUL — Je vous l'accorde pour ce détestable adjudant [...], mais les supplétifs restent de simples figurants. Quant aux dialogues, ce n'est pas parce qu'un adjudant complètement imbécile répète toutes les cinq minutes : « On n'est pas sortis de l'auberge ! » et le reste du temps : « Les rombiers, les rombiers... »...

JEAN-LOUIS BORY — Mais, Sadoul ! Si vous avez l'expérience du service militaire, c'est ça...

FRANÇOIS-RÉGIS BASTIDE — On m'apprend que Schoendorffer est dans le public : on va lui tendre le micro...

PIERRE SCHOENDORFFER — La guerre d'Indochine, c'était ça : *La 317ᵉ Section*, c'est la guerre d'Indochine ! J'ai entendu le reproche sur mon jeune lieutenant trop bien rasé, trop propre avec ses gants blancs... Mais c'est ce qu'on leur apprend à Saint-Cyr !

FRANÇOIS-RÉGIS BASTIDE — Et ça ne les empêche pas de mourir très proprement... ■

1965 Jean-Luc Godard *Pierrot le fou*

« — Mais oui c'est ça, on cause ! »

LE 7 NOVEMBRE 1965, le nouveau film de Jean-Luc Godard, *Pierrot le fou*, avec Anna Karina et Jean-Paul Belmondo, est « le morceau de résistance » du *Masque*. François-Régis Bastide commence par un tour d'horizon des critiques à la tribune – Jean-Louis Bory, Michel Mardore, Pierre Marcabru et Georges Charensol :

PIERRE MARCABRU — Admirable.

MICHEL MARDORE — D'une importance capitale.

JEAN-LOUIS BORY — Un chef-d'œuvre !

GEORGES CHARENSOL (provoquant les rires de la salle) — Oui, oui, c'est pas mal...

FRANÇOIS-RÉGIS BASTIDE — Si je peux me permettre, moi qui ne suis pas du tout un godartien inconditionnel, j'ai été bouleversé par ce film. Je ne sais pas pourquoi.

JEAN-LOUIS BORY — Enfin vos yeux s'ouvrent !

PIERRE MARCABRU — Avant toute chose, on est frappé par la qualité esthétique du film, la pureté, la luminosité de l'image... Godard est un peintre – on parle d'ailleurs beaucoup de peinture dans ce film – et un poète, qui a composé une sorte de *Tristan et Yseut* moderne.

MICHEL MARDORE — Ce film est un manifeste esthétique, qui signe l'anéantissement du récit. Cet aspect est bien plus important que l'anarchisme intellectuel pointé par la censure pour interdire le film aux moins de dix-huit ans.

JEAN-LOUIS BORY — Dans ce film, Godard fait le point sur son œuvre, tous ses thèmes y convergent. Marcabru a raison, c'est

Jean-Paul Belmondo dans *Pierrot le fou*.

un peintre : il y a une dialectique du bleu (masculin) et du rouge (féminin). Le bleu est du côté de la méditation, le rouge du côté de l'action, mais dans sa forme moderne, dégénérée, celle du suspense pour gangster. [...] Il est artificiel de dissocier ce film des précédents pour mieux le louer, des critiques malveillants pourraient lui reprocher les mêmes « tics » : le pédantisme intellectuel parce qu'il cite Vélasquez et Lorca, sa désinvolture parce que l'histoire est bâclée...

FRANÇOIS-RÉGIS BASTIDE — Charensol, si vous arrivez à vous remettre de cette cantate à trois voix, peut-être réussirez-vous à nous faire entendre une légère clarinette nasillarde ?

GEORGES CHARENSOL — J'ai été surtout frappé par la modération de mes voisins de tribune. Ils ont parlé [de ce film] avec intelligence et lucidité, ce qui n'est pas toujours leur cas. On entend depuis quelques jours de tels délires que je m'attendais à les voir planer au plafond de ce studio. [...] Le dialogue est malheureusement d'une effroyable platitude. Je reconnais à Godard du talent et même peut-être un peu de génie, vous voyez que je vais très loin [...] et je l'ai toujours défendu à cette tribune...

JEAN-LOUIS BORY — Oh ! Je m'étrangle !

Jean-Paul Belmondo dans *Pierrot le fou*.

GEORGES CHARENSOL — ...quand il faisait des films supportables Il en a fait deux ou trois [...] Mais quand on a ce don prodigieux de l'image, on pourrait essayer de ne pas écrire soi-même ses dialogues. [...] Pendant deux heures, ça n'arrête pas de *causer*.

JEAN-LOUIS BORY — Mais oui, c'est ça, on *cause* !

FRANÇOIS-RÉGIS BASTIDE — Si j'avais Racine et Montesquieu au micro, [...] ça ferait une fort mauvaise émission [...] ils parleraient [...] nous, nous causons...

GEORGES CHARENSOL — J'ai vu le film à la première séance, c'était un public de fanatiques, eh bien, j'ai compté les gens qui sortaient...

FRANÇOIS-RÉGIS BASTIDE — C'est déloyal, et probablement faux.

GEORGES CHARENSOL — ...Quatorze, qui s'embêtaient tellement...

MICHEL MARDORE — Ces questions de comptables sont hors sujet.

L'émission touchant à sa fin, François-Régis Bastide accueille un invité, qui n'est autre que Jean-Luc Godard. Parlant de son fameux ton monocorde, il justifie son travail « *entre récit abstrait et récit concret* » et « *appuie Charensol* » : « *J'ai essayé de rendre le dialogue le plus banal possible, avec des phrases comme Donnez-moi du feu, A tout à l'heure, etc. Bref, des dialogues qui n'ont pas de signification propre.* » ■

1966

Alfred Hitchcock
Le Rideau déchiré

« — non seulement mineur mais minable »

LE 27 NOVEMBRE 1966, *Le Masque* évoque la sortie du dernier Hitchcock : *Le Rideau déchiré*. Robert Benayoun et Michel Mardore tentent, mollement, de défendre le cinéaste, violemment attaqué par la salle et le reste de la tribune – Charensol et Bory sont pour une fois d'accord. Hitchcock, dont les films ont connu de très grands succès publics, est à cette époque à peu près unanimement méprisé par les cinéphiles et la critique. *Le Masque* est tombé dans le panneau…

UN SPECTATEUR — Une démystification s'impose : ce vieux cabotin sénile est mûr pour la retraite.

FRANÇOIS-RÉGIS BASTIDE — Voilà une tribune qui démarre bien… Charensol est enchanté, Bory vous approuve moins, Benayoun ?

ROBERT BENAYOUN — D'accord pour démystifier Hitchcock. Mais pourquoi ce film-là, alors qu'il en a fait de beaucoup plus prétentieux et ratés ?

MICHEL MARDORE — Cette réaction est tout à fait injuste : elle va dans le sens de la mode actuelle qui est de dénigrer Hitchcock.

ROBERT BENAYOUN — Il y a une tendance beaucoup plus ancienne : celle de dénigrer tous les films d'Hitchcock – car Hitchcock est un excellent amuseur mais pas un grand auteur – qui sont ses films d'espionnage, de poursuite, de suspense, au profit de toutes ses œuvres à métaphysique lourdingue qu'on taxe alors de génie… C'est ne rien comprendre à Hitchcock que

Dénigré à la tribune en novembre 1966, Alfred Hitchcock sera réhabilité par son livre d'entretiens avec François Truffaut

Paul Newman et Julie Andrews dans *Le Rideau déchiré* en 1966.

d'inverser les termes du problème. On ne peut pas dire qu'on se soit ennuyé devant *Le Rideau déchiré* !

LE SPECTATEUR — Hitchcock est tabou !

FRANÇOIS-RÉGIS BASTIDE — Mais non ! Pour Mardore, c'est tout à fait défendable, pour Benayoun ce n'est pas déshonorant, pour Charensol c'est à peu près nul, je suppose…

GEORGES CHARENSOL — Ah ça ! C'est vraiment nul et déplaisant. Cet état d'esprit… Maintenant, les Américains ne tapent plus sur les Russes, mais pour pouvoir taper sur les communistes, ils situent leurs films en Allemagne de l'Est…

ROBERT BENAYOUN — Il y a une scène intégralement réussie […] où un couple est obligé d'assassiner un espion qui est sur le point de les démasquer […]. Hitchcock montre que ce n'est pas facile de tuer un homme, alors on le rate très longuement pendant un quart d'heure…

GEORGES CHARENSOL — Cette scène est assommante !

JEAN-LOUIS BORY — Au sens précis du terme...

ROBERT BENAYOUN — ...mais elle est très bonne, et Hitchcock a eu raison de la tourner – il s'en est expliqué d'ailleurs : il l'a voulue en réaction contre les films de James Bond et compagnie [...], où la mort devient une espèce de symbole complètement léger – on tue les gens comme on met une lettre à la poste. Comment s'y prendre, c'est tout un problème...

UNE SPECTATRICE — Je voudrais demander à Jean-Louis Bory s'il est muet, aujourd'hui...

GEORGES CHARENSOL — Rassurez-vous, il se réserve...

JEAN-LOUIS BORY — Vous avez pu vous rendre compte qu'on ne me laisse pas placer une virgule !

FRANÇOIS-RÉGIS BASTIDE — Vas-y, Jean-Louis !

JEAN-LOUIS BORY — Bon... Je m'étonne que vous vous excitiez sur un film qui, dans la production de Hitchcock, est non seulement mineur mais minable. [Le thème] du savant/espion est complètement rebattu : on ne suit pas l'action, on prête uniquement attention au style de Hitchcock [...]. Il a une intelligence de l'image qui, en une occasion du moins, est époustouflante. Lorsque deux savants, deux physiciens alignent – la chose pour moi la plus ennuyeuse, la plus lourde de souvenirs épouvantables – des formules au tableau noir, eh bien, leur démonstration je la suis dans un état de tension, d'angoisse ! Je me demandais : « Il va le mettre, son x ? »

MICHEL MARDORE — Il s'agit de voler la formule de l'autre sans qu'il s'en aperçoive...

JEAN-LOUIS BORY — Mais à l'exception de cette scène, j'ai été très rapidement exaspéré par la banalité constante du scénario, [...] et une succession d'effets d'une lourdeur indigne du passé hitchcockien [...]. Il ne faut y aller que pour trois minutes : renseignez-vous auprès de l'ouvreuse pour savoir quand il y a la démonstration – vous entrez, vous regardez, vous partez.

L'ironie voudra que, quelques semaines seulement après cette émission, François Truffaut publie *Le Cinéma selon Hitchcock*, un livre d'entretiens avec l'auteur de *Fenêtre sur cour*. Pendant quatre ans (le projet a débuté en 1962), les deux cinéastes ont échangé leurs vues sur leur métier. Le résultat est un formidable livre d'hommage à Hitchcock. La critique et l'opinion amorcent un virage à 180° : du jour au lendemain, Hitchcock se voit consacré comme l'un des maîtres du cinéma de tous les temps ! Dans l'émission du 1er janvier 1967, Truffaut, invité spécial du *Masque*, vient parler de son livre et dire combien il trouve les films d'Hitchcock « *graves, admirables, pleins d'une science du cinéma* ». Bastide l'encense. La salle écoute de bout en bout dans un recueillement religieux. La messe est dite. Hitchcock, depuis, n'est plus redescendu de son piédestal. Il y a une justice... ■

Suzanne Simonin
LA RELIGIEUSE
DIDEROT
BLUE BAR

1966

Jacques Rivette
La Religieuse

« — je savais qu'il allait être interdit »

1965 : sitôt connu son projet d'adapter *La Religieuse* de Diderot, le roman d'une vocation forcée, une certaine France catholique se mobilise contre Jacques Rivette. De l'Union des supérieures majeures à l'Association des parents d'élèves de l'école libre (APEL), on réclame – préventivement – l'interdiction d'un film jugé « blasphématoire ». L'APEL, en première ligne, lance, sans en avoir vu une image, une pétition contre ce film « *qui diffame et travestit la vérité religieuse, porte atteinte à la dignité de la femme, à l'honneur des religieuses, anciennes éducatrices de nos mères et de nos épouses, le plus souvent encore éducatrices de nos enfants* » (*sic*). Le ministre de l'Information, Alain Peyrefitte, est sommé d'intervenir et Yvonne de Gaulle, la pieuse épouse du Général, reçoit sa part de courrier indigné. Jean Foyer, ministre de la Justice, ferme les portes de l'abbaye de Fontevraud (alors centre pénitentiaire) au cinéaste de la nouvelle vague, qui pensait s'y installer. Rivette part tourner en Avignon, tout en jouant la carte de l'apaisement : pour éviter tout amalgame, son film s'appel-

Au festival de Cannes en 1966, une religieuse est photographiée devant l'affiche du film de Jacques Rivette.

« Cette condamnation !
Les bras m'en tombent !
Rivette n'est pas
un petit rigolo qui
bouffe du curé :
c'est un film mystique
et religieux. »

Jacques Rivette par Claudine Doury.

Anna Karina dans *La Religieuse.*

lera : *Suzanne Simonin, La religieuse de Diderot* (avec Anna Karina dans le rôle-titre). Des journaux – *Combat*, Les *Lettres françaises* –, défendent la liberé artistique. Le film est achevé au début de 1966. La commission de contrôle émet un avis favorable assorti d'une interdiction aux moins de dix-huit ans. Mais Yvon Bourges, qui a succédé à Alain Peyrefitte au ministère de l'Information, prend sur lui d'interdire le film. Cette censure d'État devient, pour ses adversaires, le symbole d'un régime crispé. « Tante Yvonne » aurait joué en l'affaire un rôle décisif. La polémique enfle : Jean-Luc Godard, dans une lettre ouverte à Malraux (« *Lettre au ministre de la Kultur* ») que publie *Le Nouvel Observateur* le 6 avril 1966, dénonce le scandale d'une « *Gestapo de l'esprit* » : « *Comment donc pourriez-vous m'entendre, André Malraux, moi qui vous téléphone de l'extérieur, d'un pays lointain, la France libre ?»* Paradoxe : le film, interdit à la distribution en France, va faire partie – choix avalisé par le ministre de la Culture – de la sélection nationale à Cannes. Le 10 avril 1966, deux semaines avant l'ouverture du festival, *Le Masque* s'empare de la polémique :

MICHEL POLAC — Est-ce que malgré la censure vous avez vu le film de Rivette ?

JEAN-LOUIS BORY — Ah oui ! Je l'ai même vu deux fois parce que je savais qu'il allait être interdit. Cette condamnation ! Les bras m'en tombent ! Rivette n'est pas un petit rigolo qui bouffe du curé : c'est un film mystique et religieux. Les déclarations nettement athées de Diderot [ont disparu]. Alors interdire un tel film, c'est dire aux Français majeurs, votants et vaccinés : vous n'êtes pas capables de comprendre ! Car il y a un contexte historique [...]. Au XVIIIe, les cadettes ou les jeunes filles qui gênaient les affaires familiales pouvaient très bien être envoyées dans un couvent. Dans *Le Malade imaginaire*, à un moment Argan dit à Angélique : *« Si vous ne faites pas ce que je dis, je vous enferme dans un couvent »* et Angélique réplique : *« Oh non ! surtout pas ça, papa ! »* : C'est attenter à l'honneur des religieuses de considérer un couvent comme une prison... Par conséquent, je demande au gouvernement l'interdiction immédiate du *Malade imaginaire* dans les classes et les lycées français. (*Applaudissements.*) [Supprimons aussi] tous les films de Buñuel, qui va infiniment plus loin que le malheureux Rivette ! [Et il faudra réfléchir] au *Dialogues des carmélites*, qui contient des choses fort de café...

La semaine suivante, dans l'émission du 17 avril, Bory revient à la charge – par la bande. Charensol a crédité *L'Extase et l'Agonie*, film en costumes de Carol Reed – autrement inspiré dans *Le Troisième Homme* – d'un « baroquisme délirant ».

JEAN-LOUIS BORY — Eh bien moi, j'ai été profondément choqué !

GEORGES CHARENSOL — Dans vos sentiments religieux ?

JEAN-LOUIS BORY — Exactement ! Cette représentation d'un pape flibustier, un peu boucher et très nettement escroc [...] ; les mœurs scandaleuses de Michel-Ange ; les cardinaux qu'il remet à leur place : c'est un film qui m'a éberlué ! J'espère bien que la ligue des chaisières et assimilées, présidée par Madame vous savez qui (*Rires et applaudissements*)... j'espère bien que ça va être interdit rapidement !

L'arrêté interdisant *La Religieuse* sera cassé en 1967, mais il faudra attendre 1988 pour que le film sorte sans restriction en salles ▪

1967 La chute du TNP

« — Depuis des années, ce public tourne en rond »

EN 1963, Vilar quitte les commandes de Chaillot pour ne plus se consacrer qu'à Avignon. Georges Wilson lui succède. Le TNP, alors, brille encore de tous ses feux. Plus pour longtemps. Le 19 février 1967, Gilles Sandier, à la tribune du *Masque*, sonne le glas.

GILLES SANDIER — Au grand TNP était jouée une pièce d'un auteur hongrois, Julius Hay, interdite par les nazis, *Dieu, Empereur et paysan*. Cette soirée a été pour moi extrêmement pénible, comme tout ce qui est routinier et sclérosé. Nous étions devant une pièce qui était une sorte de pastiche de Brecht, montée selon une esthétique qui se situait évidemment dans le sillage de Vilar, comme se situent toutes les mises en scène au TNP depuis quinze ans. J'ai eu l'impression que [ce modèle] était épuisé. Il faut poser le problème du TNP. [...] Je ne fais pas ici le procès d'un homme. Wilson est un grand artisan de théâtre, il a été un disciple de Vilar. Mais je me demande si cela suffit. Ce n'est pas l'homme, qu'il faut attaquer, c'est l'institution. Il est évident qu'au bout de quinze ans, les institutions humaines s'usent et qu'il faut savoir les rénover. [...] Vilar avait ouvert le théâtre vers un nouveau monde. Depuis des années, ce public tourne en rond, au public d'abonnés et de fidèles. Il faut retourner vers les ouvriers, les banlieues, les usines ; révolutionner le public, ce qui amènera un nouveau style de création théâtrale. [...] Encore une fois, ce n'est pas Wilson que j'attaque, c'est le rapport entre les structures et un homme.

La fréquentation de la grande salle, qui était de... 105 % en 1963, s'effondre. En 1970, elle n'est plus que de 37 %. En 1972, Chaillot ferme pour remodelage de la grande salle. C'en est fini du TNP Vilar. Il aura duré vingt ans ■

Jean Vilar au festival d'Avignon par Henri Cartier-Bresson.

DES HEROS
Un cas Unique de haute trahison !
Aujourd'hui
Aujourd'hui

1967

Robert Bresson
Mouchette

« — quelque chose de plus sombre et de plus personnel »

QUINZE ANS APRÈS *Journal d'un curé de campagne*, en 1951 – pour beaucoup son chef-d'œuvre –, Robert Bresson (disparu en 2000) s'attaque de nouveau à une adaptation de Bernanos. Cette fois, c'est l'histoire de Mouchette, adolescente en perdition d'amour, qui ne rencontre que malheur et cruauté sur sa route. Mouchette, c'est Cosette au cube. À tel point qu'elle ne pourra trouver le salut – et donc la grâce, forcément, chez Bernanos – que dans la mort, c'est-à-dire ici le suicide. Bref, on ne rit pas beaucoup. Mais Robert Bresson, c'est toujours pain bénit pour les cinéphiles cinéphilisants : champ/contre-champ, signifiant/signifié, sur-signifiant... chaque image est disséquée au scalpel et sous-titrée en jargon jargonnant. Sauf au *Masque*, où ce jour-là (2 avril 1967), et un peu grâce à la présence de Patrick Rambaud[1], on s'en tient à des considérations plus lestes.

PATRICK RAMBAUD — On nous rebat les oreilles du mysticisme de Bresson : j'ai toujours trouvé qu'il recelait beaucoup de perversité. C'est le premier film où elle éclate au grand jour – évidemment, avec une petite fille, c'est plus facile qu'avec un âne. C'est clairement le film d'un

1 Né en 1946, il commence comme critique de cinéma sur France Inter, puis se spécialise dans la presse écrite : d'abord pigiste à *Positif*, il est, en 1970, l'un des cofondateurs d'*Actuel*.

Robert Bresson, cinéaste-culte des cinéphiles. Pages suivantes : Nadine Nortier dans *Mouchette*.

Gerber

Gerber

« C'est une grande réussite de cinéma, parce qu'on ne pourrait pas en donner un équivalent littéraire. »

sadique : voyez ces deux plans insistants sur le lapin qu'on tue, qui n'est pas achevé, tombe à terre, se roule sur lui-même, ses soubresauts... Tout le film est dans ce ton.

FRANÇOIS-RÉGIS BASTIDE — Le genre d'humour de Patrick Rambaud fait qu'on ne sait pas très bien ce qu'il pense...

PATRICK RAMBAUD — Mais j'aime bien ça... J'aime la perversité qui s'affiche comme telle, sans se dissimuler derrière des signes de croix comme dans tous les films précédents de Bresson.

FRANÇOIS-RÉGIS BASTIDE — Très bien... Pour tourner *Le Journal d'un curé de campagne*, ça me paraît difficile d'éviter les signes de croix, quand même...

UN SPECTATEUR — Le *Magnificat* de Monteverdi [qui ouvre et clôt le film] est l'équivalent ici du signe de croix. Le film est très chrétien en ce qu'il montre la présence du mal en ce monde. La seule note d'espoir est introduite à l'occasion de la scène de fête foraine : quand Mouchette se fait tamponner par un jeune homme...

ROBERT BENAYOUN — C'est ambigu !

LE SPECTATEUR — Dans une auto tamponneuse ! On a l'impression qu'elle sort enfin d'elle-même et s'ouvre à la tendresse, à l'amour. C'est une grande réussite de cinéma, parce qu'on ne pourrait pas en donner un équivalent littéraire.

MICHEL AUBRIANT — C'est la première fois que Bresson ne met pas sept ans à faire un film, et il aboutit à quelque chose de plus sombre et de plus personnel : comme si tout à coup la nouvelle de Bernanos était illustrée par Balthus. Avec un résultat ambigu et très trouble : les petites filles qui jouent sur une rampe, même la mort de Mouchette...

ROBERT BENAYOUN — Ces ambiguïtés, chez Bresson, ce n'est pas très surprenant. Il a l'habitude – que je n'aime pas – d'un style

« privatif » ; il souhaite que ses acteurs « en fassent » le moins possible et il les fait répéter jusqu'à obtenir un jeu « robot ». De plus, depuis 1934 il n'a fait que neuf films – on ne peut pas l'accuser comme Godard de vouloir à tout prix faire du métrage... Mais on sent qu'il commence à en avoir assez de son propre système : la scène d'épilepsie, à un autre stade de sa carrière, il ne l'aurait pas montrée. Ça se serait passé derrière une table, ou derrière un mur, c'est une concession énorme. Et dans la scène des autos tamponneuses, il s'autorise des mouvements de caméra, au lieu de la garder vissée au sol [...]. Il arrive de moins en moins à contenir ses obsessions, du côté Lolita... Dans trois, quatre ans, de quoi se souviendra-t-on ? Des mouvements de caméra sur les cuisses de la petite fille avec ses lourdes chaussettes de laine... On se souviendra de ce côté scabreux.

MICHEL MARDORE — C'est la force du cinéma de Bresson : en réalité, il n'y a pas un seul travelling sur les jambes de la petite fille, or tout le monde en parle et Benayoun a pu tenir cinq minutes...

ROBERT BENAYOUN — Ne serait-ce qu'un gros plan...

MICHEL MARDORE — Ça prouve l'impact de ce plan, comme de celui que toute la presse a cité où l'on voit des petites filles qui virevoltent autour de la rampe. Je vous certifie qu'il dure au maximum 15 secondes – là où d'autres auraient trouvé matière à un 1/4 d'heure – mais ce qu'il met dans l'image est tellement fort que ça s'imprime dans nos cerveaux. Un minimum de trouble rejaillit sur le film tout entier : c'est le signe d'un très grand cinéaste !

UN SPECTATEUR — Je ne crois pas que Bresson ait adopté un nouveau style. Il ne s'est pas départi de la litote qui est sa marque de fabrique. Cette scène d'épilepsie, qui semble aller à rebours de sa manière habituelle, il s'en est expliqué dans la presse : il a jugé que c'était un moteur dramatique indispensable.

ROBERT BENAYOUN — Bresson est souvent très rusé dans ses conférences de presse, mais il ne m'a pas convaincu. L'argument [du moteur dramatique] ne tient pas : au contraire, on ne comprend plus pourquoi à la fin Mouchette se tue, alors que [chez Bernanos] on l'admire et on la justifie de son acte.

FRANÇOIS-RÉGIS BASTIDE — Je n'ai pas vu le film, mais je sais que vous avez une sorte d'allergie au monde de Bresson : à propos de *Au hasard Balthazar* nous avions déjà eu une querelle [...]. J'ai interviewé Robert Bresson et je peux vous assurer que c'est l'homme le plus simple qui soit [...], ce n'est pas un monsieur qui truque ou qui nous sert un numéro brillant ▪

1967

Jean-Pierre Melville
Le Samouraï

« — venir nous parler du *Samouraï* comme d'un film important, je me fends doucement la pipe ! »

UN TUEUR À GAGES est chargé par des inconnus d'exécuter le propriétaire d'un night-club. C'est le point de départ du *Samouraï*, de Jean-Pierre Melville. « Petit film policier » pour les uns, « chef-d'œuvre » pour les autres. Jeff, le tueur à gages, c'est Alain Delon. Personnage solitaire, presque muet, glacial. En gabardine et chapeau. Il ne dit rien, mais sa présence en impose. Melville voyait en lui un « *samouraï de l'écran* ». Bory le pense aussi. Il est le seul, ce jour-là (5 novembre 1967).

FRANÇOIS-RÉGIS BASTIDE — Qui veut commencer ?

GEORGES CHARENSOL — La référence est le *Quai des Orfèvres*, de Clouzot. Mais la maison a bien changé ! Au lieu du bon gros Maigret à pipe, on a des garçons agiles et extrêmement efficaces – je pense à François Perier. C'est un bon divertissement. Seulement, venir

Alain Delon dans *Le Samouraï*.

nous parler du *Samouraï* comme d'un film important, je me fends doucement la pipe !

MICHEL MARDORE — Voilà un éloge bien perfide. [...] En gros, pour Charensol, c'est un film qui nous montre que la police judiciaire a évolué, que les portes sont plus propres, les couloirs mieux peints...

GEORGES CHARENSOL — Ce qui est vrai.

FRANÇOIS-RÉGIS BASTIDE — Non, ce n'est pas vrai, j'y suis allé, je connais la Mondaine...

JEAN-LOUIS BORY — C'est fou ce qu'on apprend sur Bastide aujourd'hui ! (*Rires du public.*) Vous oubliez le titre : *Le Samouraï*, c'est un serviteur de la mort qui tue selon certains rites, et c'est exactement ce que Melville raconte dans le décor de la police française de 1967...

GEORGES CHARENSOL (par antiphrase) — C'est évident ! Tout le monde a vu ça !

JEAN-LOUIS BORY — Il s'agit de l'opposition de deux machines à tuer [...] qui suivent un rite [...]. Le jeu de Delon est parfait : il agit comme un robot. C'est un acteur qu'habituellement je n'aime pas, mais ici, il est merveilleux dans la mesure même où il n'exprime exactement rien, il le fait par conséquent avec un naturel prodigieux.

FRANÇOIS-RÉGIS BASTIDE — Il a d'ailleurs trente lignes de texte.

JEAN-LOUIS BORY — C'est génial de la part de Melville d'avoir choisi un beau visage inexpressif pour rendre cette machine à tuer [...]. Tout est ordonné au rite : les gants blancs, le chapeau – le doulos des films américains...

FRANÇOIS-RÉGIS BASTIDE (qui l'interrompt) — Je veux être pendu s'il n'y a pas déjà eu 3500 films...

JEAN-LOUIS BORY — Non !

GEORGES CHARENSOL — C'est évident !

FRANÇOIS-RÉGIS BASTIDE — ...où un gangster met son chapeau devant le miroir et lisse le bord...

JEAN-LOUIS BORY — Mais ça prend ici une valeur profonde... ▪

Alain Delon dans *Le Samouraï*.

FRANÇOIS-RÉGIS BASTIDE — Je veux être pendu s'il n'y a pas déjà eu 3500 films [...] ...où un gangster met son chapeau devant le miroir et lisse le bord...

JEAN-LOUIS BORY — Mais ça prend ici une valeur profonde...

1968

Albert Cohen
Belle du Seigneur

« — À nous, l'âge ne fait pas peur ! »

NOVEMBRE 1968 : *Belle du Seigneur* est récompensé par le grand prix de l'Académie française. Le 17 novembre, *Le Masque* commente la nouvelle, d'autant que, dans une précédente émission, Michel Polac avait prédit le Goncourt au roman d'Albert Cohen.

ALAIN BOSQUET — Ce livre [admirable] est la continuation de la biographie et probablement de l'autobiographie d'un personnage énorme [...] que dans les années 1930 Albert Cohen avait décrit [...], Solal...

JACQUES BRENNER — Je regrette l'abandon du problème juif, précisément à la veille de la guerre, au détriment de l'histoire d'une passion, alors que le pourrissement de l'amour aurait pu être mis en parallèle avec le pourrissement de l'Europe.

FRANÇOIS-RÉGIS BASTIDE — Je m'étonne que les Goncourt aient hésité à lui décerner leur prix, qui aurait tout de même assuré à ce livre une audience plus large que le prix de l'Académie, au prétexte de l'âge de Cohen [soixante-quatorze ans].

PIERRE-HENRI SIMON (*de l'Académie, superbe*) — À nous, l'âge ne fait pas peur !

Albert Cohen par Martine Franck.

1968

Stanley Kramer
Devine qui vient dîner ?

« — Dès que Katharine Hepburn pleure, je broute mon fauteuil de désespoir ! »

CANNES, 1968. Le festival n'a pas encore été emporté par la tourmente. Sur la Croisette, les projections se déroulent pour l'instant sagement. *Devine qui vient dîner ?* de Stanley Kramer, avec Sidney Poitier et Katharine Hepburn, évoque le problème des mariages mixtes aux États-Unis. Un film « courageux » pour certains. A l'enregistrement du Masque, le 10 mai (l'émission sera diffusée le 12), Bory (en duplex depuis Cannes) fustige les bons sentiments...

GEORGES CHARENSOL — Je voudrais dire, à la grande indignation de mes camarades, que c'est un film excellent, traditionnel, très grand public [et très bien joué].

PIERRE BILLARD — [Ce n'est] qu'une pièce de théâtre. Si on considère ce film comme un film sur le problème racial, on fait une erreur complète.

JEAN-LOUIS BORY — Le papa blanc est merveilleux. La maman blanche est sublime. La petite fille blanche est exquise. Le papa noir est merveilleux. La maman noire est sublime. Le garçon noir est exquis. [...] La seule personne idiote est la négresse qui s'occupe de la boustifaille, donc c'est un film raciste ! [...] Un film faussement courageux, qui pose le problème en des termes qui frisent la malhonnêteté historique. [...] Dès que Katharine Hepburn pleure, je broute mon fauteuil de désespoir ! Du point de vue strictement cinématographique, c'est hyperconventionnel. Du point de vue racial, c'est une monstrueuse hypocrisie. Une foutaise !

Katharine Hepburn et Katharine Houghton dans *Devine qui vient dîner ?*

1968 Jean-Luc Godard *Week-end*

« — *Week-end* est un cri désespéré »

UN COUPLE DE FRANÇAIS MOYENS, Corinne et Roland, part en week-end dans leur voiture. Embouteillages, accidents, rencontres improbables : Godard parsème leur route d'embûches. Son nouveau film, *Week-end*, y va fort du pot d'échappement : Corinne et Roland finissent capturés par le Front de Libération de... Seine-et-Oise. Roland est tué. Corinne partage les restes de son mari avec les maquisards. Godard ne fait plus l'unanimité comme au temps d'*À bout de souffle* ou du *Mépris* : cinéaste révolutionnaire et visionnaire pour les uns, arrogant et « illisible » pour les autres. *Le Masque* (émission du 28 janvier 1968) ne sait plus non plus que penser...

ARMAND LANOUX — Le week-end qui devait permettre aux hommes des villes de retrouver le contact avec la nature est une idée polluée, pervertie depuis quinze ans. Godard y a trouvé prétexte à une farce caricaturale. Pour développer son argument, il fait intervenir des épisodes inintelligibles au commun du public, [...] il fait intervenir dans des positions ridiculisantes et traumatisantes ce que nous avons le droit de considérer comme l'essentiel de notre civilisation, c'est ainsi que Mozart, Lautréamont et à mon avis surtout Saint-Just se trouvent mis en situation de manière incompréhensible pour les grandes foules populaires de Lyon, de Lille ou de Saint-Denis.

PIERRE MARCABRU — C'est une fausse querelle, Godard s'adresse de toute façon à un public limité et certainement pas aux grandes foules.

ARMAND LANOUX — Il ne faut pas perdre de vue que le cinéma est une industrie. Voulez-vous me dire si ce seront les happy few qui paieront ?

Mireille Darc dans *Week-end* de Jean-Luc Godard.

Mireille Darc et Juliet Berto.

UN SPECTATEUR — Il faut juger le cinéma selon les mêmes critères que les autres arts, de même qu'on accepte de voir un tableau d'Ingres et aussi ses croquis, il est légitime que Godard montre ses essais, ses recherches.

ARMAND LANOUX — L'ambiguïté ne tient pas seulement au problème du public, elle est inhérente au film. Par exemple, les leaders noirs [sont] également dans une situation ridiculisante, et de même le film trahit l'esprit hippy qui, quoi qu'on en pense d'ailleurs, reflète un pacifisme profond. En fin de compte, Godard produit une fausse critique de la société de consommation, qui ne fait qu'ajouter un gadget encore plus incompréhensible aux gadgets qu'elle prétend dénoncer. On fait les poches à la partie la plus généreuse de la population, [...] on fait les poches à la jeunesse et à la classe ouvrière ! *(Huées dans le public.)*

PIERRE MARCABRU — L' « ambiguïté » de Godard est une ambiguïté inhérente à l'art ; Godard est d'une sensibilité anarchiste, proche de Céline, qui peut difficilement être comprise par une gauche humaniste.

FRANÇOIS-RÉGIS BASTIDE — Tu traites Lanoux de gauche humaniste maintenant !

PIERRE MARCABRU — Godard n'a pas d'intention. Les critiques idéologiques de Lanoux n'ont pas plus de sens que si nous allions reprocher à Baudelaire d'avoir écrit telle ou telle chose [...] contre l'esprit de gauche au nom de je ne sais quelles notions de marxisme, qui me paraît un marxisme très complaisant et très prudent.

MICHEL MOHRT — Ce qui m'agace, ce ne sont pas ses films [qu'il apprécie, sauf *La Chinoise* qui l'a « barbé »] mais les thuriféraires de Godard et toutes les gloses dont on entoure son film.

MICHEL MARDORE — Depuis une demi-heure, on ne parle pas de *Week-end*...

FRANÇOIS-RÉGIS BASTIDE — C'est le lot du *Masque*, mais c'est en général Charensol qui fait ce numéro-là [le rappel au sujet].

MICHEL MARDORE — [J'aimerais pointer le] parallèle dans le film entre le Vietnam et l'agressivité des Français.

FRANÇOIS-RÉGIS BASTIDE — [Moi je vois] surtout dans ce rapprochement, de la part de Godard, un exemple de confusionnisme mental. Vous n'avez pas l'impression qu'il a été un peu vite [...] : après sa séquence érotique, sa séquence d'embouteillage, [...] il a fait sa séquence idéologique ?

UN SPECTATEUR — *Week-end* est un cri désespéré [...] contre cette civilisation de consommation [qui] détruit tout [...].

ARMAND LANOUX — Au risque de heurter les jeunes gens de l'IDHEC, je ne crains pas de dire que les seigneurs qui nous gouvernent rentreront très satisfaits d'une projection de *Week-end*. Godard est un chien de garde selon l'expression de Nizan !

UN SPECTATEUR — *Week-end* est un film qui nous explique la guerre du Vietnam. Comment voulez-vous que la bourgeoisie ne réagisse pas quand on l'attaque !

UN AUTRE SPECTATEUR (en contrepoint) — Il n'y a pas de cinéma plus bourgeois que le cinéma de Godard, qui introduit la confusion là où il y a clarté. On croyait qu'il y avait clarté en France sur le problème du Vietnam, mais il suffit que Godard arrive pour tout mettre en l'air. Il nous présente des hippies qui sont cannibales et qui sont en même temps présentés comme des espèces de guérilleros [...] : c'est une insulte à Cuba, à tout ce qui se passe de grave dans le monde [...].

Michel Mardore, [pour conforter le premier intervenant, rapporte qu'il a assisté à une séance au Publicis], *« et que le public à pardessus en poil de chameau était outré par le film »* ■

1968

Jean-Louis Barrault
Tête d'Or

« — on s'attend à ce qu'il se frappe la poitrine… »

PAUL CLAUDEL MEURT EN 1955, l'année de la création du *Masque*. Mais son théâtre, qui n'a pas encore été entièrement exploré à la scène, va jouer un rôle très important dans les années qui suivent. C'est ainsi Jean-Louis Barrault qui, en 1959, monte à l'Odéon-Théâtre de France *Tête d'Or*, la première pièce de l'auteur, avec Alain Cuny dans le rôle-titre. Et en 1965, c'est la création, par Pierre Franck, du *Repos du 7e jour*. Au début de 1968, Barrault reprend sa mise en scène de *Tête d'Or*. *Le Masque* en rend compte le 11 février. Sandier n'est pas à la tribune. Dommage. Le 10 octobre 1965, à propos du *Repos…*, il avait déclaré, à l'émission :

« J'ai longtemps admiré Claudel et je tiens que le catholicisme a sur l'homme des aperçus qu'aucun autre enseignement ne remplace. Mais là, je ne vois plus rien. On a un mélange de saint Thomas d'Aquin, de dialogues platoniciens, de taoïsme, sur la création, l'au-delà, le mal… Tout ça, personnellement, m'assomme. Du coup je suis plus sensible au maniérisme, aux tics de style, aux "voici que", au "voilà que", toute cette contorsion archaïsante… »

FRANÇOIS-RÉGIS BASTIDE — [Passons au] grand morceau — Claudel, avec la reprise de *Tête d'Or* au Théâtre de France, spectacle inauguré il y a dix ans, en présence du général

Alain Cuny dans le rôle de Tête d'Or et Laurent Terzieff dans le rôle de Cébès.

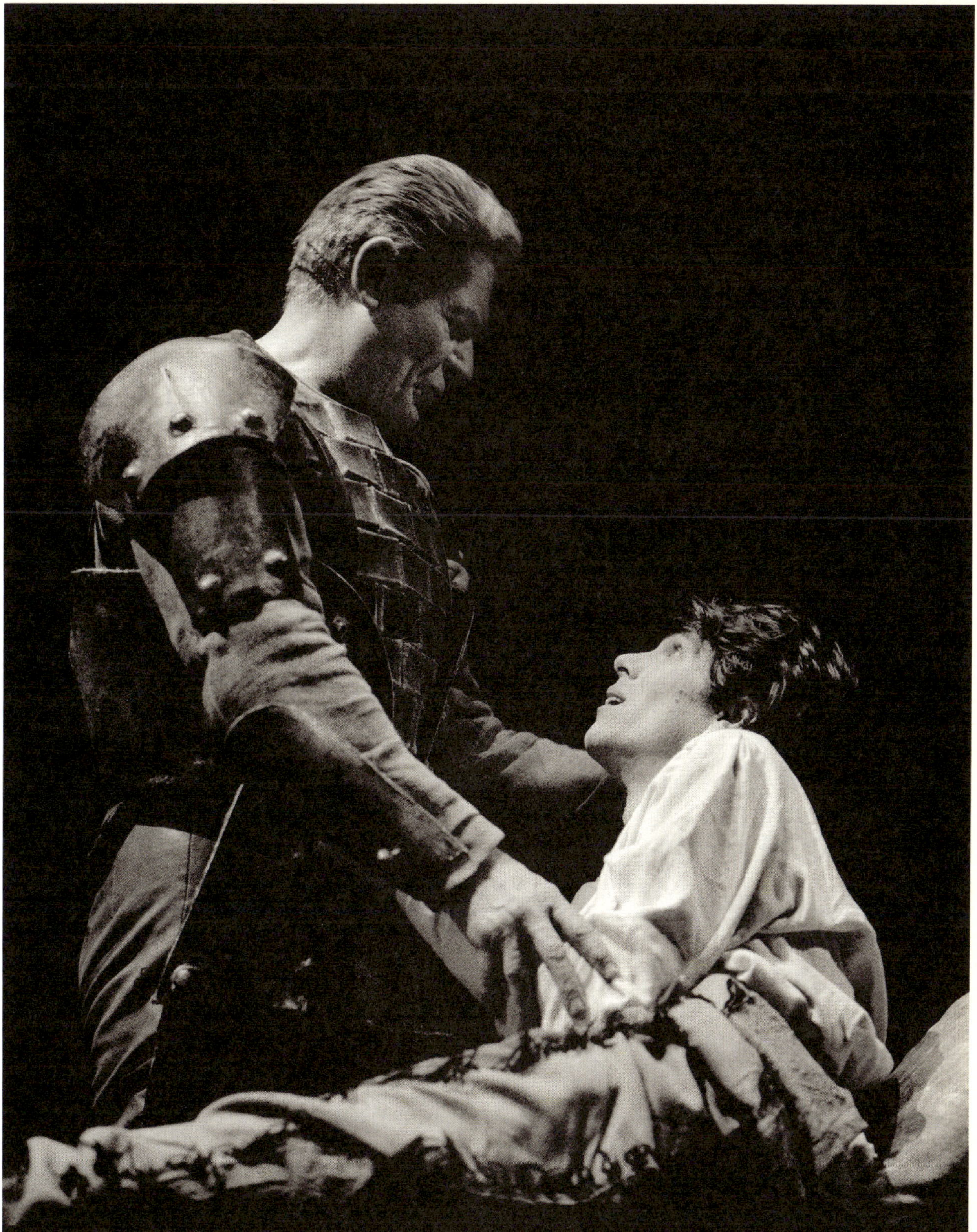

« Quand on se souvient que c'est une pièce écrite par un jeune homme de dix-neuf ans, [on est d'autant plus frappé] par ce texte qui saute à la figure »

de Gaulle, qui aime beaucoup *Tête d'Or*, [...] c'est intéressant à noter[1], avec une distribution à peu près identique [...].

PIERRE MARCABRU — La représentation tient la longueur grâce à l'interprétation de Cuny [dont le jeu est une forme de] rapt. Il n'y a plus de choix qu'une répulsion ou une séduction absolue.

FRANÇOIS-RÉGIS BASTIDE — Quand on se souvient que c'est une pièce écrite par un jeune homme de dix-neuf ans, [on est d'autant plus frappé] par ce texte qui saute à la figure, qui contient peut-être quelques scories... Au fait y en a-t-il ?

PIERRE MARCABRU — Quelques-unes : un abus de phrases comparatives avec des « comme ». Il faut Cuny pour faire passer ça.

BERTRAND POIROT-DELPECH — Outre le jeu de Cuny, j'admire la virtuosité de Terzieff dans le rôle de Cébès. Cette pièce qui date de soixante-quinze ans est d'une hargne qui devrait épouvanter ceux qui aujourd'hui prêchent la violence pour la violence. [Elle est animée] par une volonté nietzschéenne qui

1 Le général de Gaulle avait assisté à la création de *Tête d'Or* avec son ministre de la Culture, André Malraux. À l'issue de la représentation, il aurait déclaré : *« Ce Claudel, il a du ragoût. »*

Jean-Louis Barrault par René Buri.

peut prêter à confusion [...] avec une volonté dictatoriale ou nazie : pendant l'Occupation, les Allemands ont proposé à Claudel, qui a refusé, de jouer la pièce. Ce malentendu est possible politiquement : *Tête d'Or* est redoutable lorsqu'il ridiculise la démocratie, la IIIe République de façon virulente. [Mais] il ne faut pas prendre la pièce sur ce terrain. La volonté de puissance [est] spontanée, [...] jaillissante. En tout cas, c'est tout sauf une pièce religieuse. C'est une pièce païenne, bien que la fameuse scène du pilier de Notre-Dame date de 1886, donc d'avant la première rédaction. Il est évident que Claudel est beaucoup plus sous le coup de la lecture des *Illuminations*, qui datent aussi de 1886, que de sa première conversion, son entrée définitive dans l'Église [étant postérieure].

ROBERT KANTERS — En fait, [il est] entre les deux, la deuxième version de *Tête d'Or* date d'après la conversion[2].

BERTRAND POIROT-DELPECH — Mais il n'a pas tellement édulcoré ce qu'il y avait de jaillissant, de païen et de rimbaldien [...]. D'ailleurs lorsque Amrouche l'interrogeait et le poussait dans ses retranchements – Claudel avait atteint quatre-vingts ans – il disait : *« Je ne vois plus trop bien ce que je mettais dans cette pièce. »* Sa jeunesse était trop loin de lui, [...] [c'est] une pièce qui lui a échappé – ce sont souvent les meilleures, une pièce de jeune poète frénétique plutôt que la pièce du chrétien qu'il va devenir.

PIERRE MARCABRU — La volonté de puissance [qui s'exprime dans *Tête d'Or*] n'aboutit pas, va à l'échec. En ce sens, la pièce n'est pas du tout nazie ou fasciste [...]. C'est le vide, le scandale de la mort (celle de Cébès) qui incite Tête d'or à se projeter en avant, à tenter l'aventure du pouvoir comme chez Shakespeare [...]. Mais la pièce est négative : à la fin, Tête d'Or a exploré la Terre, mais il n'y avait rien...

BERTRAND POIROT-DELPECH — Le Soleil de la fin[3] n'est pas encore le dieu chrétien de Claudel [...]. C'est une pièce de révolte qui dit, avec cinquante ou soixante-dix ans d'avance, quelque chose que le théâtre de l'absurde, de la mort de Dieu de notre après-guerre, ne démentirait pas.

FRANÇOIS-RÉGIS BASTIDE — Pour l'instant, nous sommes dans une sorte de cantate à deux voix, mais la troisième voix ?

ROBERT KANTERS — Je fais cantate à trois voix pour Claudel, mais je refuse

2 Robert Kanters se trompe. La fameuse conversion de Claudel, au pied d'un pilier de Notre-Dame, remonte au 25 décembre 1886 – année où, comme le rappelle justement Poirot-Delpech, Claudel a été frappé d'une autre « illumination » : la découverte de Rimbaud. La première version de *Tête d'Or* date de 1889. Jean-Louis Barrault a préféré adapter à la scène la deuxième version du texte, de 1894, que Claudel avait débarrassée de ses « rudesses » de jeunesse. **3** Tête d'Or tient le Soleil sur sa poitrine au moment de mourir.

de suivre Marcabru quand il nous somme, de manière tout à fait fasciste, de prendre en bloc et la pièce et l'interprétation – « La Révolution est un bloc » est un mot de Clemenceau qui a mal tourné [...]. *Tête d'Or* est une pièce sublime, mais [qui ne gagne pas à être considérée] comme « avancée », on [peut aussi bien l'inscrire] dans une tradition, celle de Shakespeare, celle des tragiques grecs que Claudel devait traduire [ultérieurement]. [...] Sauf quelques gentillesses du milieu symboliste de l'époque, le texte est plein, sans afféterie. [Il traduit le] génie rassembleur de Claudel, cette volonté de tout embrasser [...]. Ça m'est égal si Claudel avait des sympathies pour telle ou telle forme dictatoriale de pouvoir – le bonhomme Claudel n'est pas toujours sympathique – mais [il y a ce] génie empoignant, cet appétit claudélien monstrueux ! [...] Là où je suis plus réservé, [c'est] sur le style de jeu de Cuny [...] : il joue de son corps, de ses moyens physiques, avec une monotonie rapidement exaspérante (*Applaudissements dans le public.*) Ce sont des compliments d'une extrême perfidie [que lui fait Marcabru quand il l'a décrit] comme une force de la nature qui broute le texte claudélien...

PIERRE MARCABRU — Je ne crois pas que le tragique ait besoin d'être détaillé : [à un certain degré de tension] la monotonie est inévitable. *Le Roi Lear* par exemple, est un peu ridicule quand on le détaille.

ROBERT KANTERS — Cuny ne distingue pas les niveaux : il y a un étage épique [et] un étage politique, et lui s'en va avec sa bonne grosse voix de barde, et c'est violoncelle partout.

FRANÇOIS-RÉGIS BASTIDE — Kanters est allergique à Cuny, c'est tout...

ROBERT KANTERS — Je suis allergique à l'idée que Claudel [soit] une folie et [...] quelque chose de complètement irrationnel [ce qui serait témoigner] d'un mépris redoutable de [son] œuvre [...]. Claudel est doué d'une pensée charpentée et la mystique n'exclut pas, comme le croit la langue courante, la raison.

BERTRAND POIROT-DELPECH — C'est tout de même « l'oreille poétique » qui est d'abord sollicitée.

ROBERT KANTERS — Indépendamment de tout sens ?

FRANÇOIS-RÉGIS BASTIDE — Le Claudel de *Tête d'Or* n'est pas le poète catholique couvert de décorations qui fait horreur à certains. De ce point de vue, d'ailleurs, c'est *L'Annonce faite à Marie* qui lui a fait du mal, un peu comme *La Pavane* pour Ravel.

UNE SPECTATRICE (*critique le jeu de Cuny*) — [...] Le parti qu'il tire de sa stature : il prend des airs de gorille [...], on s'attend à ce qu'il se frappe la poitrine...

FRANÇOIS-RÉGIS BASTIDE — C'est un rôle qui ne peut pas être joué par un petit marquis du XVIIIe ■

1968 Jacques Tati *Playtime*

« — Tati est trop lent »

AVEC *Playtime*, qui sort sur les écrans au début de l'année 1968, Jacques Tati a en quelque sorte incarné la formule de Georges Sadoul selon laquelle le dialogue d'un film *« n'est qu'un bruit parmi d'autres »* : *« J'ai mis le dialogue à l'intérieur du son »*, expliquera Tati, qui consacrera une année entière au montage son et au mixage des 5 pistes sonores de son film (une audace, pour l'époque). Mais *Playtime* n'innovait pas seulement en matière sonore. *Playtime* est un film sur la modernité. On sait aujourd'hui que c'est un film d'une modernité absolue. Mais sa réception, il y a trente-cinq ans, s'était faite dans la plus parfaite incompréhension. Pour mener à bien son projet, Tati avait construit, sur 1,5 hectare en lisière du bois de Vincennes, un décor de ville moderne (les journalistes l'avaient surnommé « Tativille »), avec buildings en verre, couloirs, bureaux, escalators... Et le film fut tourné en 70 mm, autre audace pour l'époque : Tati voulait augmenter, avec le 70 mm, l'impression d'écrasement suscitée par son décor. Au lieu d'y voir un geste de cinéma, on lui reprocha sa *« folie des grandeurs »*. Le film fut éreinté par la critique (ou, au mieux, accueilli avec des réserves) et boudé par le public. Jacques Tati, qui y était allé de sa propre poche pour financer ce projet qu'il mûrissait depuis près de dix ans, en sortira ruiné et amer. Sa carrière s'arrêtera pratiquement là. *Le Masque*, qui traite du film dans l'émission du 28 janvier 1968, ne fait pas exception au climat de l'époque : il passe à côté. Bory et Charensol, absents ce jour-là (*« Ooooohhhh ! »* fait tristement la salle, quand Bastide annonce leur défection), sont acquittés au bénéfice du doute : on ne saura pas s'ils auraient ou non compris *Playtime* et s'ils

Laure Paillette et Colette Proust avec Jacques Tati.

auraient ou non pris sa défense. Le reste de la tribune (à l'exception de Michel Mardore) l'a assassiné sans vergogne.

En 2002, une copie restaurée de *Playtime* est présentée solennellement à Cannes. Le projet de restauration, porté longtemps à bout de bras par Sophie Tatischeff (la fille de Jacques Tati), a fini par décrocher les encouragements et le soutien financier de multiples personnalités, de Luc Besson à Rowan Atkinson (M. Bean) en passant par Jérôme Deschamps et Macha Makeïeff. C'est, qu'entre-temps, mais il aura fallu des années, on aura enfin attribué à *Playtime* sa juste valeur de chef-d'œuvre. La projection cannoise est un triomphe. La presse, unanime, consacre des pages entières à l'événement. Le film restauré sort en salles en juillet. *Le Masque* est déjà presque en vacances : les deux derniers enregistrements de la saison sont consacrés au théâtre (Avignon) et à l'opéra (Aix). *Le Masque* n'aura donc pas l'occasion de faire amende honorable.

Pages suivantes : Jacques Tati dans *Playtime*.

« Tati a dit qu'il aimait l'architecture moderne [...], ce qu'il n'aime pas, c'est l'inadaptation des gens par rapport à ce décor. »

Dommage : c'était l'occasion ou jamais de sauver l'honneur perdu de janvier 1968.

PIERRE MARCABRU — J'ai modérément aimé, mais par rapport à la production comique française, c'est incontestablement un chef-d'œuvre.

ROBERT BENAYOUN — J'ai d'autant plus été déçu que j'avais aimé *Jour de fête* et *Les Vacances de M. Hulot*, mais à partir de *Mon oncle*, [Tati] est tombé dans la vulgarité française caricaturale. Il a finalement les mêmes références que Dubout, il exalte une petite France qu'on estime exemplaire [...] et dont les personnages généralement assez laids [...] sont surpris, martyrisés par un monde moderne méchant [...]. Ce film a une tonalité un peu réactionnaire.

PIERRE MARCABRU — Je suis d'accord sur le côté incontestablement réactionnaire, une sorte de côté « Allez France ! », comme dans les films de Robert Dhéry. [...] Dans cette dialectique personnage/décor, [Tati] ne montre pas de personnage énergique à la manière d'un Buster Keaton [...], son [héros n'est qu'un] témoin négligent.

MICHEL MOHRT — La philosophie latente de ce film – antimoderne – est infantile, mais ça n'a pas beaucoup d'importance : *Les Temps modernes* fonctionnaient très bien avec un canevas aussi simpliste. Ce que je déplore [...] c'est que chacun des gags est répété dix fois à satiété. Tati est trop lent, même s'il y a dans *Playtime* de très belles idées.

FRANÇOIS-RÉGIS BASTIDE — Je m'étonne que Tati, vu le coût de son film, ne se soit pas entouré d'amis qui, peut-être, lui auraient conseillé de couper un peu.

MICHEL POLAC — Tati avait promis de couper un quart d'heure, mais il ne l'a toujours pas fait. Nous l'avions invité, il nous a fait répondre qu'il ne viendrait

Playtime de Jacques Tati.

pas, parce qu'il n'a toujours pas trouvé ce quart d'heure à couper...

MICHEL MARDORE — J'ai terriblement pensé, du début à la fin, à Jerry Lewis [...]. Où avez-vous pris, tous, que c'était une attaque contre le monde moderne ? Croyez-vous qu'on construise une ville de 500 millions [pour les besoins du tournage] pour dire que c'est laid ? Tati a dit qu'il aimait l'architecture moderne [...], ce qu'il n'aime pas, c'est l'inadaptation des gens par rapport à ce décor.

UNE SPECTATRICE — À travers l'humour, Tati a réussi un vrai film social.

UNE AUTRE SPECTATRICE — Je suis peut-être indiscrète, mais je crois avoir reconnu, juste devant moi, une jeune actrice qui a joué dans le film...

LA JEUNE ACTRICE (*venue en effet assister à l'enregistrement, son nom est inaudible...*) — Je suis très déçue, vous n'avez pas compris Tati. Il ne critique absolument pas le monde moderne... ▪

1968 *Hair*

« — j'ai pitié d'eux ! »

LE 29 OCTOBRE 1967, à New York, une troupe américaine « off-Broadway » crée *Hair*, une comédie musicale inspirée du mouvement hippie et de l'opposition à la guerre du Vietnam. Signe particulier : les acteurs apparaissent nus sur scène. Devant le succès, le Broadway commercial récupère la pièce, en expurgeant quelque peu les textes. Une nouvelle version à grand spectacle est ainsi donnée à partir du 28 avril 1968. C'est un triomphe : *Hair* connaîtra 1729 représentations d'affilée (parfois jusqu'à deux par jour), jusqu'au 1er juillet 1972. Et *Let the Sunshine in* sera un tube planétaire. Soucieux de récupérer le filon, des producteurs du monde entier fourbissent des adaptations : la Suède, Israël, l'Australie, le Japon, l'Angleterre... La version française débarque au Théâtre de la Porte Saint-Martin le 31 mai 1969. Là encore, le succès est immédiat. Le chanteur vedette de la troupe devient une star : il s'appelle Julien Clerc et il avait été révélé l'année précédente par un tube, *La Cavalerie*, sorti en plein milieu des événements de mai 1968. Julien Clerc jouera dans *Hair* jusqu'en février 1970, après quoi son rôle sera repris par Gérard Lenorman. La pièce tiendra encore l'affiche plus d'un an, jusqu'en avril 1971.

En 1979, Milos Forman adapte *Hair* à l'écran. Mais le contexte a changé, les audaces de l'époque ont bien vieilli. *Hair*, sous sa forme de comédie musicale, sera reprise à Paris en 1998 et 2004, dans l'indifférence générale.

Le Masque, qui ne pouvait pas laisser passer l'événement, s'en empara le 29 juin 1969. La moitié,

Julien Clerc dans la version française de *Hair*.

pas moins, de l'émission lui fut consacrée ! Un moment d'anthologie…

FRANÇOIS-RÉGIS BASTIDE — Qui veut faire l'historique ?

GUY DUMUR — Oh ! C'est maintenant bien connu. Au départ, il y a cette petite troupe du « off » de Broadway, qui a l'idée de transcrire les mœurs et les habitudes de certains hippies et de certains jeunes gens dans les universités ou en dehors des universités. [Si on s'en tient là], c'est une espèce de fête de collège, une forme de révolte bon enfant […], sauf que tout de même, l'essentiel est qu'ils s'élèvent contre la guerre du Vietnam, refusent [la conscription]. Certainement était-ce très bien joué […]. À New York, il est assez facile de recruter une troupe de jeunes gens doués. Puis le spectacle est venu à Broadway. C'est devenu un grand spectacle commercial qui a essaimé et la France est le dernier pays à l'accueillir […], sans doute parce qu'au plan des mœurs (à l'exception des mouvements de l'année dernière) nous sommes les plus retardataires, les plus conservateurs […]. La plupart des choses audacieuses ou violentes nous sont venues de l'étranger. En plus, il était difficile de trouver les gens susceptibles de jouer *Hair*. Il a fallu recruter à Paris des gens un peu au petit bonheur. Peut-être se sont-ils améliorés depuis que je les ai vus, mais ils font ça avec une application, une bonne volonté qui a quelque chose de « suisse » et ne correspond pas du tout à la violence des Américains ou des Anglais ! Le défaut principal vient du refus de transposer […]. [La contestation américaine est malgré tout lointaine], par contre, imaginez que pendant la guerre d'Algérie des jeunes gens soient venus sur scène pour dire leur refus de se battre, mais ils auraient été immédiatement en prison !

MATTHIEU GALEY (*qui n'a pas vu le spectacle*) — Qu'est-ce qu'il fallait faire ?

GUY DUMUR — Je ne sais pas… En tout cas, c'est désamorcé. Les Anglais sont plus près des Américains – ce n'est pas seulement la langue – mais surtout le changement dans les mœurs, la façon de vivre, de s'habiller, qui est une véritable révolution.

FRANÇOIS-RÉGIS BASTIDE — On prend davantage de LSD à Londres…

GUY DUMUR — C'est un spectacle qui ne gêne personne […], si on le juge comme on doit le juger, du point de vue Lido ou Folies-Bergère, c'est malgré tout un spectacle « jeune ». On ne parle que de ça. Il y a tout lieu de croire que ça va se développer […], nous verrons de plus en plus de Living Theatre, nous allons avoir des *Hair* en quantité dans les années qui viennent.

PIERRE MARCABRU — C'est exemplaire, parce que c'est totalement récupéré :

« Et puis, il y a toute cette publicité parce qu'ils sont nus sur scène. Alors que c'est d'un triste ! Ça fait conseil de révision, c'est ennuyeux, ils sont tous là alignés comme des endives, tout blancs, tout laids… car ils sont très laids ! »

nous allons assister à la récupération [commerciale] de tous les spectacles d'avant-garde. La révolte est effacée, gommée. Dans ce cas, l'adaptation fait beaucoup de mal : elle est grossière, vulgaire. […] Je crois quand même qu'on aurait pu parler de la guerre d'Algérie […]. Et puis, il y a toute cette publicité parce qu'ils sont nus sur scène. Alors que c'est d'un triste ! Ça fait conseil de révision, c'est ennuyeux, ils sont tous là alignés comme des endives, tout blancs, tout laids… car ils sont très laids !

FRANÇOIS-RÉGIS BASTIDE — Il y a deux filles pas mal…

GILLES SANDIER — Vous vous êtes trompé : c'était un garçon !

PIERRE MARCABRU — Pour s'en tenir au spectacle, la musique est très bonne – ils n'ont pas pu la dénaturer – et il y a tout de même quelques danses assez bien réglées.

FRANÇOIS-RÉGIS BASTIDE — Ce qui m'a paru très curieux, c'est, hormis les thèmes habituels : le Vietnam, le LSD, la liberté sexuelle, le nombre fabuleux d'interventions « en faveur », si j'ose dire, du Christ ! Au milieu des pancartes dans le style mai-juin, des écriteaux Sorbonne-Odéon, supposés

Pages suivantes : Les acteurs nus saluent le public à la fin de la représentation.

faire couleur locale, on lit : « Aimons-nous les uns les autres » !

PIERRE MARCABRU — Mais c'est l'esprit des hippies !

FRANÇOIS-RÉGIS BASTIDE — Ah bon ? Ils sont plutôt fidèles, alors ?

GUY DUMUR — Oui, la religiosité est très présente : le Christ, Bouddha…

FRANÇOIS-RÉGIS BASTIDE — Gilles Sandier, vous n'avez encore rien dit : nous ne perdons sans doute rien pour attendre…

GILLES SANDIER — [J'ai trouvé cela] très niais et extraordinairement vulgaire ! Entendez-moi : ce n'est évidemment pas le fait de se mettre nu sur scène, ni [l'apologie] de la drogue ou de l'homosexualité : la vulgarité réside dans le style et le langage [de l'adaptation] qui est proprement abject. J'ai vu le spectacle à Londres, je n'ai pas vu le spectacle d'origine à Greenwich Village, ni à Broadway. Je l'ai vu à deux stades comparables […]. À Londres, on sentait encore une forme de sincérité : les trente acteurs et danseurs dégageaient une vérité érotique sensuelle […]. Les thèmes de la contestation – libération sexuelle, homosexualité, drogue – je ne les ressentais pas tant au niveau du langage…

FRANÇOIS-RÉGIS BASTIDE — Parce qu'il y a très peu de textes…

GILLES SANDIER — …qu'au niveau du jeu scénique, de la vérité des corps […]. [On peut sauver] du spectacle parisien la musique […] et même les voix, qui à part quelques-unes de misérables ne sont pas trop mauvaises…

FRANÇOIS-RÉGIS BASTIDE — Oh ! C'est plutôt comme les choristes de l'Opéra le jour où ils sont fatigués…

GILLES SANDIER — J'ai entendu à nouveau ce matin l'enregistrement du spectacle anglais… Effectivement, c'est incomparable. Mais ce n'est pas ce que je veux attaquer. C'est au niveau du cabotinage, de la putasserie…

GUY DUMUR — Ça sonne faux…

FRANÇOIS-RÉGIS BASTIDE — Vous donnez envie de prendre leur défense : que vouliez-vous qu'ils fassent ? On ne pouvait pas adapter le spectacle avec des comédiens-danseurs-chanteurs français, puisque ça n'existe pas. Ils ont donc dû recruter leurs gens par les radios périphériques et on a vu arriver au Théâtre de la Porte Saint-Martin des défilés de milliers de jeunes gens et jeunes filles…

GILLES SANDIER — Tout ce battage publicitaire !

FRANÇOIS-RÉGIS BASTIDE — …qui voulaient s'engager dans ce régiment-là, et puis ces gens ne savaient rien faire : il a fallu leur apprendre en même temps à chanter, à danser et – si j'ose dire – à jouer. Que vouliez-vous qu'ils fassent : c'est tout un boulot !

« Tout a été émasculé, c'est abject ! Il s'agit de rassurer, de dire : "Vous voyez cette jeunesse, c'est gentil, c'est pas très grave !" »

PIERRE MARCABRU — Il y a un travail incontestable, un beau travail, du metteur en scène.

GILLES SANDIER — Est-ce que vous n'avez pas été gênés de voir ce ramassis, cette horde de pauvres biquets et de minettes mystifiés, aliénés – payés d'ailleurs un cachet assez modique – s'escrimer laborieusement sur scène [...], s'exhiber en prenant un plaisir – misérable – à se foutre à poil ?

FRANÇOIS-RÉGIS BASTIDE — Je ne suis pas sûr que ça les ennuie tellement [...], je crois qu'ils sont enchantés...

GILLES SANDIER — C'est moi qui suis ennuyé de voir ces garçons prendre un plaisir tellement aliéné, tellement narcissique, à se montrer devant des gens qui paient 5 000 balles la place, pour dire des choses qui ne les concernent pas.

FRANÇOIS-RÉGIS BASTIDE — De ce point de vue, oui.

GILLES SANDIER — Ça, c'est abominable !

MATTHIEU GALEY — Vous faites uniquement le procès du fait qu'on ait réalisé une adaptation. Pensez à *West Side Story*, jamais personne n'a songé une seconde à aller traduire et à nous donner un spectacle français de *West Side Story* !

GILLES SANDIER — Je répondrais à Matthieu Galey : « Bouchez-vous les oreilles et observez le langage des corps : vous verrez la vulgarité. » Chez les Anglais, jamais ! [...] Il a fallu recourir à quelques danseurs de New York pour sauver in extremis le spectacle.

FRANÇOIS-RÉGIS BASTIDE — Oui, il y en a de New York...

GILLES SANDIER — Tout a été émasculé, c'est abject ! Il s'agit de rassurer, de dire : « Vous voyez cette jeunesse, c'est gentil, c'est pas très grave ! », alors qu'aux États-Unis, la contestation, même si je peux discuter certaines de ses formes, est réellement virulente. Tout est toc ! Je donnerai deux exemples. Dans la première partie, j'avais remarqué une fille merveilleuse, l'air vaguement péruvienne, en transe – je me suis dit : « En voilà une, au moins, qui est dedans ! » Après l'entracte, quand on l'a vu nu, j'ai dû admettre que c'était un garçon...

FRANÇOIS-RÉGIS BASTIDE — Ça n'enlève rien à l'authenticité !

GILLES SANDIER — Un instant, je me suis dit : je vois mal...

MICHEL POLAC — Gilles Sandier, vous qui défendez le théâtre de Shakespeare et les travestis shakespeariens, avouez quand même...

GILLES SANDIER — Bon... Un autre exemple, assez salaud celui-là : la première partie du spectacle se termine par l'exhibition de ces types à poil dans une lumière blanchâtre – on les voit plus longtemps qu'à Londres et davantage de face, car le bourgeois français, il faut le chatouiller ! Là-dessus le noir se fait et on voit arriver de la salle – car il en arrive tout le temps de tous les côtés : c'est démagogue, putassier, racoleur ! –, bref, arrivent deux braves types en gendarmes qui lancent : « Ah ! Scrogneugneu ! On vous arrête tous, parce que vous êtes en contravention avec l'article 330 qui interdit de voir des spectacles nus sur scène ! » Mais c'est du comique de chansonniers ! Vous comprenez : partir de New York, de la révolte de toute une jeunesse contre l'horreur de la société américaine pour en arriver à un pastiche gentillet de flics ! Eh bien, je dis que ce spectacle de boy-scouts est absolument abject ! (*Applaudissements.*) Non, non je n'ai pas fini ! Un autre point : à un moment, on leur demande : « Pourquoi vous portez tous les cheveux longs ? » Dans le texte original, ils répondent : « Parce que je veux être comme Marx, comme Che Guevara » – déjà ça ne va pas très loin – mais dans la VF, au lieu de Marx et du Che, on entend : (*Sandier zozote*) « Je veux être comme Jésus, un ange chevelu » !

FRANÇOIS-RÉGIS BASTIDE — Oui, il y a ça et c'est navrant.

GILLES SANDIER — ...C'est immonde !

PIERRE MARCABRU — Sandier est en train d'écraser avec un marteau-piqueur... une noisette.

GILLES SANDIER — Une noisette qui va faire des milliards !

PIERRE MARCABRU — Quant à ces malheureux acteurs...

GILLES SANDIER — Ils sont mystifiés, ils sont misérables, j'ai pitié d'eux ! ▪

Manifestation aux Etats-Unis contre la guerre du Vietnam.

GET US
OUT OF
Viet
Nam

1969

Pier Paolo Pasolini
Théorème

« — pour provoquer le scandale, la révolution nécessaire, il faut recourir à la provocation sexuelle. »

LE 4 SEPTEMBRE 1968 est projeté, à la Mostra de Venise, le nouveau film de Pier Paolo Pasolini, *Théorème*. Le sujet ? Une famille de la bourgeoisie milanaise est visitée par un jeune homme au visage « angélique » incarné par Terence Stamp. Le père, la mère (Silvana Mangano), le fils, la fille et la bonne : tous connaîtront « bibliquement » l'étranger. Ce visiteur, c'est un ange de Dieu. Son étreinte révèle chaque personnage à lui-même. Le fils se lance dans la peinture abstraite, la fille tourne à l'hystérie, le père s'enfonce, nu, dans le désert, et la bonne devient une sainte. Le film provoque, devant le public averti de la Mostra, une énorme émotion, teintée de scandale. Mais c'est l'admiration qui l'emporte : Laura Betti (la bonne) se voit décerner le prix d'interprétation féminine. Et *Théorème* est récompensé par le prix de l'Office catholique international du cinéma ! Une distinction que Pier Paolo Pasolini avait déjà reçue quatre ans plus tôt, pour son *Evangile selon saint Matthieu*.

Le 7 septembre, *Théorème* sort en salles à Rome. Le 13 septembre, *L'Osservatore romano*, l'organe offi-

Théorème.

Terence Stamp dans *Théorème*.

GEORGES CHARENSOL — Ah ben non, moi je le trouve pas beau du tout…

JEAN-LOUIS BORY — Mais Charensol, on ne vous demande pas d'être visité par la grâce !

GEORGES CHARENSOL — Monsieur Terence Stamp n'est pas du tout mon type…

ciel du Vatican, décrète le film « *négatif et dangereux* ». Le jour même, toutes les copies sont mises sous séquestre, sur ordre du procureur de la République de la capitale italienne. Commence alors un véritable procès en sorcellerie, que Pasolini gagne dès la première instance, mais la justice s'acharne et l'affaire ne connaîtra son épilogue définitif, après être montée jusqu'à la Cour de cassation, qu'en novembre 1969. Auréolé de son parfum de scandale, le film débarque en France au début de 1969. *Le Masque* s'en empare dans son émission du 2 février. Michel Aubriant, Pierre Marcabru, Georges Charensol et Jean-Louis Bory sont à la tribune.

MICHEL POLAC — Comme dit Charensol, il faut commencer par le film le plus important. Mais quel est-il ?

PIERRE MARCABRU — C'est *Théorème*.

GEORGES CHARENSOL — Il n'y a aucun film important [cette fois].

MICHEL AUBRIANT — *La Piscine* de Jacques Deray.

JEAN-LOUIS BORY — *Théorème*, bien sûr.

PIERRE MARCABRU — [Il est probable que ce film va] braquer une bonne partie des spectateurs [...] spécialement le public français, qui a peut-être le goût de la gauloiserie, mais qui s'effarouche devant ce qui touche vraiment au sexe, à la sexualité.

MICHEL AUBRIANT — La sensualité est ici métaphorique : *Théorème* est beaucoup plus un film mystique ; il évoque les romans de Mauriac dont on ne peut dire qu'il s'agit de romans sur la sexualité...

PIERRE MARCABRU — Vous ne croyez pas que chez Mauriac la sexualité a une importance ?

JEAN-LOUIS BORY — Ce n'est pas la même chose, il ne sait pas ce que c'est !

MICHEL POLAC — On peut parler très bien de ce qu'on ne connaît pas. [...] Pourquoi [Charensol] *Théorème* n'est pas un film capital ?

GEORGES CHARENSOL — C'est un immense canular auquel se prête la critique [...], une énorme blague montée entièrement par Pasolini [...]. Lorsqu'on voit que le seul fait pour un jeune homme d'avoir été, comment dirais-je, détourné du droit chemin par un autre jeune homme...

JEAN-LOUIS BORY — Oh, comme c'est bien dit !

GEORGES CHARENSOL — ...le conduit à faire de la peinture abstraite, je ne crois pas qu'on puisse prendre ça très au sérieux [...]. Je n'ai plus rien à ajouter, je laisse mon ami Bory pousser sa crise.

MICHEL POLAC — Avant que Bory ne fasse sa crise [j'aimerais que Marcabru] nous résume le film.

PIERRE MARCABRU — Une famille de bourgeois italiens est visitée par un homme jeune et beau, dans la trentaine...

GEORGES CHARENSOL — Ah ben non, moi je le trouve pas beau du tout...

JEAN-LOUIS BORY — Mais, Charensol, on ne vous demande pas d'être visité par la grâce !

GEORGES CHARENSOL — M. Terence Stamp n'est pas du tout mon type...

PIERRE MARCABRU — ...Donc, ce jeune homme qui n'est pas beau pour Charensol, qui est beau pour Bory [...] arrive dans cette famille de la grande bourgeoisie milanaise, et de la bonne au père en passant par le fils, la fille, la mère, il séduit d'une façon définitive tous ces personnages [...] la fille va faire une sorte de coma hystérique, le fils va devenir un peintre abstrait, la mère va devenir une nymphomane, la bonne une sainte et le père, en marge de tout [...], va se perdre au désert dans une sorte de sainteté et de dépouillement total. [...] Cette volonté de provocation ne relève absolument pas du canular.

GEORGES CHARENSOL — Ça relève de la gauloiserie en tout cas.

JEAN-LOUIS BORY (*au milieu des rires du public*) — C'est là où Charensol offre le spectacle le plus abominable qu'est le Français poujadiste non intellectuel !

GEORGES CHARENSOL — Vous êtes tombé dans le piège du premier coup.

JEAN-LOUIS BORY — [Charensol] n'a manifestement pas compris une demi-image du film. Il s'agit d'un théorème, il oublie le titre. Pasolini veut prouver quelque chose. Il y a l'énoncé du théorème, la démonstration et les corollaires. Théorème : dans la société actuelle où la bourgeoisie actuelle avale, consomme, digère toutes les provocations révolutionnaires, il ne reste qu'un outil de révolution qui reste dans la gorge – ne poussez pas l'image – de la bourgeoisie, c'est le sexe, et c'est le sexe nu, c'est-à-dire non déguisé en produit de consommation par la gauloiserie charensolienne.

MICHEL POLAC — Nous rions, mais c'est très beau, Breton l'a dit avant Pasolini.

GEORGES CHARENSOL — Mais non, il n'y a rien de tout ça dans le film, c'est dans la petite tête de Jean-Louis.

JEAN-LOUIS BORY — Le théorème est donc celui-ci : pour provoquer le scandale, la révolution nécessaire, il faut recourir à la provocation sexuelle. Démonstration : un jeune homme sexuellement séduisant arrive dans une famille qui dort dans un monde capitonné par la richesse, les valeurs, les conventions bourgeoises [...] ; ce personnage, uniquement par [sa séduction] va provoquer le scandale de façon systématique chez la bonne, chez le fils, chez la fille, chez la mère, chez le père. Traduit en accord avec le théorème :

il couche avec la bonne, avec le fils, avec la fille. Corollaires : ce passage de l'ange [...] a provoqué le scandale comme dans la révélation biblique. [On sait que] la révélation du Christ fut considérée comme un scandale et sa transposition moderne [...], c'est cette révélation-là. Le scandale, chez la bonne, c'est le scandale de l'anti-cartésianisme poussé jusqu'à la sainteté quasi médiévale, et c'est la pauvre demeurée qui va guérir les écrouelles et flotter dans l'air. [Sur le plan moral], le scandale, c'est la grande dame de Milan qui va lever des minets à la sortie des églises...

MICHEL POLAC — Il n'y a pas besoin d'un événement sensationnel [...], ça arrive souvent...

JEAN-LOUIS BORY — Mais elles ne le font pas dans le même esprit de scandale et de sainteté, tu n'as pas vu que c'était une sainte !

PIERRE MARCABRU — Et en plus elle paraît totalement insatisfaite par ça...

JEAN-LOUIS BORY — Bien sûr, c'est l'absolu : les minets ne suffisent pas à contenter l'absolu de cette dame. [...] [Ensuite] le scandale par l'art, même dérisoire, même stupide – parce que le pauvre [garçon], le fils qui fait de la peinture abstraite, il n'est pas dévoré par le talent [...]. Dernière démonstration, et la plus belle, par le scandale social et politique : le [père qui] abandonne l'usine à ses ouvriers et part dans le désert en se dénudant comme Job sur son fumier [...]. Si ce n'était l'art du cinéma de Pasolini, ce théorème, réduit à l'anecdote, serait en effet « hénaurme » au sens flaubertien du terme.

En 1990, *La Croix*, le quotidien catholique, jugeait : « *Vingt-deux ans plus tard,* Théorème, *toute passion oubliée, fait office de chef-d'œuvre.* » Après le scandale était venu le temps de la réhabilitation officielle. Depuis, l'étoile de l'ange a beaucoup pâli dans la filmographie pasolinienne, dominée par des chefs-d'œuvre plus incontestables. Et aujourd'hui, les « audaces » sexuelles de *Théorème* font presque sourire. Le 26 janvier 2002 était dispersée, à la galerie Agathe Gaillard à Paris, une série d'objets ayant appartenu à Hervé Guibert, qu'il avait utilisés dans ses photographies. Tout a trouvé preneur en quelques minutes. Tout, sauf l'affiche de *Théorème*... Quant à Terence Stamp, qui n'était « *pas du tout* » le type de Charensol, le public se souvient surtout de son retour inattendu au cinéma, en 1994, en travelo ridé mais impérial dans une petite comédie australienne déjantée, promise à un succès mondial : *Priscilla, folle du désert*. L'ange était passé ■

1970

Raoul Coutard
Hoa-Binh

« — Ah non, écoutez ! Moi je fous le camp ! »

EN 1970, RAOUL COUTARD réalise son premier film, *Hoa-Binh*. Pour les cinéphiles, Raoul Coutard (né en 1924) c'est LE directeur photo de la nouvelle vague : un chef opérateur de génie, dont la griffe se retrouve dans toute une flopée de chefs-d'œuvre : *À bout de souffle*, *Pierrot le Fou*, *Jules et Jim*, *La mariée était en noir*. *Hoa-Binh* raconte l'histoire d'un garçonnet, Hung, qui habite un petit village près de Saigon. La guerre a démarré bien avant sa naissance. Sa mère va mourir et son père rejoindre le Viêt-cong. Hung se retrouve livré à lui-même. La guerre du Vietnam, jamais évoquée de front, sert pourtant de toile de fond permanente à ce drame de l'enfance. Quand *Le Masque* rend compte du film, le 5 avril 1970, une opposition violente se fait jour entre Georges Charensol et Michel Polac. Le premier quitte la tribune – fait sans précédent dans les annales de l'émis-

Bombardement américain sur le Nord Vietnam en 1966.

USAF
USAF

sion. Il reviendra la fois suivante. Mais c'est Polac qui, bientôt, ne reviendra plus...

JEAN-LOUIS BORY — Évidemment, [Coutard] joue un peu la carte larmiche à l'œil, mais moi je fonds, ce gamin, c'est mon côté vieux prof qui remonte [...]. Saigon sous un plafond de bronze [...], les avions et les bombes, [ce sont des images qui pourraient friser] le néoréalisme – avec ce que ça peut avoir de péjoratif, d'artificiel. [Mais on voit les choses à travers les yeux de] ce garçon qui n'a jamais connu « *hoa-binh* », ce mot qui veut dire « la paix ». Il n'a que sept ans et le Vietnam est en guerre depuis trente ans.

PIERRE MARCABRU — [Contrairement à Bory je n'ai pas vraiment vu dans ce film] la violence et la cruauté de la guerre.

NICOLAS DE RABAUDY — C'est le film d'un témoin.

JEAN-LOUIS BORY — Un témoin généreux. [...]. La vie quotidienne des gens me passionne.

MICHEL POLAC — Mais Jean-Louis, la vie quotidienne des gens au Vietnam, on s'en fout ! C'est la guerre !

GEORGES CHARENSOL — C'est monstrueux, ce que vient de dire Polac ! Je me demande si on peut vraiment rester assis ici. Il n'y a que ça qui compte : la vie des gens, la vie tout court...

JEAN-LOUIS BORY — Ce qui est terrible, c'est que la guerre est devenue la vie quotidienne.

MICHEL POLAC — Je me fous qu'on me montre comment on fait son marché au Vietnam en ce moment...

JEAN-LOUIS BORY — Mais si, parce qu'il y a des avions au-dessus.

PIERRE MARCABRU — *Hoa-Binh* est un cas intéressant, prenons Brecht...

JEAN-LOUIS BORY — C'est aux antipodes !

PIERRE MARCABRU — Brecht dit qu'il faut que les gens réfléchissent [...], mais sans être matraqués sentimentalement, au point de ne plus voir comment ça bouge, ça évolue... Or le film de Coutard nous montre ce petit garçon, mais pas le contexte : ce qui m'intéresse, c'est comment on en est arrivé là...

JEAN-LOUIS BORY — On le montre quand même...

PIERRE MARCABRU — Oh très mal ! C'est touchant, mais inefficace.

NICOLAS DE RABAUDY — Il me semble qu'on demande à un auteur le film qu'il n'a pas voulu faire.

GEORGES CHARENSOL — À longueur de journée, la presse, la radio et la télévision nous racontent la guerre au Vietnam – ils ont raison –mais voilà un homme qui essaie de montrer, comme l'a dit très justement Bory, la vie quotidienne pendant la guerre et vous lui faites le reproche de ne pas recopier les articles que publie tous les jours *Le Monde* !

« Bon ! Votre bonne foi éclate à tous les yeux ! Je suis ravi : vous êtes d'une mauvaise foi totale ! »

PIERRE MARCABRU — À ce moment-là, c'est la vie quotidienne en Thaïlande qu'il fallait montrer ! Imaginez, par exemple, qu'on ait présenté un film sur Nantes en 1944 sans montrer les bombes !

GEORGES CHARENSOL — Mais il ne fait que ça ! [montrer les bombes].

MICHEL POLAC — Imaginez un film sur les déambulations d'un Suisse en France en 1942 sans que l'Occupation soit évoquée...

GEORGES CHARENSOL (qui commence à hausser le ton) — Est-ce que vous avez vu le film ?

MICHEL POLAC — Non, je ne veux pas le voir !

GEORGES CHARENSOL — Bon ! Votre bonne foi éclate à tous les yeux ! Je suis ravi : vous êtes d'une mauvaise foi totale !

MICHEL POLAC — Je me refuse à voir ce film parce que, vous comprenez, si on devait me montrer le film d'un Suisse venu tourner dans la France de 1942 sans prendre position, je trouverais ça scandaleux !

UN SPECTATEUR — Il faut parler du film : dans *Hoa-Binh*, la guerre est tout, sauf invisible : les Viêt-congs la nuit, les Américains le jour...

MICHEL POLAC — Mais enfin, monsieur, alors un Suisse qui serait venu...

GEORGES CHARENSOL (excédé) — Ah non, écoutez ! Moi je fous le camp ! [Il s'en va.]

MICHEL POLAC — Georges, c'est une fausse sortie de théâtre ça ! [Un temps...] Nous allons faire un peu de musique... C'est comme au cirque : va-t-il réapparaître ?

Impro musicale

FRANÇOIS-RÉGIS BASTIDE — Charensol me charge de s'excuser auprès du public, mais pas auprès de Michel Polac.

MICHEL POLAC — Nous reprenons une tribune boiteuse, puisque Charensol a eu un moment d'humeur...

DANS LE PUBLIC — C'est à cause de vous ! ■

1970

Roger Planchon
Bérénice

« — Racine n'a rien à nous dire »

PRINTEMPS 1970 : Roger Planchon met en scène *Bérénice*, de Racine, au Théâtre Montparnasse. *Le Masque* en rend compte le 19 avril…

PIERRE MARCABRU — J'ai quelques réserves sur le choix des interprètes. Bérénice est trop forte par rapport à Titus. […] Mais c'est un spectacle passionnant. Les événements [qui fondent] la tragédie sont admirablement rendus.

ALFRED SIMON — C'est un spectacle très important. Nous avions eu de très grands Shakespeare, de très grands Corneille. Nous avions eu *Le Cid* monté par Vilar. *Le Tartuffe*, monté déjà par Planchon. Le *Dom Juan*, par Vilar également. Nous nous posions tous la question : est-ce que *Bérénice* en particulier et Racine en général peut encore être joué ? La *Bérénice* de Planchon est une immense réussite, qui sort totalement du théâtre de laboratoire. C'est un aboutissement, un accomplissement.

GILLES SANDIER (*sous les protestations outragées de ses confrères de la tribune*) — Je m'interroge sur ce qu'a voulu faire Planchon. Je me demande s'il n'y a pas dans ce spectacle une mise à nu brutale de ce qu'il y a de totalement anachronique dans la dramaturgie classique, et s'il n'y a pas eu un plaisir très pervers de Planchon à prodiguer une espèce de mise en pièce radicale de Racine. […] J'ai l'impression que dans une magistrale et éblouissante démonstration, Planchon nous dit : Racine n'a rien à nous dire ■

Francine Berger en *Bérénice* et Samy Frey en *Titus* dans *Bérénice* mis en scène par Roger Planchon.

1971 Jean Mercure
La guerre de Troie n'aura pas lieu

« Vilar avait enlevé tout le côté fanfreluche, chromo, que Mercure a remis dans sa mise en scène »

LE 14 FÉVRIER 1971 *Le Masque* rend compte de la nouvelle mise en scène, par Jean Mercure, de *La guerre de Troie n'aura pas lieu*, de Giraudoux, un auteur cher à Bastide. Sandier, une fois de plus, va s'emporter…

GILLES SANDIER — [Ce spectacle m'a fait regretter] la reprise de 1963 par Vilar, qui était à contre-pied de ce que la pièce avait de facile, du côté démodé de Giraudoux, [ce] langage normalien des années 1930, tout un côté agrégé des lettres…

FRANÇOIS-RÉGIS BASTIDE (*le coupant*) — Vous êtes normalien de quelle année, Sandier ?

GILLES SANDIER — Oh, beaucoup plus tard… [Moi je suis] un normalien qui a été formé à aimer Audiberti, Vitrac et puis après Ionesco… alors voilà, je suis de ces années-là, puisque vous…

MATTHIEU GALEY (*qui l'interrompt*) — Entre Giraudoux et Pompidou, il est, lui, Sandier !

GILLES SANDIER (*qui s'excite*) — Ah, mais exactement, c'est le même monde ! Ah, vous ne croyez pas si bien dire !

FRANÇOIS-RÉGIS BASTIDE (*à Matthieu Galey*) — Ah bravo, ah là, tu as gagné !

Annie Duperey au Théâtre de la Ville dans *La Guerre de Troie n'aura pas lieu*.

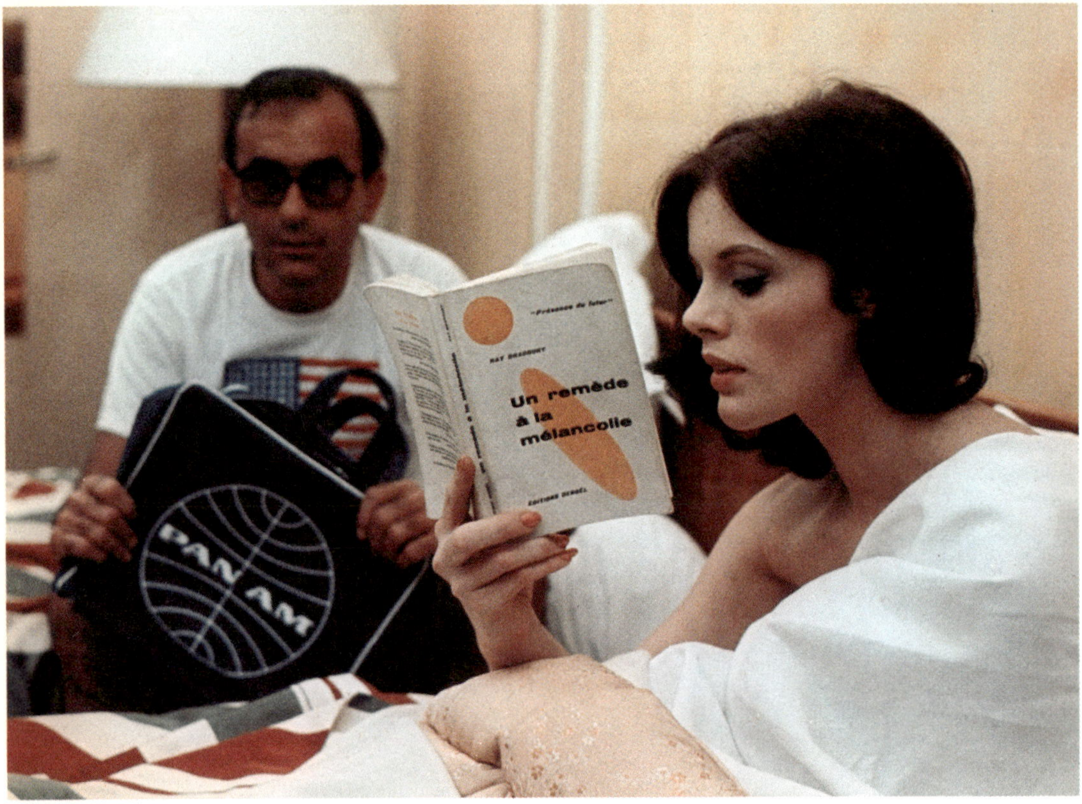

Raoul Lévy et Annie Duperey dans Ce *que je sais d'elle* de Jean-Luc Godard en 1967.

GILLES SANDIER (*qu'on ne peut plus arrêter*) — C'est que la république pompidolienne – c'est vous qui avez commencé, Matthieu Galey –, elle se retrouve exactement dans Giraudoux... En coupant des affèteries, des dentelles un peu niaises [et dans le] contexte où [Vilar] jouait, en 1963, après la guerre d'Algérie, cette pièce qui nous dit des choses importantes sur l'hystérie nationaliste, sur l'imbécillité cocardière, quoique de façon un peu lettrée, un peu idéaliste, [avait] du poids, de la signification. Vilar avait enlevé tout le côté fanfreluche, chromo, que Mercure a remis dans sa mise en scène et ainsi jouée [la pièce] arrivait à nous dire des choses, même s'il est bien certain que Giraudoux n'est pas Brecht [...]. Et quand on nous parle du destin qui mène inexorablement les sociétés à la guerre, c'est une manière d'esquiver les questions, car les réalités qui poussent les sociétés contemporaines à la guerre, on peut les montrer à la scène. A contrario, dans la mise en scène actuelle, la pièce est jouée avec une parfaite fidélité, comme elle est écrite...

MATTHIEU GALEY — [Mieux :] Comme elle avait été montée.

FRANÇOIS-RÉGIS BASTIDE — Et c'est un crime, ça ?

GILLES SANDIER (*qui reprend*) — On retrouve [dans cette mise en scène] le théâtre de lettrés d'avant guerre, la Grèce de nos manuels, avec tous les oripeaux [...] : lumière bien blanche, costumes ocre, drapés [...]. Vous sentez le Christian Bérard d'avant la guerre [...]. Ce parti pris de fidélité accuse la faiblesse de *La guerre de Troie*...

FRANÇOIS-RÉGIS BASTIDE — Bon, c'est l'opinion de Sandier. Il y a vingt ans qu'il dit ça de Giraudoux, il ne va pas changer...

MATTHIEU GALEY — Non, non, il y a vingt ans, il adorait Giraudoux...

GILLES SANDIER — J'ai vécu... comme nous tous.

Anny Duperey, alors jeune comédienne presque débutante, qui joue Hélène dans *La guerre de Troie*, attendait dans les coulisses. Elle rejoint la tribune...

FRANÇOIS-RÉGIS BASTIDE — Que pensez-vous de la mise en scène de la pièce ?

ANNY DUPEREY — À mon goût, je pense que ça aurait pu supporter qu'on lui donne quelques petits coups de pied.

FRANÇOIS-RÉGIS BASTIDE — Vous étiez plus à votre aise quand vous jouiez dans le spectacle *Jarry* chez Barrault ?

ANNY DUPEREY — C'était complètement différent, mais j'étais effectivement plus à mon aise.

FRANÇOIS-RÉGIS BASTIDE (il évoque rapidement avec Anny Duperey sa formation au Conservatoire, ses premiers rôles...) — Vous avez joué dans un film de Godard ?

ANNY DUPEREY — Dans *Deux ou trois choses que je sais d'elle*.

FRANÇOIS-RÉGIS BASTIDE — On vous voyait beaucoup [à l'écran] ?

ANNY DUPEREY — Pas trop...

FRANÇOIS-RÉGIS BASTIDE — Vous avez aimé travailler avec Godard ?

ANNY DUPEREY — Pas trop...

FRANÇOIS-RÉGIS BASTIDE — Pourquoi ?

ANNY DUPEREY — Il était là, derrière une caméra en train de faire des choses, je ne savais pas quelles choses d'ailleurs, il ne m'a pas dit trois mots, alors...

FRANÇOIS-RÉGIS BASTIDE — Il ne vous a pas dirigée ?

ANNY DUPEREY — Il me disait : « Fais ce que tu veux... » ▪

1971

Ariane Mnouchkine
1789

« — Monsieur a vu le spectacle comme il fallait le voir »

LA CARTOUCHERIE ! Lieu magique, unique en France, dont l'ouverture décloisonna tout à coup les rapports entre spectateurs et acteurs : les premiers pouvaient voir les seconds se maquiller, la directrice de la troupe déchirait elle-même les contremarques, cependant que des cuisines s'échappait le fumet des soupes qu'on servirait à l'entracte. Bref, au propre comme au figuré, une ambiance popote. Mais une programmation d'avant-garde.

La directrice c'était – et c'est toujours – Ariane Mnouchkine. Née en 1939, elle avait fondé dès 1961 une association théâtrale d'étudiants. Puis, en 1964, avec des camarades, c'est le Théâtre du Soleil, qui a le statut original de coopérative. La troupe se fait remarquer en jouant Les Petits-Bourgeois, de Gorki, au Théâtre Mouffetard, dans une adaptation d'Arthur Adamov. L'année suivante, c'est *Le Capitaine Fracasse*, emmené par Philippe Léotard.

Ariane Mnouchkine en répétition par Martine Franck.

Devant le succès grandissant, Ariane Mnouchkine cherche un lieu où se poser dans la capitale. Elle apprend que l'armée s'apprête à rétrocéder la cartoucherie militaire du bois de Vincennes à la ville de Paris. Elle obtient le bâtiment. En 1970, le Théâtre du Soleil décide de s'attaquer à la Révolution française. L'idée ? Montrer l'histoire en train de se faire. *1789*, œuvre collective de la troupe, est créée au Piccolo Teatro de Milan. Puis elle arrive à Paris, où elle inaugure la Cartoucherie. *Le Masque* raconte l'événement le 17 janvier 1971.

PIERRE MARCABRU — Mnouchkine casse le cadre un peu figé du théâtre. Le plus frappant, c'est la participation du public à ce qui se passe non sur une « scène » à proprement parler, mais une série de tréteaux [...], où le spectateur peut se promener.

FRANÇOIS-RÉGIS BASTIDE — Il faut dire où ça se passe...

PIERRE MARCABRU — À Vincennes, dans une ancienne cartoucherie qui est une immense salle, un hangar plutôt. À des points déterminés, se jouent des petites scènes de la Révolution française – façon images d'Épinal... Je le vois comme ça, mais peut-être que Sandier... ?

FRANÇOIS-RÉGIS BASTIDE — Je passe le témoin.

GILLES SANDIER — Je ne crois pas qu'on puisse ramener le spectacle à une imagerie d'Épinal, au contraire. La première scène – la fuite du roi à Varennes – est effectivement une image d'Épinal : on reste d'abord stupéfait, comme collé devant un mauvais film historique... Ça dure à peu près dix minutes et on nous dit : *« Voilà comme on aurait pu vous jouer la chose et maintenant... »* Il s'agissait de trouver, en France, un sujet qui appartienne au fonds commun [...], que l'on apprend à l'école communale. Mnouchkine utilise la caricature d'époque comme un effet de loupe [...], pour que le spectateur se sente concerné.

FRANÇOIS-RÉGIS BASTIDE — Une voix féminine, au premier rang...

UNE SPECTATRICE — Je vais être un peu discordante. Le spectacle dure deux heures et demie... Il y a quelques minutes de réussies, mais on a l'impression de feuilleter des estampes ou des gazettes d'époque, une liasse de caricatures [...]. Sur les impôts, ça se résume à celle que nous connaissons tous : l'âne qui porte noble et curé sur son dos... Ça n'apporte vraiment rien.

FRANÇOIS-RÉGIS BASTIDE — Vous êtes universitaire ?

LA SPECTATRICE — Ça n'a vraiment aucune importance...

FRANÇOIS-RÉGIS BASTIDE — Peut-être que le spectacle est davantage conçu pour un large public que pour...

LA SPECTATRICE — Je crois simplement qu'il n'est pas très bon. Il y a des moments de grande intensité : une nuit du 4 août colorée, violente, mais une parade doit rester courte et ça dure tout de même deux heures et demie... Et puis il faudrait revoir ces paysans qu'on fait parler avec un accent du terroir.

FRANÇOIS-RÉGIS BASTIDE — Ah oui, c'est toujours comme ça, et berrichon en général !

UN SPECTATEUR — J'ai vu quelque chose de tout à fait différent de ce qu'on apprend en classe, beaucoup plus vrai, beaucoup plus révolutionnaire. C'est une démystification !

GILLES SANDIER — Monsieur a vu le spectacle comme il fallait le voir et pas à la manière superficielle de Madame l'universitaire. Mnouchkine prend le contre-pied de l'imagerie du Lavisse. Madame n'a vu que la caricature, mais pas comment les analyses s'y articulent. Une citation de Saint-Just

– « La Révolution doit s'arrêter à la perfection du bonheur » – sert de sous-titre à *89* et ça se termine par cette autre, de Gracchus Babeuf : « Voyons le but de la société, voyons le bonheur commun, venons après mille ans changer ces lois grossières ! » À peu près chacune des scènes s'achève lorsqu'on veut rétablir l'ordre, que la Révolution est en passe d'être confisquée par les riches : « La Révolution est finie ! » disent La Fayette, les bourgeois, les constituants... ! S'arrêter aux images [sans saisir cette signification], c'est de la mauvaise foi : c'est un spectacle qui se veut révolutionnaire ! Je ne sais même pas comment il peut être toléré !

FRANÇOIS-RÉGIS BASTIDE — Ah, mais si vous voulez le faire interdire, allez-y ! C'est le comble !

GILLES SANDIER — N'a-t-on pas entendu la voix du gouvernement la plus autorisée nous dire qu'il ne fallait pas que la culture devînt un instrument d'action politique ? Que la culture se dévoyait dans l'ignoble ? Il semble que ce ministre – notre Premier ministre[1] ! – ait un peu dépassé les bornes : faut-il interdire *Antigone*, tout Brecht ? Nous suggère-t-on que pendant quinze ans Vilar a fait un travail de malhonnête ?

FRANÇOIS-RÉGIS BASTIDE — Il faudrait être particulièrement obtus...

GILLES SANDIER — Alors, pourquoi tient-on ce genre de propos ?

FRANÇOIS-RÉGIS BASTIDE — Pour te faire tenir les tiens !

GILLES SANDIER — Ce spectacle est un spectacle d'agitation profondément populaire ! Le théâtre de Vilar a été pendant un temps un théâtre populaire [...]. Il est évident que ses conceptions aujourd'hui n'ont pas d'impact sur des gens simples. Alors que grâce à ces techniques de « foire », de cirque, d'agit-prop, les spectateurs deviennent le peuple de la Révolution : le théâtre populaire reprend tout son sens.

ALFRED SIMON — C'est l'exemple de ce que doit être un théâtre populaire aujourd'hui [...].

FRANÇOIS-RÉGIS BASTIDE — Matthieu Galey, vous qui êtes d'une autre famille...

MATTHIEU GALEY — Il y a une espèce de génie de Mnouchkine... On attend évidemment la prise de la Bastille – eh bien, vous ne la verrez pas ! Ce n'est pas du tout le calque direct du Mallet et Isaac que vous disiez, madame...

FRANÇOIS-RÉGIS BASTIDE — Mais non, c'est Kanters qui a parlé du Mallet et Isaac dans *L'Express*.

1 Il s'agit de Jacques Chaban-Delmas, Premier ministre de 1969 à 1972.

Pages suivantes : Ariane Mnouchkine, au Théâtre du Soleil, le 12 décembre 1970.

« Tout à coup, ça monte, ça devient comme une espèce de musique, on est emporté dans un enthousiasme, on se réveille et on a pris la Bastille ! »

MATTHIEU GALEY — …La lumière s'éteint à peu près partout, les chuchotements – habilement provoqués – enflent, on se dit…

ALFRED SIMON — Paris en mai 1968 !

MATTHIEU GALEY — …On se dit : « Je suis place de l'Odéon. » Tout à coup, ça monte, ça devient comme une espèce de musique, on est emporté dans un enthousiasme, on se réveille et on a pris la Bastille ! […] La nuit du 4 août, les nobles arrivent en plumes d'autruche, satin et diamants, et jettent tout sur un air d'opéra, soudain une sorte d'huissier arrive et leur lit un papier : *« Voilà, messieurs, à quoi vous avez renoncé… »*, et alors ils se précipitent tous pour reprendre leurs affaires… La volonté est de montrer comment cette Révolution a été complètement confisquée. Ce n'est pas ce qu'on nous montrait dans les livres d'histoire, ni dans des caricatures choisies : on nous montrait peut-être la victoire du peuple, mais jamais la victoire de la bourgeoisie…

FRANÇOIS-RÉGIS BASTIDE — Eh bien, Matthieu Galey !

UNE SPECTATRICE — Enfin ! Permettez-moi de vous le rappeler : la Révolution « faite » par le peuple et confisquée par la « bourgeoisie », ça traîne dans presque tous les manuels, c'est un gentil lieu commun et d'ailleurs assez inexact…

GILLES SANDIER — Demandez aux ouvriers de chez Renault, s'ils savent ce qu'a été l'histoire de 1989 !

PIERRE MARCABRU — Les intentions correspondent sans doute à ce qu'en rapportent Sandier ou Simon : mais ça n'a aucune importance ! Le spectacle part du mythe révolutionnaire en tant que *mythe* déjà déposé, déjà présent dans une vulgate historique enseignée à un niveau élémentaire. Le public peut participer parce qu'il arrive avec une culture qu'il possède.

MATTHIEU GALEY — Parce que ça fait partie de notre fonds commun, nous avons tous plus ou moins 1789 dans les veines : j'ai regardé le public un peu au hasard. J'ai remarqué un jeune type avec une fleur de lys à la boutonnière – vous voyez le genre : il aurait été Camelot du roi il y a trente ans…

FRANÇOIS-RÉGIS BASTIDE — Oh oui, je vois très bien !

MATTHIEU GALEY — Le type un peu sec… Visiblement, il ressentait la parade comme une espèce de choc. Il se disait : *« À la sortie, on va me couper la tête. »*

FRANÇOIS-RÉGIS BASTIDE — C'est un maso ! Il était venu se faire mal…

MATTHIEU GALEY — Oui, mais à sa façon, il participait aussi.

Le triomphe de *1789* incite la troupe de Mnouchkine à poursuivre sa réflexion sur la Révolution.

Une représentation de *1789*.

L'année suivante, la Cartoucherie présente *1793*. *Le Masque* en rend compte le 11 juin 1972 et encense à nouveau « *le vrai théâtre populaire* » servi par le Théâtre du Soleil.

FRANÇOIS-RÉGIS BASTIDE — *1789* avait emballé non seulement les critiques mais le public...

MATTHIEU GALEY — Le problème qui se posait à Mnouchkine était de ne pas exploiter la recette de *1789*. Cette fois-ci, sauf un très bref rappel au début, comme le résumé des chapitres précédents, une sorte de parade révolutionnaire, on est assis par terre et on écoute un cours d'histoire sans bouger. *1793* vu par Mnouchkine et sa compagnie, c'est le récit des illusions et des espoirs que les gens ont pu se faire sur l'avenir de la Révolution. Il n'y plus aucune vedette : ni Louis XVI, ni Marie-Antoinette et pour cause ! Mais pas non plus Robespierre ou Danton : c'est la Révolution au niveau de l'homme de la rue, la vie d'une section parisienne entre juillet 1792 et 1793. Un nouveau monde était possible : c'est d'ailleurs le sous-titre du spectacle « La cité révolutionnaire est de ce monde ». Tous les sectionnaires peuvent donner leur avis, de la lavandière au député. Évidemment, tout va disparaître dans un bain de sang, mais il n'en est pas question [ici] : c'est d'ailleurs assez curieux, c'est une Révolution toute pacifique que celle-là.

Simplement, la « réaction » va revenir et Thermidor va, sans jeu de mots, mettre un terme à [cette expérience]. C'est l'histoire d'une déception. Peut-être y a-t-il une forme d'équivoque : [Mnouchkine] fait applaudir par son jeune public un programme de sectionnaires qui pourrait aussi bien convenir en 1972 qu'en 1792 [...]. Le spectacle est dur, rigoureux mais sans rapport avec la parade de *1789* que peut-être certains attendaient.

BERNARD DORT — J'ai beaucoup aimé [...]. Je ne crois pas que l'intention soit – seulement – de rapporter l'histoire d'une déception : c'est d'abord l'histoire d'un groupe qui pendant une courte période prend en main son destin [...], apprend à gouverner l'État, en quelque sorte une éducation du peuple par lui-même : ils passent du pain à la Déclaration des droits... L'utopie est enracinée dans le quotidien.

MATTHIEU GALEY — Quand je parle de « déception » : la parlote gagne sur tout le reste...

BERNARD DORT — Oui, mais parce que ce n'est pas un spectacle niais : en un sens [Mnouchkine] est fidèle à une forme de réalité historique : elle montre comment le langage est une arme de pouvoir, et puis le moment où ça peut dérailler...

FRANÇOIS-RÉGIS BASTIDE — À vous entendre – je n'ai pas vu le spectacle –, ça me fait penser exactement à l'ORTF en mai et juin 1968...

BERNARD DORT — Mais bien sûr !

FRANÇOIS-RÉGIS BASTIDE — ...Des perchmen aux grands réalisateurs, tout le monde était là en train de se demander comment ça pourrait être...

BERNARD DORT — C'est tout l'intérêt de ce spectacle, on peut contester l'interprétation de Mnouchkine – encore que ce soit très fondé...

FRANÇOIS-RÉGIS BASTIDE — Oui, il y a Soboul[2]...

BERNARD DORT — Oui, Soboul et Guérin[3]... Ils ont beaucoup travaillé, [...] puis nourri la pièce avec tout ce qu'on a vécu, et le théâtre c'est ça !

ROBERT KANTERS — Pour revenir à l'Histoire, dans le spectacle du Théâtre du Soleil, l'année évoquée, 1793, a été plutôt sanglante je crois... Eh bien, c'est complètement esquivé : pas un mort !

BERTRAND POIROT-DELPECH — Ce n'était pas le propos. C'est un *brainstorming* révolutionnaire ■

2 Albert Soboul avait collaboré à l'écriture du spectacle : titulaire de la chaire d'histoire de la Révolution française à la Sorbonne, il tenait pour une lecture que François Furet commençait à déconstruire comme « lénino-populiste » (la Terreur comme expression d'un « front de classes progressistes »). 3 Daniel Guérin, historien et écrivain, fondateur en 1969 du Mouvement communiste libertaire, militant homosexuel radical et défenseur de la « Grande Révolution » des Sans-Culottes.

1971

Max Ophuls
Le Chagrin et la Pitié

« — Comme on ne peut pas [totalement] interdire ce film… »

EN 1967, André Harris et Alain de Sédouy, qui produisent et animent sur la deuxième chaîne, depuis décembre 1965, un magazine mensuel d'actualité, *Zoom*, commandent à Marcel Ophuls (fils unique de Max Ophuls, le réalisateur de *Lola Montès*), un documentaire racontant comment a été vécue la guerre dans une ville de province. Le choix s'arrête sur Clermont-Ferrand. Des dizaines de personnes seront interrogées, les archives épluchées… Le documentaire est achevé deux ans plus tard, en 1969. Il dure 4 h 30. Entre-temps, Harris et Sédouy ont été virés de la télé, pour leur « activisme » durant les événements de mai 1968. Le film, pourtant commandé officiellement par l'ORTF, est refusé. C'est que *Le Chagrin et la Pitié* met à mal l'idée, qui avait prévalu depuis la Libération, d'une France unie et soudée contre l'agresseur nazi. Traîtres, collaborateurs, résistants, attentistes… tous les profils se côtoient dans cette chronique d'une ville de province sous l'Occupation. Comble de l'outrecuidance, *Le Chagrin et la Pitié* montre aussi comment une partie des élites est entrée sans états d'âme dans la collaboration.

Le 5 avril 1971, le film, toujours interdit d'ORTF, sort discrètement dans une minuscule salle du Quartier latin, le studio Saint-Séverin. Le bouche-à-oreille est immédiat. Bientôt, des files d'attente impressionnantes se forment devant le cinéma. Le 18 avril, au *Masque* (l'émission a été enregistrée la veille et Samuel Lachize, de *L'Humanité Dimanche*,

Max Ophuls par Eliott Erwitt.

HEDIARD

André Harris et Alain de Sédouy par Sophie Bassouls.

y participait pour la première fois), Bastide glisse un mot du sujet :

FRANÇOIS-RÉGIS BASTIDE — [Nous allons tenter] de parler dans une émission de l'ORTF, bien que l'ORTF n'ait pas voulu, n'ait pas choisi de le programmer sur les antennes de la télé, d'un film donné dans un petit cinéma parisien, *Le Chagrin et la Pitié*...

JEAN-LOUIS BORY — « On » a jugé que ce film ne pouvait pas passer à la télé, parce que, paraît-il, c'est la formule officielle qui [aurait été lancée], il détruisait des mythes dont les Français ont encore besoin. (*Interrompu par les applaudissements de la salle, il poursuit*) : Depuis un certain nombre d'années, on vit en pleine mythologie. [...] Comme on ne peut pas [totalement] interdire ce film, on limite le mode d'emploi, dans une salle de toute petite cylindrée, dans un quartier où ça fera le moins de ravages, celui des étudiants. [...] Ce film va très loin dans la mesure où il utilise des documents anglais, allemands,

« “On” a jugé que ce film ne pouvait pas passer à la télé, parce que, paraît-il, [...] il détruisait des mythes dont les Français ont encore besoin. »

américains et français. Il y a constamment le document d'époque confronté avec l'interview et les souvenirs des gens qui ont vécu les événements. C'est absolument passionnant !

SAMUEL LACHIZE — Je suis tout à fait d'accord avec Jean-Louis Bory. Ce film [m'a fait penser à] son premier livre, *Mon village à l'heure allemande*.

JEAN-LOUIS BORY (hilare) — C'est un bon camarade. Il reviendra !

Devant l'affluence au Studio Saint-Séverin, le film est bientôt projeté dans une seconde salle, le Paramount Élysées. En 1976, il est autorisé à investir l'ensemble du circuit Art et Essai, province comprise. Mais si l'ORTF a disparu (en 1974), les patrons des différentes chaînes continuent de s'opposer à sa projection sur le petit écran. Il faudra attendre l'accession de François Mitterrand à l'Élysée, en 1981, pour qu'une chaîne (FR3) diffuse enfin, quelques mois plus tard, le film de Marcel Ophuls, aujourd'hui unanimement considéré comme un chef-d'œuvre du film documentaire ■

Pages suivantes : Policier français et officier SS en pleine collaboration.

8
10922

“MONSIEUR, VOUS ALLEZ PRENDRE FROID”

UN MATIN DE FÉVRIER 1978, Madeleine Bory, la femme de Jacques, frère unique de Jean-Louis, reçoit un appel au secours de celui-ci : « *Je ne vais pas bien du tout, viens m'aider, s'il te plaît !* » Aussitôt, Madeleine prend sa voiture, part chercher Jean-Louis à La Calife, sa maison de Méréville, et le ramène à Montmorency, où vivent Jacques, Madeleine et leurs deux filles. Aussi dissemblables l'un de l'autre, les deux frères ont cependant toujours été très liés. C'est donc naturellement vers son frère, son seul parent proche (les parents Bory sont morts, à cette époque) que Jean-Louis se tourne. Officiellement, ce matin de février 1978, il ne souffre encore que d'une mauvaise grippe et il se reproche, pour ne pas cesser de travailler, d'avoir abusé de la vitamine C, ce qui lui aurait fait perdre le sommeil. Après une (mauvaise) nuit passée à Montmorency, le lendemain Jean-Louis veut aller consulter un médecin de l'hôpital Sainte-Anne, qu'il connaît, spécialisé dans la psychiatrie. Jacques tente de s'y opposer : « *Si tu te fous dans les pattes de ces gens-là, tu ne t'en sortiras jamais.* » Il sait de quoi il parle : lui-même enseigne la pharmacie à Paris-V et dirige un laboratoire d'immunologie à l'hôpital Bichat... Mais devant l'insistance de son frère, il finit par céder et le conduit à son rendez-vous. Le soir même, Jean-Louis appelle d'une clinique de Ville-d'Avray pour annoncer qu'il tente une cure de sommeil.

Jean-Louis Bory par Guy Le Querrec.

La signature de Jean-Louis Bory disparaît donc quelque temps du *Nouvel Observateur*. Et son fauteuil, au *Masque*, reste vide. Tout le monde, au début, croit à un retour rapide. Mais l'absence va se prolonger. La première cure de sommeil n'ayant rien donné, une deuxième commence, au printemps. L'excuse officielle de la « mauvaise grippe » tient de plus en plus mal. Une grippe, en février, passe encore, mais en avril...

Au *Masque*, François-Régis Bastide est confronté à l'inquiétude des auditeurs, perceptible dans le courrier, et surtout à celle du public du 104. « *Au* Masque, *hors micro, il y a eu des questions vous concernant, des regrets exprimés. Les spectateurs se sont agités. Ils auraient voulu savoir pourquoi ceci et cela. Il y avait du dépit, de la déception, on n'entendait plus que votre nom... François-Régis Bastide a essayé de rassurer tout le monde* », écrit Jeanine, début avril, à Jean-Louis. Jeanine, c'est « la » groupie de Bory. Elle a découvert *Le Masque* par hasard, en 1969, et du jour au lendemain elle a été conquise par la verve de Jean-Louis. Son père et son mari étaient morts dans la Résistance. Il ne lui restait qu'une fille, mariée et habitant Aix. Elle-même vit à Clermont-Ferrand, où elle occupe un poste modeste à la direction interdépartementale du ministère des Anciens Combattants et Victimes de guerres. Désormais, elle l'emploiera à entretenir une correspondance fleuve (jusqu'à deux lettres par jour!)

avec Jean-Louis : « *J'adore ces moments que je vole à l'administration pour vous écrire* », lui confiait-elle. Et le samedi matin, à l'aube, elle prenait le train pour venir assister à l'enregistrement du *Masque*. Bory supportait avec résignation cette admiration dévorante : il répondait parfois aux lettres de Jeanine et ne manquait jamais de lui serrer la main après l'enregistrement de l'émission. Bref, Jeanine est le baromètre idéal pour témoigner de l'inquiétude qui s'empare des « masquiens » devant la défection prolongée de son critique vedette. Bastide, lui, ne peut faire mieux que temporiser : « *Il se repose* » ; « *Il a encore besoin de repos* » ; « *Il va bientôt revenir...* » En fait, non : Jean-Louis n'ira pas à Cannes – un vrai crève-cœur pour lui – et ne reviendra pas au *Masque* de la saison.

La vérité, c'est qu'il souffre d'une dépression tenace, qui lui poisse le moral et l'assomme physiquement. Les raisons ? Elles sont, comme toujours, multiples. Le surmenage, déjà, qui a sans doute joué un rôle déclenchant. L'âge, aussi : Bory approche de la soixantaine, un cap difficile à négocier, comme avant lui celui de la quarantaine, surtout lorsqu'on vit seul. Surtout lorsqu'on accumule les déceptions. Celle d'abord de n'être pas reconnu comme le grand écrivain qu'il aurait rêvé d'être. Jean-Louis Bory n'avait jamais renoué, dans ses romans suivants, avec le succès public et critique de *Mon village à l'heure allemande*. Mais en 1977, tout à coup, c'est le jackpot : il est numéro un des ventes avec *Le Pied* (Belfond), une pantalonnade de commande, un livre enregistré au magnétophone, où il se vautre dans une caricature de lui-même. La pilule est amère... Déception aussi, d'être devenu, selon ses propres termes, « *le gugusse de l'homosexualité militante* ». C'est qu'ils n'étaient pas nombreux, à cette époque, à oser sortir du placard. Bory était donc très sollicité. Trop. Et il disait oui à tout, convaincu d'agir pour la bonne cause (c'était vrai), mais y perdant parfois un peu de son âme (comme lorsqu'il acceptait de venir débattre, dans une autre pantalonnade, chez Bouvard, contre un homophobe hystérique). Déception sentimentale, enfin.

Les autres raisons étaient plus lointaines, encore. Jean-Louis Bory n'était pas vingt-quatre heures sur vingt-quatre ce feu follet qu'on voyait au *Masque*. Sa vraie nature était mélancolique. Une première dépression, déjà, l'avait éloigné pendant deux mois du *Masque* : c'était en 1974, après la mort de sa mère. Mais personne, à l'époque, n'en avait rien su.

À la fin du printemps 1978, Jacques convainc son frère de renoncer aux cures de sommeil et l'installe dans une maison de repos de Montmorency, l'Ermitage, qui jouxte sa propriété : s'il le veut et quand il le veut, Jean-Louis peut venir en promenade jusque chez son frère. Il passe là tout l'été et se remet presque sur pied. D'autant qu'il reçoit chaque jour des visites : les collègues de *L'Obs*, du *Masque*, vont faire le voyage de Montmorency, bien sûr, mais aussi le Tout-Paris, lui donnant l'illusion qu'il est très entouré.

Jean-Louis Bory par Louis Monier.

À la rentrée, il reprend ses activités normales. Et réintègre son fauteuil du *Masque*. Mais bon, ce n'est plus tout à fait comme avant : « *Son air d'oiseau tombé du nid avait remplacé sa jubilation communicative. Son rire qui sortait en cascade, la tête rejetée en arrière, avait disparu* », se souvient Martine de Rabaudy. D'ailleurs, la rémission sera de six mois, à peine. En février 1979, un an après sa première « chute », Jean-Louis réintègre l'Ermitage. Ce nouveau séjour sera beaucoup plus pénible que le premier. Outre que c'est l'hiver, sa récidive a lassé le Tout-Paris : le clown n'est décidément plus drôle, on le laisse tomber. Ils ne seront plus qu'une poignée – Yves Navarre, Alice Sapritch, Jean Le Marchand... – à venir encore le visiter régulièrement.

Le 19 mai 1979, il quitte l'Ermitage, ou plutôt l'Ermitage le quitte, car il n'est pas suffisamment invalidé pour justifier un séjour qui, au regard de l'administration, s'est déjà beaucoup prolongé. Il rentre chez lui à Méréville. Une loque. Jacques avait vu juste : ce que la dépression avait commencé, les médecins l'ont achevé. Gavé d'antidépresseurs et d'anxiolytiques, Jean-Louis Bory ne se ressemble plus. Hébété, hagard, les mains qui tremblent comme un parkinsonien... Le 4 juin, lundi de la Pentecôte, il écrit, dans le cahier offert par Yves Navarre et où il se force, depuis trois mois, à tracer au moins une ligne quotidienne : « *Pentecôte affreuse à Méréville. Hanté par l'idée de ma chute, de ma ruine totale...* » Ce sont ses dernières lignes. Le lendemain, il revient chez son frère. En repart une semaine plus tard, le lundi 11 juin. Après une dernière visite chez un nouveau médecin, qui lui prescrit encore d'autres antidépresseurs, d'autres anxiolytiques, il rentre à La Calife aux alentours de 20 h 30.

Jean-Louis possédait deux pistolets. Personne n'a jamais su comment il se les était procurés, mais leur existence était connue et n'avait inquiété personne : à la campagne, quand on habite une grande maison un peu isolée, il n'est pas rare d'être armé...

Vers 21, il monte dans sa chambre, se déshabille, s'allonge sur son lit. Le premier pistolet, un 22 long rifle, s'enraye. Avec le second, un 6.35, il tire d'abord une balle au plafond pour vérifier son bon fonctionnement. Puis retourne le canon et le pose sur son cœur[1].

Sait-on jamais pourquoi quelqu'un finit par se tuer ? Une chose est sûre, toutefois : ceux qui se « réussissent » ont, en général, parfaitement intégré ce qu'était la mort et savent, mieux que d'autres sans doute, qu'on ne joue pas impunément avec. C'était le cas de Jean-Louis Bory.

Comme chaque samedi où il y avait eu enregistrement du *Masque et la Plume*, Jean-Louis, après un verre aux Ondes (lire page 175), reprenait vers 19 heures son train pour Étampes – et de là, il joignait Méréville en taxi. Il retrouvait à la gare

1 Pour plus de détails sur la dépression et le suicide de Jean-Louis Bory : voir Daniel Garcia, *Jean-Louis Bory*, Flammarion, 1991.

d'Austerlitz Simone Buffet, une ancienne camarade de lycée, devenue libraire à Paris, qui rentrait elle aussi chez elle. Ce soir-là (l'anecdote se situe à la fin des années 1960), Simone était accompagnée de sa fille, Blanche. Tous trois s'amusaient à faire des grimaces, comme des collégiens farceurs, quand Simone lâche : « *Jean-Louis, il y a quelqu'un qui vient de passer par la portière.* » Elle avait remarqué, depuis leur départ, un homme très nerveux, qui semblait agité d'émotions contradictoires. Après quelques minutes de voyage, il avait ouvert la portière et se tenait comme prêt à sauter. « *Ma pauvre cocotte, tu es toujours aussi folle* », répond d'abord Jean-Louis, qui tourne le dos à l'homme. Mais devant l'insistance et le visage blême des deux femmes, il comprend. On était au début du printemps, Jean-Louis portait encore un duffle-coat pour se protéger du froid, qu'il avait plié dans le filet à bagages au-dessus de sa tête. Calmement, il s'était levé. Avait attrapé son duffle-coat, et l'avait enfilé, sans doute pour se donner le temps de réfléchir. Puis, toujours aussi calmement, il s'était dirigé vers la portière, avait posé son bras sur l'épaule de l'homme et, du ton le plus naturel possible, lui avait dit : « *Monsieur, vous allez prendre froid.* » Il avait ensuite attiré doucement l'homme à lui et l'avait reconduit à sa banquette, où il s'était aussitôt mis à pleurer à chaudes larmes. Jean-Louis l'avait laissé et il était revenu à sa place : « *C'est fini*, avait-il dit alors aux deux femmes, *il ne recommencera plus jamais.* »

La mort de Jean-Louis Bory n'est pas la première à affecter *Le Masque*. Avant lui, Morvan Lebesque avait disparu subitement, frappé d'une crise cardiaque en 1970. Et encore avant Morvan Lebesque, il y avait eu Nicole Vedrès, la première à ouvrir ce bal triste des disparus de la famille masquienne.

La besace en moins, Nicole Vedrès partageait au moins un point commun avec le Jean-Louis Ézine que connaissent aujourd'hui les auditeurs de l'émission : « *Elle arrivait en disant: "Je n'ai rien lu, je ne pourrai parler de rien", et tout de même elle parlait* [des livres] », racontera Bastide au lendemain de sa mort, dans l'émission du 2 janvier 1966 qui lui rend largement hommage. Femme de cinéma et de télévision, elle avait réalisé, en 1947, avec Pierre Braunberger, *Paris 1900*, un documentaire présenté à Cannes, le premier du genre à décrocher ce Goncourt du cinéma qu'est le prix Louis-Delluc[2]. En 1953, cette fois avec Jean Rostand, elle réalise un autre documentaire très remarqué, *Aux frontières de l'homme*, sur les grands courants de la biologie. Romancière (chez Gallimard, où son « conseiller littéraire » était Michel Mohrt), chroniqueuse littéraire au *Mercure de France* (c'est cet emploi qui lui avait valu son fauteuil au *Masque*), Nicole Vedrès participait également à *Lecture pour tous*, où, d'après les témoins de l'époque, ses conseils de lecture donnaient des couleurs au noir et blanc des récepteurs de télévision. Matthieu Galey, qui l'adorait (et il adorait rarement), l'avait croquée le jour de leur

2 Cinquante-cinq ans plus tard, en 2002, le prix Louis-Delluc primera un autre documentaire : *Être et avoir* de Nicolas Philibert.

rencontre, en 1961 : « *Une grande araigne aux cheveux d'argent, avec un sourire de gosse espiègle qui aurait eu des malheurs. Séductrice, mais aussi maternelle et complice. De ces écorchées qu'on voudrait câliner, consoler, si cette souffrance nécessaire ne faisait partie de leur être – et de leur charme. Une souffrance qu'on retrouve dans ce qu'on appelle joliment le brisé de ses phrases*[3]. » Amie de Jean-Louis Bory, elle avait brièvement séjourné, au début de novembre 1965, à La Calife, avant de rentrer à Paris, déjà très affaiblie par la maladie, pour y succomber quelques jours plus tard – le 20 novembre. Elle avait cinquante-quatre ans[4].

En cinquante ans d'existence, *Le Masque* perdra d'autres « parents » : Gilles Sandier en 1982, d'une crise cardiaque. Matthieu Galey en 1986, après une longue agonie. À sa dernière apparition au *Masque*, « *lui dont on buvait les paroles, n'a pu prononcer que quelques mots et il a quitté le studio avec les pires difficultés* », se souvient un spectateur du 105 (lire aussi le témoignage de Gilles Costaz, page 505). Michel Perez en 1989. Guy Dumur en 1991. Le très brillant et très caustique Jean-Didier Wolfromm, en 1994, lui dont Pierre Bouteiller disait : « *Mon cher Jean-Didier, vous êtes très bon quand vous parlez des livres que vous avez lus, mais vous êtes encore meilleur quand vous parlez des livres que vous n'avez pas lus.* » Charensol aussi, bien sûr, mais lorsqu'il meurt, en 1995, voilà déjà bientôt dix ans qu'il ne participe plus à l'émission. Et Robert Benayoun, en 1996, mais qui avait lui aussi quitté *Le Masque* au début des années 1980.

La dernière, pour l'instant, celle qui ferme le bal, c'est Odile Grand, disparue au printemps 2005 et dont la voix « *mazoutée par la cigarette* » (un auditeur) fut, dans les années 1970, l'une des rares voix féminines du *Masque* – et la seule, aussi, capable de tenir tête à Charensol et de lui répliquer, au micro : « *Georges, tu m'emmerdes !* »

Tous manquent, bien sûr. Mais aucun de ces départs n'aura autant pesé sur *Le Masque* que la mort de Jean-Louis Bory. Sans doute parce que personne, au fond, ne l'avait vue venir. « *Pas ça ! Et pas lui !* », avait été le cri unanime, au lendemain de son suicide.

Jean-Louis Bory fut enterré à Méréville le 18 juin, en présence d'une foule immense – des centaines de personnes n'avaient pas pu pénétrer dans l'église, trop petite. Puis le long cortège partit pour le cimetière. « *Sous ce beau soleil de juin, alors que nous étions tous réunis autour de sa tombe, nous savions déjà que jamais plus* Le Masque *ne serait comme avant,* raconte Martine de Rabaudy. *Il y avait eu* Le Masque *avec Bory et il y aurait désormais* Le Masque *sans Bory. Tout le monde – critiques, auditeurs... – partageait ce sentiment.* » ■

3 Matthieu Galey, *Journal*, *op. cit.*, Tome 1, p. 216. 4 Le Dilettante a réédité en 2000 *Microclimats*, un recueil des chroniques de Nicole Vedrès au *Mercure de France*.

Hommage de François Nourrissier dans *Le Figaro-Magazine*.

Mort d'un camarade

Jean-Louis Bory a quitté les vivants. Sa vitalité avait défrayé la chronique pendant plus de trente ans. Il a pu exaspérer ou choquer : mais il fut courageux. Et loyal.

par François Nourissier
de l'Académie Goncourt

Jean-Louis Bory s'est donné la mort, à soixante ans, dans sa maison de Méréville, le village où il était né et qu'il n'avait jamais quitté, sinon pour occuper quelques postes de professeur et faire quelques voyages. Il en est venu à ce suicide après une très longue dépression, coupée de rémissions, d'espoirs, de rechutes. Il a passé des mois et des mois dans une clinique, sa vitalité prodigieuse luttant contre l'anesthésie des médicaments et la torture de l'angoisse. Mais aucune vitalité n'est inépuisable. La sienne avait défrayé la chronique pendant plus de trente ans et l'avait jeté dans toutes les aventures de l'époque : non seulement la création romanesque, mais la critique, la polémique, le cinéma, la télévision, l'histoire. En fin de compte, c'est le désespoir et la solitude qui l'ont emporté. Prix Goncourt à 26 ans, en 1945, l'année même où il était agrégé de lettres, Jean-Louis Bory, qui était la verve faite homme, et chaleureux, et brillant, et touche-à-tout avec talent, n'était-il pas promis au plaisir et au bonheur ?

Courage un peu fou

On le fêtait dans les festivals de cinéma ; on aimait et on redoutait sa chronique du *Nouvel Observateur*, on célébrait ses adaptations télévisées de Balzac ou de Barbey d'Aurevilly, on utilisait au petit écran et à la radio le courage un peu fou avec lequel il s'était fait le défenseur d'une « minorité opprimée » : celle des homosexuels, dont il se vantait d'être un membre « connu », intouchable, donc tenu par l'honnêteté de parler haut et clair. De tout cela, de ces copinages, de ces gentillesses, qu'est-il resté à l'heure de l'épreuve ? A quel point s'est-il senti abandonné, au plus gris de la maladie, quand on ne trouve plus en soi ni dans les drogues de recours contre l'inespoir ? De quel œil a-t-il contemplé nos comédies – la littéraire, la parisienne, la politique – dont il avait été une des vedettes, l'éternel jeune homme, au moment du geste ultime ? Un marginal auquel la société n'offre aucun des hochets qu'elle dispense aux écrivains vieillissants, un quinquagénaire qui avait lié son sort à la jeunesse et à la passion, un romancier que le succès avait touché trop tôt, peut-être, et troublé : c'est cet homme-là que ses singularités et ses courages ont fini par abattre.

Ledru Sigma

Jean-Louis Bory
« La verve faite homme, et chaleureux, et brillant. »

« Ma vie est belle précisément parce qu'elle porte ma mort dans son filigrane et qu'elle en triomphera jusqu'à mon heure. » Il écrivait cela en 1954 dans *Une vie de château.* Il avait alors trente-cinq ans. Il a su, c'est vrai, choisir « son heure », mais comment, nous, ses camarades, ses survivants, ne pas poser aujourd'hui une question ? Celle de la sauvagerie de notre société d'écrivains et de journalistes. De temps à autre, nous prenons conscience d'une absence, d'un silence : que devient donc Untel ? Que lui arrive-t-il ? S'est-il retiré pour travailler ? Ne serait-il pas mal portant ? Et nous retournons à nos manuscrits, à nos téléphones, à nos tables rondes, à nos week-ends, à nos parlotes –, et pendant ce temps l'un des nôtres est en train d'agoniser. Des vies de solitude jalonnées de quelques fêtes, un long silence ponctué des pétards de la notoriété : telle est la vérité, que soudain le suicide d'un ami nous oblige à regarder en face.

Une Comédie « française »

L'œuvre de Jean-Louis Bory ? Il est trop tard et trop tôt pour la situer à sa juste place. Il avait l'ambition de faire une « Comédie humaine ». De 1945 à 1977, de *Mon village à l'heure allemande* au *Pied*, il a publié treize romans. Ils forment une sorte de « Comédie française », organisée autour de Jumainville, qui est à Méréville ce que fut pour Jouhandeau Chaminadour à Guéret. Bory est sans doute parti dans trop de directions, il a été sensible à trop de modes pour être un romancier toujours convaincant. En revanche, en d'autres domaines, il a été souverain : son *Eugène Suë* (1962), sa *Révolution de juillet* (1972) ; son livre sur Cambacérès (1979), ses recueils de chroniques littéraires et cinématographiques, lui assurent une place de premier rang. J'aime aussi beaucoup l'audace provocante et gaie avec quoi il a, un des premiers, pris la parole au nom des homosexuels. Deux essais – *Ma moitié d'orange* et *Comment nous appelez-vous déjà ?* – et trois romans, le tout écrit dans les dix dernières années ; cela représente beaucoup de courage au service d'une vérité. Une vérité pour laquelle vécut Jean-Louis Bory et dont il est peut-être mort. Il n'est pas encore facile, en France, de vivre et d'aimer hors des usages, hors de l'ordre.

Bory, qui avait conquis sa place dans un milieu où règnent les tolérances et les complicités, ne s'est pas contenté de profiter de ce « privilège », il a voulu le mettre au service de ses compagnons. Cet engagement a pu exaspérer certains, ou choquer : il n'en était que plus loyal et salubre. En tout cas, nous mesurons aujourd'hui, devant le cadavre d'un homme, que ces combats-là, pour n'être pas célébrés par les Institutions et les Eglises, n'en sont pas moins dangereux. Il arrive qu'un homme y risque volontairement son « honneur » et y laisse – non moins volontairement – sa vie. Il me semble que Jean-Louis, notre camarade, aurait aimé qu'on ne fît pas silence, aujourd'hui, là-dessus. ■

« Georges, tu m'emmerdes ! »

Martine de Rabaudy intègre l'équipe du *Masque et la Plume* en 1978, comme « conseiller artistique ». Elle est en fait le bras droit de François-Régis Bastide. Familière de la Maison ronde, elle travaillait auparavant auprès de José Artur. Mais surtout, Martine de Rabaudy est, à titre personnel, une fidèle du *Masque* : elle assistait déjà aux enregistrements du temps du Théâtre Récamier. Et son mari, Nicolas de Rabaudy, critique cinéma à *Paris-Match* dans les années 1970, a participé un temps à la tribune. Après le départ de Bastide, Martine de Rabaudy continuera de servir Pierre Bouteiller, puis Jérôme Garcin. Elle quittera l'émission en 2002, pour aller vivre dans le Sud. Pour l'émission du 24 décembre 1989, à la demande de Jérôme Garcin qui avait repris les rênes du *Masque* deux mois plus tôt, elle s'était livrée à l'exercice du « Je me souviens ».

Je me souviens du théâtre 104, le samedi après-midi à trois heures, quand il ne restait plus une place à l'orchestre et que François-Régis Bastide annonçait au public : « *On va vous ouvrir le balcon.* »

Je me souviens du pull-over, rouge bordeaux, de Jean-Louis Bory qu'il ne quittait pas de l'hiver.

Je me souviens du visage de Gilles Sandier prenant la couleur du pull-over de Jean-Louis, lorsque Pierre Marcabru ou un autre critique de théâtre osait l'éloge d'une pièce de Jean Anouilh.

Je me souviens qu'après une émission à Rouen, Georges Charensol était parti, seul, à la recherche d'une chambre d'hôtel, parce qu'il voulait une fois de plus visiter le lendemain le musée de la ville, quand nous ne songions tous qu'à regagner Paris.

Je me souviens qu'à la table de la tribune, les critiques s'asseyaient toujours à la même place et que, dans la salle, les premiers rangs étaient toujours occupés par les mêmes spectateurs.

Je me souviens que Michel Polac, déjà, préférait les foulards en soie aux cravates et qu'il intervenait depuis la salle avec un micro baladeur.

Je me souviens du tonitruant : « *Comment ça va, mes cocos jolis ?* » de Jean-Louis, en pénétrant dans les coulisses, juste avant le début de l'émission.

Je me souviens de François Nourissier avant sa barbe de pope.

Je me souviens que Bertrand Poirot-Delpech avait toujours l'air ailleurs.

Je me souviens du casque de mobylette et de l'écharpe que Matthieu Galey déposait à ses pieds.

Je me souviens de la première fois de Jérôme Garcin en tant que critique littéraire. Qu'il avait, je crois, vingt-deux ans et que Françoise Xenakis l'avait recommandé à François-Régis

en lui disant : « *Il lit plus et mieux que nous tous réunis.* »

Je me souviens de Pierre Bouteiller refusant à Jean-Jacques Brochier la permission de fumer au cours de l'enregistrement et des ronchonnements de ce dernier.

Je me souviens que les couvercles en métal des boîtes des bandes magnétiques servaient de cendrier à François-Régis. Et qu'il était interdit de fumer.

Je me souviens de Georges Charensol lançant en pleine émission à Odile Grand : « *Tu dis des conneries* », et celle-ci de répondre : « *Georges, tu m'emmerdes.* »

Je me souviens des tuyaux rutilants du grand orgue du 104 et que François-Régis qui savait en jouer n'osait jamais.

Je me souviens que Robert Benayoun détestait les films de Jean-Luc Godard et adorait Jerry Lewis, au point de lui ressembler physiquement.

Je me souviens du premier « lapin » posé par Gérard Lefort et que depuis je ne les compte plus.

Je me souviens de Vladimir Jankélévitch expliquant à François-Régis Bastide et au public pourquoi depuis la guerre il n'avait plus ni écouté ni joué une seule note de musique allemande.

Je me souviens des illustrations musicales improvisées au piano par Christian Ivaldi et qu'on aurait toutes aimé bisser.

Je me souviens du jour où Matthieu Galey m'annonça, à peine audible, qu'il ne viendrait plus au *Masque*, parce que, disait-il, sa voix, désormais, avait le son d'un transistor aux piles usées.

Je me souviens que Georges Perec n'est jamais venu au *Masque et la Plume*.

Je me souviens que je me souviens de tout. Ou presque ■

1972 Patrice Chéreau *Le Massacre à Paris*

« —…ce monde est un cloaque »

PATRICE CHÉREAU A COMMENCÉ sa carrière de metteur en scène dans le groupe théâtral du lycée Louis-le-Grand. C'était en 1964, et il était associé à son condisciple, Jean-Pierre Vincent. En 1965, Chéreau monte *L'Héritier de village*, un Marivaux inconnu, au Festival universitaire de Nancy, créé par Jack Lang. Puis il s'installe à Sartrouville en 1966. En 1969, il rejoint Marcel Maréchal à Lyon. En 1972, le TNP est transféré de Chaillot à Villeurbanne. Chéreau est nommé codirecteur, avec Roger Planchon. Il inaugure ses nouvelles fonctions par la mise en scène du *Massacre à Paris*, de Christopher Marlowe, dramaturge anglais né la même année que Shakespeare (1564), qui brûlait la vie par les deux bouts et déclarait que *« qui n'aime pas les garçons est un sot »*. Mélange de Villon et de Jean Genet de son époque, Marlowe mourra à vingt-neuf ans d'un coup de poignard dans l'œil, lors d'une de ces rixes d'après boire dont il était coutumier. Il laisse derrière lui cinq tragédies. *Le Massacre à Paris*, drame élisabéthain pur sucre, relate l'ambiance mortifère qui régnait à Paris entre la Saint-Barthélemy et la mort d'Henri III. Chéreau – et Richard Peduzzi, son décorateur – vont imaginer une mise en scène hallucinée : la scène est immergée sous 40 cm d'eau. Les personnages, en costumes modernes, *« pataugent dans le cloaque de l'Histoire »*. *Le Masque* aussi. C'était le 11 juin 1972.

FRANÇOIS-RÉGIS BASTIDE — Au programme [aujourd'hui], un événement considérable [...] : la « transposition » par Jean Vauthier de la pièce de Marlowe, *Le Massacre à Paris*, montée par Chéreau au TNP de Villeurbanne. (*Aux critiques qui l'entourent* :) Vous avez tous fait le voyage de Lyon ?

LA TRIBUNE — « Oui » (*unanime*).

Alida Valli, Charles Sadoyan, Michel Herbault, Paul Janin et Sandro Casimodo, par Nicolas Treatt.

ROBERT KANTERS — C'est une pièce de Marlowe qu'on a longtemps crue inachevée, mais des recherches récentes ont montré qu'on ne disposait en réalité que d'un mauvais manuscrit, peut-être une brochure d'acteur ou de régisseur dans laquelle toutes les scènes ne sont pas entièrement développées. Vauthier a travaillé sur ce texte. Le massacre en question, c'est la Saint-Barthélemy. C'est une pièce historique, comme celles de Shakespeare si vous voulez, qui sont des chroniques du règne de tel ou tel roi. Ici c'est la chronique des règnes de Charles IX et de Henri III, avec tous les personnages que nous connaissons (probablement plus par Alexandre Dumas que par nos manuels d'Histoire). La figure de Catherine de Médicis est dominante, mais la pièce suit [aussi] la montée de Henri de Navarre. Pour nous, elle est un peu particulière, parce qu'elle est destinée à un public anglais et protestant : les « vilains » – spécialement le duc de Guise qui est habitué à endosser ce rôle – sont les catholiques. Ce tableau des guerres de Religion est animé d'une haine violente pour les papistes. La dernière scène se termine sur l'assassinat de Henri III et Henri de Navarre déclare que sous son règne la papauté va avoir à se repentir de tous ses crimes. Quelques années plus tard [en 1592], comme vous le savez, Henri IV se convertissait... Il semble qu'on ait joué la pièce pour la première fois en 1593. Voilà le petit exposé historique...

FRANÇOIS-RÉGIS BASTIDE — Exposé magistral !

BERNARD DORT — Je reviens sur l'adaptation de Vauthier. Il n'a rajouté qu'une scène, le reste est développé sur le plan du texte et des indications scéniques... mais Chéreau n'en a tenu aucun compte !

FRANÇOIS-RÉGIS BASTIDE — Dans l'émission de Lucien Attoun sur France Culture, Vauthier a lu des extraits du texte de Marlowe en parallèle avec sa version : on voyait ses apports qui ne sont pas négligeables.

BERNARD DORT — Ce n'est pas une traduction littérale – c'était pratiquement intraduisible [à cause] de la rapidité du vers qui devient une espèce de litanie – mais l'esprit de Marlowe est rendu de façon extraordinaire.

ROBERT KANTERS — Mais dans le spectacle de Chéreau on entend un autre texte que celui de Vauthier, et les indications scéniques ne sont pas observées, alors tout ce que nous avons pu dire, vous pouvez l'oublier...

FRANÇOIS-RÉGIS BASTIDE — Maintenant, plantons le décor : faisons couler les litres...

BERNARD DORT — Chéreau et son décorateur Peduzzi ont imaginé de jouer la pièce sur un plan d'eau. Presque tout le plateau est occupé par une piscine, un cloaque où les acteurs pataugent jusqu'aux genoux. De temps à autre viennent s'installer des sortes de praticables...

GUY DUMUR — Des radeaux !

BERNARD DORT — ...sur lesquels on joue. Des deux côtés, les murs lépreux d'édifices nobles encadrent la scène, à droite – du côté des catholiques – c'est une Église. Ça fait penser à certains lieux pauvres de Venise... La métaphore est directe : ce monde est un cloaque, on y patauge continuellement. Les corps sont emportés...

FRANÇOIS-RÉGIS BASTIDE — On les voit dériver...

BERNARD DORT — C'est une image poétique extraordinaire.

ROBERT KANTERS — Que le monde soit un cloaque – c'est un vers de Musset –, ça n'a rien d'extraordinaire ! Et ce décor et ce dispositif peuvent servir absolument à tout, c'est-à-dire qu'ils ne servent à rien ! Vous pouvez jouer n'importe quelle pièce...

FRANÇOIS-RÉGIS BASTIDE — Peut-être pas du Sacha Guitry...

ROBERT KANTERS — Mais si, dans un théâtre populaire, pour montrer la pourriture bourgeoise !

FRANÇOIS-RÉGIS BASTIDE — Ah oui !

BERNARD DORT — Je suis presque d'accord avec vous : ça conviendrait peut-être mieux à du Musset qu'à du Marlowe. Mais il y a des inventions fantastiques [...], les meurtres sont détaillés avec une précision d'entomologiste, [...] au couteau, avec un revolver...

FRANÇOIS-RÉGIS BASTIDE — Un revolver[1] ?

GUY DUMUR — Si, si parce que c'est *moderne*.

FRANÇOIS-RÉGIS BASTIDE — J'oubliais.

GUY DUMUR — Ils sont en smoking.

BERNARD DORT — C'est un mélange de costumes d'époque et d'évocations 1930 de gangsters américains. Cette signification posée, on ne progresse plus. On a compris que le monde est et sera toujours un cloaque. Alors au bout de 3 heures, on n'en peut plus...

GUY DUMUR — Il y a une difficulté terrible du théâtre élisabéthain : l'accumulation des morts. Dans cette pièce, on en compte plus de 80. Chéreau a monté un hymne romantique à la mort : ces palais lépreux, le suintement de l'eau, l'éclairage blanchâtre... C'est une vision originale qui sert la pièce : c'est la première fois que je vois un drame élisabéthain représenté comme il doit l'être.

MATTHIEU GALEY — On peut noter l'influence du cinéma : les massacres de protestants, ça ressemble à des

1 Les premières armes à feu portatives (mais encore très encombrantes) apparaissent au début du XVIe siècle : arquebuses, puis mousquets, etc. Les pistolets (qui ne tiraient qu'un coup) viendront plus tard. Le revolver (qui peut tirer six coups) est inventé en 1835 par Samuel Colt.

« les massacres de protestants, ça ressemble à des commandos du duc de Guise qui tirent les Viets dans les rizières. »

commandos du duc de Guise qui tirent les Viets dans les rizières.

BERNARD DORT — La remarque de Dumur me gêne : le théâtre élisabéthain, ce n'est précisément pas un théâtre romantique. Il y a une violence diffuse dans l'ensemble du spectacle, mais plus de violence dans les rapports entre les personnages. À la vérité, il n'y a plus de personnages.

GUY DUMUR — Est-ce qu'ils existent tellement chez Marlowe ?

BERNARD DORT — Ah oui ! Par exemple Henri III – il y a un thème fondamental chez Marlowe : tous ses grands personnages sont homosexuels...

GUY DUMUR — Eh bien ! Dans sa mise en scène, Chéreau ne se gêne pas...

BERNARD DORT — Non, justement : Henri III est un personnage que Marlowe critique comme roi catholique mais...

GUY DUMUR — Chéreau l'aime !

BERNARD DORT — Non, Chéreau ne l'aime pas assez : il le représente comme un enfant qui fait des ronds dans l'eau sans lui rendre les dimensions successives que lui reconnaît Marlowe. C'est encore l'indice de ce pessimisme romantique : l'Histoire ne change pas, le monde ne change pas...

Les critiques se demandent ensuite dans quelle mesure la mise en scène de Chéreau correspondait encore au programme d'un théâtre « populaire ». Un spectateur (lyonnais) intervient : « *Il y a des cars de ramassage pour amener le public, mais ils s'endorment et se réveillent aux coups de feu...* » ■

Patrice Chéreau par Martine Franck.

1973

Marco Ferreri
La Grande Bouffe

« — nous n'y échapperons pas… »

MAI 1973. On pourra penser tout ce qu'on veut de la sélection officielle du 26e Festival de Cannes, mais au moins, elle n'aura laissé personne sur sa faim. Ni le jury, présidé cette année-là par Ingrid Bergman et auquel participait notamment l'écrivain François Nourissier. Ni les festivaliers, qui assisteront estomaqués, si l'on ose dire, à la projection du dernier film de Marco Ferreri, *La Grande Bouffe*. Le scénario tient sur un menu : quatre bourgeois (Michel Piccoli, Philippe Noiret, Marcello Mastroianni et Ugo Tognazzi) s'enferment dans un manoir pour un « séminaire gastronomique ». Ils seront rejoints par une institutrice du voisinage, Andréa (Andréa Ferréol). Ça commence soft et kitsch (Piccoli, en pull rose à col roulé, déclamant « To be or not to be » en brandissant une tête de veau) et ça finit violemment (le même Piccoli, crucifié dans sa merde).

La projection cannoise tourne au scandale : le réalisateur et les acteurs sortent sous les huées de la salle. La presse, aussitôt, se déchaîne. Louis Chauvet, dans *Le Figaro*, décrète que le film mérite « *l'Oscar mondial de la vulgarité* ». Jean de Baroncelli,

Marcello Mastroianni dans *La Grande Bouffe*. Pages suivantes : Michel Piccoli.

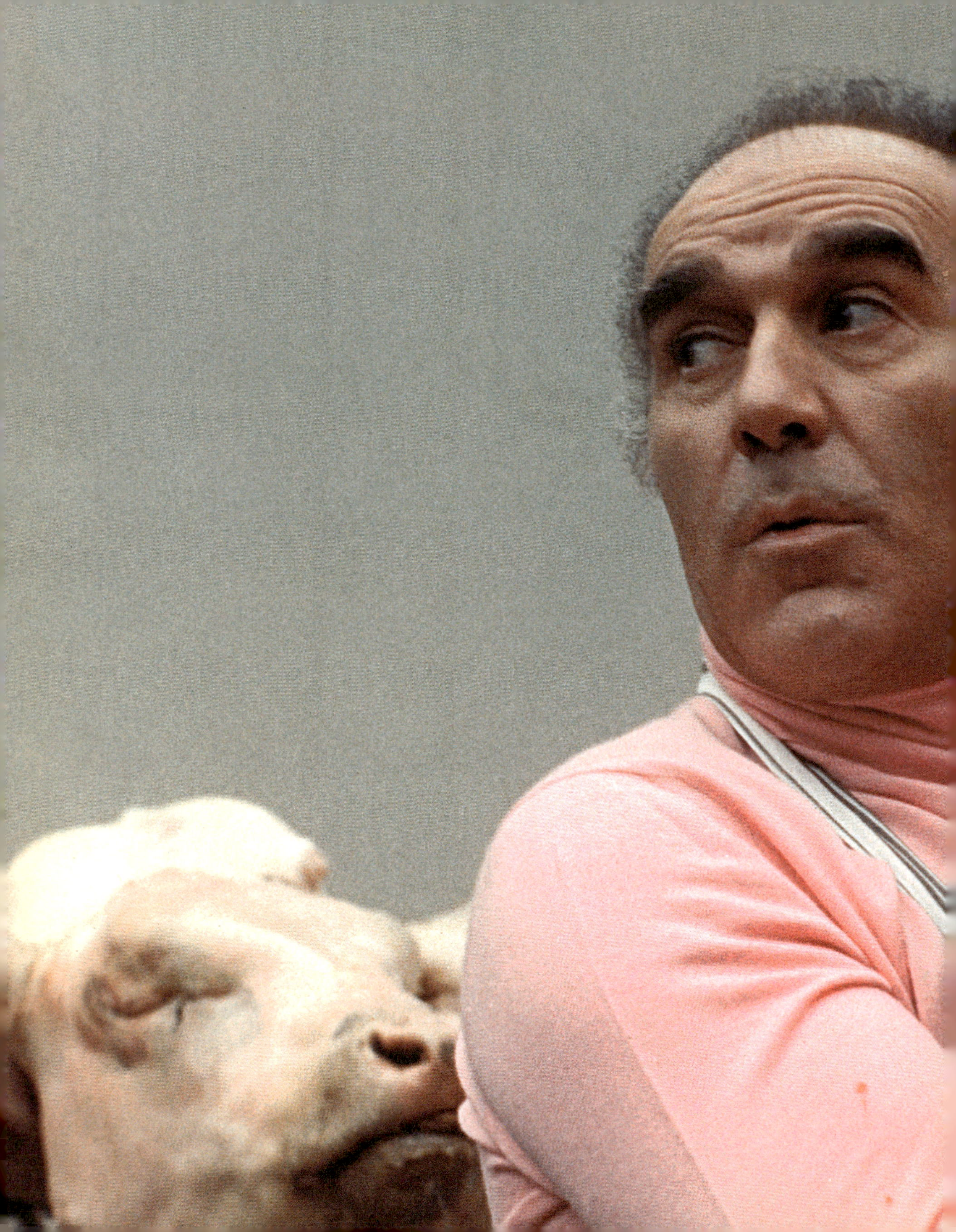

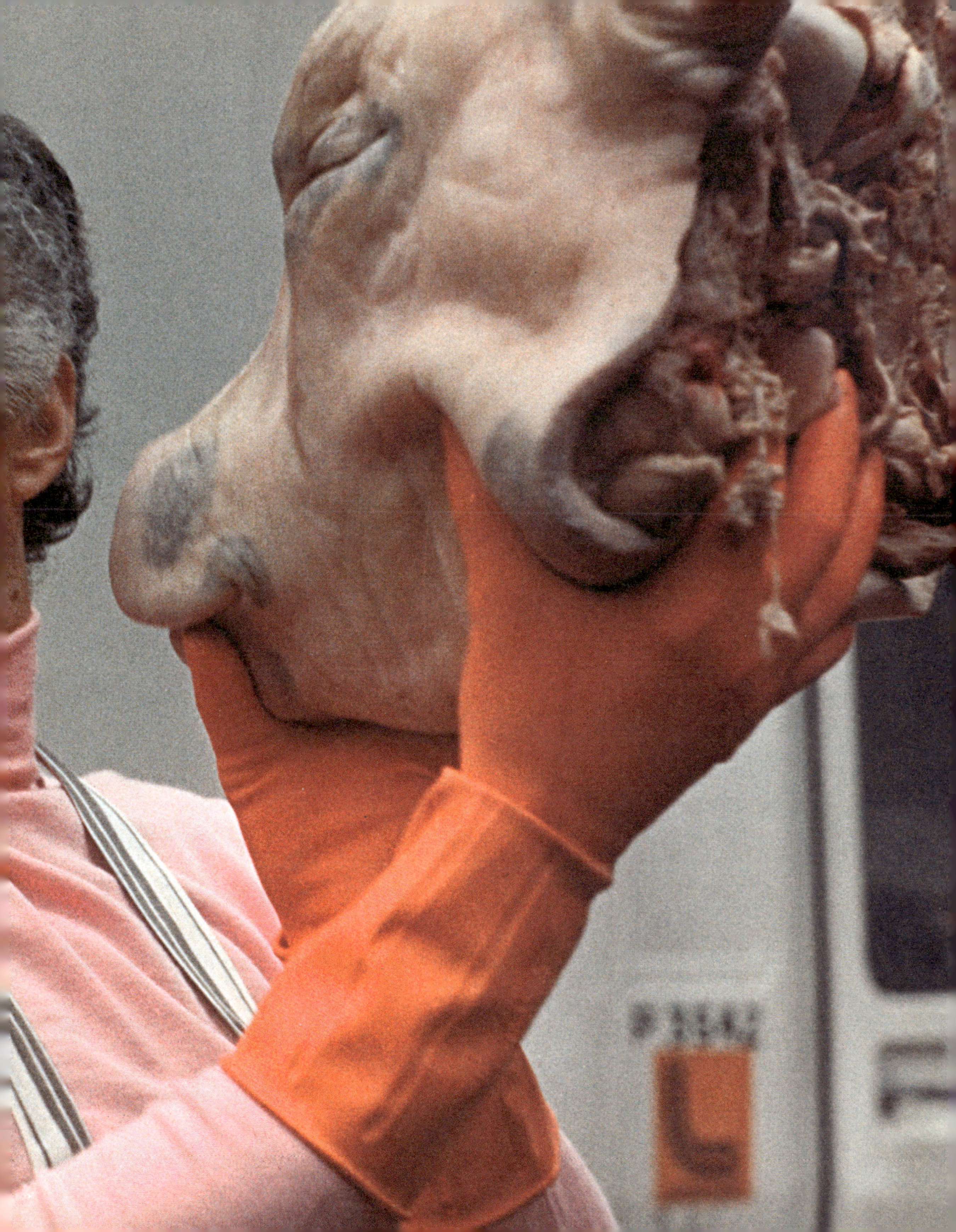

« Et si les gens l'ont très mal pris à Cannes, c'est que, justement, ils étaient des personnages de *La Grande Bouffe*. »

dans *Le Monde*, se dit «*écœuré*». Même à *Télérama*, on se pince le nez. Et François Chalais, sur Europe 1, enfonce le clou : «*Le festival a connu sa journée la plus dégradante et la France sa plus sinistre humiliation.*» Car *La Grande Bouffe*, réalisée par un Italien, mais coproduite par la France — avec des dialogues de Francis Blanche ! —, représente l'Hexagone à la sélection officielle[1]. Un comble, pour un pays qui se réclame d'une mystique de la gastronomie, et qui n'aime pas qu'on lui montre que la nourriture a aussi à voir avec la violence physique et sociale (qu'on songe à une autre «Grande Bouffe» d'anthologie : le festin de Gervaise, dans *L'Assommoir*...). Piccoli aura beau rétorquer, superbe, à un journaliste qui l'invective : «*Qu'est-ce qu'on nous reproche ? On chie, on rote, on pète. Ça ne vous arrive jamais, dans la vie ?*», rien n'y fait. Devant le scandale qui grossit, *Paris-Match* n'hésite pas à parler de «*mini-affaire Dreyfus*» et le maire de Menton, sûr de refléter le courroux unanime des Français, interpelle sévèrement le ministre de la Culture de l'époque, Maurice Druon : «*Dans quelles conditions le film de Marco Ferreri, qui a soulevé l'indignation générale, a été sélectionné pour représenter l'art cinématographique au Festival de Cannes ?*»

1 Le producteur délégué était Jean-Pierre Rassam, grande figure de la production française des années 1970. Beau-frère de Claude Berri, il s'était associé en 1972 à Jean Yanne pour produire tous ses films. Il est mort en 1985, alors qu'il était marié à Carole Bouquet.

Sans surprise, le jury du festival ignorera superbement *La Grande Bouffe* (la présidente expliquera même plus tard qu'elle l'avait trouvé « *sordide et vulgaire* ») et décernera sa Palme d'or à *L'Epouvantail*, de Jerry Schatzberg[2]. « *Un palmarès bien pensant, qui reflète assez bien la couleur du jury* », résumera Jean-Louis Bory, à la tribune du *Masque* le 27 mai, de retour de Cannes. Et à François-Régis Bastide qui lui demande si « *Mme Bergman est vraiment une femme pudibonde* », il répond : « *Oh là là, coincée jusque-là !* »

Bory, on s'en doute, a adoré *La Grande Bouffe*. Dès le 2 mai, alors que la bataille cannoise était encore toute chaude, il lui a consacré sa chronique du *Nouvel Observateur*. Sous le titre « *Les repus du monde occidental* », il ose un beau jeu de mots (« *c'est* Autant en emportent les vents »), assure, à l'inverse d'un François Chalais, que la sélection officielle « *s'est honorée* » en retenant ce film et propose son interprétation : « *Recourons à l'euphémisme, comme tout le monde : merde se prononce pollution. Ferreri, lui, prend merde au pied de la lettre – au sens propre si l'on ose dire.* » Au *Masque*, il est épaulé par Michel Ciment et Robert Benayoun. Même Charensol a aimé – enfin, il n'a pas détesté. Ils sont tous impatients d'en parler. Bastide, lui, qui n'a rien vu, a été effrayé par les commentaires constipés du reste de la critique et tente des manœuvres dilatoires. Mais il a la mauvaise idée de vouloir évoquer la suite du palmarès officiel, et notamment le prix d'interprétation masculine, décerné à Giancarlo Giannini, pour son rôle dans *Film d'amour et d'anarchie*, de Lina Wertmuller...

MICHEL CIMENT — Le film est répugnant et l'acteur anodin. Le festival aurait dû récompenser Ugo Tognazzi...

ROBERT BENAYOUN — On a donné le prix à cet Italien-là pour ne pas le donner à Tognazzi !

JEAN-LOUIS BORY — C'est évident !

ROBERT BENAYOUN — Il s'agissait surtout de ne rien donner à *La Grande Bouffe* par un biais ou par un autre.

FRANÇOIS-RÉGIS BASTIDE — Nous allons en venir à *La Grande Bouffe*, nous n'y échapperons pas...

JEAN-LOUIS BORY — Dusses-tu en périr d'indigestion !

FRANÇOIS-RÉGIS BASTIDE — Essayez de me donner envie d'y aller, parce que pour le moment...

ROBERT BENAYOUN — Il s'agit d'un film qui attaque la consommation, [...] la pollution, un certain conformisme [...]. Finalement, c'est le compagnon du *Charme discret de la bourgeoisie* : un film sur la fin d'une société [...] qui périt par le ventre et ses excréments [...]. Il ne faut pas prendre le film à la lettre : on nous montre un monde entièrement fait de digestion,

2 En revanche, *La Grande Bouffe* décroche le prix de la Critique internationale, qu'il partage ex aequo avec *La Maman et la Putain* de Jean Eustache, autre événement marquant de cette édition 1973.

Ugo Tognazzi dans *La Grande Bouffe*.

d'absorption et dans lequel tout ce qui est beau, poétique, est littéralement pollué.

FRANÇOIS-RÉGIS BASTIDE — Charensol, vous pensez quoi de ce film ?

GEORGES CHARENSOL — C'est un film qui veut aller trop loin et qui va trop loin [...]. Ceci dit ce n'est pas un film insignifiant, [...] on sort de là un peu sonné. Enfin, Ferreri quand même...

FRANÇOIS-RÉGIS BASTIDE — Ce n'est pas Fellini !

GEORGES CHARENSOL — Ni De Sica, ni Visconti... Il y a longtemps que nous connaissons Ferreri et ses femmes à barbe...

ROBERT BENAYOUN — Il a déjà derrière lui une œuvre extrêmement cohérente et estimable.

GEORGES CHARENSOL — Une œuvre de provocateur systématique.

FRANÇOIS-RÉGIS BASTIDE — Jean-Louis Bory, un mot ?

JEAN-LOUIS BORY (inspiré) — Quatre notables, enfin quatre personnages...

GEORGES CHARENSOL — Tu ne vas pas te mettre à raconter le film, on t'a dit : un mot !

JEAN-LOUIS BORY — Quatre notables réunis dans une villa bouffent, bouffent...

GEORGES CHARENSOL — Mais tout le monde le sait !

JEAN-LOUIS BORY — ...et finissent par en crever, inondés par leur propre merde, il n'y a pas d'autres termes [...]. Peu de temps après avoir vu *La Grande Bouffe*, je nageais dans la mer de Cannes...

FRANÇOIS-RÉGIS BASTIDE — Tu as eu tort.

JEAN-LOUIS BORY — ...et je me suis trouvé très exactement nez à nez avec une botte de poireaux d'un côté et – excuse-moi, Georges – un étron de l'autre : j'étais dans *La Grande Bouffe*, je n'avais qu'à me retourner vers le Carlton... Et si les gens l'ont très mal pris à Cannes, c'est que, justement, ils étaient des personnages de *La Grande Bouffe*.

FRANÇOIS-RÉGIS BASTIDE — Oui, enfin si on veut faire un film sur la pollution...

JEAN-LOUIS BORY — Il a fait un film écologique [...]. Il a montré des gens qui vont périr asphyxiés, noyés par leurs propres excréments...

FRANÇOIS-RÉGIS BASTIDE — Il veut dire quoi ? Que nous mangeons trop ?

JEAN-LOUIS BORY — Nous vivons par et pour la bouffe, nous périrons par la bouffe. Il pensait naturellement aux nations repues, aux nations qui crèvent de la consommation...

UN SPECTATEUR — Ce n'est pas un film vulgaire, c'est un grand film très difficilement supportable, mais c'est notre problème : c'est toute notre civilisation, et vous traitez ça un peu à la blague.

JEAN-LOUIS BORY — Ah pas du tout ! Regardez : je suis tout rouge !

LE SPECTATEUR — Pas vous, monsieur Jean-Louis Bory, mais M. Charensol...

JEAN-LOUIS BORY — Les quatre bonshommes, c'est les quatre chevaliers de l'Apocalypse. Charensol ne comprend pas tout ça.

MICHEL CIMENT — C'est un film pathétique sur notre société : il faut en parler gravement.

ROBERT BENAYOUN — Et un film d'une grande tendresse et d'une grande délicatesse étant donné son sujet, car tous les personnages sont extrêmement sympathiques : le personnage d'Andréa Ferréol...

GEORGES CHARENSOL — Merveilleuse comédienne, merveilleux Rubens !

ROBERT BENAYOUN — ...complètement inconnue, qui joue pour la première fois, est une créature d'amour, bien qu'elle représente en fait la mort dans le film...

JEAN-LOUIS BORY — C'est l'ange de la mort ▪

1978

Franco Zeffirelli
Jésus de Nazareth

« — C'est pas Jésus, c'est Sadate ! »

LE 11 JANVIER 1978 sort sur les écrans français la première partie du *Jésus de Nazareth*, de Franco Zeffirelli. Le dimanche suivant, Jean-Louis Bory se déchaîne. Il est interrompu plusieurs fois par les rires et les applaudissements de la salle.

JEAN-LOUIS BORY — Ça trempouille dans deux sirops parfaitement vomitifs. D'abord, le sirop de la couleur, une sorte de chocolat beigeasse à vomir. Et un autre sirop, qui est la musique de Maurice Jarre, qui est tout aussi vomitive. [...] En plus, on voit une espèce d'imagerie qui oscille entre le Biblic Circus et du catéchisme drapé. C'est grotesque ! [...] Le seul côté intéressant, c'est le « Jeu de Monsieur Cinéma » : « Oh, Hérode, c'est Peter Ustinov ! » ; « Oh, Marie-Madeleine, c'est Anne Bancroft ! » ; « T'as vu Jean-Baptiste ? C'est Michael York ! » ; « T'as reconnu Jésus ? Ah non, lui, c'est un nouveau... » [...] Et alors, je l'ai vu en anglais, et c'est encore plus gratiné. Quand Jésus s'adresse à Pierre pour la fondation de son église, ils s'en sont tirés d'une façon ahurissante. Ça donne : « Peter, Peter the rock. Et on the rock... » C'est plus Rome, c'est Martini ! Incroyable ! Et tout est de cette eau — même pas bénite. Je serais croyant, je serais scandalisé par ce genre de film, qui manque totalement d'âme. Faut quand même le faire, avec Jésus ! [...] Marie-Madeleine qui suçote le gros orteil de Jésus, j'étais gêné, mais gêné ! [...] Et figurez-vous que j'en ai vu 2h15, et au bout de 2h15, Jésus n'est même pas encore entré dans Jérusalem. C'est pas Jésus, c'est Sadate !

FRANÇOIS-RÉGIS BASTIDE — Charensol, un mot ?

GEORGES CHARENSOL — Non. Après le numéro que vient de faire Bory, il est impossible de rien ajouter.

MICHEL CIMENT — Bon, on a fait une croix sur ce film ! ■

Robert Powell dans le rôle de Jésus de Nazareth.

1979

François-Régis Bastide
Siegfried 78

« — je dois aussi avouer que ce n'est pas le théâtre dont je suis passionné... »

Le Masque sait être cruel avec ses propres troupes. En 1995, Bernard Thomas en fit l'amère expérience : sa pièce, *Azev ou le Tsar de la nuit*, mise en scène par Régis Santon à Chaillot, fut descendue à la tribune. Le 30 mars 1997, c'était au tour de Bertrand Poirot-Delpech, pilier historique du *Masque*, même s'il n'y venait plus depuis quelques années, d'être éreinté. Sa pièce, *L'Alerte*, qui imaginait une rencontre entre Malraux et Drieu La Rochelle, n'en réchappa pas : « *Spectacle terriblement superficiel* » pour Jacques Nerson ; « *Mise en scène inexistante* » pour Armelle Héliot ; « *L'auteur n'a rien à nous dire* » pour Odile Quirot...

Mais, en 1979, l'exercice prit un tour particulièrement délicat : c'était François-Régis Bastide en personne qui se soumettait au verdict des critiques. Il avait commis une pièce, *Siegfried 78*, fort mauvaise, de l'avis unanime. Elle fut jouée au Théâtre de l'Atelier du 19 mai à fin juin 1979. Et se trouva au menu du *Masque* le 10 juin 1979. Que dire... Que dire ?

FRANÇOIS-RÉGIS BASTIDE — Je vais vous abandonner parce que, au programme d'aujourd'hui, figure une pièce à laquelle je ne suis pas tout à fait étranger... Je vais laisser Bernard Deutsch diriger les critiques, je vais monter dans ma cabine et vous parlerez librement [...]. Je tiens à dire simplement que nous avons invité Pierre Marcabru qui n'a pas pu venir à cette émission et que nous n'avons pas invité, par exemple, Robert Kanters...

BERNARD DEUTSCH — Il faut expliquer aux gens qui ne lisent pas forcément *Le Figaro* et d'autres journaux...

Représentation de la pièce de théâtre *Siegfried 78* de François-Régis Bastide à L'Atelier.

FRANÇOIS-RÉGIS BASTIDE — C'est Bernard Deutsch qui prend l'émission.

BERNARD DEUTSCH — ...que Pierre Marcabru a fait un article où il expliquait qu'il n'aimait pas du tout la pièce de François-Régis – qui est parti maintenant – et que Robert Kanters a fait un article plutôt favorable. Nous avons au micro des gens qui ont fait des articles, je crois, assez équilibrés. Parlons donc tout de suite de *Siegfried 78*, la pièce d'un certain François-Régis Bastide, avec Francine Bergé, Gabriel Cattand, Pierre Michael. Vous avez aimé plus ou moins. Je vois Sandier qui sourit...

GILLES SANDIER — Il faut se lancer... C'est la pièce d'un homme de lettres avec les limites que ça implique et qui se situe – je ne pense pas que ce soit méchant de dire ça – entre Giraudoux et Françoise Sagan. François-Régis y a mis tous les goûts que nous lui connaissons : ce n'est pas difficile d'en faire la radiographie. Seulement, tous ces éléments ne sont peut-être pas très bien montés. D'un mot, de quoi s'agit-il ? Bastide est fasciné par l'Allemagne romantique et par Giraudoux : il prend comme personnage central un officier allemand qui s'appelle von Forestier – en référence évidemment à *Siegfried* – dont la mémoire est restée bloquée au 20 juillet 1944, date de l'attentat manqué contre Hitler. Cet homme qui a participé au complot vit dans une sorte de mémoire obsessionnelle du drame et de ses anciens camarades torturés et exécutés [...]. François-Régis aime le monde du théâtre : il a donc donné pour maîtresse à son officier (réfugié en France) une comédienne, Maria. Comme d'autre part il aime l'astrologie et les horoscopes, il a imaginé que cette Maria serait le « médium » de l'officier. Enfin, nous le savons, François-Régis est un homme de radio et de médias : Maria est la vedette d'une émission de télé, où elle figure une sorte de Madame Soleil. Grâce à cette émission, elle retrouve un de ses anciens amants – un jeune chef d'orchestre qui finalement la reprendra. Voilà en gros l'histoire... Ce qui me gêne, c'est qu'elle est mal articulée. Elle est aussi très « écrite », et si je reconnais que les belles phrases de Bastide finissent par faire une sorte de musique, je dois aussi avouer que ce n'est pas le théâtre dont je suis passionné. D'autant que Gabriel Cattand s'en sort assez mal – en revanche j'ai bien aimé le jeu de Francine Bergé qui préserve comme toujours un certain mystère. Mais le travail de Pierre Franck [le metteur en scène] n'a pas beaucoup servi ce *Siegfried* : le côté peu théâtral de la pièce est accentué par la maladresse de la mise en scène. Voilà ce que j'avais très simplement à dire...

BERNARD DEUTSCH — Vous avez fait référence très longuement à l'auteur. Est-ce qu'on ne pourrait pas oublier [qu'il s'agit de] François-Régis Bastide ?

GILLES SANDIER — Non, on ne peut pas !

GUY DUMUR — Gilles Sandier a bien analysé la pièce, mais on ne peut pas reprocher à un auteur de mettre dans ses romans ou sur scène les choses pour lesquelles il vibre [...]. Le reproche sur la structure de la pièce me paraît plus sérieux. Je l'ai lue – elle est parue chez Grasset – et pour ma part je suis assez partisan d'un théâtre « littéraire », mais [c'est un type de théâtre] qui doit être monté avec une rigueur plus grande : il faut une collaboration avec l'auteur et on voit bien que Pierre Franck n'a pas suffisamment travaillé avec Bastide. On a l'air de l'accabler, mais là ce n'est pas sa faute, le décor est pathétique ! En Angleterre, où ce genre de théâtre a beaucoup plus sa place, même avec des moyens limités on réussit de [meilleures mises en scène]. Tout ça pèse considérablement... *Siegfried* devrait être joué en appel : quelles que soient les qualités des acteurs, nous n'avons pas vu en vérité une bonne représentation.

BERNARD DEUTSCH — On ne pourra pas accuser François-Régis Bastide d'avoir fait venir des critiques qui lui servent la soupe... Est-ce que Dominique Jamet a eu plus de plaisir ?

DOMINIQUE JAMET — Je suis d'accord avec Sandier : la pièce est mal articulée.

Ce personnage de von Forestier qui sort tout vivant de la pièce de Giraudoux (c'est un Siegfried renversé, surchargé de mémoire alors que chez Giraudoux il est amnésique) et celui de la médium des médias, on ne voit pas ce qu'ils font ensemble ! La soupe n'est pas assez bien tournée... Vous me paraissez un peu dur pour la mise en scène : si la représentation manque de bouquet, c'est que les personnages manquent de corps. Ils sont terriblement littéraires, sans épaisseur...

BERNARD DEUTSCH — Merci, Dominique Jamet... Alfred Simon, qu'on n'a pas entendu encore ?

ALFRED SIMON — Je suis le seul à ne m'être pas encore exprimé, puisque je n'écris ni dans un quotidien ni dans un hebdomadaire[1] [...]. On ne peut pas dire que ce soit une pièce de « critique », comme il y a un théâtre de critique ou une musique de chef d'orchestre, et ce n'est pas non plus une pièce de « romancier », à l'exemple de celles de François Mauriac. C'est un écrivain qui a vraiment quelque chose à dire par le théâtre. Et si le théâtre vit mieux en Angleterre, même en l'absence de mises en scène spectaculaires, c'est qu'il existe un public pour un théâtre que nous appelons, avec un certain dédain, « littéraire ». La compréhension que nous pouvons avoir de *Siegfried* est infiniment enrichie par notre connaissance du Bastide écrivain, aussi bien l'auteur du *Saint-Simon par lui-même* que de *La Vie rêvée* – son chef d'orchestre sort tout droit de ce dernier roman [...]. Mais nous n'avons pas vu la pièce de Bastide : elle a été sacrifiée par les conditions dans lesquelles on l'a montée : la date, l'absence de moyens qui semble avoir paralysé le metteur en scène... Surtout, ce type de théâtre demande des distributions éclatantes... Au risque d'apporter de l'eau au moulin de Sandier et d'accentuer l'image de Bastide, homme du monde, une sorte de play-boy...

BERNARD DEUTSCH — Il ne va pas être content...

ALFRED SIMON — Je veux dire que sa pièce exige des conditions de représentation qui ne peuvent plus exister aujourd'hui. Il y a trente ans, cette pièce aurait été montée au Théâtre Marigny avec des monstres sacrés comme peut-être Alain Cuny ou Maria Casarès et sans doute aurait-ce été l'événement théâtral d'une saison parisienne. Que ce type de théâtre ne puisse plus être joué dans ces conditions-là à Paris, c'est plus grave qu'on ne croit...

BERNARD DEUTSCH — Il faut souhaiter à *Siegfried 78* cette chance un jour prochain... Pour nos auditeurs de province, nous avons rappelé qu'elle est éditée chez Grasset et l'écriture de François-Régis mérite qu'on s'y arrête ▪

1 Alfred Simon écrivait dans la revue *Esprit*.

1979
2005

L'INSTITUTION

SUR UN AIR DE PIANO-CLUB

IL FAUT BIEN REPRENDRE les rênes. Mais la rentrée 1979, alors que *Le Masque* approche du quart de siècle, est morose. L'absence de Bory plombe la tribune cinéma. Charensol n'a plus d'adversaire à sa mesure contre qui ferrailler. Bastide lui-même a perdu l'appétit. En fait, il se verrait bien ailleurs. La politique le taraude plus que jamais : il cherche à se placer, dans la perspective des présidentielles de 1981, ambitionnant toujours le fauteuil de ministre de la Culture : « *C'était son rêve* », confirme Alfred Simon. « *Nous étions persuadés qu'il le deviendrait dès que la gauche arriverait au pouvoir* », ajoute Annette Lyautey. Oui, mais voilà...

« *Un jour, je le croise dans la rue,* se souvient Michel Polac. *Nous commençons à parler politique et tout à trac il me demande ce que je pense de Michel Rocard. C'était l'époque juste avant le congrès de Metz* [avril 1979] *où Rocard semblait avoir ses chances pour l'emporter sur Mitterrand dans la course à l'investiture du PS. Et puis Rocard a été battu, et Bastide a repris sa cour auprès de Mitterrand.* » Mais cet écart, confirmé par d'autres témoins, lui aura été fatal : Mitterrand ne lui pardonnera pas d'avoir été « rocardien », ne fût-ce que quelques mois. Adieu la rue de Valois : c'est Jack Lang qui hérite du poste quand, au printemps 1981, Mitterrand renvoie Giscard en Auvergne. Bastide n'a d'autre choix que ronger son frein. Pendant un an. Et puis, en juillet 1982, la bonne nouvelle arrive enfin : il est nommé ambassadeur de France au Danemark. Joli lot de consolation. « *Je l'ai vu le lendemain de sa nomination, il venait de recevoir la cocarde tricolore à placer dans sa voiture, il était heureux comme un enfant...* », raconte Gilles Jacob.

Pierre Bouteiller par Marie-Paul Nègre. Il porta le flambeau dans les années grises du *Masque et la Plume*.

François-Régis Bastide prend ses nouvelles fonctions à Copenhague en septembre 1982. La direction de France Inter a choisi Pierre Bouteiller, déjà animateur d'un magazine culturel sur l'antenne (tous les matins), pour le remplacer. « *Un moindre mal, puisqu'il était depuis longtemps l'ami de beaucoup d'entre nous et un professionnel de la radio* », commente Martine de Rabaudy. Avec son magazine, Bouteiller est en réalité une des pointures de l'antenne, adulé d'une bonne partie des auditeurs, qui apprécient le ton impertinent de son magazine, les chroniques froufroutantes de Pierre-Yves Guillen et l'imparable sélection musicale. Mais *Le Masque*, c'est un autre univers. Difficile de se couler dans un fauteuil occupé pendant vingt-quatre ans par le même homme. Bastide a imprimé sa patte sur l'émission. Bouteiller va tenter d'imposer la sienne. « *Pierre a commencé par modifier quelques habitudes, notamment les jours et les heures des enregistrements, réalisés désormais le jeudi soir entre 20 h et 22 h*, continue Martine de Rabaudy. *Presque tous s'en accommodèrent. Sauf Charensol, dont le grand âge souffrait de ces sorties tardives. J'avais donc pris l'habitude de le raccompagner à son domicile après l'émission. Ces retours en voiture me rapprochèrent un peu plus de lui.* »

Surtout, Pierre Bouteiller va vouloir élargir le spectre de la tribune. Désormais, *Le Masque* parlera aussi de chanson, de mode, de musique... « *La culture, ce n'est pas seulement l'érudition littéraire, théâtrale ou cinématographique, c'est la manière dont les gens vivent, se nourrissent, boivent, s'habillent*[1]... », expliquera-t-il. L'idée, en soi, n'était pas hérétique. Mais elle va bousculer le public du *Masque*, accroché à ses habitudes. Bien des années plus tôt, le 12 avril 1962, alors que l'émission n'avait pas encore dix ans d'âge, Michel Polac, lisant le courrier des auditeurs, évoque la demande de l'un d'eux : « *Pourquoi ne faites-vous pas une tribune consacrée à la peinture, la sculpture, l'architecture... ?* » La question, aussitôt, suscite un « *holà !* » bruyant du public. « *Moi, déjà, je n'y connais rien* », répond Bastide. Et Polac d'ajouter : « *Nous avons reçu d'autres lettres nous demandant d'élargir la tribune, mais c'est très difficile de faire des débats sur des sujets très visuels. Nous ferons cela à la télévision, quand la télévision nous ouvrira ses portes.* »

Le Masque et la Plume parlant mode, parlant chansons... ou pourquoi pas gastronomie (Bouteiller y avait également pensé), ce n'est plus vraiment *Le Masque et la Plume*. Et *Le Masque et la Plume* parlant opéra et musique classique (la première a lieu le 20 janvier 1983) ne risque-t-il pas de restreindre son public, pour ne plus s'adresser qu'à une poignée de happy few ? Dans l'émission du 11 mai 1986, il est question... du retour « historique » d'Horowitz à Moscou. Claude Samuel (*Le Matin de Paris*, Le Point) et Gérard Mannoni (Le *Quotidien de Paris*) rapportent qu'ils y étaient. On est content, pour eux...

Le bougon Charensol, qui détestait déjà qu'on l'oblige à se coucher tard, va claquer la porte :

1 Cette citation et la suivante de Pierre Bouteiller, ainsi que celle de Jérôme Garcin, sont empruntées à des entretiens réalisés par Anne-Cécile Perrin dans le cadre de son devoir de maîtrise sur *Le Masque et la Plume*.

Manifestation pour les radios libres le 17 juin 1981

« Bouteiller, que j'aime bien, ne s'est pas rendu compte que ce qui faisait le succès du Masque, *c'était essentiellement les émissions de cinéma. Il a voulu modifier la formule [...] je ne me suis pas tellement senti à l'aise*[2] ».

Le public non plus, qui vient moins nombreux aux enregistrements. Désormais, le studio 104, avec ses 1250 places, est bien trop vaste : l'émission se replie sur le 105 (futur Charles Trenet), dont la jauge est cinq fois moins grande. Mais *Le Masque* ne suffit pas toujours à le remplir. Et ses spectateurs sont amorphes. L'ambiance, si ambiance il y a encore, n'a vraiment plus rien à voir avec *Le Masque* de la grande époque. Le 31 mai 1987, par exemple, il est question d'*Intervista*, le nouveau Fellini, qui orchestre les retrouvailles des héros de *La Dolce Vita*, Marcello Mastroianni et Anita Ekberg. Entre-temps, Anita Ekberg a quelque peu perdu de son sex-appeal. Les critiques s'en donnent à cœur joie, pas forcément avec bon goût d'ailleurs, l'un d'eux n'hésitant pas à la comparer à un « *bloc de saindoux* ». Aucune réaction dans la salle, ni rires, ni sifflements, pas un murmure : c'est à se demander s'il y a seulement âme qui vive dans les fauteuils.

Pourtant, « *Bouteiller a renouvelé la tribune, et il l'a rajeunie* », souligne Armelle Héliot, qui arrive sous son

2 Georges Charensol, *De Montmartre à Montparnasse*, *op. cit*, p. 84.

règne, de même que Gilles Costaz et quelques autres. Mais c'est l'époque qui a changé. La libération des ondes, consécutive à l'arrivée de la gauche au pouvoir, a provoqué un maelström dans les mégaherz. Une floraison de radios « libres » se disputent les faveurs des auditeurs, et France Inter, tout à coup, c'est devenu la radio « de papa » (quand ce n'est pas la radio « de papy »...). Et là, Bouteiller n'y peut mais.

Ces radios « libres », on ne le réalise pas tout de suite, sont surtout des radios tribales : rockers, juifs, blacks, amateurs de disco, gays, cathos intégristes, retraités nostalgiques de Maurice Chevalier... tous veulent leur radio. Leurs antennes ne revendiquent rien, sinon la simple liberté d'exister (ce qui est beaucoup, certes, après la chape de plomb des années gaullo-pompido-giscardiennes). Une sorte de léthargie a gagné la France de l'alternance. Le fameux « état de grâce » mitterrandien tiendrait plutôt de l'état d'hypnose. En fait, il a commencé un peu avant, dès la fin des années 1970, quand la « génération 68 » arrive au pouvoir (et que la génération suivante, baptisée, trait de génie de *L'Obs*, la « Bof Génération », se fout, comme son nom l'indique, un peu trop de tout). C'en est fini de la culture contestataire. On rentre dans le rang. Les éditeurs de Marcuse et des colloques de Cerisy, Payot et la collection 10/18 voient leurs ventes chuter. François Maspero, l'éditeur engagé dont la librairie du Quartier latin ne désemplissait pas au temps de la guerre du Vietnam, passe la main[3]. On va bientôt vénérer l'économie de marché, la publicité et les médias en général. Et avaliser le « tournant de la rigueur ». *Actuel*, le mensuel décapant des années 1970, renaît dans une version beaucoup plus « light » – et nettement moins collector. *Libération* fait son aggiornamento et, après plusieurs mois d'interruption, reparaît à son tour... en publiant désormais les résultats du tiercé et du loto.

Le Masque a déjà perdu Bory. Il perd Sandier durant l'été 1982, juste quand Bastide passe le témoin à Bouteiller. Deux disparitions symboliques, qui tombent pile-poil dans l'air du temps. « Perfect timing », diraient les Anglais : cette génération 68, qui a cessé de croire à ses rêves, voit le destin la débarrasser de deux de ses plus irrécupérables poils à gratter. Le sida se chargera d'éliminer Guy Hocquenghem peu après... Lui disparu, qui protestera encore contre une génération de « révolutionnaires » passée *du Col Mao au Rotary*[4] ? La comédie des apparences triomphe. La culture et la politique sont invitées à entrer dans l'âge médiatique. Mitterrand-chébran, Chirac fan de Madonna, Jospin poussant la chansonnette... Il faut bouger les lignes du passé, faire entrer le design dans les supermarchés, devenir agitateur culturel sur 1 000 m² de magasin. *Vive la crise !* célèbrent de concert Laurent Joffrin et Yves Montand dans un documentaire télévisé qui affole l'Audimat.

3 Le fonds qu'il avait créé est aujourd'hui propriété d'Éditis, autrement dit d'Ernest-Antoine Seillière, ex-patron du MEDEF... 4 Titre d'un fameux pamphlet d'Hocquenghem, plus que jamais d'actualité...

Si *Le Masque* souffre, c'est que la vague qui l'a porté a brutalement reflué. L'émission ressemble à un astre mort : le cœur n'y est plus vraiment. L'épreuve la plus périlleuse pour un journal, une maison d'édition ou un créateur, c'est lorsque la mode qu'il a incarnée se démode. Pour ne pas disparaître, il faut d'abord survivre, en attendant de se régénérer. *Le Masque*, contaminé par son époque, se replie dans son cocon. « *Bouteiller, c'est la queue de la comète,* analyse Michel Ciment. *Il a surfé dans le sillage de Bastide, avec son ton à lui, cool, feutré, pianoteur, un brin sceptique.* »

Comble de la déréliction, la chaîne elle-même croit désormais si peu au *Masque* qu'elle ne juge plus utile de le faire conserver par l'INA. Pour l'année 1985, par exemple, 8 émissions seulement ont survécu. À partir de 1986, *Le Masque* se voit en outre jeter un boulet dans les pieds : une nouvelle émission de critique littéraire, *Interlire*, animée par Pierre Assouline, alors rédacteur en chef de *Lire*, le mensuel fondé par Bernard Pivot, est diffusée tous les dimanches à partir de 19 h 30. Soit juste avant *Le Masque* : « *C'est ce c... de Jeanneney, alors président de Radio France, qui a voulu m'emmerder,* racontera Bouteiller. *J'avais des rapports exécrables avec lui car j'estimais qu'il n'était pas professionnel, ce qui était d'ailleurs le cas, alors il a essayé de m'emmerder par tous les moyens, en mettant une émission littéraire avant.* » Autre avanie : l'émission est écourtée : du temps de Bastide, elle se terminait à 21 h 30. Désormais, à 21 h il faut rendre l'antenne. De 1 h 20 d'émission on passe à 50 minutes...

Le Masque, donc, se survit. « *Bouteiller l'a tenu à bout de bras* », juge Armelle Héliot. Heureusement, comme l'expliquera Jérôme Garcin, « *ce n'est pas une émission qu'on déplace, on ne la soumet pas à la nouvelle grille, depuis le temps qu'elle existe on ne change plus sa structure. On n'y touche pas, on la laisse dire des bêtises. Elle n'est pas soumise au diktat de l'Audimat comme les autres émissions* ». Bastide et Polac ont su créer un paquebot solide, qui continue de courir sur son erre.

En attendant que la mer redevienne favorable... ■

LES SECRETS DE LA FILEUSE

AH, CES NOTES DE PIANO entêtantes, qui sourdent du poste chaque dimanche soir quelques minutes après 20 h ! Une cascade joyeuse et nostalgique à la fois, dont n'importe quel auditeur du *Masque* vous jurerait qu'elle a accompagné l'émission de toute éternité. En fait, pas du tout. Deux autres génériques l'avaient précédée.

Il y eut d'abord, pendant près de vingt ans, une petite fanfare allègre et primesautière, jouée au clavecin. Qui l'avait composée ? Mystère, les fiches de l'INA n'ayant pas gardé trace du nom de son inventeur. Celui-ci, qui, d'après des oreilles musiciennes, « *avait bricolé ça en vitesse* », n'avait pas cru bon, de son côté, de laisser son nom à la postérité. L'amusant, c'est le clavecin, délicieusement anachronique dans cette tribune qui se voulait sinon en avance sur son temps du moins à l'écoute de toutes les nouveautés culturelles et qui s'ouvrait... sur un parfum d'Ancien Régime.

Parfois, cependant, le clavecin était remplacé par du piano joué pendant l'enregistrement – en « live », dirait-on en bon français d'aujourd'hui – et, les premières années, il n'était pas rare que Bastide s'y colle lui-même : le 30 janvier 1956, par exemple, ou le 16 janvier 1958, c'est lui qui interprète le générique, pendant que Polac lance seul l'émission. D'autres fois, le musicien « de service » chargé des improvisations durant l'émission s'écarte du générique « officiel » : les 29 mai 1958, 25 juin 1959 et 5 novembre 1961, par exemple,

Le pianiste Jean Wiener, musicien prodige, particulièrement doué pour l'improvisation.

Jean Borredon interprète librement le thème à la guitare. Le 28 avril 1968, Jean-Claude Casadesus improvise carrément un générique aux percussions. À d'autres reprises, en 1969 et 1970, c'est le Groupe d'étude et réalisation musicale (Gerem), qui improvise avec divers instruments, comme la trompette.

Le 6 décembre 1975, adieu le clavecin, place à Schubert. Un compositeur révéré de Bastide, mais ce n'est pas lui qui a choisi le morceau, c'est Christian Ivaldi, dont on parlera plus loin, qui le lui a suggéré. En réponse à des demandes d'auditeurs, Bastide donne la référence dans l'émission du 1er février 1976 : il s'agit d'un *Impromptu* en sol majeur, opus 90, n° 3 et il ajoute : « *On me dit que c'est un peu triste – mais c'est ma fille, elle est jeune.* » Sa fille n'a pas tout à fait tort : la tonalité est plus lourde, plus sérieuse, mais oui, aussi un peu triste. Du reste, ce générique ne va pas tenir trois ans.

Il change le 17 septembre 1978 pour devenir cette *Fileuse* de Mendelssohn que tout le monde connaît aujourd'hui, une des *Romances sans parole* du compositeur (la numéro 4 pour être précis). Et Bastide explique pourquoi : « *J'ai abandonné le Schubert auquel vous étiez habitués pour deux raisons. Cet été, j'ai entendu cet enregistrement des* Romances sans parole *de Mendelssohn par Barenboïm au moment où je recevais des nouvelles de Jean-Louis Bory et je ne sais pas pourquoi en écoutant ce Mendelssohn, j'ai pensé à la diction de notre ami quand il est en pleine forme, et il le sera bientôt de nouveau. Ce Mendelssohn est d'abord pour Jean-Louis, j'espère qu'il lui plaira...* » Annette Lyautey, qui « mettait en ondes » *Le Masque* à cette époque, s'en souvient très bien : « La Fileuse *rappelait à Bastide le débit et la gaieté de Bory. Bastide n'a plus voulu en changer après sa mort.* »

Mais il y a donc une autre raison, qui a présidé au choix de Mendelssohn : « *La deuxième raison,* poursuit Bastide ce 17 septembre 1978, [c'est que] *je reçois un genre de lettres dont je ne veux pas parler, des lettres antisémites qui m'accusent, je cite, d'avoir trop de "youtres" à cette tribune. J'en ai encore reçu cet été... Alors je me suis dit : "Puisque c'est comme ça, voilà : Mendelssohn par Barenboïm, on va les gâter !"* »

Par fidélité « bastidienne », Pierre Bouteiller et Jérôme Garcin ont gardé cette *Fileuse*, toujours jouée par Barenboïm, sans se douter que du même coup ils honoraient la mémoire de Bory et se riaient des racistes.

Longtemps, la musique, au *Masque*, ne se cantonna pas au générique, mais occupait une place centrale dans le programme, voulue aussi bien par Bastide, fervent musicien lui-même, que par Polac, également mélomane et aux goûts plus éclectiques. On a vu que les premiers temps, l'émission, qui pouvait durer plus de deux heures, était conçue comme un vrai spectacle. La musique, dès l'enregistrement du 13 novembre 1955, y avait sa place, sous forme d'improvisations confiées à un artiste présent sur la scène, à quelques mètres de la tribune des critiques.

C'est Jean Wiener qui ouvrit le bal, au piano. Musicien prodige, particulièrement doué pour l'improvisation[1], Jean Wiener n'était pas connu du grand public et pourtant ses musiques de films étaient dans toutes les oreilles. Il en signa plus de 300, dont celle de *Touchez pas au grisbi*, en 1954, qui fit le tour du monde. Né en 1896, à Paris, Wiener (disparu en 1982) était à la fois un musicien très classique, habitué de Gaveau et du Théâtre des Champs-Élysées, et un novateur. Son premier récital datait de 1920. Très vite, il interpréta des compositeurs encore peu joués à l'époque – Milhaud, Poulenc, Stravinsky, de Falla... – et compta parmi les tout premiers à voir dans le jazz une musique à part entière. Dans les années 1930, c'est lui qui tenait le piano du « Bœuf sur le toit ».

Très sollicité, Wiener n'assistait pas à tous les enregistrements du *Masque*. Bastide, on l'a vu, prenait sa place à l'occasion. Les premiers temps, Romano, un guitariste, se substituait parfois au piano. Puis Wiener abandonne finalement son tabouret du *Masque* à une autre pointure, Georges Delerue. Lui aussi pianiste virtuose, lui aussi compositeur d'innombrables musiques de films (dont celle du *Mépris*, qui lui vaut à elle seule une postérité éternelle...), Georges Delerue (1925-1992) était un proche ami de Michel Polac. « *Nous avions même écrit ensemble, en 1953, un opéra,* Ariane, *qui était une commande de la radio* », précise ce dernier.

Après Georges Delerue, changement de cap : le piano est remplacé... par la cithare, le luth ou la harpe, selon les émissions. Mais ces trois instruments sont joués par les deux mêmes mains, celles de Monique Rollin. Née en 1927, prix d'excellence de piano en juillet 1939 au Conservatoire international de Paris et second prix de harpe en 1949, elle s'illustra aussi comme musicologue (elle fut ingénieur au CNRS), spécialisée dans l'étude de la musique ancienne. Elle contribua notamment à faire redécouvrir le répertoire du luth. Disparue lors de l'été 2002, elle reste elle aussi méconnue du grand public. Et pourtant... c'est elle qui joue à la cithare le thème du *Docteur Jivago* composé par Maurice Jarre !

En 1964, au moment de l'emménagement à la Maison de la Radio, Bastide s'avise que la cithare ou la harpe, dans le cadre gigantesque du studio 104, ne sont plus possibles. Michel Polac, favorable à un changement radical, fait appel à Michel Portal (clarinette) et Jean-Pierre Drouet (percussions). « *Portal et Drouet intervenaient dans la conversation sans même y être sollicités,* raconte Polac. *C'était, avec des années d'avance, un peu l'équivalent, en matière sonore, des dessins dans* Droit de réponse. *C'était souvent très drôle et ça faisait rire la salle, mais Bastide détestait, il trouvait ça malpoli.* » « *On était très libres, parfois on exagérait un peu,* concède Michel Portal. *Un jour, le comédien Jean Topart était venu lire un texte. Il était reparti*

1 En 1998, l'INA a coédité avec Abeille Musique un CD d'improvisations de Jean Wiener pour la radio entre 1954 et 1960, mais celles du *Masque* n'y figurent pas.

Pages suivantes : François-Régis Bastide au piano.

très vexé : il avait trouvé que nous avions joué trop fort dans son dos. Mais nous sentions une vraie complicité avec le public. » Bastide, tout de même, finit par l'emporter : l'expérience s'arrête avec la saison. Mais Michel Portal et Jean-Pierre Drouet resteront très amis avec Michel Polac : en 1969, ils composent la musique de son premier (et seul) film, *Un fils unique*. Et en 1981 c'est Michel Portal qui signera le générique de *Droit de réponse*.

À la rentrée 1964, Bastide impose de revenir au piano et c'est Monique Rollin qui lui présente un candidat, un jeune pianiste (il est né en 1938) avec qui elle a eu l'occasion de travailler : Christian Ivaldi. Ivaldi inaugure sa première prestation au *Masque* le 26 septembre 1964. Il quittera définitivement l'émission le 26 juin 1976. Ses douze années de présence à l'émission auront durablement marqué les souvenirs des auditeurs, qui citent encore fréquemment son nom, même s'il n'a pas occupé son tabouret durant douze ans sans quelques absences liées aux impératifs de sa carrière (en 1969, il devient professeur au Conservatoire et surtout, il totalise, à ce jour, plus de 2500 concerts à son actif et une bonne centaine de disques, principalement en musique de chambre). En 1976, justement, débordé par son travail, il décide de renoncer au *Masque*. Yves Prin (né en 1933), premier prix de piano au Conservatoire de Paris en 1956, premier prix de direction d'orchestre en 1959, à l'époque directeur musical de l'Atelier lyrique du Rhin, lui succède.

À son tour débordé par sa carrière (il devient délégué artistique du service lyrique de Radio France, puis directeur musical de l'Orchestre philharmonique de Radio France), Yves Prin arrête *Le Masque* au début de 1979. Renaud Gagneux le remplace quelque temps, puis, en juin 1979, c'est Gérard Parmentier qui va hériter du tabouret. « *Je me trouvais en Espagne*, raconte-t-il, *quand ma femme me téléphone : "La radio cherche à te joindre, ils voudraient que tu participes à une émission, samedi prochain. Il faut que tu sois à la Maison de la Radio à 14 h." Je suis rentré à Paris sans savoir qu'il s'agissait du* Masque. *Je me suis rendu à l'enregistrement, pour ce qui n'était alors qu'un simple remplacement. Mais Bastide a aimé mes improvisations et m'a dit : "Vous ferez aussi la prochaine." La fois suivante, le climat fut épouvantable : on avait appris, dans la semaine, le suicide de Bory. J'ai fait ce que j'ai pu. Bastide a apprécié : "Tu vas rester avec nous", m'a-t-il dit. À la rentrée, j'étais là.* »

Ancien directeur de la musique à la Comédie-Française (de 1973 à 1977), pianiste à l'Opéra de Paris de 1979 à 1990, Gérard Parmentier est un musicien éclectique (c'est lui qui fut chargé de l'organisation musicale de la messe au Bourget lors de la première venue de Jean-Paul II en France, en 1980), qui a toujours accordé beaucoup d'importance à l'improvisation dans son travail, y réservant une place dans ses concerts et n'aimant rien tant que répondre à une idée ou un thème que lui suggère la salle. Il sera le dernier musicien du *Masque* : quand Pierre Bouteiller arrive, il décide de supprimer la musique durant l'enregistrement. Jérôme Garcin, pressé par le temps (l'émission ne dure plus aujourd'hui que 50 minutes à l'antenne, alors qu'elle durait 1 h 20 du temps de Bastide, se terminant à 21 h 30), ne pourra pas la rétablir. Dommage.

Dommage, car « *les improvisations détendaient l'atmosphère et donnaient aux critiques le temps de respirer* », se souvient Pierre Marcabru. « *Quand on devinait que les critiques avaient une faiblesse, qu'ils avaient besoin de se recentrer, ça leur permettait de respirer en direct* », confirme Gérard Parmentier, qui décrit Bastide en véritable chef d'orchestre : « *Dès qu'il sentait que le débat menaçait de s'enliser, ou au contraire devenait trop virulent, il se tournait vers moi et avec ses doigts formait un chiffre, généralement 2 ou 3, exceptionnellement 4 : c'était le nombre de minutes qu'il m'accordait.* » Les improvisations étaient toujours saluées d'applaudissements : « *Ça vidait la tension parfois accumulée lors du débat précédent, ça lavait la salle* », ajoute encore Gérard Parmentier. « *Nous avions rarement le temps ou l'occasion de voir en même temps qu'eux les œuvres dont parlaient les critiques,* précise Yves Prin. *Alors, on écoutait attentivement le débat, et on essayait de prendre un parti pris, défendeur ou attaquant. Si le sujet ne nous inspirait vraiment pas, notre improvisation restait en retrait, mais le plus souvent elle était dynamique. Une fois, malheureusement je ne me souviens plus à propos de quel film, j'ai joué* L'Internationale *et j'ai terminé en claquant bruyamment le pupitre de mon piano. La salle a adoré !* »

Le 24 février 1980, quand *Le Masque* reçoit, en invité exceptionnel, Vladimir Jankélévitch (lire page 388), Bastide demande à Gérard Parmentier « *quelque chose dans le goût de Fauré* ». « *Je savais que c'était l'un des compositeurs préférés de Jankélévitch,* raconte Parmentier. *J'ai eu très peur. Mais, à la fin, il m'a félicité avec beaucoup d'éloges, jurant que Fauré lui-même aurait pu avoir écrit ce que je venais de jouer. J'étais très fier, on s'en doute...* » C'est que l'improvisation n'est vraiment pas un art mineur : « *Il est beaucoup plus difficile de jouer quelque chose qui va naître dans l'instant qu'une partition qu'on a longuement travaillée, aussi dure soit-elle,* souligne Christian Ivaldi. *À chaque début d'enregistrement du* Masque, *je me payais un trac épouvantable...* »

De ces improvisations masquiennes, il ne reste rien. « *Charensol, avec qui je m'étais lié, voulait qu'on en fasse un disque,* raconte Gérard Parmentier. *Plusieurs fois, d'ailleurs, les auditeurs en avaient exprimé le souhait dans leurs courriers. Le projet a un moment circulé à Radio France, mais je ne me suis pas assez bougé et le disque ne s'est pas fait.* » Du *Masque*, Parmentier ne conserve donc, mais c'est déjà beaucoup, que les amis qu'il a connus par l'émission : « *Je recevais du courrier de toute la France, mais aussi d'Allemagne, de Suisse, de Belgique, d'Espagne... Et je fréquente toujours certains spectateurs qui venaient assister régulièrement aux enregistrements.* » « *Dans les années 1970,* se souvient Christian Ivaldi, *quand je commençais à me faire un petit nom avec mes disques et mes concerts, ça m'énervait prodigieusement que des gens, quand je me présentais, me répondent : « Ah, oui, on vous entend au Masque ! » À l'époque, je trouvais ça très réducteur. Mais encore aujourd'hui, je m'aperçois que beaucoup de ceux qui viennent à mes concerts ou achètent mes disques m'avouent m'avoir connu par* Le Masque. *Et, avec le recul, je ne garde, évidemment, que des souvenirs formidables...* » ■

1980 Vladimir Jankélévitch

« — je sais *que* mais je ne sais pas *qui*… »

LE 24 FÉVRIER 1980, c'est un *Masque* exceptionnel que propose François-Régis Bastide à son public : l'émission est tout entière consacrée à un entretien avec le philosophe Vladimir Jankélévitch, qui vient de publier une version remaniée et augmentée de *Le Je-ne-sais-quoi et le Presque-rien* (la version d'origine avait paru aux Puf en 1957). Né à Bourges en 1903 de parents qui avaient fui les pogroms de la Russie tsariste (son père, le Dr Samuel Jankélévitch, est l'un des introducteurs de Freud en France), Vladimir Jankélévitch avait été reçu à l'agrégation de philosophie en 1926. D'abord professeur à l'Institut français de Prague, puis à l'Université de Toulouse, il consacre son premier livre, en 1931, à Bergson. Mobilisé en 1939, après la défaite il est suspendu de son poste par le gouvernement de Vichy, en application des lois antijuives. Il se réfugie à Toulouse où il est des premiers résistants. De la guerre et de la lutte contre l'Occupant date son refus en bloc de la philosophie et de la musique allemandes (refus radical puisqu'il décide de ne

Vladimir Jankélévitch par Louis Monier.

plus lire une ligne de philosophie allemande non plus que de jouer ou d'écouter un compositeur allemand, décision à laquelle il se tiendra jusqu'à la fin de sa vie). Après la guerre, il est nommé à Lille, puis, en 1951, à la Sorbonne. Il publie beaucoup (une vingtaine d'ouvrages de philosophie auxquels il faut ajouter son œuvre de musicologue), notamment *Traité des vertus* en 1949 et, en 1966, le livre que beaucoup de ses disciples considèrent comme son chef-d'œuvre, *La Mort*. Jeune « espoir » de la philosophie française avant guerre, son audience est très circonscrite après 1945. Le black-out sur la philosophie allemande est évidemment un handicap alors que la France s'ouvre massivement à Hegel – longtemps boudé par l'Université – et que l'existentialisme se réclame des différentes moutures de la phénoménologie allemande (dont – horresco referens – Heidegger). Jusque dans l'Université (où son enseignement marque des générations d'étudiants), il est davantage perçu comme une grande figure de professeur (ses cours en Sorbonne – qu'on a pu entendre sur France Culture durant l'été 2003 –, débit haletant, musical, tenaient de la performance) que comme un philosophe original. Il poursuit cependant, en marge des vagues existentialiste puis structuraliste, une œuvre résolument *inactuelle*. À la fin des années 1970, Jankélévitch accède à une certaine notoriété publique qui coïncide pour partie avec le reflux du structuralisme. La nouvelle publication du *Je-ne-sais-quoi*... fait alors figure d'événement. Bastide et Jankélévitch s'étaient rencontrés à Royaumont, à la fin de la guerre. Quand on sait combien le romantisme allemand (musical autant que littéraire) comptait dans l'inspiration de Bastide, on comprend mieux l'importance prise, dans leur entretien, par cette question du rejet, par Jankélévitch (disparu en 1985), de la culture allemande.

FRANÇOIS-RÉGIS BASTIDE *(au public)* — Pour la première fois je ne vous offre ni un « écrivain » au sens classique, ni un metteur en scène, ou un comédien, mais un philosophe : Vladimir Jankélévitch.
(Puis, se tournant vers son invité:) Votre réputation a maintenant franchi les murs de l'Université, mais je vais rapidement vous présenter : vous avez été professeur à Toulouse, à Lille, aujourd'hui à la Sorbonne... Et vous êtes le seul de nos philosophes contemporains, je n'oserai pas dire que je comprenne, mais que j'ai envie de suivre totalement. Je vous ai connu à Royaumont en 1949 et pour la première fois j'ai su ce qu'était la magie du verbe... C'était à l'occasion d'une décade sur la « peur ». Vous n'étiez pas tout à fait au courant du sujet et vous êtes allé faire un tour de parc... Quand vous êtes revenu, je me suis dit : « Si la philo c'est ça, j'aime ça ! » Je me sentais soudain si proche, parce que vous parliez aussi de musique... Au sortir de la guerre, passée dans la clandestinité, vous vous êtes retrouvé « déphasé ». Résistant, vous n'aviez pas lu Merleau-Ponty... Vous ne vous sentiez pas dans le coup : vous en étiez resté à Bergson – sur lequel vous avez écrit

« si on évoque les événements révolutionnaires de 1968, [les étudiants] ne savent même plus de quoi on parle... Mais je les aime follement... »

votre premier livre – et vous deviez enseigner la philosophie qui se pratiquait alors... Aviez-vous tout de même lu Sartre ?

VLADIMIR JANKÉLÉVITCH — Mais non !

FRANÇOIS-RÉGIS BASTIDE — Vous avez donc repris vos cours comme en 1939...

VLADIMIR JANKÉLÉVITCH — J'étais démuni, orphelin, [sujet] à des malentendus perpétuels... J'avais la naïveté de croire qu'on parlait de moi ! Il y a un remède étonnant [aux maladies de l'ego] – dont je ne souhaite à personne de faire l'essai –, il suffit de disparaître de la circulation pendant 4 ou 5 ans pour se retrouver un étranger dans un monde inconnu, surtout en France ou les modes vont vite. Et aussi bien en philosophie, c'est même encore plus dérisoire... Ça tient aussi au caractère de ces peuplades étranges, en perpétuel renouvellement : les étudiants. Le seul point fixe, ce sont les professeurs si honnis... Sans eux, il n'y aurait pas d'Université... J'ai même eu tort de me joindre à ceux qui les traitaient de [si rude] manière.
Et d'ailleurs, aujourd'hui, si on évoque les événements révolutionnaires de 1968, [les étudiants] ne savent même plus de quoi on parle... Mais je les aime follement...

FRANÇOIS-RÉGIS BASTIDE — Est-ce qu'ils ne vous mangent pas un peu ?

VLADIMIR JANKÉLÉVITCH — C'est comme les amours, ils prennent beaucoup de temps...

FRANÇOIS-RÉGIS BASTIDE — [Vous] avez évacué de vos préoccupations tout ce qui

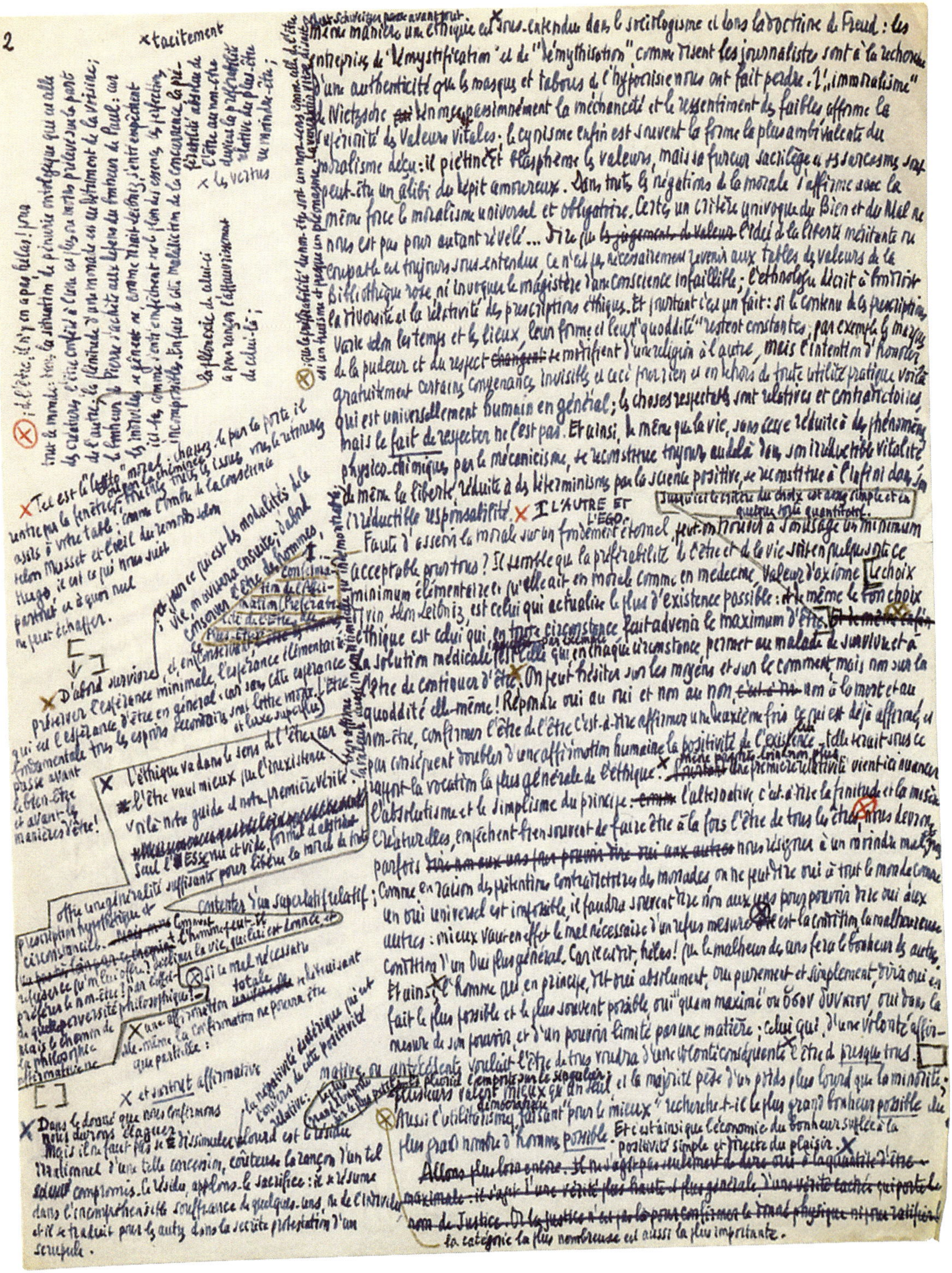

2

De même manière une éthique est sous-entendue dans le sociologisme et dans la doctrine de Freud : les entreprises de "démystification" et de "démythisation" comme disent les journalistes sont à la recherche d'une authenticité que les masques et tabous de l'hypocrisie nous ont fait perdre. L'„immoralisme" de Nietzsche en magnifiant passionnément la méchanceté et le ressentiment des faibles affirme la supériorité des valeurs vitales. Le cynisme enfin est souvent la forme la plus ambivalente du moralisme déçu : il piétine et blasphème les valeurs, mais sa fureur sacrilège et ses sarcasmes sont peut-être un alibi du dépit amoureux. Dans toutes les négations de la morale s'affirme avec la même force le moralisme universel et obligatoire. C'est-à-dire un critère univoque du Bien et du Mal ne nous est pas pour autant révélé… Dire que l'idée de la liberté méritante ou coupable est toujours sous-entendue ce n'est pas nécessairement revenir aux tables des valeurs de la Bibliothèque rose ni invoquer le magistère d'une conscience infaillible ; l'ethnologie décrit à bon droit la diversité et la relativité des prescriptions éthiques. Et pourtant c'est un fait : si le contenu des prescriptions varie selon les temps et les lieux, leur forme et leur "quoddité" restent constantes ; par exemple les marques de la pudeur et du respect se modifient d'une religion à l'autre, mais l'intention d'honorer gratuitement certaines convenances invisibles et ceci pour rien et en dehors de toute utilité pratique voilà qui est universellement humain en général ; les choses respectées sont relatives et contradictoires mais le fait de respecter ne l'est pas. Et ainsi, de même que la vie, sans cesse réduite à des phénomènes physico-chimiques par le mécanicisme, se reconstitue toujours au-delà dans son irréductible vitalité de même la liberté, réduite à des déterminismes par la science positive, se reconstitue à l'infini dans son irréductible responsabilité.

I L'AUTRE ET L'EGO.

Faut-il asseoir la morale sur un fondement éternel, peut-on trouver à son usage un minimum acceptable pour tous ? Il semble que la préférabilité de l'être et de la vie soit en quelque sorte ce minimum élémentaire qu'elle ait en morale comme en médecine valeur d'axiome. Le choix … selon Leibniz, est celui qui actualise le plus d'existence possible : de même le bon choix éthique est celui qui en chaque circonstance fait advenir le maximum d'être … la solution médicale est celle qui en chaque circonstance permet au malade de survivre et à l'être de continuer d'être. On peut hésiter sur les moyens et sur le comment, mais non sur la quoddité elle-même ! Répondre oui au oui et non au non … non à la mort et au non-être, confirmer l'être de l'être c'est-à-dire affirmer une deuxième fois ce qui est déjà affirmé, et par conséquent doubler d'une affirmation humaine la positivité de l'existence … telle serait sous ce rapport la vocation la plus générale de l'éthique … l'alternative, c'est-à-dire la finitude et la misère créaturelles, empêchent bien souvent de faire être à la fois l'être de tous les êtres, nous devons parfois … nous résigner à un moindre mal ; comme en raison des prétentions contradictoires des monades on ne peut dire oui à tout le monde comme un oui universel est impossible, il faudra souvent dire non aux uns pour pouvoir dire oui aux autres : mieux vaut en effet le mal nécessaire d'un refus mesuré … c'est la condition, la malheureuse condition d'un Oui plus général. Car il arrive, hélas ! que le malheur des uns fera le bonheur des autres. Et ainsi l'homme qui en principe, dit oui absolument, ou purement et simplement, dira oui en fait le plus possible et le plus souvent possible, oui "quam maxime" ou ὅσον δυνατόν, oui dans la mesure de son pouvoir, et d'un pouvoir limité par une matière ; celui qui, d'une volonté affirmative voulait l'être de tous voudra d'une volonté conséquente l'être de presque tous. … plusieurs valent mieux qu'un seul et la majorité pèse d'un poids plus lourd que la minorité. Aussi l'utilitarisme, faisant "pour le mieux", recherche-t-il le plus grand bonheur possible du plus grand nombre d'hommes possible. Et c'est ainsi que l'économie du bonheur suffit à la positivité simple et directe du plaisir.

~~Allons plus loin encore. Il ne s'agit pas seulement de dire oui à la quantité d'être maximale : il s'agit d'une vérité plus haute … au nom de Justice. …~~

la catégorie la plus nombreuse est aussi la plus importante.

D'abord survivre, et ensuite … préserver l'existence minimale, l'expérience élémentaire qui est l'existence d'être en général : car sans cette expérience fondamentale tous les espoirs secondaires sont lettre morte. L'être passe avant le bien-être et avant les manières d'être !

L'éthique va dans le sens de l'être car l'être vaut mieux que l'inexistence. Voilà notre guide et notre première vérité.

Dans le donné que nous confirmons nous devrons … Mais il ne faut pas se dissimuler … la mauvaise conscience, … compromis. … dans l'incompréhensible souffrance de quelques-uns, … scrupule.

392

concernait l'Allemagne, pas seulement en philosophie – ce qui est tout de même étrange parce que les philosophes allemands, certes je n'y connais rien, cependant...

VLADIMIR JANKÉLÉVITCH — Oh, vous savez, moi non plus !

FRANÇOIS-RÉGIS BASTIDE — ...je croyais que c'était important – mais vous avez aussi évacué des musiciens qui ne vous avaient rien fait comme Schumann ou Schubert. Vous avez pris un parti plus français que nature, au point de privilégier Gabriel Fauré ou même Déodat de Séverac – dont vous avez raison de dire qu'il est trop méconnu – un peu au détriment de... Ce n'est pas un reproche...

VLADIMIR JANKÉLÉVITCH — C'est tout de même un reproche... Mais la France est atteinte de germanophilie constitutionnelle, elle aime être violée ! Ce primat exorbitant de la musique allemande nous cachait toute la palette des musiques européennes et extra-européennes. Songez que nous venons de découvrir l'existence de Jánacek, un des grands génies du XXe siècle ! L'Allemagne rétrécissait notre champ de vision.

FRANÇOIS-RÉGIS BASTIDE — Vous vous appuyez presque aussi souvent sur la musique que sur [les auteurs de la tradition], vous multipliez les comparaisons avec Debussy, Fauré, souvent avec les Russes. Mais est-ce que la musique allemande ne vous manque pas ?

VLADIMIR JANKÉLÉVITCH — Absolument pas ! Je me porte très bien, mieux que jamais !

FRANÇOIS-RÉGIS BASTIDE — Tout de même... Un de vos livres, *L'Irréversible et la Nostalgie* – dont je ne prononcerai pas l'équivalent en allemand pour ne pas vous agacer –, n'aurait-il pas gagné à la fréquentation de cette musique : tout l'univers du lied romantique...

VLADIMIR JANKÉLÉVITCH — Pourquoi toujours aller du côté des forêts de Germanie ? Rappelez-vous Debussy – « Combien j'ai douce souvenance... » – ou Ravel, qui vous est encore plus cher qu'à moi...

FRANÇOIS-RÉGIS BASTIDE — Entrons dans des choses plus difficiles : les trois brefs volumes qui forment *Le Je-ne-sais-quoi et le Presque-rien* : *La manière et l'occasion*, *La méconnaissance*, *La volonté de vouloir*... Vous m'avez fait découvrir Baltasar Gracián[1]...

1 Jésuite espagnol, moraliste du XVIIe siècle, auteur notamment de *L'Homme de cour*, réédité dans les années 1980 à grand bruit.

Manuscrit du *Traité des vertus* de Vladimir Jankélévitch.

VLADIMIR JANKÉLÉVITCH — C'est un jésuite – c'est important...

FRANÇOIS-RÉGIS BASTIDE — Proche de Góngora[2]... Est-ce que vous pouvez tenter une approche du « Je-ne-sais-quoi » ?

VLADIMIR JANKÉLÉVITCH — Je peux essayer... Je suis avant tout un professeur... Disons que ça oscille entre un « Je sais que... » mais « Je ne sais pas quoi ». Si vous voulez, comme dit Pascal – qui avait lu Gracián – je sais qu'il y a un Dieu, mais je ne sais pas quel il est – *qualis* ; je sais qu'il y en a un (je ne suis pas chrétien, je ne me mets pas dans ses pensées) mais je ne sais pas où il est perché, je ne peux pas définir sa nature. Saint Jean Chrysostome disait la même chose : je sais *que* mais je ne sais pas *qui*... Pascal disait encore : « Je sais qu'il y a un nombre infini » mais sans pouvoir déterminer combien grand – *quantus* – est ce nombre. Je ne peux pas le poser pair ou impair puisque, par définition, je pourrais toujours ajouter un : le pair et l'impair se repoussent... jusqu'à l'infini. L'objet est indéterminé dans sa nature mais évident dans sa présence. C'est cela qui domine au fond : ce n'est pas la nescience mais au contraire une science intuitive, un peu mystique, de l'ineffable. Ce n'est pas l'ignorance, qui elle, est vide.

FRANÇOIS-RÉGIS BASTIDE — On peut recevoir l'ensemble comme une espèce de morale intellectuelle, de déblayage d'un savoir que nous croyons posséder... Et pourtant, il faut vouloir et c'est facile... Pour décider, il n'y a pas besoin de connaître...

VLADIMIR JANKÉLÉVITCH — La décision, c'est le coup d'épée d'Alexandre qui tranche le nœud de Gordes ou la « lumière qui luit dans les ténèbres[3] » – j'y reviens souvent – je n'ai pas été nourri dans les Évangiles...

FRANÇOIS-RÉGIS BASTIDE — Mais vous les citez sans arrêt...

VLADIMIR JANKÉLÉVITCH — « La lumière dans les ténèbres » : c'est l'absence d'évidence reposante.

FRANÇOIS-RÉGIS BASTIDE — Quelle est la part de l'autobiographie, du « vécu » comme on dit aujourd'hui, dans votre pensée ? Est-ce que votre propre situation a nourri votre réflexion sur la « méconnaissance » ?

VLADIMIR JANKÉLÉVITCH — Elle est nulle. Par contre, j'ai beaucoup pensé à la musique qui, comme une fatalité, suscite tant de génies méconnus. Et il y a des raisons à ça... Vous pouvez me dire lesquelles ? Excusez-moi de vous parler en professeur...

FRANÇOIS-RÉGIS BASTIDE — Mais je ne sais pas, d'ailleurs les peintres aussi...

2 Luis de Góngora y Argote, poète espagnol (1561-1627), l'un des plus vénérés de son temps, dont le style, très précieux, était proche de l'affectation. Gracián, qui s'essaya lui aussi à la poésie, tenta de l'imiter. **3** Jean, I, 5.

Vladimir Jankélévitch au piano par Louis Monier.

« Pourquoi toujours aller du côté des forêts de Germanie ? Rappelez-vous Debussy – “Combien j’ai douce souvenance...” »

VLADIMIR JANKÉLÉVITCH — Beaucoup moins... La musique est dans le temps [...], donc évanouissante, suspendue à cet événement irrationnel qu'on appelle le concert. C'est pour ça que les gens aiment tellement les portraits des musiciens [...]. La musique n'existe qu'en acte et re-faire est encore un faire...

FRANÇOIS-RÉGIS BASTIDE — Faut-il entendre une métaphore : je pense au thème de l'apprentissage comme reprise d'un savoir déjà su...

VLADIMIR JANKÉLÉVITCH — La philosophie efface la distinction entre le sens propre et le sens figuré. Si je dis que le plus grand penseur qui m'ait inspiré est Gabriel Fauré, ça doit être entendu littéralement. Son quatuor à cordes est une leçon de sagesse.

FRANÇOIS-RÉGIS BASTIDE — Le *Phédon* ou Leibniz vous ont tout de même plus appris pour écrire *La Mort* par exemple, qui est un de vos grands livres, ou le *Traité des vertus* que tous ces musiciens ? Moi, je suis ravi quand vous en parlez : je reprends souffle, je vais dans des zones qui me sont plus familières que Leibniz que je ne connais pour ainsi dire pas, mais...

VLADIMIR JANKÉLÉVITCH — Ça vaut la peine de vous interrompre au sujet de Leibniz : il a défini la musique *voluptas numerantis ne scientis se numerare*... Ce n'est pas la peine de traduire.

FRANÇOIS-RÉGIS BASTIDE — Il vaut peut-être mieux, quand même !

VLADIMIR JANKÉLÉVITCH — Eh bien : « Le plaisir de celui qui calcule sans savoir qu'il calcule. » En somme le savoir prime sur la nescience : c'est une approche du je-ne-sais-quoi. Peut-être Leibniz m'est-il assez proche ? Il est allemand, mais il écrit en français... Parce que sa philosophie se fonde sur l'harmonie – préétablie, ce qui est quand même assez inquiétant – mais c'est une philosophie de l'harmonie. C'est ce que Kant, qui est très prussien, détestait...

FRANÇOIS-RÉGIS BASTIDE — Ça vous n'aimez pas ? Vous êtes très anti-Kant ?

VLADIMIR JANKÉLÉVITCH — Oh pas tellement ! Mais ça ennuierait les gens que je définisse ma position par rapport à Kant...

FRANÇOIS-RÉGIS BASTIDE — Comment se fait-il que vous qui avez été très engagé dans la Résistance, sur les barricades de 1968 et dont l'œuvre – l'étiquette vaut ce qu'elle vaut – est au fond spiritualiste, comment se fait-il que votre œuvre soit si peu combative ?

VLADIMIR JANKÉLÉVITCH — Je vais vous mettre tout de suite à l'aise : je n'attends rien ! On n'obtient rien quand on veut prêcher. C'est du prêchi-prêcha que la philosophie théologisante a crevé...

FRANÇOIS-RÉGIS BASTIDE — À une époque où la science nous conditionne,

FRANÇOIS-RÉGIS BASTIDE — Comment se fait-il que [...] votre œuvre soit si peu combative ?

VLADIMIR JANKÉLÉVITCH — [...] On n'obtient rien quand on veut prêcher. C'est du prêchi-prêcha que la philosophie théologisante a crevé...

où même le discours philosophique bruit de scientificité, ou de pseudo-science... de sémiologie, de signifiant/signifié... tout ça n'a pas l'air de vous concerner tellement...

VLADIMIR JANKÉLÉVITCH — Je n'ai rien à apporter... Je ne vais pas me mettre à faire des équations...

FRANÇOIS-RÉGIS BASTIDE — Vous avez parlé de Dieu plusieurs fois, mais presque comme vous dites « Platon ».

VLADIMIR JANKÉLÉVITCH — Il faut revenir au début et à saint Jean Chrysostome et encore... Je ne dirais même pas : « Je sais *que...* » Je pense à Bergson qui se demandait : « Qu'est-ce qu'ils ont tous à chercher à savoir si je suis converti : ils voient bien que je suis une âme religieuse ! » Le christianisme de Bergson, c'est un peu la *Christian Science*... Son christianisme n'est pas historique au sens où il aurait en vue quelque chose comme l'historicité de la crucifixion et de la résurrection. Le nom de Dieu manifeste, mutatis mutandis, ce qu'on appellerait en géométrie un passage à la limite. C'est en ce sens que la philosophie ne doit pas le perdre de vue [...]. C'est quand

Vladimir Jankélévitch

« Je n'ai jamais été à la table des grands de ce monde et j'espère bien me passer toujours de leurs nourritures. »

même une visée, un horizon, comme disent les phénoménologues

FRANÇOIS-RÉGIS BASTIDE — Horizon chimérique ?

VLADIMIR JANKÉLÉVITCH — Tout horizon est toujours chimérique. « Noli me tangere » dit le Christ à Madeleine : le corps du Ressuscité n'est pas un corps physique...

FRANÇOIS-RÉGIS BASTIDE — Quand un chef d'État convoque à sa table des philosophes[4] pour leur demander... je ne sais quoi ou presque rien, vous regrettez de ne pas être convié ? Que vous inspire l'initiative ?

VLADIMIR JANKÉLÉVITCH — C'est une farce ! D'ailleurs ils ne me demanderont jamais rien. Je n'ai jamais été à la table des grands de ce monde et j'espère bien me passer toujours de leurs nourritures.

FRANÇOIS-RÉGIS BASTIDE — Vous n'y verriez même pas le plaisir du malentendu ?

VLADIMIR JANKÉLÉVITCH — Non, que le temps perdu !

FRANÇOIS-RÉGIS BASTIDE — Vous ne voulez pas donner d'assentiment... Mais, la Résistance ?

VLADIMIR JANKÉLÉVITCH — Ce n'est pas pareil : le refus a une portée morale immédiate. Quand on a vu la croix gammée flotter sur la tour Eiffel... Le choix, je le voyais de manière éblouissante. Et ça emporte aujourd'hui encore des conséquences « symboliques », comme ne jamais mettre les pieds dans ce pays-là, prendre quelques précautions quand je dois rencontrer des collègues [allemands], puisque collègues il y a...

FRANÇOIS-RÉGIS BASTIDE — Vis-à-vis des jeunes, vous observez la même distance ?

VLADIMIR JANKÉLÉVITCH — Les jeunes, non, bien sûr, ils ne sont pas responsables ! Nous en accueillons à la Sorbonne. Mais leurs aînés... Les affaires vont bien, le mark se porte bien ! Rien ne s'est passé... Ce pays compte – paraît-il – des professeurs de philosophie, et souvent de philosophie morale : jamais je n'ai reçu d'un seul d'entre eux le moindre mot d'excuse, un commencement de...

FRANÇOIS-RÉGIS BASTIDE — Je ne cherchais pas de mot de la fin mais nous pouvons rester sur cette parole d'un professeur de morale qui vous a fait défaut... ■

4 Le septembre 1978, Claude Lévi-Strauss, Jean-Luc Marion, Maurice Clavel et l'historien Georges Duby avaient déjeuné à l'Élysée répondant à l'invitation du président Giscard d'Estaing (la rencontre, venant après une autre tentative en 1976, avait fait quelque bruit à une époque où il était admis que les « intellectuels », par principe, ne frayaient pas avec le pouvoir).

1987 Festival de Cannes

« — je ne vous aime pas non plus ! »

Pour ses quarante ans, le Festival de Cannes s'offre un coup de blues. Quelques semaines plus tôt, Bouygues s'est emparé de TF1. Le bétonneur l'a emporté sur Hachette au motif que son projet était « mieux-disant culturel ». Vaste bouffonnerie qui ne trompe personne, et surtout pas les gens de cinéma. Mais la chaîne nouvellement privatisée débarque en force sur la Croisette. Avec morgue et inculture. Une anecdote cruelle (vraie, fausse ?) voudrait que Francis Bouygues, placé à côté de Jeanne Moreau dans un dîner, se serait tourné vers sa voisine de table pour lui demander : « Et vous, qu'est-ce que vous faites, dans la vie ? » Les rapports tendus du cinéma et de la télévision, et du Festival de Cannes avec la télévision, ne sont pas nouveaux. Du reste, Jean-Louis Bory avait été parmi les premiers à deviner quelle fantastique machine à décerveler – pardon, à vendre du temps de cerveau humain disponible pour un fabricant de soda – elle pouvait être : « *Au cours d'un Festival de Cannes des années 1970*, se souvient le cinéaste Yves Boisset, *nous remontions de la plage "Chez Pontiche", sous les parasols de laquelle Jean-Louis tenait matelas ouvert. Devant quelques centaines de badauds, Michel Drucker enre-*

Sandrine Bonnaire dans *Sous le soleil de Satan*.

Maurice Pialat par Xavier Lambours.

gistrait une émission. Nous nous arrêtâmes quelques instants. Près de nous, un monsieur cannois se posait des questions sur l'identité d'un grand échalas que s'apprêtait à interviewer Drucker. Sa tête disait bien quelque chose au monsieur, mais il n'arrivait pas à trouver son nom. Normal, puisque le grand échalas n'était que Clint Eastwood. Très pince-sans-rire, Bory s'est penché vers le monsieur et lui a murmuré, sur le ton de la confidence: "C'est le fils de Zitrone." Rassuré, le monsieur remercia Bory, opinant gravement: "Je me disais bien, aussi, qu'il ressemblait à Zitrone." Nous reprîmes notre marche sur la Croisette, Jean-Louis commentant avec une ironie mélancolique cet étrange festival de cinéma où les pré-

« C'était un parti pris risqué, presque masochiste, pour ce grand mécréant de Pialat de se colleter avec le texte de Bernanos. »

sentateurs de télévision étaient devenus des vedettes plus importantes que les stars du grand écran[1] ». Quinze ans plus tard, le phénomène n'a fait qu'empirer. D'où la grogne des critiques du *Masque*, en ouverture de l'émission du 24 mai, diffusée en direct du festival. Après quoi, ils parleront ensuite du film de Pialat, *Sous le soleil de Satan*...

PIERRE BOUTEILLER — Le cru 1987 ?

GÉRARD LEFORT — C'est devenu le festival de la télévision, des « stars » de télévision qui accaparent l'affiche, et c'est le symptôme d'une maladie grave : le cinéma n'a de chances de survie que par le biais de la télévision et quand on voit le traitement qu'elle lui fait subir ! Il y a maintenant une avalanche d'émissions. On demande aux producteurs, aux attachés de presse – très rarement aux réalisateurs – de fournir des extraits pour les illustrer. Et les animateurs – la plupart – ne voient pas les films dont ils parlent, mais ces morceaux qu'ils appellent des « bouts » : « Est-ce que tu as un « bout » de Taviani, un « bout » du Pialat ? » On peut se moquer, mais en réalité ce n'est pas très gai. Du fait de notre nouvelle télévision et du « mieux-disant culturel », on est passé d'une politique de production à une politique de programmation. La télévision a encore besoin de cinéma parce qu'on n'a rien inventé de mieux pour faire des indices d'écoute, mais un film dans une grille de programmes, comme le terme l'indique très bien, ça implique des barreaux : le cinéma à la télévision, c'est le cinéma en prison !

SERGE TOUBIANA — Il n'y a pas que la télévision qui a vampirisé le cinéma. Il se complaît dans une forme de commémoration permanente et pas très stimulante... Tout ça au milieu de gens – voyez l'état-major de Bouygues – qui déborde de mépris...

1 Yves Boisset, « Le festival Bory », in *Le Nouvel Observateur* du 10 mai 2000.

ANNIE COPPERMANN — Je vous trouve pessimiste : à Cannes, les salles – aussi bien pour la sélection officielle que pour les films d' « Un certain regard » – étaient combles à toutes les projections. L'amour du cinéma continue d'exister.

MICHEL CIMENT — Peut-être, mais à Paris et en province, les entrées ne cessent de baisser... La morgue de ces gens de télévision, c'est d'autant plus insupportable !

PIERRE BOUTEILLER — Qui veut commencer avec le film controversé de Pialat ?

ANNIE COPPERMANN — Je n'aime pas le battage formidable qui l'a entouré. Le mariage Depardieu-Bernanos-Pialat n'est pas un bon mariage. Peut-être que la grande foire cannoise n'était pas l'endroit idéal pour le voir, mais ça m'a paru empesé, artificiel. On peut – comme c'est mon cas – ne pas avoir d'affinités spéciales avec les problèmes de la foi, du mal et de la grâce et avoir aimé énormément *Thérèse*[2] l'an dernier. Pourtant a priori cette histoire de jeune fille qui entre au Carmel... Mais là, devant le Pialat, je n'ai rien ressenti [...].

SERGE TOUBIANA — On ne peut pas traiter le film comme ça ! C'était une rencontre improbable : Pialat s'est coltiné avec une œuvre aussi dense, aussi riche, aussi importante que *datée*. Et c'est par les comédiens que le texte passe. Croyez-vous que cette scène époustouflante, où l'abbé Donissan se flagelle, on l'eût – sans rire – seulement *vue* ici, à Cannes, si elle n'était pas intégralement maîtrisée ? C'est un film qui restera !

MICHEL CIMENT — Je suis un passionné de Bernanos et un passionné de Pialat : avec ce cocktail, je me promettais un film immense. J'en attendais peut-être trop... Il y a chez Bernanos un côté sanguin et rustre qui est bien présent chez Pialat mais la grâce, ici, lui fait défaut... Si j'ose dire – bien que ce ne soit pas un titre de Bernanos – c'est la pesanteur sans la grâce ! C'est la première fois que Pialat adapte un texte et il a cru – il nous l'a dit – que cette œuvre, il suffisait de la découper en chapitres, de reprendre les dialogues et de filmer. Mais Bernanos ne s'y prête pas. Quand on a Dashiell Hammett et *Le Faucon maltais*, l'écriture est déjà cinématographique et John Houston fait un très grand film. Là, il aurait fallu découper le texte, le retravailler cinématographiquement. Je ne reproche pas à Pialat de ne pas avoir fait le même travail que Bresson dans *Mouchette*, mais manifestement, face au *Soleil de Satan*, il reste comme devant un bloc qu'il essaie de bouger. On pourra toujours dire que c'est de l'ascétisme, du Dreyer : je crois, moi, que c'est un film emprunté. Peut-être,

2 D'Alain Cavalier (d'après la vie de Thérèse de Lisieux).

« Serge Daney a dit que le film de Pialat était impressionnant comme une cathédrale : visiter le *Soleil de Satan*, c'est visiter une cathédrale ! »

pour employer l'expression très snob qui a cours, un « grand film malade », en tout cas un film pas achevé…

PIERRE BOUTEILLER — Ne l'achevez pas !

JACQUES SICLIER — Sous prétexte que Bresson serait seul qualifié pour filmer Bernanos, sous prétexte que Pialat est encore identifié à un cinéma plus « direct », on lui reproche aujourd'hui d'avoir fait un film dans la tradition de la « qualité française » des années 1950. Après la projection, je ne savais absolument pas qu'en dire. Ça s'est décanté et la grâce m'est venue… La rencontre avec Satan en maquignon – Jean-Christophe Bouvet –, la nuit, dans les champs, est une séquence extraordinaire !

MICHEL CIMENT — Ça c'est très beau !

JACQUES SICLIER — Tout est comme ça !

MICHEL CIMENT — Si tout est comme ça, moi je ne l'ai pas vu !

SERGE TOUBIANA — Et la scène avec Sandrine Bonnaire et le docteur Gallet…

JACQUES SICLIER — Ce film avance dans la nuit, dans l'obscurité… La scène où Depardieu-Donissan ressuscite le gosse mort de la méningite avec la grâce de Satan, si elle avait été mal faite…

SERGE TOUBIANA — Voilà une troisième scène géniale !

JACQUES SICLIER — Je termine dans l'enthousiasme ! Ce festival sans passion en manque !

GÉRARD LEFORT — C'était un parti pris risqué, presque masochiste, pour ce grand mécréant de Pialat de se colleter avec le texte de Bernanos. Et il a un rapport presque sexuel avec ce texte plein de macération, de violence rentrée, de choses pas dites… Au final, le film est très physique. Sans doute à cause de l'impressionnant tas de viande qu'est Depardieu – c'est un

Bruno Ganz dans *Les Ailes du désir.*

« Une chose, cependant, me gêne toujours [chez Wenders] : l'absence de fantaisie, d'humour. »

compliment – confronté avec la fragile, l'extraordinaire Sandrine Bonnaire. C'est mon collègue de *Libération*, Serge Daney, qui a dit que le film de Pialat était impressionnant comme une cathédrale : visiter le *Soleil de Satan*, c'est visiter une cathédrale !

Quelques jours plus tard, le film de Pialat décroche la Palme d'or. Le choix du jury ulcère celui des festivaliers, qui avaient plébiscité *Les Ailes du désir* de Wim Wenders, lequel doit se contenter du prix de la mise en scène. Du coup, cas unique dans les annales du festival, Maurice Pialat est copieusement hué par la salle lorsqu'il monte sur scène chercher son prix. *« Si vous ne m'aimez pas, sachez que je ne vous aime pas non plus ! »*, réplique-t-il au micro. *Intervista*, de Federico Fellini, qui était présenté hors compétition, se voit décerner le prix du 40e anniversaire. La semaine suivante, le 31 mai donc, *Le Masque* revient sur le palmarès :

MICHEL CIMENT — Pialat dit que la critique ne l'aime pas, alors que j'ai fait partie des premiers défenseurs de Pialat dès *L'Enfance nue*[3]. C'est typiquement le cinéaste qui a été défendu par la critique contre un public qui n'allait pas voir ses films. Il a eu le Delluc, tous les honneurs [...]. Dès le moment où il y a compétition, il y a frustration de la part des gens qui la suivent. C'est triste, mais à Cannes, le cinéma ressemble à un match de boxe. Moi, j'aime beaucoup Pialat, je trouve que c'est un très grand artiste [mais] j'aurais préféré que d'autres films aient la Palme d'or. Je pense que le public, encouragé [par ce prix] va aller voir le film et qu'il va être déçu. [...] Le film de Wenders est un très beau film [...] le plus beau film du festival. Je pense que le prix de la mise en scène devrait être éliminé de tous les palmarès. Imaginez un concours de poésie où on dirait « ce poème est le mieux écrit » et ensuite on donnerait le prix du meilleur poème à un autre...

JACQUES FIESCHI — J'ai beaucoup aimé le film de Wenders. À l'époque, j'ai été le seul à faire la fine bouche devant *Paris, Texas*[4], qui me semblait être un film chichiteux plastiquement. [...]. Là, j'ai été complètement convaincu par ce retour, ces images, cette référence tutélaire à Murnau dès le début. Une chose, cependant, me gêne toujours [chez Wenders] : l'absence de fantaisie, d'humour.

La tribune parle ensuite du film de Fellini, dont une scène fameuse consacre les retrouvailles, trente-sept ans après *La Dolce Vita*, de Marcello Mastroianni et d'Anita Ekberg :

3 Premier film de Pialat, sorti sur les écrans en janvier 1969. 4 Palme d'or à Cannes en 1984.

Pages suivantes : Peter Falk dans *Les Ailes du désir*.

« Le cinéma est en train de mourir, mais moi je suis vivant et je vous fais un film sur la mort du cinéma »

JACQUES SICLIER — Un film irrésistible. Magnifique. [Mais moi], l'apparition d'Anita Ekberg m'a beaucoup gêné. Elle est devenue monstrueuse à un point qu'on ne peut pas imaginer.

PIERRE BOUTEILLER — Heureusement que les gestes ne passent pas à la radio.

JACQUES SICLIER — C'est un bloc de saindoux, épouvantable…

MICHEL PEREZ — Je ne trouve pas qu'elle soit si monstrueuse. [Certes], l'harmonie des proportions et des formes n'est plus tout à fait la même qu'à l'époque de *La Dolce Vita* […]. On peut trouver que cette séquence est un peu indiscrète, inélégante, qu'elle insiste beaucoup sur l'âge, sur le vieillissement de la star et de Mastroianni […] mais ce qu'il y a de merveilleux, chez Fellini, c'est qu'il continue […] à faire des films à la première personne.

MICHEL CIMENT — Ce qui était intéressant, c'était de voir *Le Roi Lear* de Godard et le film de Fellini à quelques jours de distance à Cannes, car tous les deux réfléchissent sur ce qui est en train de se passer. Godard nous dit : « Le cinéma est mort, je suis mort, on ne peut plus créer, on ne peut plus faire qu'un film sur un film qui ne se fera pas » et Fellini dit presque la même chose : « Le cinéma est en train de mourir, mais moi je suis vivant et je vous fais un film sur la mort du cinéma » et son film est tellement vivant que curieusement il redonne confiance dans le cinéma. C'est une grande leçon d'optimisme ■

Marcello Mastroianni et Federico Fellini sur le plateau d'*Intervista* en 1986.

SMACK!

LE MASQUE PREND LE MAQUIS

À L'AUTOMNE 1989, Pierre Bouteiller est nommé directeur des programmes de France Inter. Sept ans après son arrivée au *Masque*, il doit se trouver un successeur. Ses nouvelles responsabilités dans la chaîne l'autorisant à choisir seul, il décide de passer le relais à Jérôme Garcin, entré au *Masque* à la fin de la période Bastide, comme critique littéraire : « *Je savais que c'était quelqu'un de très cultivé, très travailleur. Il n'était pas seulement un lecteur, mais il allait aussi au théâtre, au cinéma. J'étais persuadé de faire le meilleur choix et j'ai eu raison, puisqu'il est toujours là*[1] ! »

Alors que tant d'émissions de radios sont à la merci d'une direction des programmes désinvolte, remplaçant les animateurs au gré des humeurs ou des impératifs commerciaux, *Le Masque et la Plume* aura donc toujours échappé à ce fléau. Chaque succession aura été une cooptation, un passage de témoin sans heurts. Produite à bas prix – les indemnités des chroniqueurs sont plus faibles qu'une pige dans la presse, « *à ce prix-là, on peut même dire qu'on est invités !* », ironise Arnaud Viviant – nichée dans une case de la grille des programmes traditionnellement sinistrée à la radio pour cause de « film du dimanche soir », *Le Masque* doit sans doute cette tranquillité à sa modestie.

Né en octobre 1956 à Paris, Jérôme Garcin fait toute sa scolarité au lycée Henri-IV, de la 6e à la

1 Entretien avec Anne-Cécile Perrin dans le cadre de son devoir de maîtrise.

À l'heure des déferlantes publicitaires de l'industrie culturelle, *Le Masque et la Plume* célèbre la libre critique et le bouche à oreille.

khâgne, puis étudie la philo à la Sorbonne. Fils d'un éditeur des PUF, lecteur précoce et acharné, à vingt ans, en 1976, il entre aux *Nouvelles littéraires*, où Georges Charensol tient toujours une chronique cinématographique. De 1981 à 1987, il anime les émissions littéraires de FR3, notamment *Boîte aux lettres*, qu'il a créée avec témérité, en contrepoint d'*Apostrophes* où triomphe Bernard Pivot. Mais c'est surtout dans la presse écrite qu'il va s'imposer : directeur de la rédaction de *L'Événement du jeudi*, puis rédacteur en chef à *L'Express* et, depuis 1996, chef du service culturel du *Nouvel Observateur*. Bref, un beau parcours de jeune homme pressé, et une compétence pluriculturelle – à *L'Événement du jeudi*, il crée, pour la première fois, un service culturel rassemblant le littéraire et les arts-spectacles, exemple imité à peu près partout aujourd'hui – justifiant son accession à la direction du *Masque*.

Jérôme Garcin, en arrivant, ne change rien à la structure de l'émission. Mais Martine de Rabaudy relève qu'il prend sa nouvelle mission très au sérieux : « *Depuis mon entrée dans l'équipe, en 1978, je rédigeais sur de petits bristols le résumé, maintenant on dit le "pitch", des pièces ou des films dont il était probable qu'on parlerait dans l'émission. J'ai continué pendant les années* Bouteiller. *Mais Jérôme, très perfectionniste, prépare lui-même ses fiches mémoire.* » Si la formule demeure immuable, en revanche le ton va changer. Bastide (disparu en avril 1996) officiait en patricien séducteur. Bouteiller en chanoine sceptique qui observait tout à distance. Garcin, lui, va s'impliquer davantage : « *Il intervient dans le jeu, on le sent vraiment avec "nous"* », commente Armelle Héliot. Mais surtout, « *Garcin a rétabli un lien très fort avec le public* », souligne Michel Ciment : « *Il a redonné, comme du temps de Bastide, et même au-delà, son importance au courrier des lecteurs.* » Cycle vertueux : les auditeurs, se sachant écoutés, sont d'autant plus enclins à donner leur avis. Aujourd'hui, c'est, au bas mot, 150 lettres ou mails qui arrivent chaque semaine à l'émission. Ils ne sont plus seulement quatre critiques, « *placés deux par deux en serre-livres autour de l'animateur* » (Danièle Heymann). Un cinquième critique s'exprime par la voie du courrier. Et un sixième depuis les fauteuils du public. *Le Masque* n'a jamais été aussi « interactif », dans le droit-fil de l'inspiration des fondateurs : « *J'ai tout misé sur la relation avec le public*, explique Jérôme Garcin. *Si j'ai eu un rôle personnel dans l'émission, il est là : retrouver mes émotions d'enfance, celles de l'adolescent qui à quinze ans écoutait* Le Masque *et s'imaginait un immense théâtre.* » Et le public suit. En 1989, Jérôme Garcin avait hérité des clés du studio 105 quand ils n'étaient plus que trois rangs de spectateurs à assister aux enregistrements. Désormais, la salle refuse du monde tous les jeudis soir où la tribune officie. Mieux : *Le Masque* a conquis les cinéphiles de vingt ans. La jeunesse du public étonne, sa passion aussi. Certes, les affrontements politiques des années 1970 ont laissé la place aux débats esthétiques. Mais on retrouve toujours ce goût des colères et des emportements qui entraînent les auditeurs loin dans la nuit. Le lundi matin, la boîte mail de l'émission croule sous les réactions, envoyées parfois à minuit, 2 ou 3 h du matin… Depuis qu'il anime *Le Masque et la Plume*, Jérôme Garcin a reçu plus de 18 000 lettres d'auditeurs et les mails se multiplient à vitesse exponentielle.

La fréquentation de Georges Charensol, connu aux *Nouvelles littéraires*, lui a été utile. L'ancêtre magnifique, dont il devient l'ami des vieux jours, lui rappelle jusqu'à satiété que *Le Masque* doit être un spectacle. Ce n'est pas parce que Charensol ne vient plus à l'émission et que Bory et Sandier sont morts qu'il faut baisser les bras, comprend Garcin. «*Ces échanges mémorables des années 1970, j'ai tout fait pour les recréer*», dit-il encore. *Le Masque* n'est pas qu'une tribune critique, c'est aussi, c'est d'abord, un jeu de rôles radiophoniques. Chaque fois que la lumière rouge s'allume, «*une certaine électricité circule entre nous, chacun sait qu'il a un rôle à jouer, le gentil, la gentille, le méchant, la méchante*», explique Danièle Heymann. Et d'ajouter: «*Faisant divinement semblant de ne pas avoir d'opinion lors de la présentation des films, Garcin nous dirige du regard, il nous lance, nous tance, nous soutient, nous retient. Dès que nous nous engluons dans le consensus d'un enthousiasme mou, ou que nous nous égarons dans la digression filandreuse, le discours fumeux ou la critique flasque, il convoque aussitôt les fantômes éructants de Jean-Louis Bory et Georges Charensol. Nous parvient alors, comme un reproche assourdi et insurmontable, l'encombrant écho de leurs joutes légendaires.*»

Danièle Heymann, justement, c'est une nouvelle. Comme Serge Kaganski (aujourd'hui en retrait de l'émission pour raisons personnelles, mais qui ne désespère pas d'y revenir un jour), Arnaud Viviant, Jacques Nerson, Jean-Louis Ézine, Vincent Josse, Olivia de Lamberterie et bien d'autres, dont la petite dernière, Sophie Avon, recrutée au printemps 2005. La tribune littéraire, par exemple, n'a plus rien à voir avec celle de Pierre Bouteiller. Les tribunes cinéma et théâtre ont été dynamitées. Du coup, le club fait de nouveau envie. Certains critiques, tenus à l'écart, en conçoivent un ressentiment tenace. D'autres tentent des approches en forme de clin d'œil ou d'appels insistants. De fait, une page est tournée. Guy Dumur, le dernier grand ancien historique, a disparu moins de deux ans après l'arrivée de Garcin. Heureusement, Michel Ciment, pape tutélaire de la cinéphilie, est toujours là pour assurer le trait d'union avec les époques précédentes.

À nouveaux critiques, nouveaux enjeux? Là c'est moins sûr. Ne rêvons pas. Depuis la nouvelle vague, le nouveau roman ou le renouveau du théâtre qui avaient porté les débuts du *Masque*, plus aucun mouvement culturel d'envergure n'est venu chambouler la création.

Le théâtre connaît une période de basses eaux. «*La courbe de fréquentation des quarante-quatre théâtres parisiens adhérents au Fonds de soutien au théâtre privé ne cesse de plonger*[2]*. Après une pointe à 3,5 millions de spectateurs en 1990, elle chute à 2,7 millions en 2002, à 2,6 en 2003, et on s'approche au mieux du même chiffre en 2004, ce qui, compte tenu de l'inflation de l'offre (11118 représentations en 2002, 11558 en 2003), correspond à une forte baisse. Où sont passés les spectateurs? Les théâtres subventionnés ne sont pas en reste: les demi-salles n'y sont pas rares*», constatait Odile Quirot dans *Le Nouvel Observateur*.

2 Ce fonds, créé en 1964, est financé par les cotisations de ses membres, des subventions de l'État et de la Ville, et des aides de la SACD et de l'Adami. Il permet notamment de suppléer à un déficit passager.

En littérature, une génération d'écrivains a passé la main. Une flopée de romanciers glamour, oscillant entre Castel, Le Flore et des piges pour Bouygues Telecom a vu le jour. Courir après la mode est un jeu éternel, où les talents sont (très) inégaux. Tout de même, des auteurs, portés par le bouche-à-oreille ou des éditeurs qui lisent et qui aiment ce qu'ils publient (L'Olivier, le Dilettante, Le temps qu'il fait, Verdier, etc.) ont imposé leur présence, tenace et singulière. Mais on serait bien en peine, aujourd'hui, de citer des œuvres qui viennent bousculer radicalement notre vision de la société. Même Houellebecq n'offre rien de mieux qu'un désenchantement glacé – pour ne pas dire aigri.

Au cinéma, la dernière « bataille d'Hernani » en date remonte à la sortie du *Fabuleux Destin d'Amélie Poulain*, quand les uns voyaient dans le film de Jeunet le syndrome d'une France repliée sur elle-même et dépressive, réduite à se doper au Prozac d'un Montmartre de pacotille, alors que les autres l'avaient reçu comme un merveilleux conte de fées, qui faisait battre le cœur. Bref, le débat n'allait pas bien loin. Et si Catherine Breillat a fait scandale avec *Romance*, en 1998, c'était surtout pour une affaire de centimètres...

De fait, la culture n'est plus le lieu des embrasements collectifs, le creuset où se forgeait une génération intellectuelle. Il y a des emballements soudains et ponctuels oui, qui font boule de neige grâce au tam-tam du succès. *La vie est belle* de Benigni a suscité l'enthousiasme. Lars von Trier, David Lynch ou le cinéma coréen ont bousculé notre regard. Mais la frontière n'est plus politique et sociale. Elle est esthétique et intime.

Même si le cinéma, le théâtre, la littérature restent le meilleur moyen d'apprendre ce « *métier de vivre* » dont parlait Pavese, la situation dramatique des revues illustre bien cet appauvrissement idéologique. *Théâtre populaire* a succombé voici déjà trente ans et n'a jamais été remplacée. Quant aux revues littéraires, ou ce qu'il en subsiste, elles vivent sous perfusion du Centre national des lettres. En apparence, le cinéma est moins sinistré. Il reste les *Cahiers du cinéma*. Et il reste *Positif*. Mais elles doivent composer avec leur époque, autrement dit ramer à marée basse. Dans *Positif*, *Le Fabuleux Destin d'Amélie Poulain* était estampillé « *qualité française* » : le mensuel saluait « *l'esthétisation du moindre plan, la composition minutieuse du décor*[3] », sans aucune trace d'ironie. Par ailleurs, deux autres magazines, à fort tirage, sont apparus dans les années 1970, ce qui laisserait supposer une certaine vitalité des revues de cinéma : *Studio* et *Première*. Sauf que leur contenu tient davantage du publirédactionnel que de l'analyse.

Tout le problème est là : depuis une vingtaine d'années, la critique a peu à peu cédé le pas à la promotion – grossière ou subtile selon les cas, mais ça reste de la promotion. Si la critique a dû céder le terrain, c'est qu'elle-même n'a pas toujours su défendre ses positions. Ou que ses anciens chevau-légers sont passés à l'ennemi – un peu

3 *Positif* de mai 2001.

Roberto Benigni dans *La Vie est belle.*

comme ces « révolutionnaires » bourgeois de mai 1968 qui sont devenus aujourd'hui des caricatures des notaires de Brel. C'est quand même François Truffaut lui qui avait rué dans les brancards et donné des leçons à la Terre entière du haut de son fauteuil de critique aux *Cahiers*, au début des années 1950 qui ose déclarer, le 20 avril 1978, au journal télévisé de la deuxième chaîne : « *Acteur, metteur en scène, c'est un peu complémentaire. [...]. La critique, c'est l'activité la moins intéressante. Le critique, c'est l'inspecteur des travaux finis, ce n'est pas créatif*[4]. » Ingrat ! « *C'est par le travail des critiques que se fait la construction progressive d'une réputation*, rétorque Michel Ciment. *Des gens comme Antonioni, comme Buñuel, comme Bergman ou plus récemment Spike Lee sont des auteurs qui ont d'abord été défendus par la critique avant de conquérir un large public.* » Et à *Télérama* il déclarait déjà en 1994 : « *Le succès du* Masque et la Plume *vient d'une frustration. Le public a besoin d'échanges, d'arguments, pas de promotion. Or, on est dans une époque de promoteurs*[5]. »

Particulièrement flagrant dans le domaine du cinéma, le phénomène a fini par gangrener aussi le théâtre et la littérature. Jérôme Garcin, c'est

4 Extrait rediffusé lors du Cercle de minuit du 6 mai 1997, présenté par Laure Adler et consacré à l'utilité/inutilité du métier de critique. 5 Entretien avec Vincent Rémy, « Michel Ciment fait de la résistance », in *Télérama* du 11 mai 1994.

son principal mérite, a toujours refusé de rentrer dans ce jeu. Quand la plupart des journaux font la publicité, à grand renfort de colonnes, des ouvrages de leurs propres collaborateurs, à *L'Obs*, il a créé une rubrique « Les écrivains de *L'Obs* », qui recense, dans un petit format, toujours le même, les livres publiés par les journalistes de l'hebdomadaire. Au *Masque*, il va s'arc-bouter à la ligne d'intégrité tracée par Bastide et Polac et continuée par Bouteiller. Même si la position est de plus en plus difficile à tenir, notamment dans le cinéma. « *C'est une chose que je ne supporte plus, cette complicité entre les producteurs de cinéma, les critiques de cinéma, où on ne dit plus jamais la vérité et où le marketing, la coproduction sont devenus tellement offensifs que la critique pourrait très bien ne plus jouer un rôle, et ça je ne peux pas l'accepter et le supporter, alors je leur donne la parole au* Masque et la Plume, *pour qu'on dise effectivement que* Beaumarchais *n'est pas le chef-d'œuvre qu'on croit, que* Germinal *n'est pas le chef-d'œuvre qu'on dit, pour qu'il y ait encore un espace où l'on puisse entendre ce qu'aucune radio ou télé ne propose plus* », déclare-t-il, le 5 mai 1996, dans l'émission *Ligne de mire*, sur France 3. Quelques mois plus tard, deux épisodes navrants, l'un au cinéma et l'autre au théâtre, montreront qu'en face les producteurs et les auteurs ne reculent plus devant rien pour écarter les critiques.

C'est d'abord, en février 1997, la sortie du premier long-métrage (et aussi le dernier, à ce jour) de BHL, *Le Jour et la nuit*, avec entre autres Alain Delon, Arielle Dombasle et le très lamentable Karl Zéro, l'un de ces fossoyeurs du vrai journalisme au profit d'une pseudo-information-spectacle de caniveau. « *As-tu vu le film ?* » demande à Garcin l'un de ses critiques du *Masque*, lors de l'enregistrement de l'émission. Oui, il a vu le film. Mais il est le seul de la tribune : aucun des critiques n'a été invité aux traditionnelles projections d'avant-premières. Motif invoqué : la copie n'est pas prête. « *Et alors là, stupeur dans ma tête,* raconte Garcin quelques jours plus tard, dans l'émission de Daniel Schneidermann, *Arrêt sur images*, sur la 5[6]. *Car j'avais vu une copie qui était tout sauf un brouillon. C'est donc une méthode à deux vitesses. Première vitesse : on ouvre tout grand les projections pour le gotha (?), pour les responsables, pour les leaders, pour ceux qui décident – les patrons de journaux, les patrons de rubriques..., mais dans le même temps, on les ferme complètement aux critiques. Ça, je ne l'avais encore jamais vu !* » Heureusement, il y a (encore) une morale. On avait refusé l'entrée du film à ceux qui voulaient vraiment le voir (les critiques), tandis que BHL souhaitait, lui, le montrer aux spectateurs... lesquels refuseront de le voir, alertés par le bouche à oreille des quelques téméraires des premières séances, qui parleront d'épouvantable nanar. Résultat : *Le Jour et la nuit* fut un bide monumental. Ouf.

Mais un mois plus tard, un incident similaire éclate au théâtre, quand Bernard Murat met en scène *Le libertin*, la nouvelle pièce d'un auteur à la

6 Arrêt sur images du 2 mars 1997.

Bernard-Henri Lévy sur le tournage de son film *Le Jour et la nuit*, un échec aussi cuisant que sa promotion aura été éhontée.

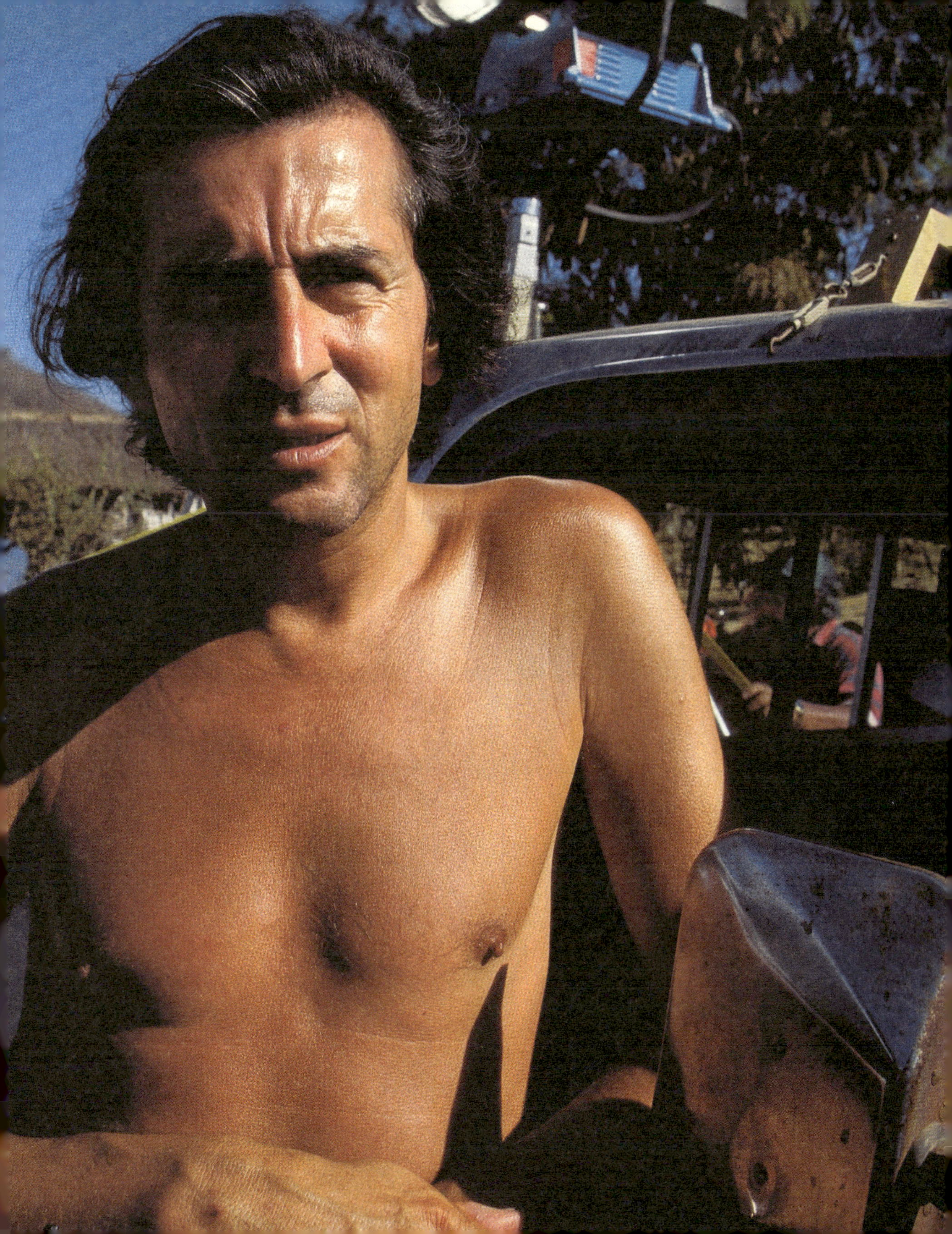

Gong Li dans *Épouses et concubines.*

mode, Eric-Emmanuel Schmitt. Jeune homme brillant et doué, trop sans doute, Schmitt se complaît dans une facilité coupable qui commence de décourager la critique. Du coup, celle-ci se voit interdite de représentations. Dans *Le Masque* du 30 mars, Jérôme Garcin s'énerve : « *J'aurais aimé que nous parlions ce soir de la nouvelle pièce d'Eric-Emmanuel Schmitt, le Libertin, au théâtre Montparnasse, mais l'auteur et le metteur en scène, Bernard Murat, n'écoutant que leur courage et leur morale, n'ont pas souhaité que les critiques voient ce spectacle, sauf bien sûr une poignée de critiques amis et quelques journalistes chargés comme d'habitude de leur tirer le portrait, de les interviewer, de leur cirer les pompes. Décidément, les mauvaises habitudes s'installent. Après Belmondo fermant son théâtre aux critiques à la suite d'un article qui lui avait déplu dans le Figaro, après BHL leur refusant jusqu'à la veille de sa sortie les projections de son film, voici que Schmitt et Murat s'enferment dans leur bunker de luxe pour se protéger de toute critique. Si l'art est difficile, la critique le devient chaque jour davantage. Je crains que cette situation ne se généralise dans la plupart des théâtres privés et qu'on ne puisse plus faire notre métier. Ne craignez-vous pas, [mes camarades qui êtes à la tribune] que la critique passe derrière la promotion ?* » « *C'est déjà le cas !* », répond évidemment Armelle Héliot, et après quelques minutes de discussion sur le sujet, Jacques Nerson de conclure : « *A long terme, si la critique disparaît, réduite à néant, on ne pourra plus donner les coups de pouce qu'il faudra. La conséquence en sera une désaffection supplémentaire pour le théâtre.* »

Sur le fond, *Le Masque*, on l'a vu, ne fait que demeurer fidèle à l'esprit de ses origines. Mais eu égard à ce nouveau contexte, dans la forme, il est bel et bien entré en résistance. Le public ne s'y trompe pas et adhère à cette liberté devenue si rare. C'est ainsi que *Le Masque* est à nouveau ce spectacle cher à Charensol. Le retour du public recrée cette électricité entre la salle et la tribune qui est gage de cabotinage, de dérapages outranciers et de mauvaise foi assumée. Bref, le fond de sauce prudemment touillé par Bouteiller au coin du feu dans l'attente de jours meilleurs, est redevenu émulsion.

Il y a cinquante ans, *Le Masque* s'était construit POUR. Pour Vilar, pour la nouvelle vague, pour la jeune littérature et les expérimentations. Aujourd'hui, il s'érige CONTRE. Contre la marketisation de la culture. Contre la confusion des valeurs. Garcin-Bové même combat ? L'image est facile et forcément simpliste, mais tout de même... Une chose est certaine : *Le Masque* renoue avec son pouvoir prescripteur sur les œuvres qu'il défend. A la sortie d'*Épouses et concubines*, de Zhang Yimou, le film n'était diffusé que dans une seule sale parisienne, la Pagode, et personne n'en parlait. *Le Masque* s'est enflammé pour le film. « *On a bourré la Pagode pendant une semaine, et la semaine suivante il sortait dans deux salles, puis trois, puis quatre... puis la province* », raconte Garcin. En 1992, Manuel Poirier, cinéaste intransigeant qui se refuse à « *fabriquer des produits formatés pour le maximum d'entrées* », réalise son premier long-métrage, *La petite amie d'Antonio*. « *Le film était sorti avec très peu de copies, mais il avait été recommandé en dernière partie du* Masque, *se souvient-il. La semaine suivante, une projection-débat me fit constater l'influence de l'émission chez le public cinéphile : quand je leur demandai ce qui les avait incités à venir, quelqu'un répondit* Le Masque, *puis toute une série de mains se levèrent.* »

Il y a donc à nouveau un « effet Masque », comme du temps où Bory et ses camarades pouvaient remplir les salles du quartier Latin. Et il y a même des auteurs pour s'en féliciter. « *J'ai commencé d'écouter* Le Masque *dans les années soixante-dix, du temps des duels Charensol/Bory, et de Charensol maugréant* « Nous n'avons pas vu le même film », raconte l'écrivain Philippe Delerm. *La diffusion de l'émission le dimanche soir créait une ambiance particulière, comme un petit pôle de lumière quand, professeur dans un collège de l'Eure, je m'interrompais de corriger des copies pour l'écouter. Et puis, en 1997, après le succès de* La première gorgée de bière, *j'ai connu le sentiment étrange d'être devenu un sujet de cette émission.* [Au Masque, il y a désormais] *ceux qui m'aiment bien,* [et] *ceux qui ne peuvent pas me saquer, comme Arnaud Viviant, que j'ai rencontré un soir lors d'un concert de mon fils, et qui avait l'air un peu gêné devant moi, alors qu'il devrait assumer. L'essentiel, c'est que* Le Masque *reste une émission à part, qui ne tombe ni dans le piège des émissions de courtoisie, type Campus, où l'on « reçoit » les auteurs, ni dans les émissions type Ardisson ou Fogiel, dont l'animateur se doit d'être un démolisseur.* »

Le Masque revit, oui. Mais il n'est pas à l'abri de nouveaux écueils. « *Je me demande si parfois nous ne tombons pas dans l'élitisme parisien ?* » se demande, tout haut, Bernard Thomas, critique dramatique au

Canard Enchaîné et enrôlé par Garcin dans son équipe en 1991. « L'élitisme parisien » : le repoussoir des temps actuels, qu'un Premier ministre a cloué au pilori dans une fameuse formule doublement méprisante qui opposait la « France d'en Haut » à la « France d'en Bas ». Le 15 mai 2005, *Le Masque* est justement surpris par ses auditeurs en flagrant délit d'élitisme parisien. Ce jour-là, la tribune est littéraire et il est question du dernier ouvrage du philosophe Michel Onfray, *Traité d'athéologie* (Grasset). Philosophe « hédoniste », Michel Onfray, avec ses livres et son université populaire de Caen, draine, d'année en année, un public toujours plus large, dans lequel il se compte même des « fans » absolus. Un public de toutes origines sociales, mais un public attentif, qui sait faire la différence entre un vrai livre et les produits marketing de ces philosophes pour télévision que sont un BHL ou un Finkielkraut.

La tribune du *Masque*, c'est son droit, n'a pas aimé le *Traité d'athéologie*. Mais alors, pas du tout. L'ouvrage est descendu dans les flammes d'un bûcher digne de l'Inquisition : « *Prétentions philosophiques misérables* », « *milk shake de la pensée* », et on en passe des plus gratinées. Dans les jours qui suivent, Jérôme Garcin est bombardé d'un courrier lui aussi incendiaire, d'auditeurs tous révoltés contre ce traitement partial et expéditif. La polémique se prolonge sur le Net, où des blogueurs expriment violemment leur indignation. L'un deux fustige les « *bourgeois replets* » du *Masque*, jugeant que l'émission du 15 mai a constitué « *l'exemple quasi-parfait du fossé qui sépare ces "gens entre eux" des autres gens qui ne sont pas forcément des imbéciles incultes ne passant pas à la radio* ». Un autre, qui se revendique pourtant auditeur fidèle et admiratif du *Masque*, avoue son soudain désarroi : « *Je ne m'étais jamais autant senti en appartenance avec la France d'en bas, sous la domination d'une France d'en haut, parisienne, prompte à nous faire la leçon* ». Il faut dire que, circonstance aggravante, l'émission est tombée en plein débat référendaire sur la Constitution européenne, qui a mis la société française à feu et à sang. Lors de la tribune littéraire suivante, le 19 juin, Jérôme Garcin, habilement, cite une grande partie de ces courriers, soulignant qu'ils vont tous dans le même sens. « *Quand même, ça ne vous fait rien ?* » demande-t-il plusieurs fois à ses critiques. « *On y est peut-être allés à la serpe* », finissent par reconnaître mollement Michel Crépu et Jean-Louis Ézine, pas vraiment penauds.

L'anecdote est éclairante de la crispation actuelle de la société française. Elle montre aussi l'attente énorme des auditeurs de l'émission, pour qui le *Masque* incarne désormais un foyer de résistance à la « pensée unique », et leur déception, violente, quand ils s'estiment trahis. Dès qu'ils sortent du bois, Jérôme Garcin (désormais assisté de Lysiane Sellam) et ses maquisards sont en grand danger, à chaque fois, d'être misérablement tondus... ■

Michel Onfray par Antonio Ribeiro : honni par les critiques du *Masque*, soutenu par les auditeurs...

Un « Masquien » d'honneur

Un beau jour de 1992, Jérôme Garcin trouve dans son courrier un colis inhabituel. C'est un livre – ou plutôt, une sorte de gros album –, édité à compte d'auteur et qui sent son manuscrit ronéoté dans quelque arrière-boutique d'une officine de photocopies. Le titre ? *Histoire du théâtre dessinée*. Il y a des dessins, oui, et à la pelle, tous dans un style très naïf. Et les textes sont écrits à la main, d'une écriture appliquée, un rien scolaire. L'auteur ? André Degaine. Inconnu au bataillon. Bon. À première vue, l'objet se situe quelque part entre le collier de nouilles et la guirlande de macramé. Mais si on se donne la peine de parcourir un passage au hasard, on est happé par ce qu'on lit. C'est débordant d'érudition, brillant de pédagogie, brûlant de passion. En un mot : prodigieux. Le soir même, il y a enregistrement du *Masque* et Jérôme Garcin décide d'en parler à l'antenne. Réflexe de journaliste oblige, il baptise André Degaine « Le facteur Cheval du théâtre ». Sans se douter que l'auteur, à la retraite… a travaillé toute sa vie dans les Postes ! Sans se douter, non plus, qu'André Degaine assiste fidèlement à tous les enregistrements de l'émission depuis la fin des années 1970.

L'impact du *Masque* va encore se vérifier : dans les jours qui suivent l'émission, les 300 exemplaires photocopiés du manuscrit, qu'André Degaine avait réussi à placer dans les librairies théâtrales de la capitale, s'arrachent. Il faut retirer – pardon, re-photocopier – à 500 exemplaires. Mais ça ne suffit toujours pas. D'autant que Garcin, qui est encore à l'époque à *l'Événement du Jeudi*, consacre deux pages à l'ouvrage. André Degaine est alors pris en mains par un éditeur, Nizet, qui a la bonne idée de ne rien changer à la typo-« graphie » de l'ouvrage. Treize ans plus tard, *L'Histoire du théâtre dessinée* a dépassé le cap des 60 000 exemplaires ! L'ouvrage est parti pour faire un de ces long-sellers qui constituent le fonds de sauce des éditeurs et des libraires. Et pour son auteur, c'est la récompense méritée d'une vie entière vouée au théâtre.

André Degaine est né en 1926, à Clermont-Ferrand, dans une famille modeste. Il passe le bac au moment du Débarquement allié. Puis rentre dans les Postes, où l'a déjà précédé l'un de ses frères. Qui lui a également communiqué son amour du théâtre. Muté à Paris en 1951, André Degaine se retrouve guichetier à la Poste principale de la rue du Louvre (1er). Ses loisirs, il les passe devant un rideau cramoisi : « *Pour l'amateur de théâtre de ces années-là, chaque soir était un émerveillement. Nous étions tous excités à l'idée de découvrir les dernières pièces d'Anouilh, de Marcel Aymé ou de Félicien Marceau ou d'aller écouter le théâtre d'avant-garde qui se montait*

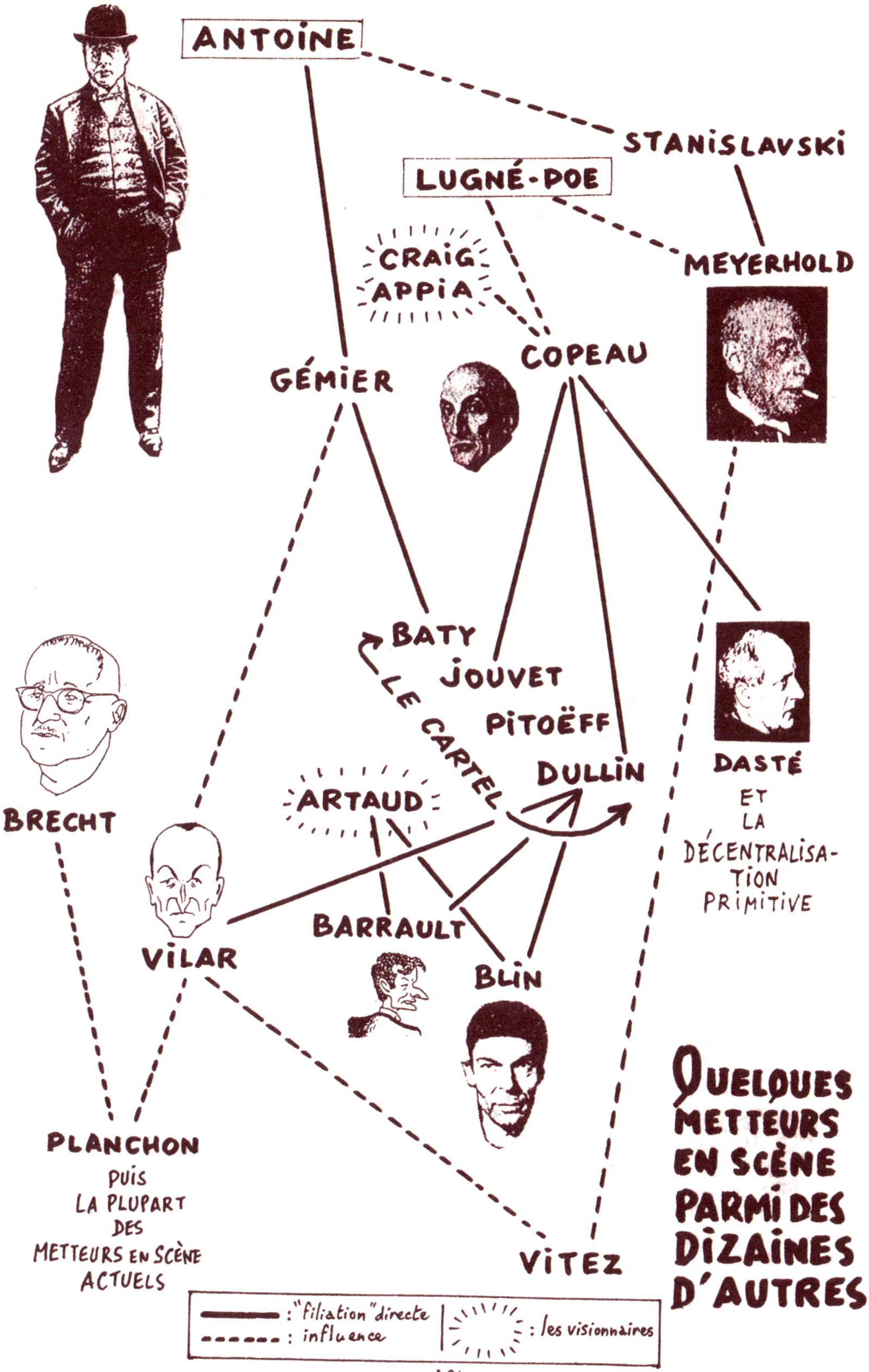
ANTOINE
STANISLAVSKI
LUGNÉ-POE
CRAIG
APPIA
MEYERHOLD
COPEAU
GÉMIER
BATY
LE CARTEL
JOUVET
PITOËFF
DULLIN
DASTÉ
ET
LA
DÉCENTRALISA-
TION
PRIMITIVE
BRECHT
ARTAUD
VILAR
BARRAULT
BLIN
PLANCHON
PUIS
LA PLUPART
DES
METTEURS EN SCÈNE
ACTUELS
VITEZ
QUELQUES
METTEURS
EN SCÈNE
PARMI DES
DIZAINES
D'AUTRES
: "filiation" directe
: influence
: les visionnaires

dans les petites salles du quartier Latin », raconte-t-il. Mais André Degaine ne se contente pas d'être spectateur : avec des collègues de travail, il monte une troupe amateur, qui répète et joue dans les greniers de la poste du Louvre. Leur public ? « *Les facteurs et leurs familles* ». A l'issue des représentations, Degaine fait la réclame pour le TNP de Vilar.

Sa carrière de postier le ramène en Auvergne en 1963. Mais en 1978 il revient à Paris, cette fois à la poste de la rue du Colisée (8e). Il reprend aussitôt ses sorties quasi quotidiennes au théâtre. C'est à cette même époque qu'il commence d'assister aux enregistrements du *Masque*. En 1983, il prend sa retraite, après presque quarante ans passés derrière un guichet. C'est alors qu'il entreprend son « grand œuvre », cette *Histoire dessinée du théâtre* qui lui demandera presque neuf ans de travail. C'est un ami, Parviz, un Iranien qui tient une boutique de photocopies dans le quartier d'Alésia (14e) qui lui tire les fameux premiers 300 exemplaires à compte d'auteur. On connaît la suite…

Mais Garcin ne s'est pas contenté de lui faire de la publicité pour son livre. Il l'a volontairement fait sortir de l'anonymat en lui confiant, de temps à autres, le micro, pour raconter, le plus souvent, des anecdotes racontant la création d'une pièce. C'est qu'André Degaine en a vu, des spectacles : quand il arrive à Paris, Jouvet et Dullin étaient encore sur scène… « *C'est quelqu'un que j'ai un peu inventé, mais pour des bonnes raisons, et il adore ça* », commente Garcin. André Degaine est devenu une sorte de mascotte de la tribune théâtre. Des habitués lui gardent son fauteuil s'il a le malheur d'arriver en retard : « *C'est la curée pour occuper les sièges* », dit-il.

À bientôt quatre-vingts ans, il sort toujours aussi souvent au théâtre, même si l'emballement est moindre qu'antan : « *Jouvet disait "Il faut subir une pièce". Un metteur en scène n'a pas tous les droits : il n'est que l'interprète de l'auteur. Le problème, c'est que peu à peu les metteurs en scène se sont arrogés un pouvoir exorbitant et ridicule. Ils veulent à tout prix montrer qu'ils ont une idée, même si elle idiote.* » Il s'emporte aussi contre cette « *confiscation du théâtre* » par une certaine élite d'intellocrates qui vivent en circuit fermé et « *s'amusent entre eux, à coup de fausses provocations* » : « *Aujourd'hui, avec les subventions, on s'en fout de conquérir le public. Or, le public, il faut justement le conquérir. Le sculpteur doit se battre contre un matériau, qui lui oppose souvent de la résistance, mais dont il finit, s'il a du talent, par triompher. Dans le théâtre, ce matériau, c'est le public* ».

Heureusement, il reste *Le Masque*, qui ne le déçoit pas : « *Bastide, c'était le parfait homme du monde, mais parfois il était un peu désinvolte, il laissait le débat s'enliser. Garcin a moins de temps, alors ça carbure* ». Des abonnés de la tribune, il aime tout le monde, mais son préféré, c'est Jacques Nerson : « *C'est le plus grand de l'époque actuelle. Parce qu'il est méchant, sinon très*

L'APPORT DE VICTOR HUGO ? Essentiellement l'enjambement : casser l'alexandrin pour le rendre plus vivant. Ses successeurs (Rostand !) systématiseront le procédé. Après "Les Burgraves", le drame romantique périclite. Dumas s'enfonce dans le

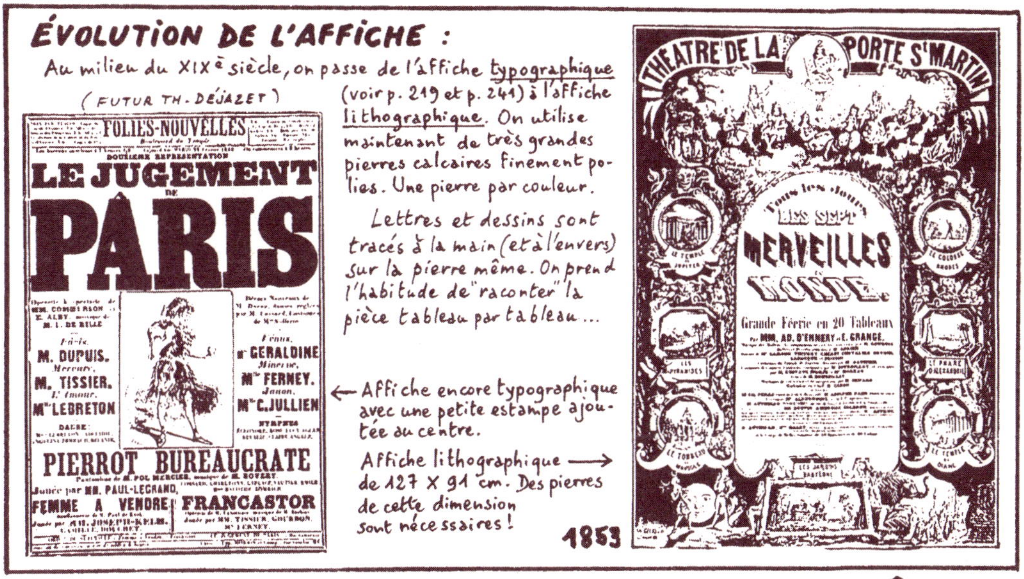

mélo. Le Boulevard se lance dans les féeries à très grand spectacle. Ainsi, dans la "pièce" ci-dessus, un jeune prince, pour posséder sa dulcinée, doit « conquérir (!) chacune des Sept Merveilles du Monde antique ». Coût des décors : 200 000 F, ce qui est considérable pour l'époque.

méchant, mais qu'il argumente toujours ce qu'il dit».

Voilà soixante ans qu'André Degaine est abonné à *l'Avant-Scène*. Et dans son appartement parisien, les livres sur le théâtre montent au plafond. Jusqu'au bout, il gardera au cœur le précepte de Vilar : Offrir le théâtre au plus grand nombre. «*Il y a un civisme du théâtre*», explique-t-il. Et de raconter l'histoire qui lui est arrivée quelques jours plus tôt : «*J'arrive chez mon épicier du coin, un Tunisien. Ses trois filles parlaient de Corneille. Évidemment, je tends l'oreille. Mais je m'aperçois que le seul Corneille qu'elles connaissent est chanteur*[1]*. J'entreprends alors de leur parler de l'autre Corneille. Et mon cabas à la main, pour les intéresser, je me mets à leur réciter des passages du Cid – j'en connais des scènes entières par cœur. Et bien, croyez-moi si vous voulez, mais au bout d'un moment, les trois filles étaient pendues à mes lèvres : "Et alors, qu'est-ce qu'il a fait, Rodrigue ?"*» ∎

1 Jeune chanteur originaire du Rwanda, dont la chanson « Parce qu'on vient de loin » a lancé la carrière.

1996

Umberto Eco
L'Ile du jour d'avant

« Le dernier auteur qui ait fait ça, c'est Alain Juppé, quand il a publié son plan de refonte de la sécurité sociale. Et ça l'a rendu fort impopulaire ! »

LE 25 FÉVRIER 1996, *Le Masque* s'enthousiasme pour le dernier roman d'Umberto Eco, *L'Ile du jour d'avant*. Enfin, presque tout *Le Masque*...

BERNARD RAPP — C'est un gros livre épatant. [...] On passe un excellent moment et la traduction est formidable.

PATRICIA MARTIN — C'est un chef-d'œuvre !

JÉRÔME GARCIN — Contrairement au *Pendule de Foucault*, tout le monde peut le lire.

RAPHAËL SORIN — J'ai été sous le charme.

JÉRÔME GARCIN — Je crois que c'est la première fois qu'on commence un *Masque et la Plume* où Raphaël Sorin conseille la lecture d'un roman !

JEAN-LOUIS ÉZINE — Je ne l'ai pas lu. [Ce qui m'a dérangé], c'est l'énorme campagne publicitaire orchestrée avant la sortie du livre. Le dernier auteur qui ait fait ça, c'est Alain Juppé, quand il a publié son plan de refonte de la sécurité sociale. Et ça l'a rendu fort impopulaire ! ■

Umberto Ecco par Beth A. Keiser.

1996

Bernard Giraudeau
Les Caprices d'un fleuve

« — il est tellement content d'être en costume »

LE 14 AVRIL 1996, *Le Masque* est consacré au cinéma. Au menu de ce soir-là, le premier film de l'acteur Bernard Giraudeau, *Les Caprices d'un fleuve.* Un film « non commercial », qui n'a réuni que 8 000 spectateurs en première semaine d'exploitation.

JÉRÔME GARCIN (*qui résume le film*)
— Un aristocrate exilé, en 1785, après un duel, se retrouve gouverneur d'une toute petite colonie en Afrique de l'Ouest. Une forme d'initiation, au contact de ce peuple, qui préfigure le message des Droits de l'homme, la tolérance…

MICHEL CIMENT — [Certes], il y a un discours très noble sur les Droits de l'homme, [mais] j'aurais préféré que le fleuve soit davantage capricieux. C'est un film très figé […], la mise en scène manque terriblement d'expression […]. On tombe dans les mêmes pièges que *Beaumarchais*[1] : ce XVIIe siècle tellement léché…

THIERRY JOUSSE — C'est vrai ! À part *Les Derniers Jours d'Emmanuel Kant*[2], comme film français en costumes réussi ces dernières années ?… (*À la tribune : « Fayot ! »*)

DANIÈLE HEYMANN — Un film politically correct. Bohringer est sobre, il est tellement content d'être en costume. […] Giraudeau, il s'aime beaucoup : il exhibe ses fesses, ses cuisses […] [et sur le reste il jette] un drapé Delacroix.

PHILIPPE COLLIN — C'est un film d'une parfaite correction, [mais à] l'esthétique de film publicitaire. [On se croirait entre une pub] pour le rhum, une autre pour le café robusta et une dernière pour une marque de chewing-gum. C'est au total un film peu mémorable.

DANIÈLE HEYMANN — Les intentions sont généreuses…

1 *Beaumarchais l'insolent* d'Édouard Molinaro, sorti deux semaines plus tôt. 2 Film de Philippe Collin, diffusé sur la Sept en 1992 et sorti en salles en 1995.

Bernard Giraudeau, Thierry Frémont et Richard Bohringer.

UN SPECTATEUR (*soudain, se lève dans les gradins*) — J'en ai assez ! Vous êtes encore en train de détruire un film. Ça va faire comme pour *Germinal*, comme pour *Beaumarchais*, comme pour *Le Hussard sur le toit*, et on pourrait les accumuler comme ça. En général, il ressort – ça m'embête d'attaquer *Le Masque et la Plume* –, il ressort du *Masque et la Plume* cinéma que les Français sont incapables de faire un cinéma qui soit beau. [...] Giraudeau y a cru. On sent que c'est un type qui a cru vraiment à son film. L'abattre comme ça... Du temps de Bory et Charensol, je suis sûr que Charensol l'aurait défendu et peut-être Bory l'aurait attaqué. Mais Charensol aurait dit : « C'est le plus beau film que j'ai vu cette année, je l'ai ressenti avec mon cœur, etc. », vous savez, les termes qu'il utilisait. Aujourd'hui, il manque ça. Dès qu'il y a un film français, c'est foutu, c'est raté.

(*La tribune proteste avec véhémence. Garcin conclut*)

JÉRÔME GARCIN — Ce qui n'a pas changé, en quarante ans, c'est que le public peut toujours s'exprimer ! Je ne crois pas qu'il y ait beaucoup d'émissions où l'on puisse le faire ainsi. Longue vie au *Masque* !

1998 Michel Houellebecq *Les Particules élémentaires*

« — c'est de l'excellent marketing »

AUTOMNE 1998 : Saint-Germain-des-Prés est en émoi. *Les Particules élémentaires*, l'événement de la rentrée littéraire, est un événement tout court. Voilà bien longtemps qu'un roman français n'avait pas fait autant parler de lui. Le héros de ce tumulte est un ex-ingénieur agronome (comme Robbe-Grillet en son temps...), catapulté du jour au lendemain « grantécrivain », l'équivalent de « prima donna assoluta » chez les cantatrices. La « prima donna assoluta » peut chanter faux et savonner ses vocalises (c'était le cas de La Callas), ou ne plus chanter du tout, elle reste « prima donna assoluta » à vie. Le « grantécrivain », c'est pareil. Or, des « grantécrivains », l'Hexagone n'en compte plus beaucoup, si l'on oublie Sollers qui s'acharne depuis quarante ans à décrocher le titre – en vain.

Houellebecq, ses vocalises il les a commencées en 1991, avec *La Poursuite du bonheur*, un recueil de poésie publié à La Différence. Il les a continuées avec *Extension du domaine de la lutte*, un premier roman refusé partout, et finalement paru, un peu par miracle et beaucoup grâce à l'insistance

Michel Houellebecq par Lise Sarfati.

de Dominique Noguez, chez Maurice Nadeau, qui avait gardé plusieurs mois le manuscrit sous le coude, avant de se décider à le publier en janvier 1994 : « *Je ne pouvais pas me permettre de perdre encore de l'argent* », racontera-t-il plus tard[1]. Surprise : *Extension...* conquiert rapidement un public, qui se refile la bonne nouvelle par le bouche-à-oreille : un nouvel auteur est né, qui colle à l'air du temps. *Extension...*, ce n'est pas *L'Éducation sentimentale*. Ce serait plutôt « L'Apprentissage du dégoût ». La vie du héros houellebecquien est une succession, jusqu'à la nausée, de déceptions banales. Il n'en faut pas plus pour enthousiasmer un public branché, du genre qui lit *Les Inrockuptibles* au Café Charbon. Maurice Nadeau n'en reviendra pas de vendre plus de 15 000 exemplaires d'*Extension...* En septembre 1997, le livre sort même en poche, chez J'ai lu, et s'écoule aussitôt à 20 000 exemplaires. Houellebecq n'est pas encore sacré « grantécrivain », mais il est déjà estampillé « auteur culte ». Et un auteur culte, ça se pique. Raphaël Sorin, à l'époque directeur littéraire de Flammarion, chourave Houellebecq à Nadeau, moyennant espèces sonnantes et trébuchantes.

Au printemps 1998, Sorin, qui va signer là un des plus beaux coups de sa carrière, commence d'orchestrer le « buzz » : il jure à qui veut l'entendre que le deuxième roman de Houellebecq sera « *l'un des livres majeurs de cette fin de siècle* ». Prédiction spectaculaire, mais qui ne mange pas de pain : le siècle n'a plus que deux ans à languir et les bons romans se font rares. La critique, qui dans sa grande majorité a joyeusement raté le train d'*Extension...* se rue sur Houellebecq. Et le titre de son roman, *Les Particules élémentaires*, offre à tout le monde une métaphore facile, mais percutante : « *Explosif* », annonce en couverture *Les Inrockuptibles* du 18 août 1998, qui consacre pas moins de neuf pages à l'événement. Le même jour, André Rollin, dans *Le Canard*, prévient : « *Houellebecq, c'est sans doute l'électron libre de cette rentrée [...]. Ses particules, en explosant, vont faire des ravages.* »

L'explosion est d'abord médiatique : Antoine de Gaudemar, pour *Libération*, Fabrice Pliskin, pour *Le Nouvel Obs*, Marc Lambron, pour *Le Point*, Pierre Lepape, pour *Le Monde*, Jorge Semprun, pour le *JDD*... tout le monde veut parler du Houellebecq. Les superlatifs pleuvent : « *Houellebecq écrase les prix littéraires* », prévient Frédéric Beigbeder dans *Voici*. Pierre-Louis Rozynès, dans *Livres Hebdo*, résume l'état d'esprit du microcosme germanopratin : « *Comment en parler sans avoir l'air de s'emballer, mais en ne prenant pas le risque de descendre un livre qui peut devenir un énorme succès...* » Seul Angelo Rinaldi, dans *L'Express*, fidèle à son habitude d'éreinter tout ce qui peut avoir plus de talent que ses propres livres, c'est-à-dire tout le monde, compare le roman de Houellebecq « *à un préservatif usagé destiné à finir dans la cuvette des toilettes* ».

Quand le livre sort enfin en librairie, le 24 août, c'est immédiatement la ruée. Cas probablement unique pour le deuxième roman d'un auteur jus-

1 Entretien à *Livres Hebdo* du 28 février 1998.

« …il a horreur de la nature, des écologistes, des hippies, des musulmans, de l'avortement, beaucoup de monde y passe »

qu'ici inconnu du grand public, *Les Particules élémentaires* entre, dès sa première semaine de commercialisation, à la troisième place du classement des meilleures ventes de *Livres Hebdo*. La semaine suivante, il est numéro 1 ! Toute la rentrée littéraire est balayée par la tornade Houellebecq : Amélie Nothomb, dont l'opus 1998 s'appelait *Mercure* (qui s'en souvient ?) fait tapisserie et peut manger son chapeau. Éric Holder, avec *Bienvenue parmi nous* et Virginie Despentes, pour *Les Jolies Choses*, qu'on disait « *très attendus* », sont réduits aux rôles de figurants de deuxième zone. Christine Angot, qui vient de faire paraître chez Fayard *Sujet Angot*, devra patienter une année de plus avant de s'attirer enfin les projecteurs de la critique et les faveurs du public (avec *L'Inceste*, qui sortira chez Stock à la rentrée suivante). Ils ne sont que deux à vraiment résister : Philippe Delerm, dont *La Première Gorgée de bière*, pourtant sortie en février 1997, n'en finit pas de gargouiller dans les librairies (déjà 70 semaines de présence indéboulonnable dans la liste des meilleures ventes !) et Marie Desplechin, dont le roman, *Sans moi* (l'Olivier) est, un temps, le seul à pouvoir talonner Houellebecq. Et encore : il se vend un Desplechin pour deux Houellebecq.

Le Masque pouvait donc difficilement faire l'impasse sur *Les Particules*. La tribune, qui réunit Jean-Claude Lebrun (*L'Humanité*), Pierre Assouline (*Lire*) et Jean-Louis Ézine (*Le Nouvel Obs*) en parle dès l'émission du 13 septembre, soit trois semaines seulement après la sortie du livre, mais alors que toute la presse écrite a déjà tiré ses premières salves. Du coup, l'hystérie a baissé d'un cran. « *Littérairement, ça ne vaut pas un clou : Houellebecq est tout sauf un styliste* », juge par exemple Pierre Assouline. Comme Garcin lui fait remarquer que *Lire*, dont il est alors le rédacteur en chef, a pourtant consacré sa couverture de septembre à Houellebecq, Assouline explique que [c'est quand même] « *l'un des livres, sinon le livre, le plus original et le plus singulier de la rentrée [...]. Houellebecq a l'ambition d'un roman total qui inclut la sociologie, la psychologie, les sciences, l'économie, la biologie, [...] Mais c'est plus un phénomène de société qu'un livre qu'on conseille sur le plan lit-*

JEAN-CLAUDE LEBRUN — [...] ses personnages ne sont pas des personnages, mais des porteurs d'idées...

PIERRE ASSOULINE — Ils n'ont pas de chair.

JEAN-CLAUDE LEBRUN — ... sans épaisseur, à part leur mince épaisseur sexuelle

téraire [...]. » Même son de cloche de la part de Jean-Louis Ézine : « *Les raisons du succès sont plus intéressantes à étudier que le livre lui-même [...]. Je ne suis pas sûr que ce soit de la très bonne littérature, en tout cas c'est de l'excellent marketing [...]. L'ambition intellectuelle ne m'a pas échappé [mais] l'auteur n'a pas les moyens de cette ambition* [...]. »

La suite de l'échange – en tout, *Le Masque* consacre la moitié, ce soir-là, de son émission aux *Particules* – est plus intéressante encore : avec le recul, elle apparaît presque prophétique (qu'on se souvienne, notamment, des déclarations à *Lire* de Houellebecq, en septembre 2001, sur l'islam...) :

JÉRÔME GARCIN — En disant ça, Jean-Louis, tu n'es pas furieusement limite réac ?

JEAN-LOUIS ÉZINE — Ce qui est réac, ce n'est pas ma lecture, [...] le scénario [des *Particules*] nous mène vers l'invention d'un type d'homme nouveau : ça a des relents de déjà-lu, déjà-vu, pas très sympathique...

JÉRÔME GARCIN — Est-ce que tu ne confonds pas ce que disent les personnages et ce que dit l'auteur ?

JEAN-LOUIS ÉZINE — C'est la défense habituelle des écrivains, je crois qu'il faut s'en méfier quand même beaucoup...

PIERRE ASSOULINE — D'autant que l'auteur parle...

JEAN-LOUIS ÉZINE — Le livre s'achève de manière très caricaturale par une critique de Derrida, Lacan, Foucault, Deleuze, [...] on reconnaît dans cette haine de l'intellectuel [...] quelque chose qui va bien aussi avec l'invention d'un homme nouveau [...] il y a là des relents de fascisme...

PIERRE ASSOULINE — Je prendrais ce roman total comme l'œuvre d'une sorte de sociologue autodidacte qui, par le biais du roman, fait passer des idées [...]. Ces idées ne sont pas antidérapantes [...]. Il ne faut pas le pousser beaucoup pour qu'il dise qu'il a horreur de la nature, des écologistes, des hippies, des musulmans, de l'avortement – beaucoup de monde y passe – qu'il est pour l'eugénisme, un certain eugénisme, mais enfin c'est quand même l'eugénisme. [...] Et il ne peut pas dire que ce sont les personnages qui parlent, parce que lui-même dans les interviews parle comme ça. [C'est] un phénomène [...] qui peut déraper [mais] qu'on ne peut pas traiter avec désinvolture [...]. Il a aussi l'ambition de Perec dans *Les Choses*, [...] faire une sorte d'inventaire de la société, à ceci près qu'il n'est pas touché par la grâce.

JEAN-CLAUDE LEBRUN — [Houellebecq voudrait faire]l'économie du romanesque, ses personnages ne sont pas des personnages, mais des porteurs d'idées...

PIERRE ASSOULINE — Ils n'ont pas de chair.

JEAN-CLAUDE LEBRUN — ... sans épaisseur, à part leur mince épaisseur sexuelle [...]. Je vais peut-être choquer, mais j'ai l'impression que Houellebecq est en train de faire du Sollers, mais sans l'auto-ironie, sans la virtuosité d'écriture...

Jérôme Garcin pourra justement conclure : « *Voilà un* Masque *très loin de la presse que nous lisons depuis quelques jours...* » Mais le tsunami Houellebecq prépare déjà sa deuxième vague. En octobre, alors que le livre approche des 150 000 exemplaires, ça devient même « *L'affaire Houellebecq* », comme le titre *Marianne*, qui pose la question : « *Ce roman scandaleux et nihiliste mérite-t-il d'être distingué par le Goncourt ?* » Pendant un mois, le débat se focalise sur le Goncourt – l'aura ? l'aura pas ? –, et on croirait tout à coup la vieille querelle des Anciens et des Modernes ressuscitée : dans *Le Monde*, Dominique Noguez s'en prend « *à ces vieux briscards qui n'ont rien compris* ». Le 9 novembre, le Goncourt échoit à un auteur Gallimard, Paule Constant, dont le roman, *Confidence pour confidence*, était paru au printemps. La pauvre n'a sans doute pas mérité son prix, mais encore moins le déluge de boue qui l'éclabousse. C'est la curée. Les ventes du Houellebecq, qui commençaient à s'essouffler, repartent à la hausse : dans la semaine qui suit le Goncourt, Flammarion en sort 4 000 exemplaires par jour de ses entrepôts ! Et les contrats de traduction affluent du monde entier ■

1998

Daniel Mesguich
Andromaque

« — on doit déjà fermer les yeux, il faut en plus se boucher les oreilles ! »

LE SUJET, ici (émission du 16 mai 1999), ce n'est pas tant *Andromaque*, tragédie de Jean Racine dont il sera très peu question, que sa mise en scène par Daniel Mesguich au Vieux Colombier. Né en 1952, ancien élève de Vitez au Conservatoire, lui-même professeur depuis 1983, Daniel Mesguich est entré dans la mise en scène en 1972. Et, avec une belle constance, il est devenu l'une des têtes de Turc du *Masque*. Mais Mesguich a du répondant : le 22 juin 2000, il fera jouer à ses élèves du Conservatoire une parodie du *Masque*, à l'issue des Journées pédagogiques de l'institution, données devant le public. «*Ceux qui aiment vraiment le théâtre resteront après la représentation de clôture*», avait-il prévenu, promettant «*une cerise sur le gâteau*». Vengeance, vengeance... Mais c'est vrai que la bande de Garcin, et avant lui celle de Pierre Bouteiller et encore avant lui celle de Bastide n'ont guère épargné son ego...

JACQUES NERSON — Les spectacles de Mesguich se suivent et se ressemblent... Et depuis si longtemps qu'on hésite à redire la même chose. C'est un enfant mal élevé, qui coupe sans cesse la parole à Racine pour dire : « Regardez comme je suis intéressant, regardez comme j'ai bien compris ses intentions secrètes. » Le commentaire – simplet (même s'il se croit probablement très fin) – étouffe l'œuvre. Et c'est toujours

Daniel Mesguich, la tête de Turc des critiques théâtre du *Masque et la Plume*.

« ce ne sont plus les pensionnaires, mais les convulsionnaires de la Comédie-Française ! À peine s'est-on précipité d'un côté qu'on est déjà parti de l'autre »

les mêmes miroirs dédoublés, les mêmes chassés-croisés sur la scène... Notre homme ne se renouvelle pas... On est au bord de la sénilité précoce. Et il paraît qu'il est en bonne position pour prendre la succession de Miquel à la Comédie-Française : c'est effrayant !

JÉRÔME GARCIN — Oui... Du côté des menaces directes : [Francis] Huster au Rond-Point, Mesguich au Français et, me dit-on maintenant, Jérôme Savary qui souhaite prendre la direction d'Avignon...

JACQUES NERSON — Voilà des lendemains qui chantent !

BERNARD THOMAS — Il y a tout de même deux comédiens que j'aimerais sauver : Éric Génovèse – un Oreste très convaincant – et Véronique Vella. À part ça, on ne peut qu'admirer – une fois de plus – le sens de la famille de Mesguich qui réussit à faire jouer sa fille...

JÉRÔME GARCIN — Dans le dernier spectacle dont je me souvienne, il y avait deux de ses enfants.

BERNARD THOMAS — Là, il n'y a que la fille... Ceci dit, elle n'est pas spécialement mauvaise.

GILLES COSTAZ — Non, mais il s'est ingénié à développer le rôle, à le gonfler.

BERNARD THOMAS — Encore un bel exemple de népotisme.

ARMELLE HÉLIOT — Il avait monté *Mithridate*, il y a deux ans...

JÉRÔME GARCIN — Ça, on s'en souvient !

ARMELLE HÉLIOT — J'avais trouvé ce travail très intéressant, peut-être parce que j'étais innocente...

JÉRÔME GARCIN — Vous l'êtes !

ARMELLE HÉLIOT — ...et que je ne connaissais pas bien cette pièce. Ici, ce sont les mêmes décors, les mêmes acteurs, mais il s'est doté pour le son d'une Mme Miniature...

BERNARD THOMAS — C'est un gag !

ARMELLE HÉLIOT — C'est le nom indiqué dans le programme... Mesguich trouve quand même dommage qu'on puisse entendre *Andromaque* : ça serait vulgaire, ça serait commun !

JÉRÔME GARCIN — Presque poujadiste...

ARMELLE HÉLIOT — Donc, cette Mme Miniature nous accable d'une bande-son horripilante qui mélange du blues, des génériques d'émissions... C'est d'un mauvais goût épouvantable : on doit déjà fermer les yeux, il faut en plus se boucher les oreilles !

GILLES COSTAZ — Mais ce n'est pas nouveau, cette utilisation de la bande-son : il a toujours voulu faire une sorte d'opéra parallèle. Ce qui m'a frappé, c'est que ses comédiens sont maquillés comme des acteurs du muet : on sent bien que Mesguich aimerait faire un film muet avec le texte à part – si possible son seul commentaire. Tous ses défauts sont exacerbés, c'est de plus en plus mécanique. Il arrive quand même à abîmer des acteurs qui sont excellents : il contraint Génovèse à un numéro d'hystérique digne de la Salpêtrière de Charcot. C'est la ruine de la pièce !

BERNARD THOMAS — Vous êtes d'une immense injustice. Mesguich apporte un sang neuf : ce ne sont plus les pensionnaires, mais les convulsionnaires de la Comédie-Française ! À peine s'est-on précipité d'un côté qu'on est déjà parti de l'autre, on passe son temps à se rouler par terre, à gratter dans les acariens ! Il dépasse tout ce à quoi il nous avait habitués ! ■

1998

Jean-Pierre Jeunet
Le Fabuleux Destin d'Amélie Poulain

« — un Montmartre idéal, un Paris idéal, une France idéale... »

C'ÉTAIT EN AVRIL 2001 : *Le Fabuleux Destin d'Amélie Poulain*, le nouveau film de Jean-Pierre Jeunet, faisait le plein des salles, mais divisait les avis. «*Miracle*», «*pur bonheur*», «*chef-d'œuvre*», s'enthousiasmaient les uns. «*Niaiserie*», «*sucrerie fascisante*», «*esthétique publicitaire*», répondaient les autres. Oui ou non, fallait-il aimer *Amélie* ? Les forums fleurissaient sur Internet. Les discussions de fin de repas tournaient à l'aigre entre ceux qui avaient «*adoré*» et ceux qui avaient «*détesté*». Jérôme Garcin, lui, avait adoré. Et pour la première et unique fois de l'histoire du *Masque*, il sortit de son devoir de réserve, abandonnant son «*costume noir d'arbitre*» qu'il évoque dans l'avant-propos de ce livre. Dès le sommaire de l'émission du 29 avril, qui réunit Alain Riou, David Martinez (de *Technikart*), Thierry Jousse et Danièle Heymann à la tribune, il prévient : «*Nous parlerons de mon chouchou,* Amélie Poulain.» Et il se lance dans l'éloge du film :

JÉRÔME GARCIN — Deux heures de pur bonheur, un film bourré d'idées, d'espièglerie, sur une musique de Yann Tiersen, [...] un film où les nains de jardin voyagent, [...] où les poissons rouges sont suicidaires [...] et où Paris est une fête.

DANIÈLE HEYMANN — *Amélie* renoue avec une tradition du cinéma français [portée par] Carné et Prévert, tout en se servant des progrès techniques, qui donnent lieu à des pirouettes délicieuses.

Audrey Tautou dans *Le Fabuleux Destin d'Amélie Poulain.*

« et en plus dans *Amélie* il y a un beur... et il est exquis ! Il y a aussi une homosexuelle, [...] une hypocondriaque, enfin tout le monde ne va pas tellement bien ! [sic...] »

THIERRY JOUSSE (à l'adresse de Garcin) — Tu as mis la barre très haut [...] maintenant on ne peut pratiquement plus en dire du mal [...], mais je ne vais pas en dire que du bien [...]. [Jeunet déploie] une invention, un savoir-faire qu'on ne peut réfuter [...] mais ce réalisme poétique new look [...] ne me touche pas beaucoup [...], ça sent un petit peu le renfermé.

JÉRÔME GARCIN — Tu peux préférer le Paris de *Belphégor*, tu as le droit...

DAVID MARTINEZ — Jeunet se voit comme un artisan des années 1950 [...]. C'est bien fait mais superficiel et [ça ne va pas tellement au-delà] d'une série de saynètes...

ALAIN RIOU — C'est éblouissant : si être un auteur, c'est créer un univers, alors on ne peut pas faire mieux que Jeunet. Au reste son film n'est pas si sucré. Jeunet est un auteur aussi important que Tati et du même niveau : c'est-à-dire le plus haut.

La bataille d'*Amélie* ne faisait que commencer. Devant le formidable succès public du film (un million de spectateurs dès la première semaine, au total *Amélie Poulain* attirera plus de 8 millions de Français dans les salles, sans parler de ses scores à l'étranger...), des journalistes s'interrogent : pourquoi *Amélie* n'a-t-elle pas été sélectionnée à Cannes ? La polémique enfle, enfle... Le 30 mai, Jacques Chirac se fait projeter le film à l'Élysée, devant un parterre d'invités. À défaut de Croisette et de Palme d'or, *Amélie* est sanctifiée par le pouvoir. Mais le lendemain, Serge Kaganski, des *Inrockuptibles* – et parfois du *Masque et la Plume* – s'énerve dans *Libération* : « *Il est temps de dire tout le mal qu'on pense de ce film à l'esthétisme figé* [...] *qui présente une France ethniquement nettoyée et nauséabonde.* » Au *Masque*, on continue d'aimer la Montmartroise incarnée par Audrey Tautou : à la fin de l'année, « *sans surprise* », dixit Garcin, le film de Jeunet coiffe au poteau tous ses concurrents (*Loin* de Téchiné, *Sous le sable* de François Ozon...) pour l'obtention du prix des Auditeurs. L'émission du 10 février 2002, consacrée au palmarès, est enregistrée en présence de Jean-Pierre Jeunet. Le réalisateur revient sur la polémique Kaganski (« *Il a réussi à se faire une notoriété sur notre travail...* »), sur la projection élyséenne (« *Chirac me tapait sur l'épaule pendant la projection, il me disait "C'est génial votre machin, c'est plein d'effets spéciaux qu'on voit pas"...* ») et défend sa vision du « *réalisme poétique* » :

JEAN-PIERRE JEUNET — J'ai essayé un mixte du vieux cinéma que j'adore, celui des années 1940, mais avec une technologie plus moderne [...]. J'adore *Le Quai des brumes*, *Le jour se lève*, *Les Portes de la nuit*...

MICHEL CIMENT — Et René Clair aussi...

JÉRÔME GARCIN — On vous a beaucoup reproché d'avoir montré un Montmartre idéal, un Paris idéal, une France idéale...

JEAN-PIERRE JEUNET — Heureusement qu'on l'a remarqué... on s'est donné assez de mal pour ça ! [...] Je m'attendais très sincèrement à être beaucoup plus allumé [à ce sujet]. Je vivais à Los Angeles quand j'ai commencé à penser à ce film. Quand je suis revenu à Paris, après vingt mois passés à l'étranger, vous voyez votre ville comme vous ne l'avez jamais vue... enfin si, comme je l'avais vue en 1974, lorsque je suis arrivé à Paris. J'ai voulu montrer comment Paris pouvait être beau. [Et je me suis décidé] à tricher à fond dans un côté archi Jacques Tati [...]. J'étais assez inquiet de la réception [...]. De temps en temps, ça fait du bien d'être fier d'être français, de gagner la Coupe du Monde, ou bien de voir un film bien parisien et tant pis pour Kaganski et quelques grincheux...

MICHEL CIMENT — [Ce reproche] d'une France idéale [...] c'est un peu à la carte. Chez Desplechin, dans *Comment je me suis disputé... (ma vie sexuelle)*, il n'y a pas de beurs, [...] pas de noirs [et] on ne lui en fait pas le reproche ; ni à Éric Rohmer [...]. Ces reproches sont vraiment à la carte.

DANIÈLE HEYMANN — Oui, et en plus dans *Amélie* il y a un beur... et il est exquis !

MICHEL CIMENT — Oui, il y en a plus que chez Desplechin.

DANIÈLE HEYMANN — Il y a aussi une homosexuelle, [...] une hypocondriaque, enfin tout le monde ne va pas tellement bien ! [sic...] ■

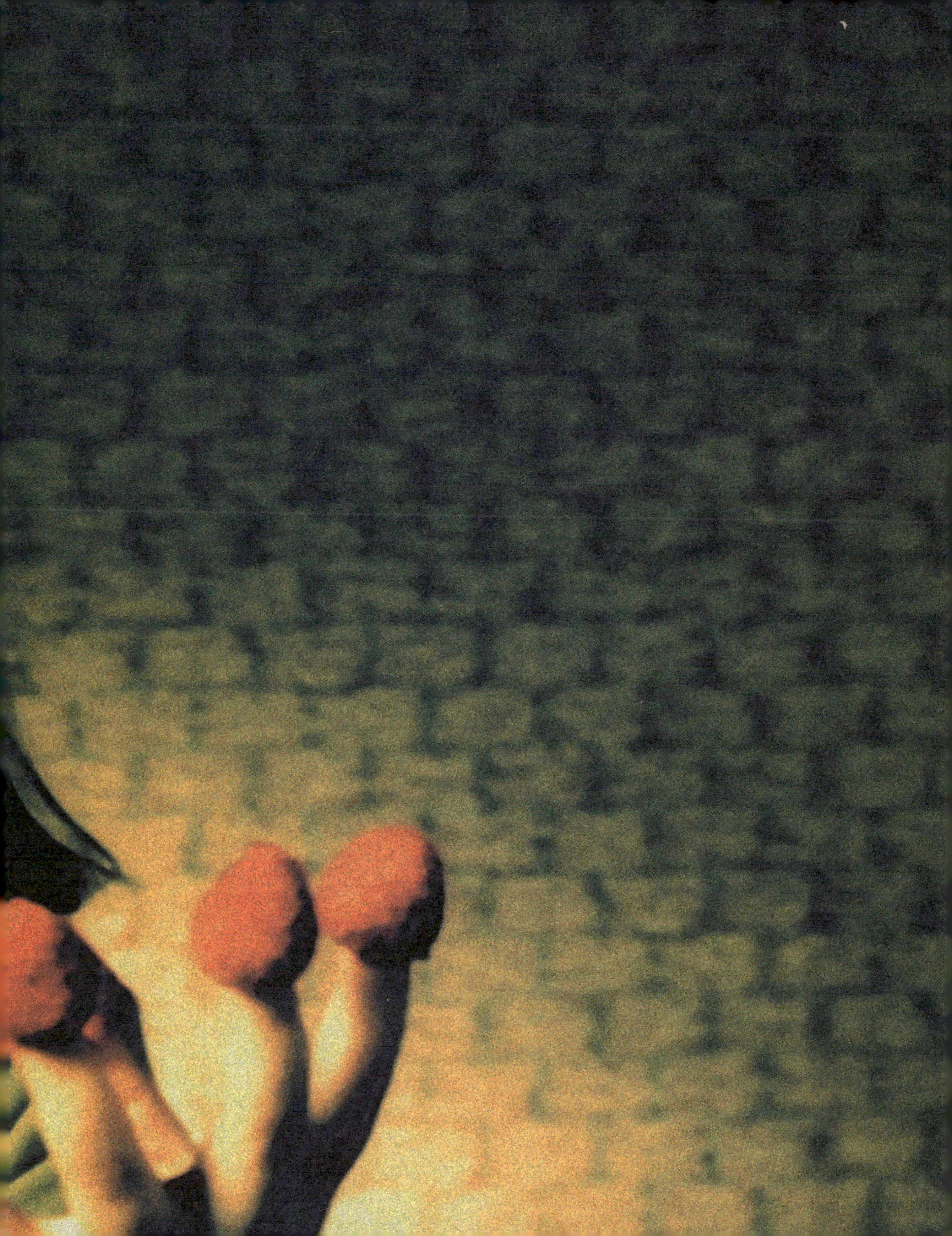

2001 Rentrée littéraire

« — elle fait le mal autour d'elle ! »

LE 9 SEPTEMBRE 2001, *Le Masque* débat de la rentrée littéraire. Au menu : le dernier Amélie Nothomb (c'est comme les feuilles mortes, il en tombe un chaque automne) ; dans un genre plus prétentieux, le nouveau Marie Darrieussecq, auteur sur-surestimé à son lancement (*Truismes*), mais finalement, Amélie Nothomb tient mieux la route. Et un nouveau Houellebecq, *Plateforme*. Ça, c'est du sérieux.

JÉRÔME GARCIN — [On commence] par une abonnée des rentrées : Amélie Nothomb, déjà traduite dans plus de trente langues...

JEAN-JOUIS ÉZINE — Sauf en français !

JÉRÔME GARCIN — ...avec son dixième roman, *Cosmétique de l'ennemi*. L'intrigue est assez ténue, cantonnée dans un hall d'aéroport : le héros, Jérôme Angust, est assailli par un certain Textor Texel qui va lui révéler qu'il a tué sa femme. Et le roman tient entièrement dans le dialogue qui s'installe...

JEAN-LOUIS ÉZINE — Il faut dire que ce dialogue est en réalité un monologue...

JÉRÔME GARCIN — Ah non ! Là tu enfreins...

JEAN-LOUIS ÉZINE — Mais c'est couru d'avance ! À la page 12 on a compris que les deux ne font qu'un...

ARNAUD VIVIANT — Si on voulait laisser au lecteur si peu que ce soit à découvrir, il faudrait taire et le nom de l'auteur et le titre...

FRÉDÉRIC BEIGBEDER — On peut d'ailleurs – pour ses prochaines livraisons – lui faire

Amélie Nothomb par Marc Malki.

« Quand on reçoit le dernier Nothomb, on est prévenu : c'est la fin des vacances ! »

quelques suggestions [de titres] : *Épilation du gangster...*

ARNAUD VIVIANT — *Vasectomie du violeur...*

FRÉDÉRIC BEIGBEDER — *Le suppositoire du serial killer...*

JÉRÔME GARCIN — Vous avez répété !

FRÉDÉRIC BEIGBEDER — On peut tout de même lui reconnaître quelque chose d'un peu fascinant dans la dégueulasserie : c'est une sorte d'anti-Amélie Poulain – elle fait le mal autour d'elle !

PIERRE ASSOULINE — Je ne suis pas emballé. Peut-être est-ce que ça conviendrait davantage pour une pièce ? Ce roman dialogué, c'est une forme qui a déjà été tentée et ça s'épuise très vite. On devine rapidement le piège et un peu le truc du livre.

ARNAUD VIVIANT — On a beaucoup dit que la cadette de cette rentrée, Anne-Sophie Brasme, avait dix-sept ans, c'est désobligeant pour Amélie Nothomb, qui va sur ses treize ans et demi...

JEAN-LOUIS ÉZINE — Quand on reçoit le dernier Nothomb, on est prévenu : c'est la fin des vacances ! C'est un peu la *cometa horribilis* des Anciens et comme eux, devant la récurrence du phénomène, je suis partagé entre la fascination et l'épouvante...

JÉRÔME GARCIN — Marie Darrieussecq [maintenant, avec *Bref séjour chez les vivants*]. Elle avait connu un énorme succès avec *Truismes*, là elle déroute...

ARNAUD VIVIANT — C'est un livre fait de phrases... Comme les oiseaux font leur nid, filament par filament. C'est mon livre d'heures, j'en lis à peu près quatre pages tous les soirs : je n'ai pas saisi le début du commencement...

PIERRE ASSOULINE — Elle nous fait entrer dans l'atelier de l'écrivain, ce qu'il ne faut jamais faire...

JÉRÔME GARCIN — Qui va expliquer le contenu ?

FRÉDÉRIC BEIGBEDER — Pas moi ! Mais des gens aussi intellos qu'Assouline ou Arnaud devraient avoir lu James Joyce ou Faulkner, savoir que le roman moderne a abandonné le récit traditionnel et n'est pas accessible au premier pékin venu... Enfin, c'est ce qu'on me réplique lorsque je reproche à un livre d'être hermétique, illisible et ennuyeux... comme c'est le cas de Marie Darrieussecq !

JEAN-LOUIS ÉZINE — On a l'impression que ça été réécrit par Claude Simon...

JÉRÔME GARCIN (indigné) — Non !

JEAN-LOUIS ÉZINE — Des décrochages, des blancs, des dysorthographies...

PIERRE ASSOULINE — On peut lui reprocher son côté normalienne qui se regarde écrire !

ARNAUD VIVIANT — Plutôt midinette éclairée...

JÉRÔME GARCIN — [Houellebecq, à présent]. Déjà 150 00 exemplaires vendus [de *Plateforme*] et la cible de nombreuses attaques... Le héros est un fonctionnaire du ministère de la Culture, célibataire endurci, qui part pour la Thaïlande avec Nouvelles Frontières et qui, à son retour, a l'idée de fonder des clubs de vacances où les clients pourraient assouvir tous leurs désirs. Je ne dis pas comment ça se termine – c'est la règle, même si Jean-Louis parfois y déroge. On s'attendait à ce que [le livre] suscite une polémique, mais peut-être pas à ce point-là...

FRÉDÉRIC BEIGBEDER — Évidemment, il faut distinguer [entre l'auteur et le narrateur] et la situation devient de plus en plus embarrassante avec les entretiens que donne Houellebecq à gauche et à droite – surtout à droite d'ailleurs. Je trouve que c'est un grand livre, qui se réfère sans doute à *L'Étranger* – Houellebecq attaque sur : « *Mon père est mort il y a six mois...* » tandis que Camus débutait avec « *Aujourd'hui Maman est morte* » – et en même temps très dangereux... On ne sait pas très bien s'il aime ou déteste le monde dans lequel il vit.

JEAN-LOUIS ÉZINE — [Un roman sur l'idiotie sexuelle et l'idiotie touristique] : Pourquoi cet arrachement hystérique des peuplades d'Occident vers l'Orient ?

ARNAUD VIVIANT — C'est ce que disait Beckett : « *On voyage pas pour le plaisir : on est con mais quand même pas à ce point-là !* »

JEAN-LOUIS ÉZINE — Le dépressif occidental – qui est aussi bien charcutier à Liévin que naturopathe à Besançon –, on ne l'a jamais aussi bien décrit !

ARNAUD VIVIANT — Je ne comprends pas bien la polémique : je vois des journaux qui, sans appeler à la censure, croient de leur devoir, à l'occasion de la parution, de rappeler l'horreur du « tourisme sexuel ». Je me demande si les romans, ça ne va pas être bientôt comme les paquets de cigarettes, on ne les interdira pas à la vente mais on mettra des avertissements : « Nuit gravement aux Droits de l'homme », « Peut provoquer des maladies graves de la morale »...

« C'est mon livre d'heures, j'en lis à peu près quatre pages tous les soirs : je n'ai pas saisi le début du commencement... »

FRÉDÉRIC BEIGBEDER — On pourrait en trouver d'autres qui tombent sous le coup des mêmes accusations...

ARNAUD VIVIANT — Oui, il y a d'autres romans, comme celui de [Michel] Braudeau[1], qui fait aussi des incursions en Thaïlande... Mais chez Houellebecq, ça tient à une vraie qualité littéraire : il a quasiment réussi à se débarrasser de la notion de style. C'était le grand rêve de Sartre : en finir avec cette « espèce de bave d'escargot » et n'avoir plus que des mots pour pousser des idées. Et Houellebecq y arrive ! Alors que le roman a une longue histoire, très tracassée, il en use comme d'une forme toute simple, coulée dans le marbre. On est épaté, mais l'innocence totale de la forme rend le fond d'autant plus coupable à nos yeux. Tout le monde polarise sur ce qui est dit dans le livre en oubliant que c'est un roman.

PIERRE ASSOULINE — C'est l'un des romans les plus excitants, les plus passionnants et les plus drôles de la rentrée littéraire, mais ça ne devrait pas nous interdire, par crainte d'être étiqueté politically correct, de critiquer ce qui est critiquable [...]. Le narrateur exprime des idées qui, si on le suit à la trace, sont chères à l'auteur...

JÉRÔME GARCIN — Il faut dire que ton journal – *Lire* – publie ce mois-ci un entretien gratiné avec Houellebecq...

PIERRE ASSOULINE — On l'aime beaucoup depuis *Extension du domaine de la lutte*, ce qui ne nous empêche pas de le critiquer en tant qu'auteur...

1 *L'Interprétation des singes*, Stock.

Marie Darrieussecq par Richard Dumas.

Michel Houellebecq par Serge Picard.

« il habite une ferme paumée en Irlande : on n'est pas obligé de le fréquenter – loin de là – et on n'est même pas obligé de lire son livre... »

ARNAUD VIVIANT — Par exemple ?

PIERRE ASSOULINE — Sur l'islam, il dit des choses absolument abjectes et je suis sidéré que la plupart des critiques souhaitent passer outre [...].

ARNAUD VIVIANT — On n'est pas obligé de le croire...

PIERRE ASSOULINE — On peut être plus royaliste que le roi... Mais quand il fait dire à son narrateur qu'il se réjouit de voir une femme palestinienne criblée de balles par un soldat d'Israël, que ça accroît sa volupté et sa jouissance... Tu es en droit de penser que ce n'est pas que du roman...

ARNAUD VIVIANT — Évidemment, il joue avec la confusion possible. C'est un jeu pervers et ce n'est pas par hasard si son narrateur s'appelle Michel... L'histoire du *Guide du routard* – des « connards humanitaires protestants » – c'est l'une des choses un peu agaçantes : je suis convaincu qu'il l'a rajoutée au dernier moment pour provoquer la polémique.

PIERRE ASSOULINE — Il n'a pas besoin de ce genre de petite polémique comme rampe de lancement. En revanche, il habite une ferme paumée en Irlande : on n'est pas obligé de le fréquenter – loin de là – et on n'est même pas obligé de lire son livre...

JEAN-LOUIS ÉZINE — Les écrivains ne devraient jamais commenter eux-mêmes leurs propres livres. Mais c'est l'indice d'une mutation : tout se passe comme s'il revenait à [la littérature contemporaine] de prendre en charge la part cachée, refoulée de notre société politiquement correcte, de charrier les pensées résiduelles de l'époque ■

2005 Jean-Paul Sartre

« — …un mort exemplaire »

2005, CE N'EST PAS seulement l'année des cinquante ans du *Masque*, mais aussi le centenaire de la naissance de Jean-Paul Sartre. L'occasion de s'intéresser aux rapports qu'ont entretenus l'émission et le philosophe. Si celui-ci, contrairement à de nombreux écrivains, cinéastes, dramaturges ou metteurs en scène, ne fut jamais invité à la tribune (tout bonnement parce qu'il aurait probablement refusé, lui qui fuyait les médias), il bénéficia d'un traitement de faveur exceptionnel : outre les nombreuses évocations de son travail, à l'occasion de la mise en scène de telle ou telle de ses pièces, ou la parution de tel ou tel livre, de lui ou sur lui, Jean-Paul Sartre se vit consacrer pas moins de quatre émissions spéciales. Un record définitivement absolu. Ni François Truffaut, pour le cinéma, ni Vilar, pour le théâtre, ni personne d'autre du reste, n'eut droit au même honneur.

Un honneur ? Pas si sûr, en fait. Surtout lorsqu'on constate que trois de ces émissions spéciales eurent lieu entre 1964 et 1967. La vérité, c'est que Sartre encombre. Plutôt que de végéter dans son ombre, les nouveaux venus sur la scène intellectuelle – et ils sont nombreux dans les années 1960 : Derrida, Foucault, Deleuze, Barthes… – se sont donné le mot : si on veut exister, il faut d'abord exister contre Sartre. Renvoyons l'auteur de *L'Être et le Néant* au néant !

Ainsi, la première fois que *Le Masque* aborde Sartre, il y a déjà de l'embaumement dans l'air. Nous sommes le 16 juillet 1964. Bastide et Polac

Jean-Paul Sartre par Bruno Barbey.

« Pour Sartre, la littérature pure est une activité injustifiable dans le monde d'aujourd'hui. »

ont décidé de clore la saison en revenant sur la polémique suscitée par la publication des *Mots*, récit autobiographique dans lequel Sartre évoque son enfance et son milieu familial : « *Son chef-d'œuvre, pour ceux qui n'aiment pas trop Sartre* », selon la formule de Michel Contat[1]. « *Vous venez de nous donner un chef-d'œuvre,* écrit justement à l'époque Alain Bosquet dans une lettre ouverte à Sartre : Les Mots *nous rappellent que vous êtes un écrivain, vous qui avez voulu trop longtemps l'oublier*[2]... » C'est bien tout le problème. On devine la tentation de réduire Sartre à la posture du simple écrivain – et, pourquoi pas, en faire un goncourable, pour mieux le châtrer... Sentant le danger venir, Sartre prend ses laudateurs à rebours. Dans un entretien avec Jacqueline Piatier, du *Monde*, il rappelle qu'il est d'abord un philosophe engagé. « *Aux critiques qui ont cru pouvoir affirmer, après ce livre, que Sartre faisait l'aveu que la seule tâche qu'il pût remplir était celle d'écrivain, et même d'écrivain petit-bourgeois, le philosophe réplique à Jacqueline Piatier qu'il n'est pas désespéré, et qu'il manifeste toujours sa volonté d'être présent au monde, sans se contenter de gratter sa petite guitare littéraire* », résume Robert Kanters, pour le public du *Masque*. Et Kanters de conclure : « *Pour Sartre, la littérature pure est une activité injustifiable dans le monde d'aujourd'hui.* »

Cet entretien de Sartre au *Monde* a suscité de nombreuses réactions. Mutatis mutandis s'amorce un nouvel épisode du débat sur la « trahison des clercs », initié en 1927 par Julien Benda dans son célèbre pamphlet. L'écrivain doit-il ou non s'engager ? Non, répondent par exemple dans *L'Express* Claude Simon et Yves Berger – ce dernier y a publié une tribune au titre explicite : « *Nous ne sommes pas des traîtres* ». Bastide et Polac ont invité les deux romanciers à se confronter à deux vieux habitués du *Masque*, Robert Kanters et Matthieu Galey. Yves Berger a accepté. Claude Simon a décliné : « *Que ferais-je, provincial, dans ce feu d'artifice parisien ?* » a-t-il écrit à Bastide. Dommage. Par sa présence, l'émission aurait sans doute gagné en densité. Yves Berger, ça fait un peu menu fretin. Kanters, avec la cruauté dont il était capable, n'hésite d'ailleurs pas à le crucifier en direct :

1 *Le Monde des livres* du 11 mars 2005. 2 Cité dans *Lire* d'avril 2005, dossier spécial Sartre/Aron.

« La Case de l'Oncle Tom *a fait davantage pour la libération des Noirs que* Sud *d'Yves Berger, qui se contente de promouvoir un solipsisme confortable avec angoisse climatisée* », assène-t-il. Berger tente de justifier sa position de pur littérateur : « *Il n'est pas vrai que l'on écrit pour les autres. La littérature sera toujours une entreprise de sauvetage individuel. L'écrivain oublie le monde. Si l'œuvre exerce une influence sur la sensibilité collective, ce ne peut être qu'un hasard.* » Son intervention lui vaut les sifflets du public et Matthieu Galey lui rétorque que « *la critique sociale a produit des écrivains qui ne sont pas nécessairement navrants. Zola, par exemple* ». Un spectateur, dans la salle, demande alors le micro, pour tenter un « *jugement de Salomon* » : « *Il est possible que Sartre se rende compte que son engagement est vain ; il est possible qu'une œuvre littéraire ait une portée qui la dépasse.* » On s'arrête provisoirement là. Le 22 octobre suivant, Sartre, en refusant, de façon cinglante, le Nobel de littérature, clôt le bec à tout le monde. La cause est entendue : ce n'est pas le succès des *Mots* – l'ouvrage, traduit dans le monde entier, est resté six mois en tête des ventes en France – qui doit l'enfermer dans la case « gendelettres ». Manquerait plus qu'on le confonde avec Hervé Bazin...

En 1967, *Le Masque* s'attaque de nouveau à Sartre. Cette fois, pas de quartiers. « *Sartre, c'est fini !* » proclame d'entrée de jeu François Wahl à la tribune. C'est qu'entre-temps, Michel Foucault a publié (au printemps 1966) *Les Mots et les Choses*. Le retentissement de l'ouvrage est énorme et Foucault, dans les nombreux entretiens qu'il a donnés à l'occasion de la sortie de son livre, n'a pas manqué une occasion de dégommer Sartre au lance-flammes. La *Critique de la raison dialectique* n'est à ses yeux que le « *pathétique effort d'un homme du XIXe siècle pour penser le XXe siècle*[3] ». Bigre ! Et dans *La Quinzaine littéraire*, Foucault enfonce le clou (du cercueil) : « *Nous avons éprouvé la génération de Sartre comme une génération certes courageuse et généreuse, qui avait la passion de la vie, de la politique, de l'existence. Mais nous nous sommes découvert autre chose, une autre passion : la passion du concept et de ce que je nommerai le "système"*[4]. » L'éternelle querelle des Anciens contre les Modernes a trouvé un nouvel avatar : les sartriens contre les structuralistes. Les revues de l'époque – *L'Arc*, *Les Temps modernes*, *Tel Quel*... – se font, pendant des mois, l'écho de ce débat très vif, qui finit par gagner la tribune du *Masque*.

Le 5 février 1967, Bastide annonce une émission « *philosophique, a priori difficile, mais qui surfe sur le succès public un peu surprenant rencontré par les livres de Michel Foucault* ». Il aurait pu titrer « Haro sur Sartre », car ses invités, François Wahl, François Châtelet et Jean-Pierre Faye, sont « *tous les trois un peu anti-sartriens* », avoue Bastide. Un peu ? « *Aujourd'hui, parmi les jeunes philosophes, les étudiants en Sorbonne, on ne compte plus qu'un ou deux sartriens* », assure François Wahl. À l'en croire, le tort de la philosophie sartrienne, c'est de « *n'avoir pas eu de place pour la science : elle est restée ignorante des sciences de la nature et se trouve démunie face à l'apparition de sciences qui se donnent comme sciences de l'homme* ». Quant à François Châtelet, s'il paraît

3 Cité par Didier Éribon dans sa biographie de Michel Foucault, Flammarion, 1989, p. 189. 4 *La Quinzaine littéraire* du 15 avril 1966.

encenser Sartre, c'est pour mieux porter l'estocade : « *À l'inverse de la conscience moyenne ou bourgeoise, prête, sans l'avoir beaucoup lu, à lui reconnaître une stature de philosophe, mais qui juge qu'en politique, il exagère, il fait la belle âme, je crois, au contraire, que c'est le rôle idéologique de Sartre qui est important. Il a décrassé la philosophie, l'a emmenée au café, ce qui lui permet d'être entendue politiquement. Mais en elle-même, sa philosophie ne me paraît ni particulièrement originale, ni particulièrement fondée.* »

L'auditoire du studio 104 écoute religieusement. Il faut dire que le débat, pour polémique qu'il soit, est de haute volée. Un étudiant prend la parole pour « *défendre l'humanisme comme goût de l'universel* » et se demande si « *l'homme est réductible à la science* ». Michel Polac, qui promène le micro dans la salle, en profite pour demander qu'on précise ce qu'on entend, ici, par science, « *étant entendu que pour le grand public, la science, c'est ce qui est chiffré* ». François Châtelet se fend alors d'un morceau de bravoure sur la notion de « *coupure épistémologique* ». Personne ne moufte dans la salle et on imagine les auditeurs l'oreille collée à leurs transistors. *Le Masque*, ce soir-là, les ramène sur les bancs de la (grande) école. En conclusion, Châtelet juge que « *la conception traditionnelle de la philosophie comme méditation sur la destinée humaine paraît dérisoire à l'âge de la société industrielle et n'est plus entretenue que par des penseurs misérables, scandaleux, comme Jaspers ou Jung* ». Sartre échappe de justesse à ce grief, « *sauf pour ce livre détestable:* L'existentialisme est un humanisme ».

Le bouchon a-t-il été lancé trop loin ? Quatre mois plus tard, le 11 juin 1967, *Le Masque* organise une nouvelle tribune philosophique, construite, annonce Bastide, « *comme une réplique* » à celle du 5 février. « *Pour moi, la philosophie, ce sont les éditoriaux de Sartre dans* Les Temps Modernes », a écrit un lycéen d'Henri IV, « *amoureux de la praxis* » et dont Bastide lit la lettre consécutive à cette première émission. Va-t-on réhabiliter Sartre ? En principe, Mikel Dufrenne, André Gorz et Sylvie Le Bon ont été invités dans ce but. Mais le structuralisme, décidément à la mode, continue d'occuper la vedette. Quitte, cette fois, à lui taper dessus. « *Ce qu'il faut*, propose Mikel Dufrenne, *c'est porter l'attaque dans l'autre camp. Montrer que le structuralisme est un compromis bâtard, qui n'est ni science ni philosophie. On ne peut accepter de voir réduire la philosophie à l'épistémologie et l'épistémologie à une parodie de science authentique.* » « *Mais cette philosophie a du succès...* », lui fait valoir Bastide. « *Les étudiants ne sont pas unanimement séduits*, réplique Dufrenne, *mais il est vrai que le structuralisme a un succès public, dont témoigne le tirage des livres de Foucault. [...] [Mais] le structuralisme pourrait n'être que le reflet d'une situation historique, celle qui voit la démission de l'individu et l'apothéose de la technocratie.* »

Et Sartre, dans tout ça ? « *Sartre se défend très bien lui-même* », assure Mikel Dufrenne. C'est si vrai que l'année suivante, dans la Sorbonne occupée, les étudiants – dont, paraît-il, plus aucun n'était sartrien... – font un triomphe à Sartre venu leur rendre visite. On imagine la rage des structuralistes...

Vingt ans plus tard, il est encore question de Sartre au *Masque et la Plume* – par ricochet : l'émission du 27 avril 1986 rend longuement hommage à Simone de Beauvoir, qui vient de disparaître.

Simone de Beauvoir et Jean-Paul Sartre sur la plage de Copacabana.

Guy Dumur, Annie Coppermann, Bertrand Poirot-Delpech et Mathieu Lindon entourent Pierre Bouteiller. Mais là, quelle déception ! Ce n'est plus Sartre, qui est démodé. C'est la pensée. Beauvoir et Sartre sont réduits à des figures people, dont on retient surtout qu'ils ont défrayé la chronique des années 1950 « *parce qu'ils n'étaient pas mariés et qu'ils écrivaient dans des cafés* ». Poirot amuse même la galerie en racontant qu'il a « *passé plusieurs nuits à monter la garde dans l'appartement de Simone de Beauvoir avec un bâton, assis sur sa baignoire* (sic !) *parce qu'elle avait été plastiquée trois fois à raison de ses écrits* ». Mais des écrits de l'un et l'autre, il sera bien peu question. *Le Masque*, ce jour-là, a renvoyé le reflet de son époque : le paraître, ou le néant.

Enfin, en 1990, dix ans après la mort du philosophe, et en écho au numéro spécial de *Libération* « Que reste-t-il de Jean-Paul Sartre ? », *Le Masque*, animé désormais par Jérôme Garcin, consacre une nouvelle émission spéciale à Sartre – la quatrième, donc. Poirot-Delpech est encore de service, ainsi qu'Antoine de Gaudemar (directeur des pages culturelles de *Libé*), Michel-Antoine Burnier (« nouveau philosophe »), Jean-Jacques Brochier (rédacteur en chef du *Magazine littéraire*) et Denis Tillinac (écrivain). Les débats, ouf, volent plus haut qu'en 1986. En début d'émission, Jean-Jacques Brochier fait même le lien avec celle du 4 février 1967 : « *J'avais écrit* « Les Huns et les autres », *c'était dans* L'Arc *une réponse à un article infâme de Jean-Pierre Faye dans les* Lettres françaises, *qui s'appelait* « Sartre et les Huns », explique-t-il. *Ç'avait d'ailleurs failli être mon premier passage* [au *Masque*] : *Bastide m'avait demandé de venir* [pour servir d'objecteur] *à Faye et quelques autres, mais les gens qui étaient là ont dit : « Si Brochier parle pour défendre Sartre, on s' en va ». Bastide se retrouvait avec son plateau vide, je ne faisais pas le poids... Il m'a dit : « Allez vous installer dans le public, on vous passera le micro... » Je n'étais pas venu pour ça [...], je suis parti à la campagne en laissant Faye et les autres dire ce qu'ils avaient à dire sur Sartre, et qui d'ailleurs lui était rigoureusement indifférent.* »

Puis Jérôme Garcin fait remarquer qu'on a davantage célébré le 18 juin 1940 que les dix ans de la mort de Sartre...

BERTRAND POIROT-DELPECH — J'en ai marre des anniversaires ! Le calendrier ne devrait pas régler nos débats [...]. Je n'ai aucune envie de chipoter quant à savoir si Sartre s'est trompé un peu plus que Raymond Aron ou un peu moins que Malraux... Jouer au petit prof, corriger les copies, c'est sans intérêt [...]. Sartre a posé les bonnes questions [...]. Depuis, la vie intellectuelle française est réduite à zéro, l'encéphalogramme est plat [...].

MICHEL-ANTOINE BURNIER — C'est une occasion de parler de Sartre [...], d'une pensée philosophique considérable recouverte par la politique [...].

JEAN-JACQUES BROCHIER — Le malentendu, c'est que les trois quarts des gens qui parlent de Sartre ne l'ont pas lu : ils voient le petit bonhomme juché sur un tonneau devant Boulogne-Billancourt. Pour les jeunes, il doit faire un peu figure d'ancêtre. Il faut les inciter à aller voir *Huis clos*, lire ses articles critiques sur Bataille ou Faulkner, lire *L'Être et le Néant*, ou encore les textes sur Mallarmé et Genet. Le problème de ces commémorations, c'est qu'on remet un peu de terre sur la tombe [...], alors que des textes de et sur Sartre continuent à être publiés. La parution de la correspondance de guerre [où on le voit travailler à sa trilogie] permet au passage de liquider ce lieu commun qui veut que *Les Chemins de la liberté* soit ennuyeux.

JÉRÔME GARCIN (*à Denis Tillinac qui vient d'arriver à la tribune*) — Vous êtes de ceux qui ont brocardé l'image de l'intellectuel Sartre...

DENIS TILLINAC — Je n'étais pas à l'enterrement de Sartre, je ne l'aimais pas beaucoup, mais je l'ai lu. [Je distingue trois aspects] : l'auteur de *L'Être et le Néant*, de *L'Esquisse d'une théorie des émotions*, des livres importants [...] qui m'ont marqué. Il y a l'écrivain et là je suis d'accord avec Brochier [sur la valeur] des *Chemins de la liberté*, qui à dix-huit ans m'ont transporté ; [j'aime aussi] les nouvelles du *Mur* et – dans une facture plus classique – *Les Mots* ; dans une certaine mesure encore son gros pavé inégal sur Flaubert. Et puis il y a l'intellectuel qui a dominé trois générations, celle de la Libération, celle de la guerre d'Algérie et celle de mai 1968. Ce Sartre-là a exercé une influence pernicieuse qu'il faudrait élucider. Il a faussé, aigri les débats et sécrété pas mal d'intolérance.

MICHEL-ANTOINE BURNIER — Si on parle de politique, il y a le Sartre prophétique de 1945-1948 qui, tant sur le communisme que sur l'évolution de l'Europe, a des propos clairs et intelligents, il estime que l'Europe doit faire son unité à l'écart de l'URSS et des États-Unis [...]. On a connu également le Sartre délirant des années 1950 – surtout 1952 – où, tout d'un coup, il se met à approuver le stalinisme, à la pire époque : les camps sont remplis, on fusille, les procès antisémites se multiplient à l'Est. Et après, il y a le Sartre de la décolonisation – il ne s'est pas battu, sinon tardivement, pour la décolonisation de l'Est, en train de se produire – mais il a joué un rôle fondamental dans la décolonisation du Sud [...]. Si j'ai participé aux réseaux d'aide au FLN, c'est à cause de Sartre et je ne le regrette pas, même si je regrette quelques méthodes, quelques individus. Sartre a dit que la torture était inadmissible, que la décolonisation ne pouvait pas durer, quand personne ne le disait très haut...

JEAN-JACQUES BROCHIER — Oui, Malraux disait : « Depuis que de Gaulle est arrivé, la torture s'est arrêtée en Algérie », ce qui était complètement faux et il le savait.

« Je n'ai aucune envie de chipoter quant à savoir si Sartre s'est trompé un peu plus que Raymond Aron ou un peu moins que Malraux... »

MICHEL-ANTOINE BURNIER — Oui, enfin... Sartre savait très bien qu'on torturait à l'Est et il fermait sa gueule...

DENIS TILLINAC — Et que le FLN aussi... qui est toujours au pouvoir, je crois ?

MICHEL-ANTOINE BURNIER — Les textes politiques ne sont pas à relire [...]. Vous n'allez pas vous taper *« Les communistes et la paix »* !

JEAN-JACQUES BROCHIER — Encore que « Le fantôme de Staline » est un texte extraordinaire : c'est le premier texte antistalinien écrit à cette époque (*sic*). Il faut voir ce que les Garaudy d'alors écrivaient.

MICHEL-ANTOINE BURNIER — Hmm... son texte sur le rapport Khrouchtchev n'est quand même pas brillant : il aurait voulu, je cite, qu'on attende « une élévation significative du niveau de vie en URSS avant de révéler les crimes de Staline » : autant dire qu'on attendrait encore. [Par contre, je souhaiterais] qu'on publie les textes de ses scénarios de cinéma [...] introuvables sauf sans doute le *Freud*. Il a un sens de l'image prodigieux : c'est très net dans *L'Engrenage*, l'histoire d'une révolution qui indéfiniment s'avorte, dans *Les jeux sont faits*, une sorte de *Titus et Bérénice* pris par la lutte des classes en Europe centrale. [La rétrospective de la vidéothèque de Beaubourg a permis de prendre la mesure de Sartre auteur de cinéma]. Alors je dirai : moins de politique plus de cinéma !

Jean-Paul Sartre et Simone de Beauvoir par Bruno Barbey, distribuant le journal *La Cause du peuple* en 1970.

la cause du peuple
ALAIN GEISMAR
NOUS MONTRE

JÉRÔME GARCIN — L'enquête de *Libération* contient une phrase terrible de Pascal Engel qui se demande si « le plus caduc ce n'est pas cela même qui a fait sa gloire : l'image du philosophe comme intellectuel total qui intervient dans tous les domaines de la culture et surtout en politique ». Cette image-là, vous croyez qu'elle a fait son temps ?

DENIS TILLINAC — Pas nécessairement. Il s'est trompé de camp, mais « l'engagisme sartrien » en soi avait peut-être du bon... Il évitait le nombrilisme actuel.

ANTOINE DE GAUDEMAR — Pascal Engel ne se réjouissait pas nécessairement de cette évolution. Il appartient à cette nouvelle génération de philosophes, aujourd'hui âgés de quarante/quarante-cinq ans, qui n'étaient pas forcément sartriens à vingt ans. Après la mort de Sartre, on a assisté à un retour de bâton : on s'est dit mieux vaut rester chez soi, écrire ses livres plutôt que dire des conneries. Aujourd'hui – et Guattari l'a dit avec son « Je préfère avoir tort avec Sartre que raison avec Aron » –, il y a une certaine nostalgie...

JÉRÔME GARCIN — ...du modèle sartrien.

JEAN-JACQUES BROCHIER — Aron aussi s'est engagé et contre la guerre d'Algérie d'ailleurs... Je vais revenir sur une publication qui m'a frappé : l'anthologie de la NRF entre 1910 et 1940 réalisée par Pierre Hebey, *L'Esprit NRF*. On s'aperçoit que tous ces intellectuels, qu'on imagine volontiers les mains pures, se sont engagés non seulement sur des problèmes généraux : le surréalisme comme révolte, le communisme... mais également sur des points précis : Gide par exemple livrait son sentiment de citoyen, de juré dans l'affaire de la séquestrée de Poitiers [...]. Sartre n'a pas inventé l'engagement, même s'il l'a poussé au maximum de ses possibilités.

BERTRAND POIROT-DELPECH — Je ne voudrais pas qu'on insiste trop sur les aspects politiques : C'est toujours l'intellectuel qui trinque. Sartre avait un souci de transparence et de vérité [qui en fait] un mort exemplaire [à rebours] de Montherlant – regardez comme il nous a bourré le mou ! – ou de Malraux [...] qui sont des morts crapuleux. Du coup, on lui fait payer ça : [on se saisit de] sa correspondance avec le Castor, de certaines palinodies...

JEAN-JACQUES BROCHIER — Oui, la haine est sortie du tombeau... Je voulais faire un numéro qui se serait intitulé « Haines de Sartre », car il n'y a pas seulement la droite qui va lui chercher noise...

BERTRAND POIROT-DELPECH — Il a régné du haut de son talent. Il n'avait ni journaux à sa dévotion, ni l'Université. La jeunesse était libre de le suivre. [...] Il faudra un jour instruire le procès des chasses aux sorcières menées dans les années 1945-1950 à Sartre par le groupe du *Figaro*, la presse de Lazareff : on a traité Sartre comme on ne le faisait que dans les pays de l'Est aux périodes les plus staliniennes.

MICHEL-ANTOINE BURNIER — On peut ressortir la presse de l'époque et vous verrez ce qu'il en est [du vrai] stalinisme dans toute son horreur [...]. Vous avez quand même Sartre qui en 1954 se rend en URSS et déclare : « Je n'ai jamais connu de pays aussi libre », alors que Beria est encore au pouvoir ! Quand on lui demandait [ce qu'il advenait des écrivains prohibés], il répondait : « Eh bien, on leur donne l'occasion d'écrire de nouveaux livres pour se racheter ! » Il a raconté des tas de conneries sur les fermes collectives, la production laitière qui atteignait des niveaux jamais atteints dans des pays capitalistes... Ehrenbourg l'a raconté plus tard, à la courte honte de Sartre : il le guidait dans ses visites et lui servait – il y était forcé – ces conneries-là, mais il n'aurait jamais pensé que [Sartre] le croyait [...]. Camus l'a dit à propos du groupe des *Temps modernes* : « Quelque chose en eux aspire à la servitude. » Sartre n'a pas fait son autocritique. Il faut quand même être lucide.

BERTRAND POIROT-DELPECH — Il n'empêche que de la part de la presse capitaliste des années 1950, il a été victime d'un procès en sorcellerie !

MICHEL-ANTOINE BURNIER — Dites donc ! Vous n'êtes pas dans la presse socialiste !

DENIS TILLINAC — Je serais assez d'accord avec Poirot pour dire que les écrivains paient trop leurs erreurs ou leurs atermoiements, alors que les politiques ne les paient pas assez [...]. Sartre est attachant [...], notamment par son dédain des honneurs, mais je ne comprends pas – alors que vous n'avez jamais été communiste...

BERTRAND POIROT-DELPECH — Non.

DENIS TILLINAC — ...que vous défendiez le Sartre de ces années-là. Était-ce faire un procès en sorcellerie que d'être antistalinien dans les années 1950 ? Je crois qu'il fallait – et qu'il faut – en faire des procès !

BERTRAND POIROT-DELPECH — Non... mais il faut relire la presse de l'époque : on en faisait le corrupteur de la jeunesse, on s'efforçait de le discréditer de façon poissarde...

JÉRÔME GARCIN — Assez parlé de politique au sujet de Sartre. Combien d'entre vous sont allés voir *Huis clos* monté au Français ? [...] C'est Vitez [mort au printemps] qui l'avait fait rentrer au répertoire.

BERTRAND POIROT-DELPECH — *Huis clos*, c'est mon premier souvenir de théâtre et c'était au Vieux Colombier. J'étais

« Camus l'a dit à propos du groupe des *Temps modernes* : “Quelque chose en eux aspire à la servitude.” Sartre n'a pas fait son autocritique. Il faut quand même être lucide. »

pris alors – il faut bien raconter sa vie dans ces cas-là – dans le puritanisme catholico-...pétainiste de l'époque. [Sartre] a fait éclater cette espèce de faribole catholique, [m'a persuadé] que nos actes étaient jugés ici et maintenant, non dans un au-delà fantasmatique et par une péréquation bizarre.

JÉRÔME GARCIN — Mais le spectacle actuel ?

BERTRAND POIROT-DELPECH — Là, au Français, j'ai moins aimé parce qu' il n'y a pas [la même] ambiance réaliste : le petit salon Napoléon III, il fallait le garder – avec le bronze de Barbedienne. Ici [on croit voir] un grand parking.

Pour finir, Jean-Jacques Brochier évoque les sources du théâtre de Sartre : « *Henri Bernstein et Henri Bataille*[5], *plutôt qu'une tradition plus prestigieuse* ». Il a fait du « *boulevard métaphysique* ». L'émission se termine sur les livres de Sartre préférés des invités de la tribune. Antoine de Gaudemar confesse sa prédilection pour *Les Mots* – « *Le livre qu'on lance quand on n'aime pas Sartre* », lui réplique Jérôme Garcin.

On se croirait revenus en 1964 ! La boucle est bouclée. Moralité : même mort, Sartre encombre toujours autant. On l'aura encore vu pour la commémoration du centenaire de sa naissance : des centaines d'articles, des dossiers entiers pour annoncer que Sartre est « *au purgatoire* ». À quand la cinquième spéciale du *Masque* ? Sartre, c'est *Amédée ou comment s'en débarrasser* ■

5 Deux auteurs de théâtre d'avant guerre, prisés du public (surtout Bernstein, dont les pièces remuaient les foules) et retombés très vite dans l'oubli.

Jean-Paul Sartre par Philipe Halsman.

LES MASQUIENS

LA TRIBU DES AUDITEURS

C'EST UNE TAUTOLOGIE : *Le Masque*, sans son public, ne serait plus *Le Masque*. Voulu, dès l'origine, comme une émission publique, *Le Masque* aura drainé, en cinquante ans d'existence, des dizaines – des centaines ? – de milliers de spectateurs. Du temps de la « grande époque », quand il était enregistré au studio 104, c'était plus de 1 000 personnes qui assistaient chaque fois à l'affrontement des critiques : jamais aucune émission de radio, tous genres confondus – pas même *Les Grosses Têtes* –, n'aura fait mieux.

Depuis l'origine – c'était le grand crève-cœur de Bastide –, les enregistrements du *Masque* littéraire sont les moins populaires. Ceux du théâtre attirent davantage, peut-être parce que les empoignades y sont souvent féroces, mais c'est toujours *Le Masque* cinéma qui continue d'aimanter le public. Résultat : les enregistrements pratiqués tous les quinze jours, à raison de deux émissions d'un coup, comportent toujours une tribune cinéma, qui permet de remplir à coup sûr le studio Charles Trenet.

Bastide, on s'en souvient, aimait retrouver son rang de vieilles dames qui le couvaient des yeux. La jeunesse des années 1960 le fascinait en même temps qu'elle le déroutait – il sentait bien qu'il était un peu trop « vieux jeu » pour elle. En février 1968, de retour du théâtre où il avait assisté à la reprise de *Tête d'or*, de Claudel, il resta pantois devant « le grand nombre de jeunes gens en blue-jean, un peu comme au Quartier latin » qu'il avait aperçus dans la salle. Comme si porter le jean empêchait de s'intéresser au théâtre...

Décidément son opposé, Polac, lui, détestait les vieilles dames et cherchait au contraire le contact de la jeunesse, supposée forcément incarner le changement. C'en était parfois comique : le 5 novembre 1959, la tribune débat du nouveau film d'Otto Preminger, *Autopsie d'un meurtre* (lire

Le *Masque et la Plume* a toujours été une émission publique.

page 114). À un spectateur qui explique qu'il a été «*emballé*», Polac, soulignant son jeune âge, lui demande : «*Est-ce que vous y avez vu une nouvelle forme de cinéma qui correspond à votre optique moderne?*» Et le jeune homme de répondre : «*Mais je n'ai pas d'optique* moderne... !»

Depuis l'arrivée de Jérôme Garcin, Michel Polac serait ravi d'assister aux enregistrements du *Masque* : les jeunes occupent un bon tiers des fauteuils. Entendez, des vrais jeunes, des «d'jeunes», quoi, comme Florian, par exemple, dix-sept ans, en terminale à Saint-Germain-en-Laye (78), rencontré un jeudi d'avril 2005 à la porte du Charles Trenet : il venait pour la première fois à l'enregistrement du *Masque*, qu'il écoutait déjà depuis quelques mois (comme ses parents, du reste, auditeurs fidèles). En mai 1998, *Télérama*, dans un long reportage consacré justement au public du *Masque*[1], s'extasiait déjà de cette jeunesse retrouvée des auditeurs, citant plusieurs exemples, Orlane, Leïla, Odile, Jean-Marc... qui avaient pour point commun de ne pas regarder la télé – à *Télérama*, c'est bien connu, on adore ceux qui ne regar-

1 *Télérama* du 23 mai 1998.

dent pas la télé. En revanche, l'hebdomadaire notait qu'ils prenaient moins la parole que leurs aînés : « *Quand un intervenant s'emberlificote dans des explications trop longues pour finalement répéter ce qui vient d'être dit, on s'impatiente,* expliquait une étudiante. *Alors, je ne voudrais surtout pas être de ceux-là.* »

L'auditeur, lui, n'a pas de ces scrupules : il se fait entendre, par voie de courrier – et désormais de mail. En général, les correspondants du *Masque* ne mâchent pas leurs mots : « *Suite à l'émission de début mars où vous l'aviez unanimement louée, je suis allé voir cette pièce,* Skylight, *au Théâtre de la Gaîté,* écrivait un auditeur cité par Jérôme Garcin dans l'émission du 17 mai 1998. *Pour une merde, c'est une belle merde, je n'ai jamais rien vu d'aussi nul. Soit je n'entends rien au théâtre contemporain, soit la critique parisienne fume du parmesan...* » Garcin en possède des milliers comme celle-ci, qu'il prend un malin plaisir à résumer à chaque début d'enregistrement : « *Le fondement même du courrier de l'émission, c'est que les critiques soient critiquables. J'enlève ce qui est injurieux, mais le reste, je le lis, sauf si c'est anonyme,* explique-t-il. *Où serait l'intérêt de publier des lettres qui féliciteraient la tribune, où mes critiques n'en prendraient pas pour leur grade ?* Le Masque, *ce n'est jamais une critique à sens unique, il y a toujours du répondant. C'est très important, dans l'ordre du symbolique, sur l'idée que je me fais de l'émission.* »

Mais ce sont des rapports d'amour et de haine comme il en existe dans les familles les plus unies. On s'emporte contre « *ces cabotins de la tribune* », mais on y tient. Danièle Heymann ne s'explique toujours pas cette ferveur que déclenche l'émission : « *Un jour,* raconte-t-elle, *j'étais au Festival de Cannes quand un monsieur m'aborde soudain dans la rue et me touche le bras comme si j'étais la Sainte Vierge. "Je suis un auditeur du Masque", m'a-t-il murmuré, avant de disparaître. J'en suis restée interdite !* » Cette ferveur s'exprime du reste encore plus fortement chaque fois que *Le Masque* s'autorise – ou, plus exactement, quand le budget alloué par Radio France l'autorise à un déplacement en province. Les enregistrements à Cannes, Avignon, Aix, sont toujours bondés. Les « virées », comme au cinéma Méliès de Pau, en octobre 2000, ou à Orléans, au cinéma des Carmes, en janvier 2003, drainent les foules. « *C'est un public différent du public du Charles Trenet,* commente Jérôme Garcin. *En province, nous attirons les "militants culturels" purs et durs. À Avignon, par exemple, ils ont tous déjà vu les pièces dont nous débattons.* »

Une évidence. Ceux qui imaginent des auditeurs sortis de la Fémis (l'École nationale des métiers de l'image et du son) ou de l'École normale supérieure de la rue d'Ulm n'ont jamais assisté à un enregistrement du *Masque* ou rencontré un membre de la tribu de ses auditeurs fidèles. En général leur métier ou leur milieu d'origine sont à mille lieues de Saint-Germain-des-Prés : postiers, bouchers, pharmaciens, comptables, éleveurs, infirmiers, instituteurs (et tous ces métiers au féminin). On pense au phénomène de *Lectures pour tous* de Pierre Dumayet ou d'*Apostrophes* de Bernard Pivot : la rencontre de la culture et de la vie. Ils forment une tribu élective. Ils ont débarqué un dimanche soir. Ils n'ont plus quitté cette étrange famille pendant cinq, dix, vingt ans, parfois plus encore. Il suffit de parcourir les témoignages reçus à l'occasion des cinquante ans du *Masque et la Plume*... ■

Pensionnat

« Mon père m'accompagnait tous les dimanches soir en voiture au pensionnat qu'il fallait réintégrer avant 21 h précises, sous peine d'être consigné et de ne pas pouvoir sortir le samedi suivant. Cela a duré pendant huit ans, de 1966 à 1973, toute ma scolarité au lycée. Pendant le trajet, nous écoutions toujours *Le Masque et la Plume*. C'était l'époque des « coups de gueule » passionnés entre Bory et Charensol. Nous arrivions souvent bien avant 21 h à la porte de l'internat. Combien de fois, captivés par les débats, nous ne voyions plus l'heure passer, garés sur le parking du lycée, et combien de fois j'ai dû courir pour passer les grilles de l'internat ! [...] J'aimais beaucoup la partie consacrée au courrier des lecteurs et je me souviendrai toujours du fou rire que nous avions eu lorsqu'un auditeur mécontent, certainement d'un nouvel esclandre de Jean-Louis Bory, avait trouvé l'expression le "Masque et le Plumeau" ! Maintenant, quand je vous écoute et que j'entends prononcer ces mots devenus magiques pour moi, "Le Masque et la Plume", je revois ces petites routes de campagne que nous traversions avec mon père, l'écran de l'autoradio qui brillait dans le noir de l'hiver, ces moments de complicité qui nous liaient à l'écoute de l'émission, et je ressens toute une palette d'émotions qui me ramènent à mon adolescence. »

— **PHILIPPE PELLETIER**

Mélancolie du dimanche soir

« Je suis née en 1962 dans un petit village du Languedoc. Le soir, la famille se retrouvait dans la cuisine. La radio était posée au centre de la table et nous écoutions France Inter. Je me souviens surtout du dimanche soir et de sa mélancolie soudain rompue par le morceau de piano allègre qui annonçait *Le Masque et la Plume*. Quarante ans après, lorsque je me trouve un dimanche soir au volant de ma voiture ou seule dans ma cuisine et que j'allume machinalement la radio, il m'arrive de tomber pile sur cette cascade de notes et c'est toute mon enfance qui jaillit brusquement. »

— **CÉLINE PAULET**

Le Masque et la Pulp

« Novembre 1994. J'avais adoré, vraiment adoré *Pulp Fiction*, de Tarantino. J'avais bien sûr suivi les conseils de ma revue favorite, *Positif*, car je suis depuis longtemps cinéphile, Positiviste et… comment dit-on, Masquien ? Oui, ça sonne pas mal, ça, "Masquiens, Masquiennes !" J'étais allé le voir seul car, détail qui a son importance, ma jeune épouse Monica attendait notre fille, et, comme ça n'allait pas tout seul, elle devait garder le lit. Donc, j'avais adoré l'humour absurde, la construction savamment déconstruite, les acteurs en apesanteur et visiblement heureux d'être là et de s'amuser autant, l'ensemble d'une fluidité, d'une originalité, d'un bonheur communicatif… Sur ce, arrive le week-end, je mets *Le Masque et la Plume*, et là, douche froide ! Les critiques qui étaient là (Alain Riou, Danièle Heymann, Pierre Murat je crois… mais pas Michel Ciment), tièdes, réservés, secs… Pas un mot sympa pour le film. Au mieux, de l'incompréhension, au pire du dédain… Je me suis vraiment mis en colère. Sous le coup, je vous ai écrit, cher *Masque*, une bien méchante lettre. Elle se concluait par un lyrique : *"Il aura manqué à cette émission Saint-Michel-Ciment, Pape de la critique, Père de l'Église cinéphilique…"* L'émission suivante, ce fut l'avalanche de lettres. De nombreux auditeurs s'étaient eux aussi élevés contre le traitement réservé au film, et Jérôme Garcin se régala à lire cette série de protestations déchaînées. Last but not least, ma libelle fut lue à l'antenne. Et Jérôme conclut à l'adresse de Michel Ciment, heureusement de retour : *"Alors maintenant Michel, tu vas nous dire pourquoi tu as aimé ce film, qu'on arrête ce courrier délirant !"* En quelques mots, Michel exposa brillamment (comme toujours !) les mérites du film. Qui, avec le recul, observerais-je, ne se démentent pas : *Pulp Fiction* est devenu plus qu'un film culte, on peut dire qu'il aura marqué son époque. Quant à Monica, se sentant mieux, le dimanche 20 novembre 1994, elle me demanda de l'accompagner voir ce superbe film dont je lui vantais tant les mérites et qu'elle avait manqué. Heureux d'avoir une occasion de le revoir, et de partager ce grand plaisir, j'acceptai. En sortant de la salle, Monica dut s'asseoir.

– *Tu as aimé ?* fis-je.
– *Beaucoup… Mais je crois que je suis en train de perdre les eaux…* »

Le lundi 21 novembre à 4 h 10, ma fille Laura était née. Non, nous ne l'avons pas appelée Uma. Mais elle attend avec impatience l'âge où elle pourra enfin voir ce film dont nous lui avons tant parlé. En attendant, tous les dimanches, elle écoute avec nous *Le Masque et la Plume*, quand c'est le cinéma. Et elle demande à chaque fois :

– *Papa, est-ce qu'il y a Michel Ciment, aujourd'hui ?* »

— **DOMINIQUE SAGE**

Uma Thurman dans *Pulp Fiction* de Quentin Tarentino.

Vive Sandier

« Pour ma femme et moi, *Le Masque et la Plume* sur Inter restera une référence, comme l'était *La Tribune des critiques de disques* d'Armand Panigel, sur France Musiques. Je me souviens de Gilles Sandier, au *Masque*, disant d'un spectacle, qu'il était "putassier et boulevardier" et d'Antoine Goléa, chez Panigel, traitant Tchaïkovski d'auteur de musique de kiosque, voire de musique monégasque ! Deux émissions de légende... »

— **ALAIN SALOMON**

Famille d'esprit

« *Le Masque et la Plume* fait partie de ma vie depuis vingt-cinq ans en tant qu'auditeur, et déjà plus de dix ans en tant que spectateur assidu de ses enregistrements. On me demande souvent : *"Pourquoi vas-tu assister à une émission que tu peux écouter tranquillement chez toi le dimanche soir ?"* Je réponds alors, et c'est parfois difficile à faire comprendre, que si je prends ma voiture, quitte mon domicile du "9-3", traverse tout Paris jusqu'au 16e arrondissement, ce n'est pas pour assister à une émission de radio comme les autres. *Le Masque et la Plume* est une famille. Plus précisément, une famille d'esprit. Je vais me fondre dans ce public improbable pour ne pas dire hétéroclite, composé de gens de milieux sociaux très divers, mais qui ont en commun le refus de se laisser submerger par l'océan de promotion qui a envahi les médias, où l'on nous répète à longueur de journée que tout est "formidaaaaaaaable". »

— **PHILIPPE ROUSSEAU**

Wim Wenders par Guy Le Querrec.

« Grâce à Odile Grand... »

« A dix-sept ans, un soir d'été, je découvre une voix grave, sensuelle et mazoutée par la cigarette. Odile Grand. Le ton simple, franc, sincère et un peu marrant m'a plu tout de suite. Grâce à Odile Grand, j'ai découvert *L'État des choses* de Wim Wenders. Ce fut tout un western pour obtenir l'autorisation de mon père pour aller au cinéma. Au résultat, je suis dans une toute petite salle pour voir un film tout gris et plein d'ennui, alors que les oiseaux gazouillent dehors. Mais j'ai aimé cette recherche esthétisante autour des dégradés de gris [...] » — THIERRY GAUDICHON

La mort de Bory (1)

«Je n'ai pas oublié le désarroi de Georges Charensol le jour où il a dû faire sa première critique d'un film (je ne sais plus lequel), sans Jean-Louis Bory. Nous avons vu ce grand et fort monsieur, très ému, commencer sa critique. Personne pour lui couper la parole, personne pour "l'insulter"... Alors, pour donner plus de corps à ses propos, il a évoqué ce qu'aurait dit Jean-Louis Bory, et ce qu'il aurait aimé lui répondre. Il s'enflammait petit à petit, créant le dialogue qu'ils auraient eu et réussissant à se mettre en colère, comme d'habitude, comme si Bory était vraiment là, à la table, en train de le contredire! François-Régis Bastide en était muet, les autres aussi et nous, dans la salle, nous retenions notre souffle, la gorge serrée. C'était pathétique, triste à pleurer, mais grandiose.» —JOËLLE DHOOGE

Jean-Louis Bory par Sophie Bassouls.

Le *Masque* et la brioche

« Écouter la radio, ce n'est pas seulement se poster devant l'appareil audio, c'est aussi avoir une vie autour. En l'occurrence, l'heure du *Masque et la Plume*, c'est celle du repas, composé toujours, le dimanche soir, du même menu : charcuterie, salade et brioche de la boulangère. Un rituel s'est alors formé autour du poste de radio. Quand arrivait 20 h, toute la famille était à table et nous en étions à la brioche. Lorsque nous étalions la confiture dessus, le programme de l'émission était annoncé. De celui-ci dépendaient le goût et le nombre de parts de brioche que nous mangions. Plus nous écoutions attentivement l'émission, plus nous reprenions de parts et plus nous rajoutions de confiture. Votre émission n'a pas seulement influencé nos sorties culturelles, elle a influencé aussi la façon de manger et donc de digérer la brioche. Un désaccord violent entre critiques et ça y est, la brioche devenait plus lourde à digérer. »

— **JOANNA GALLARDO** (vingt-cinq ans)

Biberonnés au Masque

« J'ai soixante ans et j'écoute *Le Masque et la Plume* depuis quarante ans. Avec mon mari, nous avons d'abord « élevé » un fils à votre émission (trente-sept ans de fidélité !), puis une fille de dix-neuf ans, qui guette vos critiques des films qu'elle adore… et que vous adorez rarement, d'ailleurs. C'est pourquoi elle est tellement heureuse quand vos choix coïncident. »

— **MONIQUE DANVIN**

« Maman… »

« Maman est morte le 8 décembre. L'écoute de France Inter a toujours été pour elle un moment d'évasion et d'ouverture au monde, qu'elle partageait avec moi depuis ma petite enfance, dans les années 1960. Nous vivions dans un village au pied des Pyrénées et l'actualité artistique parisienne était pour nous un plaisir qui restait virtuel – assister à une pièce de théâtre à Paris semblait un rêve inaccessible. Le dimanche soir, assis dans la cuisine tristounette, nous écoutions *Le Masque et la Plume*. Pour nous, le théâtre était luxe, dorures, velours et élégance, mais lorsque j'entendais vos illustres prédécesseurs s'engueuler avec tant de passion, j'ai commencé à comprendre que c'était plus que ça.

Puis nous sommes allés à l'opérette au Capitole, à Toulouse, le dimanche après-midi. Nous prenions le car de 13 h et nous devions courir pour rejoindre nos places d'abonnés, en deuxième galerie face pas trop chères. *"Ce sont les meilleures places, on voit bien et surtout on voit les instruments"*, disait maman, toujours positive. Nous adorions ça. Mais ces pièces que vous décortiquiez, le soir de ces mêmes dimanches, c'était aussi du théâtre et je comprenais bien que ce n'était pas tout à fait la même chose.

Je suis grand maintenant. Je suis metteur en scène. J'habite dans des villes où il y a des théâtres. J'ai souvent amené ma maman au théâtre à Paris et tous les étés en Avignon (nous avons même assisté à un enregistrement du *Masque* !). Nous avons continué à écouter votre émission chacun de notre côté, en riant de vos cabotinages. Le samedi 11 décembre à l'Athénée, pour *Ta bouche* et le mardi suivant chez Zingaro, deux places sont restés vides… à moins qu'une maman de province et son petit garçon, "spectateurs de deuxième galerie face" soient descendus, en resquillant un peu, pour mieux voir… »

— PATRICK ABEJEAN

Le *Masque* en ligne

« Je vous écoute… en ligne. Le lundi, à 14 h, avec le café au boulot ! C'est devenu un vrai rituel. Mon émission comique favorite ! »

— FRÉDÉRIQUE ROUVRAY

Madeleine proustienne

« Née en 1974, je suis comme beaucoup une "enfant" du *Masque et la Plume*. Pour moi, c'est indissociable de la tarte aux pommes du dimanche soir qu'on mangeait dans la cuisine. Il y a trois ans, j'ai été hospitalisée dix jours à la Pitié-Salpêtrière, avec interdiction de bouger de mon lit. Ma meilleure amie m'avait prêté une mini-radio. Le dimanche soir, j'ai eu un gros coup de calcaire et j'ai éprouvé un besoin viscéral d'entendre la "couleur" de France Inter. Tout à coup, c'était la seule chose capable de me réconforter. J'ai réalisé, dans un second temps, que c'était l'heure du *Masque et la Plume* et c'est là que j'ai compris que c'était pour moi une madeleine de Proust terriblement efficace. Depuis, je savoure encore davantage le plaisir d'écouter l'émission qui, cela dit en passant, reste le temple de la mauvaise foi. Mais c'est pour ça qu'on l'aime ! »

— AURÉLIE VINCENT

Expatriée

« J'ai vingt-neuf ans et je vis à Washington depuis 1995. J'attends chaque dimanche avec impatience, pour écouter *Le Masque et la Plume* via le site Internet de France Inter. Je ferme les yeux et je suis en France. Cette émission réveille ma nostalgie de la culture française. »

— HÉLÈNE GOMEZ

Sophia Loren et Marcello Mastroianni dans *Une Journée particulière* de Ettore Scola.

La mort de Bory (2)

« Comme tous les auditeurs, j'imagine, je garde un souvenir très fort des duels Charensol/Bory. Mais deux épisodes m'ont singulièrement marqué : la présentation, par Bory, du film d'Ettore Scola, *Une journée particulière*, et les propos de Georges Charensol après la mort de Jean-Louis Bory. Dans ces deux cas, la qualité du silence, ou plutôt de l'écoute, était d'une qualité rare et, de fait, d'une immense émotion. » — MARTIN KLEBINDER

Loin du père

« Nous sommes en 1974. Mon père me ramène à la pension. J'ai déjà commencé à ne pas l'aimer. Le trajet du dimanche soir dure une heure et pour ne pas lui parler j'allume la radio et nous "suivons" *Le Masque et la Plume*. J'écoute ces gens s'enthousiasmer ou s'indigner pour des films ou des pièces que je ne verrai pas (nous allons au cinéma une ou deux fois par an et je ne suis jamais entrée dans un théâtre). [...] Mon préféré s'appelle Jean-Louis Bory : j'aime sa fougue, ses indignations, ses colères, ses engagements, ses convictions. Je prends conscience de l'isolement culturel qui est le nôtre, mais j'ai la conviction, dès ces moments-là, qu'un jour j'irai voir des films comme ceux-là. Trente ans déjà. Depuis, j'ai vu beaucoup, beaucoup, beaucoup de films et pas mal de pièces de théâtre [...]. Trente ans de plus ? Chiche ! »

— MARTINE ROGER

La mort de Bory (3)

« Quelques notes de piano et nous faisions silence. C'était peut-être bientôt l'été, pourtant j'ai le souvenir d'un repas d'hiver, genre soupe préparée distraitement par maman qui n'en mangeait pas, mais nous en servait parce que "c'était bon pour la santé". Imprécision de l'image, zoom approximatif sur le menu. Mais c'est juste qu'il a fait froid le temps de ce repas-là. Je devais avoir environ treize ans. Comme tous les dimanches soir, exceptionnellement nos habituelles querelles s'arrêtaient pour écouter les leurs. Celles de ces types, là-haut à Paris, qui avaient un avis sur tout. [...] Ce soir-là, une voix s'était tue. Et parce qu'elle manquait, on se rendait compte de son intégrité, de la force de son silence. On se rendait compte qu'on l'aimait. On pleurait tous les quatre et on ne disait rien. Communion insolite autour de la table de la cuisine, tandis que dans la radio ils cherchaient leurs mots du haut du réfrigérateur. Il y aura bientôt douze ans que maman a rejoint Jean-Louis Bory au pays d'où l'on ne revient pas. Sandrine, ma sœur, vit en Allemagne et papa, dans sa solitude de vieux monsieur, s'endort devant la télévision le dimanche soir. Moi, si je suis chez moi à 20 h, j'allume la radio. Et jusqu'à 21 h, je ne réponds surtout pas au téléphone. »

— ÉLISABETH DAYCARD

Mère indigne

« Savez-vous que ma mère arrête tous les dimanches soir, vers 20 h, d'être mère, d'être la femme de mon père et même d'être grand-mère (c'est vous dire !) ? Pourquoi ? Eh bien, figurez-vous que n'allant jamais au théâtre, ni ne lisant de livres et allant si peu au cinéma, elle se couche (si, si, à 20 h !) pour vous écouter religieusement sous ses couvertures. » — THIERRY DAUXOIS

Vive Sandier (bis)

« Un de mes plus extraordinaires souvenirs de dizaines d'années d'écoute du *Masque*, et qui me semble en résumer l'esprit (dans tous les sens du terme) : Au cours d'une émission sur la littérature, Jean-Didier Wolfromm assassinait un ouvrage avec sa vivacité coutumière. Furieux, un critique qui ne partageait pas son avis lui lance : *"Mais, Jean-Didier, je parie que vous ne l'avez pas lu"*. *"Exact,* répond Wolfromm, de sa voix de rogomme, *et j'en suis d'autant plus objectif."* »

— ÉMILE AGNEL

Conteurs du septième art

« Je ne sais pas parler de cinéma, alors comme un rituel nourrissant j'aime écouter ceux qui en parlent au *Masque et la Plume*. À la rigueur, parler d'un film que l'on n'a pas aimé, c'est jouable, mais traduire par des mots des images qui vous ont bouleversé ! Alors, oui, j'aime écouter ces conteurs du septième art, et certains me sont devenus familiers comme le sont des amis. Il y a parfois aussi des grands moments, ceux qui vous scotchent sur votre chaise, près du poste de radio. Je me souviens ainsi de Danièle Heymann parlant de *Yi Yi* d'Edward Yang[1]. Je me souviens comment le temps s'est arrêté, comment au fil des phrases je revivais ces moments d'émotion intense, cette expérience incroyable de cinéma. Elle avait su dire tout ce qui restait obstinément à l'intérieur de moi-même. C'est quelque chose, ce partage ! »

— FLORENCE SANTORO

1 Prix de la mise en scène au Festival de Cannes 2000.

Edward Yang, le réalisateur du film *Yiyi* par Carole Bellaïche.

Brouillage culinaire

« Nous écoutons (mes parents, ma petite sœur et moi) *Le Masque et la Plume* presque religieusement tous les dimanches. Nous avons rebaptisé votre émission “La Masse et l’Enclume” [mais nous vous aimons quand même] car on sent entre vous un lien fort, presque familial, et vos engueulades hebdomadaires font tout votre charme.

PS : À l’heure où l’émission est diffusée, nous mangeons. Nous devons donc ouvrir le tiroir à couverts qui se trouve sous la radio, mais quand nous l’ouvrons le son se brouille et nous ne vous entendons plus. Que faire ?

PPS : Il nous est impossible de manger à une autre heure, car ma maman est infirmière et travaille même le dimanche.

Merci encore pour votre émission indispensable. »

— **LUCILE**, dix sept ans et demi

Bory et Charensol à la plage

« Mon épouse et moi-même vous écoutons régulièrement depuis le début des années 1970. À l’époque, nous résidions au Pérou, et c’est un récepteur à ondes courtes qui nous permettait de capter France Inter. En vertu du décalage horaire, *Le Masque et la Plume* tombait le dimanche en début d’après-midi, qui nous trouvait généralement étalés au grand soleil, sur une plage déserte, au bord de l’océan Pacifique. Je vous assure que dans ces circonstances et dans un tel paysage, les engueulades si parisiennes entre Jean-Louis Bory et Georges Charensol avaient un charme tout particulier… »

— **NADIA ET BERNARD JAMPSIN**

Palmarès du prix des Auditeurs du *Masque et la Plume*

Créé par Jérôme Garcin peu de temps après son arrivée à la tête de l'émission, le prix des Auditeurs du *Masque et la Plume*, qui récompense un film français et un film étranger, est décerné pour la première fois le 30 décembre 1990. Ils sont désormais plus de 6 000 auditeurs à voter chaque année, par carte postale.

1990
La Gloire de mon père d'Yves Robert
Bouge pas, meurs et ressuscite de Vitali Kanevski

1991
Van Gogh de Maurice Pialat
Urga de Nikita Mikhalkov

1992
Les Nuits Fauves de Cyril Collard
Maris et femmes de Woody Allen

1993
Bleu de Krysztof Kielowski
Meurtre mystérieux à Manhattan de Woody Allen

1994
Les Roseaux sauvages d'André Téchiné
Journal intime de Nanni Moretti

1995
Nelly et M. Arnaud de Claude Sautet
Land and Freedom de Ken Loach

1996
Capitaine Conan de Bertrand Tavernier
Breaking the Waves de Lars von Trier

1997
Western de Manuel Poirier
Les Virtuoses de Mark Herman

1998
La Vie rêvée des anges d'Érick Zonca
La vie est belle de Roberto Benigni

1999
Voyages d'Emmanuel Finkiel
Tout sur ma mère de Pedro Almodóvar

2000
Le Goût des autres d'Agnès Jaoui, ex aequo avec *Harry, un ami qui vous veut du bien* de Dominik Moll
In the Mood for Love, de Wong Kar-Wai

2001
Le Fabuleux Destin d'Amélie Poulain de Jean-Pierre Jeunet
Mulholland Drive de David Lynch

2002
Être et avoir de Nicolas Philibert
L'Homme sans passé d'Aki Kaurismaki, ex aequo avec *Parle avec elle*, de Pedro Almodóvar

2003
Un couple épatant, Cavale, Après la vie trilogie de Lucas Belvaux
Nos meilleures années de Marco Tullio Giordana

2004
L'Esquive d'Abdellatif Kechiche
Lost in translation de Sofia Coppola

LE CLAN DES CHRONIQUEURS

Jean-Claude Raspiengeas

Trou noir

C'ÉTAIT DANS LA VOITURE. Le dimanche soir, forcément. Retours d'escapades familiales sur les routes désertes du Sud-Ouest. Mollement bercé par la suspension ouatée de la DS et le ronronnement régulier du moteur sur des macadams approximatifs. Ballotté sur la banquette arrière, le cœur serré de retrouver l'école, puis l'internat, le lendemain, dans les derniers lacets de cette parenthèse dominicale. Le disque souriant de la lune glissait sur le voile des nuages et l'autoradio modulait, en ondes longues, les échos de disputes acharnées. L'émission s'appelait *Le Masque et la Plume*. Joli titre, un peu mystérieux, vaguement poétique, sur lequel l'esprit musardait, éveillé par le piano du générique.

Le Masque et la Plume, c'était le son de Paris, la ville-lumière dont l'éclat trouait le rideau d'ombre qui nous maintenait dans l'obscurité. Contraints de travailler à la dure, mes parents ne s'accordaient que le dimanche après-midi pour se reposer. Ils n'avaient guère le loisir de s'intéresser à la culture. Et pourtant, comme un réflexe apaisant qui accompagnait les dernières heures de répit, mon père tournait le gros bouton noir au centre du tableau de bord et nous installait dans ce climat étrange où des critiques se chamaillaient sur des sujets qui n'auraient pas dû nous concerner. Quelle curiosité le poussait donc à être fidèle à ce rendez-vous ? Quel plaisir venait-il puiser dans cette douce habitude ?

La culture n'abordait pas nos cantons délaissés mais la télévision, en ce temps-là, y pourvoyait, avec une vaillance qui atteignait et touchait les villages oubliés. Les voisins se retrouvaient au bistrot. L'amphitryon poussait les chaises, les disposait en demi-cercle. On se taisait. Même les plus volubiles respectaient les mots en noir et blanc et les images grumeleuses venues d'ailleurs que délivrait le poste, posé sur une étagère. Comme au cinéma, il fallait lever la tête. On venait voir *Cinq colonnes à la une* ou *Intervilles*, *Au théâtre ce soir* ou *Lectures pour tous* avec un sentiment de reconnaissance et de gratitude.

Le Masque et la Plume participait de ce plaisir et de cette attention. On se sentait grandis à écouter cette tribune dans le silence de la route, le regard attiré par le travelling en ombres chinoises des platanes et des peupliers qui défilaient devant les étoiles. Le souvenir de ces joutes intellectuelles, de ces reparties spirituelles, d'avoir entendu parler d'écrivains, de films, de pièces reste associé aux nuits d'automne et d'hiver et à des rêveries qui me portaient vers un lointain dont je ne pouvais soupçonner les contours. Quelque chose d'indéfinissable, pourtant, savait nous tenir en éveil. Les échos d'un monde qui ne nous était pas directement accessible et qui, cependant, nous indiquait des échappées possibles. Au fil du temps, Georges Charensol et Jean-Louis Bory, le réactionnaire et l'affranchi, comparses de comédie, s'installèrent dans notre univers, peuplèrent de leurs querelles l'habitacle de la voiture. La voix grave de l'un, vite outrée, les emportements aigus de l'autre, farfadet provocateur qui attirait les rieurs de son côté, figuraient un théâtre familier dont les objets de disputes nous demeuraient opaques.

Force des voix qui sortaient des haut-parleurs ronds, incrustés dans les portières, puissance de la conviction et débats animés suffisaient à notre bonheur. Bien des années plus tard, à la faveur de quelques miracles de l'existence, le journal où je rêvais d'entrer (*Les Nouvelles littéraires*) m'ouvrit ses portes. Et sans recommandations, connu de personne, on m'y accueillit. Georges Charensol, mémoire historique de cet hebdomadaire culturel, signait les pages cinéma sans se montrer. Jérôme Garcin, Jean-Louis Ézine débutaient dans le métier.

De cette époque, une image est restée gravée en moi.
Un après-midi de juin 1979, un homme âgé, voûté, se tenait, l'air un peu gêné, à l'entrée du journal. Son chapeau à la main, il tendait un article à une secrétaire. Un air de profonde tristesse parcheminait son visage et se dégageait de tout son être. Ce vieil homme dont le chagrin était le maître, semblait s'excuser d'être là. C'est à sa voix enrouée que je l'ai reconnu.
La veille, Jean-Louis Bory s'était suicidé.
Georges Charensol, son ennemi préféré, son double de tréteaux, sa cible orpheline, venait offrir à ce frère d'armes, foudroyé dans la plus noire des solitudes, l'aveu d'une amitié qui ne s'était sans doute jamais déclarée.
Georges Charensol s'en est allé à son tour.
François-Régis Bastide, Matthieu Galey, Gilles Sandier, Michel Pérez, Guy Dumur, Jean-Didier Wolfromm et, récemment, Odile Grand ont pris le même chemin.
À la tribune, dans le feu des joutes actuelles, comme dans la mémoire des auditeurs, subsiste le trou noir de leurs absences.
Une fois dans l'arène. Face au public. Tenu d'en découdre.

Terreur atténuée par l'habileté de Jérôme Garcin qui arbitre les différents, les attise ou les apaise, distribuant la parole avec souplesse, jouant sur les tensions de ces affrontements à fleurets pas toujours mouchetés. Plaisir aussi d'être surpris par la qualité des joutes de cette confrérie qui soigne son image, persuadée que l'art est facile mais la critique difficile…

Habitué à « conduire » des chevaux plus rétifs, Jérôme Garcin manœuvre, en cavalier émérite, cet équipage qui affecte, encouragé par le public qui se presse au spectacle, d'être très sûr de lui. Auteurs fébriles, éditeurs résignés, si vous saviez…

Intronisé dans cette curieuse tribu du *Masque et la Plume*, si chargée d'histoire, je l'observe, toujours intrigué, partageant, depuis longtemps, le jugement lapidaire de Théophile Gautier : « Les critiques sont comme les eunuques, chargés d'assister aux ébats des grands seigneurs, sans en connaître les voluptés. » ▪

Né, comme la ve République, en 1958, mais en Lot-et-Garonne, dans un canton délaissé de l'univers, un ancien duché situé à quelques lieues de la compagnie des cadets de Gascogne qui se rallièrent à Cyrano de Bergerac. Une scolarité hasardeuse. Des années de pensionnat à oublier. Un bac littéraire. Un diplôme de Sciences-Po, puis le grand saut dans la presse parisienne. Débuts aux regrettées *Nouvelles littéraires,* sous la férule hugolienne de Jean-François Kahn et le patronage libéral de Philippe Tesson, avec, comme voisins de bureau, Jérôme Garcin, Jean-Louis Ézine, Odile Grand, Pierre Combescot… Puis dix-huit ans à *Télérama* adoubé par l'équipe historique des fondateurs, à la grande époque de son utopie de « partage culturel ». Hebdomadaire quitté en 2002 en emportant, comme un talisman, le conseil de Cocteau : « Si votre maison brûlait, qu'emporteriez-vous ? — Le feu ! » Depuis, je goûte à l'aventure du quotidien, au journal *La Croix* où l'on m'a confié la responsabilité du service Culture. Entre-temps, des incursions à la radio, à France Inter et France Musiques, des documentaires pour la télévision, et quelques livres. Parmi les surprises de l'existence, j'aurai donc connu celle d'être invité par Jérôme Garcin à participer au *Masque et la Plume*, à intégrer ce club prestigieux et redoutable. Et de me retrouver mis en demeure de passer à l'action : combien de fois, chez moi, auditeur furieux et bouillonnant, n'ai-je pas repris de volée tel critique, contesté ses choix, trouvé la réplique assassine, piaffé d'en découdre, mouché l'arrogant de service et rêvé de démasquer quelques petits marquis de plume ? En être, c'est connaître désormais l'angoisse des jours qui précèdent l'enregistrement, sentir son pas incertain, l'estomac noué, le palpitant débridé, au moment de descendre les marches du studio 105, à la raide inclinaison, pour retrouver des comparses, pourtant aguerris, qui montrent d'un regard ou à demi-mot qu'ils n'en mènent pas plus large que l'impétrant.

Alain Riou

Marche arrière

MES AMIS, mais adversaires, du *Masque*, raillent volontiers mon goût pour la dramaturgie, penchant qu'ils jugent vieillot et qu'ils opposent au cinéma moderne, où seule la mise en scène compterait. Mais *Le Masque et la Plume* est lui-même une dramaturgie, une infinie pièce pour l'oreille, dont chaque émission est un acte – comportant souvent de grandes scènes – et chaque participant un personnage irréconciliable. La double paternité de son principe, l'opposition fondatrice entre François-Régis Bastide né pour la synthèse et Michel Polac malade de l'idée même d'un compromis, fait du *Masque* une suite d'affrontements entre caractères radicaux et qui, suivant l'axiome de Renoir, ont tous, hélas, de bonnes raisons... Il m'arrive même de me demander si ce n'est pas l'écoute du *Masque* qui m'a appris l'importance du scénario. C'est en tout cas là qu'un dimanche soir, j'ai entendu une des plus étonnantes histoires qu'il m'ait été donné de savourer, un sujet de nouvelle idéal, donné par un des grands narrateurs du dernier siècle.

C'était sur la troisième chaîne, pendant la courte époque où *Le Masque* a été télévisé (avant que le bureau des industries cinématographiques, indigné par sa liberté de ton, ne menace en représailles d'interdire toute diffusion de film sur le petit écran). Il y avait là, outre Bastide, tous les grands seigneurs de l'Histoire, Bory et Charensol bien sûr, mais aussi Gilles Jacob, qui n'était pas encore patron du Festival de Cannes. De plus, on présentait chaque dimanche un invité : c'était ce jour-là Roberto Rossellini, charmeur irrésistible, et qui avait donné assez de preuves de son talent de scénariste pour pouvoir se permettre, dans sa dernière période, de se passer de scénario. Rossellini évoqua donc le tournage de *Rome, ville ouverte*, dans une ville exsangue, martyrisée et libre. Or, guerre ou pas, le cinéaste de *Païsa*,

Roberto Rosselini et sa Ferrari.

compatriote de Lancia, d'Alfa Romeo et de Ferrari, adorait les belles voitures, et saliva instantanément en voyant surgir, sur la via Vittorio Veneto, son interprète magnifique, quoique au jeu appuyé, Aldo Fabrizzi, au volant d'une merveille de mécanique rugissante. *« Je t'emmène, on va l'essayer… »* Les deux hommes décident d'aller voir le champ de bataille du monte Cassino, encore fumant, et grimpent jusqu'au sommet par une sorte de chemin de chèvres où le coupé peut tenir, mais au centimètre près.

Après une halte recueillie, Fabrizi entreprend de faire demi-tour sur un pré. Grand cri instantané d'un berger, qui monte lui-même par la sente, et qui lui hurle : *« Ne bougez pas. Tout est miné. C'est la mort presque sûre si vous sortez de la route ! »* Fabrizi, plus héros à l'écran qu'à la ville, devient blême et regagne précipitamment le chemin. Seule solution : descendre en marche arrière. Or, la montée, dans le bon sens, a duré près de deux heures. Ils ne rejoindront Rome qu'à cinq heures du matin, calculent-ils, et la tête tournée vers la déclivité, le pilote entreprend l'interminable descente. Une heure plus tard, ils ont fait 2 kilomètres. Il en reste douze. C'est alors que, chantonnant, un gamin apparaît, un brin d'herbe à la bouche.

Fabrizi :

— Eh ! Petit ! Tu veux gagner cents lires ?

— Je veux bien, signor, répond l'enfant. Que faut-il faire ?

— Oh, c'est facile : tu rentres dans le pré, là, tu vois, et puis tu marches…

Voilà ce qui se passait, à Rome, en 1944, et qui fut raconté au *Masque*, trente ans plus tard ■

Je suis entré au *Masque et la Plume* vers la fin des années 1980, doucement, en remplaçant d'abord de temps à autre Michel Pérez, dont j'étais le second au *Matin de Paris*, et dont la santé nous donnait des inquiétudes. À la mort prématurée de Michel, j'ai pris tout à fait sa place, ce qui était je pense, de la part de Jérôme Garcin, une façon délicate de lui rendre hommage. Avant la première intervention, l'insouciance naturelle que m'a donnée le ciel a fait place brusquement à une certaine panique. Par chance, Jean-Louis Ézine finissait *Le Masque* littéraire, qui précédait immédiatement *Le Masque* cinéma. Je l'ai appelé au secours : *« Comment fait-on ? » « Oh, c'est très simple, m'a répondu ce maître. Tu écoutes, mettons Michel Ciment, et quand il a fini de parler, quoi qu'il ait dit, tu lui déclares* : Mais qui êtes-vous, Michel Ciment, pour oser proférer une chose pareille ? » C'est le seul conseil que j'ai suivi, et je m'en suis toujours bien porté. Pour moi, *Le Masque* doit décidément beaucoup à ceux qui se prénomment Jean-Louis.

L'arroseur arrosé : Alain Riou, par Anne Riou.

Jacques Nerson

Sauvé par le gong

C'EST UN MAUVAIS souvenir, que je m'en vais évoquer. L'une des rares avanies que *Le Masque et la Plume* m'ait fait subir. Habituellement, c'est une fête. Y débattre, c'est s'ébattre. *Le Masque* est une récréation. Un jeu qui, au contraire de l'écriture, ne demande aucune peine. La cerise sur le gâteau. La récompense d'un mois de travail. Le premier *Masque* auquel j'ai participé durant le Festival d'Avignon a pourtant été un calvaire.

Il y avait d'abord la chaleur. Cette année-là, l'estrade sur laquelle les tables étaient installées n'était pas protégée du soleil. J'ai bien failli m'évanouir. Je me sentais doucement partir. Martine de Rabaudy, qui préparait alors l'émission, s'en est aperçue à temps et m'a vite apporté une serviette mouillée pour me tamponner le visage. Ça m'a servi de leçon. Depuis, je ne manque jamais d'apporter un aérosol d'eau minérale avec moi. Mais à l'origine de mon malaise, il n'y avait pas que la température élevée. Je venais surtout de découvrir l'impopularité.

Selon qu'il a lieu à Paris ou au Festival d'Avignon, *Le Masque et la Plume* ne se déroule pas de la même manière. Le public d'Avignon est composé de festivaliers qui ont vu la plupart des spectacles dont nous parlons. Ils interviennent beaucoup plus que le public de Radio France. Je n'avais pas prévu leur réactivité. Leur hostilité moins encore.

J'essayais alors de dénoncer la dérive élitiste du festival. Cette tendance n'ayant pas cessé de s'accentuer, surtout depuis la nomination de Vincent Baudriller et Hortense Archambault – la plupart de mes confrères sont désormais d'accord. Mais je me sentais un peu seul à l'époque. Y compris à la tribune du *Masque*. En revanche, je croyais pouvoir compter sur le soutien de l'assistance. Grave erreur. Je n'avais pas compris qu'en accusant Bernard Faivre d'Arcier d'exclure le public populaire, à qui Vilar l'avait originellement destiné, pour livrer le festival aux mains des snobs, par ricochet j'accusais de snobisme les festivaliers présents cet été-là. Tout au moins, s'ils ne s'étaient pas rendu compte du détournement opéré par B.F.A., d'aveuglement.

Je me suis donc retrouvé, sans m'y attendre, face à une foule inamicale, murmurante, grondante, qui m'a conspué pour me couper la parole. C'était la première fois que le public m'était hostile. Ce jour-là, j'ai compris la métaphore «*nager à contre-courant*». Et découvert que je n'étais pas vraiment un tribun. La chaleur et la fatigue aidant (nous enregistrions deux émissions à la file), je fus sur le point de murmurer comme Phèdre : «*Je ne me soutiens plus, ma force m'abandonne.*» Je fus sauvé par le gong. Et par les clins d'œil complices de Jérôme Garcin et Martine de Rabaudy. Je ne dis pas qu'ils approuvaient ma manière de penser, mais leurs sourires me remontaient comme les éponges mouillées des soigneurs. Sans eux, je ne serais pas resté sur le ring jusqu'à la fin du match. Les huées m'auraient knock-outé avant.

J'ai dit au début que j'allais raconter un épisode douloureux. J'ai eu tort : au bout du compte, c'est cette démonstration d'amitié qui subsiste. Je n'ai, somme toute, que de bons souvenirs du *Masque* ■

Comme beaucoup de gamins de ma génération, j'écoutais *Le Masque et la Plume* dans la voiture paternelle en rentrant de la campagne. J'adorais les crêpages de chignon de Bory et Charensol, et les rognes homériques de Sandier. Mais l'univers où ces disputes se déroulaient semblait hors d'atteinte. J'étais loin d'imaginer que j'y accéderais un jour.
Ma vocation était alors de faire du théâtre. Je n'avais que onze ans lorsque j'ai averti mes parents de ma décision. Ils ont eu tort de ne pas me prendre au sérieux. D'une certaine façon, je m'y suis tenu. Faire de la critique m'a permis d'y rester fidèle.
Imaginez mon désarroi lorsque, à vingt ans, alors que j'avais tout sacrifié au théâtre, je me suis aperçu que je n'étais pas un acteur. Un an s'était écoulé depuis ma sortie de l'École de la rue Blanche sans que je joue une fois, et la scène ne m'avait pas manqué. J'étais sans cesse allé au théâtre. En revanche, je n'avais pas fait le siège des metteurs en scène ou des réalisateurs. Bref, je n'avais pas fait preuve d'assez de motivation pour continuer à me dire légitimement comédien. Quatre ans après, comme beaucoup de jeunes gens qui hésitent sur la direction à prendre, me voici journaliste. Bientôt, le rédacteur en chef du *Figaro Magazine* où je débute me propose d'assurer la critique pour son guide Spectacles. J'accepte avec d'autant plus d'enthousiasme que, dans le milieu du théâtre, j'ai l'habitude d'entendre mes camarades se plaindre de l'incompétence des critiques : «*Ils ne connaissent le théâtre que d'un point de vue littéraire… Ils n'attachent d'importance qu'au texte… Ils sont incapables de juger le travail de l'acteur, etc.*» Ils vont se réjouir de se voir enfin jugés par un ancien confrère. Naïf que je suis ! Ils me considèrent aussitôt comme un traître. Je suis un acteur raté. Passé à l'ennemi pour me venger de ma frustration. On me le resservira souvent.
Quand Jérôme Garcin m'a proposé de rejoindre l'équipe du *Masque*, nous ne nous étions jamais rencontrés. Il y fallait de la largeur d'esprit et surtout du courage : je travaillais à l'époque dans un journal très marqué à droite, et cela ne contribuait pas à me rendre populaire dans le milieu de la culture. J'ai su qu'on lui en avait tenu grief.
Ma fierté de faire partie de son équipe ne faiblit pas avec les années. Discutailler en public est une forme de spectacle. Sans doute l'acteur qui perdure en moi se revanche-t-il ?

Gilles Costaz

Un soir avec Matthieu

UN SOIR DE 1984, sans doute. Nous sommes autour de Pierre Bouteiller dans le studio 105. Il y a là Guy Dumur, Matthieu Galey, Fabian Gastellier, Armelle Héliot, Martine de Rabaudy, si mon souvenir ne me trompe pas. En tout cas, il y a les deux grands « anciens », ceux pour lesquels les collaborateurs de fraîche date éprouvent un grand respect et une certaine crainte : Galey et Dumur. Ceux qui portent un peu de l'histoire de l'émission sur leurs épaules, avec un savoir et une pratique que nous, les plus jeunes, n'avons pas. Avec Guy Dumur, grand personnage à l'élégance britannique, il n'y a pas de problème de relations. Il a été, dès qu'on s'est connus, immédiatement amical. Quand on se retrouve avec lui en province, il prend le temps de vous faire visiter un musée, un lieu qu'il aime. Matthieu Galey, le cheveu gris épais et ras, la moustache nette, est plus froid, crée des distances. « *Comment ? Vous tutoyez Dumur ?* » me dit-il. Dans le studio 105, il est à ma droite, à l'extrême gauche de la tribune telle que la voit le public. J'ai beaucoup d'estime pour lui ; j'aime l'agilité de sa plume, sa façon lumineuse d'évoquer une pièce ou un livre dans *Les Nouvelles littéraires* et dans *L'Express*. C'est un homme brillant, à l'ancienne. Il raffole du théâtre, mais s'y rendre presque tous les soirs l'empêche de dîner en ville, de converser avec ses amis (il me l'a dit). C'est un admirable causeur aux traits volontiers assassins ; il en fait souvent la preuve au *Masque*.

Ce soir-là, les participants de l'émission viennent à parler des *Nô* de Mishima, qui ont été montés au Théâtre du Rond-Point par Maurice Béjart. Tout le monde a aimé, tout le monde dit l'intérêt de l'œuvre traduite par Marguerite Yourcenar. Pierre Bouteiller passe la parole en dernier à Matthieu Galey. Il ne dit qu'une phrase, d'une voix mal assurée : « *Béjart n'a pas fait*

Matthieu Galey.

Buster
KEATON

une mise en scène, il a fait une chorégraphie. » Puis il se tait, laissant l'émission se poursuivre sur d'autres sujets. Comment un critique de cette qualité peut-il se contenter de cette notation rapide, qui est une lapalissade, au demeurant un peu inexacte ? J'en suis surpris. Je sais que Matthieu Galey est malade mais il a, jusqu'alors, fait preuve d'un tel courage et d'un tel détachement, que nous n'y pensons pas sur le moment.

L'émission s'achève. Matthieu Galey a été jusqu'au bout peu disert. Les journalistes saluent Pierre Bouteiller et nous montons l'escalier du studio. Tout à coup, devant moi, sur la marche qui précède celle où je me trouve, Matthieu Galey chancelle. Comme je suis exactement derrière lui, j'ai le temps d'attraper ses épaules et d'arrêter sa chute. Il se reprend, recouvre la sensation de ses jambes et continue, sans un mot, sans un merci ni un commentaire, comme si rien ne s'était passé. Hors de la Maison de la Radio, à la porte B, il va vers son scooter. Il le chevauche et, après un au revoir rapide, s'en va dans la nuit. Nous discutons avec Dumur. Nous n'ignorons pas que Matthieu Galey est frappé d'une maladie terrible. Nous le reverrons encore, peut-être pas au *Masque*, mais dans les salles de théâtre. Il donne toujours le change, droit, hautain, parlant de plus en plus avec difficulté, refusant crânement d'avouer qu'il est malade. Les derniers mois, il viendra au théâtre en fauteuil roulant, on le placera dans les allées. Et il mourra, laissant un gros journal intime assez féroce que Grasset publiera.

On ne vous oublie pas, Matthieu, masque et plume ! ■

Adolescent, dans ma province drômoise, je voulais être cinéaste ou journaliste. Surtout cinéaste. Un échec au concours de l'IDHEC m'a propulsé dans une vie errante à Paris. À partir de mes premières piges à *Combat*, j'ai suivi, d'abord en zigzag, la voie du journalisme littéraire. Je suis entré dans la critique théâtrale en remplaçant Gilles Sandier, après sa mort, au *Matin de Paris* où je travaillais à la rubrique des livres. À l'occasion de ma première couverture du festival d'Avignon, en 1983, on m'a demandé de participer au *Masque et la Plume*. Depuis, je n'ai plus quitté l'émission. De Bouteiller à Garcin, on a bien voulu me garder ! Dans ma famille, on n'écoutait pas France Inter. On réglait l'œil vert du poste sur la fréquence de Radio Luxembourg. J'ai découvert *Le Masque* dans ma chambre d'étudiant, à Grenoble, sur mon transistor. Et j'ai aimé Bastide, Bory, Charensol, Sandier, Marcabru, Tesson, Samuel...
Je reste étonné et flatté d'avoir été admis dans cette merveilleuse cour d'école.

Gilles Costaz.

Armelle Héliot

Les larmes du cavalier

MES PLUS GRANDS SOUVENIRS du *Masque et la Plume* ne sont pas ceux que j'ai directement vécus. Si on les interroge, ces souvenirs-là, ceux des joutes fraternelles et parfois fratricides, dans lesquelles on s'engage avec férocité et ce qu'il faut de désinvolture, parfois, pour tenter d'être spirituel, ce sont les souvenirs du chagrin qui reviennent les premiers, remontant à la surface comme bois flottés.

Un soir où Guy Dumur, au studio 105, a laissé sourdre le désarroi profond qui l'étreignait : impossible réplique face à une attaque trop personnelle. Ou, lui encore, à Avignon, la dernière fois qu'il a participé à l'émission. C'était en juillet 1991. Il devait s'entretenir avec Sylvie Nicollet, avant de quitter la Cité des Papes et la fraîcheur de l'Hôtel d'Europe. Sa décapotable connaissait le chemin par cœur : Barcelone, avant l'embarquement pour les îles Baléares... Ce fut son ultime été.

Paradoxalement, si j'interroge ma mémoire, je peux dire que mon plus grand souvenir du *Masque et la Plume* est silencieux. Et plus. Il n'est pas public. C'est l'été 2003, à Avignon. Nous sommes enfermés dans une des salles du Conservatoire de musique. C'est l'été des intermittents, l'été de l'annulation. Bartabas, qui ronge son frein à Châteaublanc et ne peut pas lever le camp, est là. On parle, Jérôme Garcin, Odile Quirot...

Et soudain, dans les yeux du cavalier des steppes, des larmes montent. La voix s'étrangle si légèrement que l'auditeur, quelques jours plus tard, ne saura rien de l'émotion du patron du théâtre équestre Zingaro. C'est ça, mon plus grand souvenir, mon plus troublant souvenir. Le moment le plus fort. Jérôme l'a raconté dans son livre[1]. Je ne trahis rien. Instant étrange, brusque irruption de l'intime. Inoubliable ■

1 Jérôme Garcin, *Bartabas, roman*, Gallimard, 2004.

Bartabas.

Ma rencontre avec *Le Masque* remonte aux années 1960. À cette époque-là, je vis avec un transistor qu'on a dû m'offrir à Noël. Je suis une ado qui s'enferme dans sa chambre en fin d'après-midi, après l'école, pour écouter *Salut les copains*. C'est le temps de l'amour, des yéyés. Et d'Europe n° 1. Me sauvent les dimanches. Ces longs dimanches à déjeuner en famille, chez les grands-parents, ces longs dimanches à traîner son mal de vivre dans l'après-midi. Mais enfin on revient. Il est tard. Il y a des embouteillages. Les parents écoutent France Inter. Est-ce qu'il y a cette petite musique déjà ? Je ne sais plus. Mais ce que je sais, c'est qu'à partir de cette première fois, je n'ai -plus raté une émission si je n'étais pas absente, en voyage et plus tard en reportage. Je rêvais spectacles, théâtre, cinéma. C'était loin. C'était Paris. À Fontainebleau, il y avait les chevaux, la forêt, le château. Mais les événements de cette vie plus vraie qui est celle que nous offrent les artistes, je n'y avais accès qu'ainsi. À l'orée des années 1980, Pierre Bouteiller m'a appelée. Jamais je n'aurais pu imaginer faire partie de ce cercle. J'écrivais pourtant depuis longtemps [d'abord à *la Quinzaine littéraire*, puis au *Quotidien de Paris* et enfin au *Figaro*]. Mais passer de l'autre côté du micro du *Masque et la Plume*, c'était comme traverser un miroir. J'aime ce pays des merveilles de l'amitié, de l'amour partagé pour les belles choses de l'esprit. Je suis fière. Cette émission est comme un violon, elle possède une âme.

Bernard Thomas

Des cuirs au *Masque*...

L'ART LÉGER de la parole radiophonique connaît parfois des chutes de plomb : le dérapage irrattrapable, le vol plané du mot pour un autre, ce qu'on appelait un *cuir* parce que quand il est savonné, on glisse dessus. Les journalistes de l'écrit parlaient aussi de *mastic*, ce mélange pâteux et adhésif qui déborde des fenêtres quand on l'utilise mal. J'en suis un pratiquant involontaire mais fervent. Quel turlupin obscur, planqué parmi les synapses, peut-il vous faire articuler en place du mot « tournette », pour une mise en scène à l'excès régie par un plateau tournant, celui de « buvette » puis de « supérette » ? Quel Méphisto caché dans vos circonvolutions entend-il signaler que dans les trois cas on attrape le tournis, à en perdre la tête ? Je crois bien qu'il s'agissait d'une adaptation des *Misérables*. Quoi qu'il en soit c'est le moment que choisissent vos petits camarades de micro pour allonger vers vous des visages intéressés : « *Oui, oui, oui... Alors, selon toi, Victor Hugo fréquentait trop les bistros ?...* »

Certaines fois, c'est l'auditoire qui vous trahit. À propos de quel méchant boulevard, particulièrement niais, m'étais-je lancé dans une diatribe furieuse contre « ce genre de plaisanteries de garçons de bains » ? À la séance suivante, Jérôme Garcin, qui s'était bien entendu gardé de me prévenir, m'apostrophe sur un ton particulièrement sévère : « *Grâce à toi, j'ai reçu, nous avons reçu une lettre recommandée. Nous sommes menacés d'un procès si tu ne t'excuses pas... Il s'agit du syndicat des garçons de bains... Ils s'estiment offensés. Tu as tenu des propos diffamatoires...* » J'avais déjà appris à mes dépens à ne jamais avoir l'indélicatesse de prononcer le mot de « boucher » à propos de Srebrenica ou des camps de concentration : « *Il est inadmissible de salir une profession honorable, etc* » Cette fois je croyais à une blague. Sous les regards hilares de Jacques Nerson, Gilles Costaz, Armelle Héliot et compagnie, je dus y aller de mon acte de repentance sincère et motivé, souhaitant seulement que l'estimable corps de métier que j'avais ignominieusement bafoué manifeste assez de grandeur d'âme pour me pardonner.

Des années plus tard, c'était le Palais des Congrès tout entier que je m'étais mis à dos. Et Dieu sait, de la présidente aux derniers délégués syndicaux, que cela fait du monde. C'était même là l'origine de mon lourd péché. Venant d'y assister à un spectacle mis en scène par Robert Hossein, *On achève bien les chevaux*, qui n'emballait aucun d'entre nous, je lui avais cherché des circonstances atténuantes dans la dimension des lieux qui interdit toute scène intimiste. Emporté par mon élan, j'avais, fatale erreur, parlé d'« architecture mussolinienne », ne voyant pas malice à évoquer la taille des monuments où se complaisait l'Italie à l'époque du Duce. Allons bon! Je les avais traités de fascistes! « Et les congrès de marins pêcheurs, quand ils se tiennent là-bas, tu les traites aussi de fascistes ? » lança Garcin qui sentait le danger venir. Nous échappâmes en effet de peu à un procès.

Mais le coup le plus perfide, je le dois à la Comédie-Française où venait d'être représentée la pièce surprenante de Marie N'Diaye, *Papa vient manger*, sur laquelle nous n'avions pas tari d'éloges. À un détail près, selon mon goût : « *L'action était, selon moi, trop souvent coupée par des, des...* Toutes les lumières s'éteignent... *Enfin quoi, vous voyez...* » « *Ne va pas dire à propos des lumières qui s'éteignent que tu n'aimes pas les noirs chez Marie N'Diaye, m'avait déjà fait remarquer mon entourage. A tous les coups tu vas le dire...* »

Et là, soudain, au moment de basculer dans le gouffre, je ne voyais plus entre le micro et moi qu'un trou béant. Un trou noir, impossible à éviter... Je m'élançai... « *Les Noirs... enfin les Blancs je veux dire...* » C'était trop tard. Mes deux voisins les plus proches, Garcin et Nerson, étaient secoués par un fou rire homérique que décuplait ma mine consternée et que rien ne semblait pouvoir arrêter, centuplait la joie du public, se tenant les côtes de bon cœur, voyant bien qu'il n'y avait pas là malice... Il y a des jours où on se passerait bien des plaisirs innocents du direct ▪

En 1991, quand Jérôme Garcin le contacte pour participer au *Masque et la Plume*, Bernard Thomas a déjà publié une quinzaine de récits, romans, essais. Après avoir cocréé plusieurs journaux, dont Le *Magazine littéraire*, il est responsable des pages culturelles du *Canard enchaîné* depuis seize ans et y tient la chronique théâtrale depuis trois années. Cela s'est fait tout naturellement.

Serge Kaganski

Des malles de souvenirs

RACONTER UN SOUVENIR du *Masque*, c'est une cruelle épreuve cornélienne, quelque chose comme devoir élire le film de sa vie. Les souvenirs, souvent bons, parfois mauvais, j'en traîne de pleines malles. Souvenirs d'auditeur : comment trier entre les homériques empoignades Bory-Charensol, les envolées cinglantes de Sandier, l'arbitrage élégant de Bastide ? Souvenirs de participant, dix années en ce qui me concerne, ça se bouscule aussi au portillon de la mémoire... Chaque invitation à une nouvelle émission fut pour moi un bon souvenir puisque n'ayant jamais considéré mon siège dans ce prestigieux cénacle comme un acquis, je venais à chaque enregistrement comme si c'était mon dernier, et chaque fois étonné que l'on me rappelle, tiens, après tout, je n'avais peut-être pas été si nul. Finalement, de mon vaste brouillard mémoriel masqué-plumé où s'entrechoquent mes engueulades avec Ciment ou Riou, ma complicité parfois divergente avec Bonnaud, l'intelligence charmeuse de la Quin, la bienveillance maternelle de tatie Danièle, la mène soyeusement ferme et brillamment joueuse de Jérôme Garcin, c'est le soir où l'on a parlé du *Lost Highway* de David Lynch qui émerge, allez savoir pourquoi, mais c'est comme ça que ça m'est revenu. Ma mémoire étant ce qu'elle est, pleine de trous et de lacunes, je ne saurais dire quel jour, quel mois, ni même quelle année c'était, mais il y avait à mes côtés, je crois, Murat, Colin et Ciment. Et les trois lascars, qu'ils me corrigent et me tirent les oreilles si je me trompe, avaient éreinté le film de Lynch (ou, au mieux, l'avaient défendu mollement). Je devais parler le dernier, je trépignais dans mes starting-blocks, et bien chauffé par les interventions de mes camarades, je m'étais enfin lancé dans une longue tirade bordélique, désordonnée, hurlant mon enthousiasme à toute bombe, crissant du vocabulaire dans les descentes, malmenant la belle syntaxe de notre langue française dans les virages (les oreilles délicates de Jérôme ont dû souffrir), arrosant mes arguments de bonnes rasades de

David Lynch par Richard Dumas.

mauvaise foi, et terminant mon envolée exténué, persuadé que je m'y étais encore mal pris, tel un Don Quichotte du pauvre chassant les moulins à paroles de la critique poussiéreuse, intimement convaincu que ma langue avait trop fourché et que j'aurais mieux défendu à l'écrit ce que je considérais comme un chef-d'œuvre. Mais à ma grande surprise, le public du Trenet a bien réagi, un ou deux auditeurs prenant la parole pour se ranger à fond de mon côté. Le courrier de la semaine suivante était également favorable au Lynch, si ma mémoire ne m'abuse pas (je prends mes précautions, parce que je sais que les preuves existent, bien rangées dans les archives de Radio France). J'ai retenu quelques enseignements de ce moment. Et d'un, il est très gratifiant au *Masque* d'être seul contre tous à propos d'un objet qui suscite des opinions tranchées. Et de deux, même si le texte improvisé n'est pas parfait, que l'argumentaire est spécieux ou que la grammaire bringuebale, ce qui compte avant tout au *Masque*, c'est le souffle, la foi, la croyance en ce qu'on défend, la faculté d'incarner fortement ce que l'on dit. Plus qu'une tribune critique où l'on disséquerait les films scientifiquement, *Le Masque* est surtout un spectacle « live », une arène dont le public attend de l'action, des effets de manches, des personnages, des bons mots, des duels rhétoriques, bref, de l'humain et du vivant. Quant à David Lynch, il a depuis réalisé le stupéfiant *Mulholland Drive*, chef-d'œuvre onirique qui a mis presque tout le monde d'accord, enfoncé le clou lynchien dans son époque, et confirmé en quelque sorte qu'un certain soir, au *Masque*, j'avais eu raison de prendre mon marteau pour pilonner mes arguments, même maladroitement ■

Serge Kaganski décide d'attendre le Festival de Cannes 1959 (un grand cru, *Les Quatre Cents Coups, Hiroshima mon amour…*) pour pousser ses premiers vagissements le 19 mai de cette année-là. Issu d'une famille importante des industries techniques et d'une mère intellectuelle, marxiste et cinéphile, il grandit dans un environnement sensible à la politique et à la culture. Le soir où sa mère l'emmène voir 2001 : l'Odyssée de l'espace est une date marquante de son apprentissage : à l'âge de onze ans, il sent confusément que le cinéma n'est pas qu'une simple distraction du samedi soir ou du dimanche après-midi, mais un monde à explorer avec tous ses sens, tout son esprit, toutes ses facultés intellectuelles. Destiné à faire de grandes études et à reprendre le flambeau paternel, il préfère néanmoins le dilettantisme au travail, le rock et le cinéma aux grandes écoles. Après avoir fait malgré tout de bonnes études de droit et de sciences politiques, après avoir malgré tout travaillé quelques années avec son père, il a la chance de faire de bonnes rencontres et d'appartenir au petit groupe qui fonde le magazine *Les Inrockuptibles.* Conçu au départ pour s'amuser quelque temps et profiter gratuitement de l'accès aux disques, aux films et aux concerts, Les Inrockuptibles obtient un succès suffisant pour lui permettre de devenir une SARL de presse — traduction : un journal qui peut faire vivre ses rédacteurs. Serge Kaganski profite de l'aubaine, lâche les affaires

Robert Blake et Robert Loggia dans *Lost Highway* de David Lynch en 1997.

familiales pour gagner (moins bien) sa vie à voir des films et des concerts, à rencontrer les artistes qu'il admire, à discuter sans fin avec ses copains-collègues de bureau (discussions qui ressemblent à un genre de *Masque et la Plume* sauvage et quotidien). *Les Inrockuptibles* devenant hebdomadaire, le magazine se fait mieux remarquer dans les cercles culturels et médiatiques et, veinard, Serge Kaganski profite de nouvelles aubaines, dont celle-ci, la plus prestigieuse : il est appelé un beau jour d'avril 1995 par Jérôme Garcin pour participer au *Masque et la Plume.* Une chance, un honneur, régulièrement renouvelés jusqu'au mois d'octobre 2004, lorsqu'un événement familial le réclame ailleurs. Après quinze années de diversion, Serge Kaganski est rattrapé par son passé. Désormais, il fréquente plus souvent des avocats, des notaires et des gens d'affaires que des cinéastes ou des actrices, ce qui n'est pas un gain, chacun en conviendra aisément. Il espère se tirer au plus vite de cette mauvaise passe pour revenir pleinement vers ses ludiques activités journalistiques et, pourquoi pas récupérer un jour son siège du *Masque et la Plume,* transmis de bonne grâce à l'excellent Jean-Marc Lalanne. A l'heure de rédiger ces lignes (juin 2005), Serge Kaganski est étonné de se surprendre à être très nostalgique de ses empoignades avec Alain Riou ou Michel Ciment : il ne saurait mieux dire son indéfectible attachement au *Masque.*

Arnaud Viviant

Le Maître de « Pontocombo »

C'ÉTAIT LA PREMIÈRE FOIS que j'étais invité à participer au *Masque et la Plume*.

Il y avait Raphaël Sorin. Je n'insiste pas. Il y avait Frédéric Beigbeder. Prudence. Et à côté d'eux que je connaissais et qui me terrorisaient déjà beaucoup, il va sans dire, il y avait un monsieur avec un pull-over, une sacoche en cuir, et un peu la bouche en biais de Popeye lorsqu'il avale des épinards... Et avec ça, planqué sous des sourcils de fonctionnaire tatillon, un regard d'une malice comme il n'en existe véritablement que dans les livres destinés à la toute petite enfance.

On m'expliqua que c'était Monsieur Jean-Louis Ézine.

Je compris assez vite que c'était en fait, déguisé avec génie, la déesse de la Modestie. Aidée en cela, il est vrai, mais ce n'est pas une excuse, par la déesse de la Timidité.

Bon. Je n'avais pas écouté *Le Masque et la Plume* depuis mon adolescence, et je n'étais plus du tout adolescent. J'avoue que si je l'avais lu, je n'avais en revanche jamais entendu Jean-Louis Ézine, l'habitant le plus célèbre de « Pontocombo », ce nom qui, à l'antenne, me fait chaque fois rêver à quelque vieille légende indienne, dans le style de « Pocahontas ». Pour moi, Ézine était l'inconnue de cette émission. « Qu'aime-t-il donc en littérature, Monsieur Ézine ? » me demandais-je, tandis que partaient déjà, d'on ne sait où, comme depuis quelque ciel artificiel, les trilles du célèbre générique. Et que surgissait dans le micro, issue d'une tradition à peine cinquantenaire mais qu'on fini-

Arnaud Viviant, rockeur de 17 ans.

rait par croire bientôt centenaire, la voix de Jérôme Garcin... Dès lors, je serrai les fesses.

Je m'en souviens trop bien. C'était un *Masque* de rentrée littéraire. J'ai oublié les titres des livres, mais je me rappelle les avoir tous lus, scrupuleusement, parfois malgré une immense souffrance ou un marmoréen ennui, de la première à la dernière page. A priori, aucun livre n'est à lire. Tous demandent à l'être, même les plus hautains, sans qu'on se sente pour autant obligé de leur céder. Il n'y a pas de corvée de critique comme il y en aurait de chiottes. Mais bon, bizuth, on l'est ou on ne l'est pas.

Ce jour-là, j'interrogeais mes camarades Sorin et Beigbeder de mes yeux brûlants. Bizuth, ne l'avaient-ils pas été un jour, eux aussi ? Ne s'en souvenaient-ils pas ? Tout en croisant le fer avec eux, en contenant l'allonge de Beigbeder, et les violents coups de griffes de Sorin, j'implorais leur indulgence. Quant à ce Jean-Louis Ézine, dont la ressemblance avec l'un de mes profs de français au lycée n'en finissait plus de me frapper, je ne le calculais guère, comme disent aujourd'hui les jeunes qui comptent de plus en plus et lisent de moins en moins. Il venait de faire l'éloge, en phrases acrobatiques, comme des petites championnes russes s'agitant sur un tapis de gymnastique, d'un livre que j'avais moi aussi beaucoup aimé. Voilà qui était sympathique... Mais qui ne dura pas. Aussi sec, avec un silencieux au bout de ses phrases assassines, il flingua, ploc, ploc, ploc, un autre bouquin que j'aimais beaucoup et qu'en toute logique, *la mienne*, il aurait dû aimer aussi. Puis, au comble de la mauvaise foi, troquant sa toge de procureur cousue de fil blanc pour une robe d'avocat commis d'office, le voilà qui défend un écrivaillon français, exemple même de la petite criminalité en littérature, en le comparant ni plus ni moins à Marcel Proust, changeant d'échelle critique aussi insensiblement qu'on change de système métrique lorsqu'on traverse la Manche à la nage. Bon Dieu ! Qui était ce Jean-Louis ? Lisait-il les livres ? C'était difficile à dire. En tout cas, il les aimait. Au fond, tout le contenu de cet homme était aussi mystérieux que celui de sa sacoche en cuir, qu'il reprit en fin d'émission, avant de s'enfuir timidement, et de me laisser sonné, mais bizuté, sur les quais.

Plus tard, c'est aussi grâce à Jean-Louis Ézine que j'ai rencontré l'amour de ma vie. Mais là, c'est une autre histoire ▪

Arnaud Viviant est né à Tours. Journaliste et romancier, il est l'auteur du *Génie du communisme* chez Gallimard.

Danièle Heymann

Il n'y aura personne...

AU CHARLES TRENET, il y a nos habitués. Ils sont là, assis toujours aux mêmes places, et on se prend à les chercher du regard, s'ils manquent. Pour un peu, on s'inquiéterait. Il est arrivé, c'est vrai, qu'un de nos habitués meure, et ce fut un deuil, quelqu'un de la famille, de la famille du *Masque* était parti.

Il arrive aussi qu'on se décentralise, qu'on se déplace, pas souvent, pas assez souvent, ce n'est pas faute d'être demandés, beaucoup de valeureux animateurs de salles d'Art et d'Essai, de courageux défenseurs de la cinéphilie pour tous, d'entêtés pourfendeurs de moulins à vent luttant pour leur programmation contre les « groupes », les multiplex tentaculaires, supplient Jérôme Garcin de venir chez eux, avec nous, enregistrer un *Masque* hors les murs. Mais devant les frais de mission, tout modestes soient-ils, que ces escapades entraînent, Radio France, notre patronne, le plus souvent élude, renâcle, et finit par refuser. Parfois, cependant, ça marche, et je ne garde que des souvenirs heureux de notre voyage au Méliès de Pau (le jurançon coula à flots), ou au Majestic de Lisieux. Le cinéma était situé à côté d'une maison de retraite, lorsque nous sommes arrivés en vue de la salle, vers 7 h du soir, c'était l'heure du dîner des pensionnaires. Une grande baie vitrée nous permettait de les voir manger leur potage, nous avons dit à Michel Ciment que sa place était réservée, qu'on le déposerait là en sortant. Il n'a apprécié que modérément.

Mais l'expédition pour moi la plus mémorable, pleine de rires et d'imprévus, pleine de froid et de chaleur, demeure celle qui devait nous conduire à Orléans. C'était l'hiver[1]. Ce n'est pas loin de Paris, Orléans, il avait été décidé de nous y rendre en voiture. Soudain, dans l'après-midi, alerte météo, la température chute, la neige s'annonce. La neige ? Oui, elle recouvre déjà les routes autour de la capitale, le salage tarde, le verglas menace. Allez, on va prendre le train. Le train ? Ça y est, l'aventure commence ! Gare d'Austerlitz, froid

1 Le 30 janvier 2003.

Danièle Heymann face à Jean Marais.

polaire, aussitôt dans le compartiment, les gestes, les comportements changent, nous sommes déjà ailleurs et autres également, en mouvement. Chacun se lance dans des récits de campagnes anciennes, je me souviens une année à Avignon... Vous ne me croirez pas, mais j'ai fait du théâtre, ça me rappelle les tournées... Ce n'est pas la troupe du « Capitaine Fracasse » (qui serait Matamore ?), ce n'est pas « Le Carrosse d'or » en goguette, mais une petite bande d'histrions d'occasion, soudain complices, un peu potaches, presque ringards et fiers de l'être.

Le train roule, il n'y a pas de paysage, des striures blanches sur fond noir, la neige. Jérôme Garcin, avec le ton funèbre du conjureur de sorts, dit soudain : « *Il n'y aura personne.* » On le rassure mollement, on est d'accord, il n'y aura personne.

Arrivés à Orléans, c'est la Sibérie. Les congères sont en voie de formation, tout est blanc. Nous aussi. Ça se confirme, il n'y aura personne... Nous sommes attendus par une équipe de gens exquis, transis, et confus aussi. Désolés, les voitures ne roulent plus, les taxis non plus par conséquent, il va falloir prendre le tram. Oh ! Chic ! J'adore le tramway risque quelqu'un, gentil. Et après le tram, c'est encore loin ? Pas trop, nous est-il répondu. Vite dit. Pas trop, lorsqu'on ne porte pas des chaussures de ville, pas trop lorsque la chaussée n'est pas transformée en patinoire... Décidément, c'est évident, il n'y aura personne.

Titubant, nous accrochant les uns aux autres comme *Les Aveugles* de Bruegel, nous arrivons en vue du cinéma des Carmes. Et là, c'est la surprise, formidable, touchante. Il y a foule, une foule joyeuse, frigorifiée, qui fait la queue pour entrer, qui piétine dans la neige, qui nous attend, nous applaudit quand nous passons, qui nous connaît par nos noms, des amis en quelque sorte.

Ce fut une bonne émission, sous la table nos pieds avaient fondu en faisant des flaques, cela ne s'est pas vu. Lorsque nous sommes sortis, il ne neigeait plus. On s'est éloignés dans la nuit. J'ai entendu derrière moi des pas précipités, un homme m'a rattrapée, il était essoufflé, son haleine formait des petits nuages givrés, il m'a parlé, il avait l'accent espagnol. Il m'a dit : *« Danièle Heymann, je voudrais vous dire merci. » « Merci pour quoi ? » « Merci pour le cinéma. »* ▪

Quand mon père, le cinéaste Claude Heymann, eut six ans, il dit : « *Je voudrais être Dieu pour aller au cinéma sans payer.* » L'amour du cinéma est donc chez moi génétique, congénital, héréditaire. Critique, c'est autre chose. Qui m'a donné le droit, la légitimité de jauger, de juger, de critiquer ? Je n'ai cessé de me poser cette question, sans y apporter de réponse confortable. Il faut dire que ma première expérience en la matière fut traumatisante. J'étais jeune, c'était il y a longtemps, au siècle dernier. À *France-Soir* où je débutais, grouillote multicartes à la rubrique Spectacles, Robert Chazal, le critique de cinéma en titre, homme de haute stature et de haute probité, m'avait prise sous son aile. « *Veux-tu t'exercer à rédiger quelques notules critiques ?* » me proposa-t-il un jour. J'exultais, je tremblais, je m'exécutais. Une notule, deux notules, ça va. La troisième notule, attention les dégâts. Il s'agissait de rendre compte, brièvement, d'un film avec Roger Pierre et Jean-Marc Thibault. Une comédie, bien entendu, que je n'avais sans doute pas trouvée drôle. En quelques lignes meurtrières dictées la nuit aux « sténos », je l'exécutai. Dès la « tombée » du journal, je recevais un coup de téléphone navré de mon mentor, Robert Chazal : « *Ma pauvre petite, ta carrière de critique à* France-Soir *est terminée. Tu ne savais donc pas que Roger Pierre et Jean-Marc Thibault étaient des amis de la maison ?* ». Je ne savais pas... Mais je puis affirmer sans rire que ce genre de pression... amicale m'a par la suite été épargnée, à *L'Express* d'abord, puis au *Monde*. À *Marianne* aujourd'hui. M'en est cependant resté ce doute, cette interrogation : « Qui t'a faite critique ? » Et puis Jérôme Garcin m'a appelée pour rejoindre son équipe, et d'une certaine manière, il m'a rassurée. Depuis, j'ai ma place dans le... club ? La troupe ? Le cercle ? La bande ? Le gang ? Enfin, bref, je suis au *Masque et la Plume.*

Pierre Murat

Dépucelages

LA PREMIÈRE FOIS. Terrible. Pierre Bouteiller m'accueille, à Cannes, lors d'une émission enregistrée au cinéma Alexandre III. Il est aimable, mais nous savons bien, lui et moi, que je ne suis là qu'en raison d'un partenariat France Inter/*Télérama*. Toléré, mais pas franchement souhaité. Gêne de l'un, panique de l'autre... Le premier plaisir. Quelques années plus tard. À la fin d'un enregistrement, Jérôme Garcin se penche vers moi : *« Ce soir, tu les as fait rire ! »* Je ressens, soudain, la joie d'un acteur de théâtre à l'issue d'une représentation réussie... Le premier engueulo. Alors que je défends (mollement), un film de Jean Marbœuf, le cher Jacques Siclier s'emporte et nous emporte, tous deux, dans un délire d'insultes mutuelles. On s'engueule ferme, un long moment, sous l'œil vaguement inquiet de Jérôme Garcin, et la mine rigolarde des autres... Le premier bonheur. Il n'y a pas si longtemps, devant le café les Ondes, un couple, mignon comme tout, m'aborde : *« On ne voulait pas voir* 2046 *de Wong Kar-Wai, parce qu'on n'avait pas aimé* In the Mood for Love. *On s'est tout de même décidés, après vous avoir entendu, dimanche dernier. Et on n'a pas regretté. »* Pour un critique, ça, c'est la récompense suprême... ■

Né le 22 février 1948 à Bizerte (Tunisie). Seconde naissance, un dimanche de printemps 1964, avec la découverte des *Oiseaux* d'Hitchcock... Études de langues orientales et de lettres modernes (un mémoire sur Henri Colpi, un doctorat sur le cinéma d'espionnage). Critique à *Télérama*, depuis les années 1980. Coauteur, avec Danièle Heymann, de *L'Année du cinéma* (Calmann-Lévy). Coauteur, avec Michel Grisolia, de *CineGameBook* (Assouline).

2046 de Wong Kar-Waï.

2047

Vincent Josse

La grande trouille

L'ANGOISSE du journaliste, ça n'intéresse personne (j'entends déjà Garcin persifler « Ben oui, on s'en fout ! ») et c'est tant mieux. Mais pourtant, elle existe ! Jérôme le sait, les critiques ont un cœur, des doutes et des faiblesses (« Oui, mais je t'assure, on s'en moque ! »). Quand le journaliste animateur vous convie à rejoindre *Le Masque*, vous ne poussez pas des cris de joie. Le cœur bat la chamade. Des questions existentielles se posent. Comment oser ? Qui suis-je ? Comment, après Bory et Charensol, prétendre s'asseoir à la même tribune qu'eux ?

Juillet 2000. Coup de fil de Jérôme. « Vincent ? Il faut que je te parle. » Rendez-vous est pris le jour même, à la Mirande. À 14 h, Jérôme, dans un élégant costume beige, me propose de rejoindre le cercle des critiques dramatiques. Le coup est violent ! Je pense un instant dire non, trouille oblige, et tente un vague : *« Je suis trop jeune... trente-quatre ans, te rends-tu compte ? »*, que Garcin balaie d'un *« moi, au Masque, je suis entré à vingt et un ans comme critique littéraire ! »* Il faut trouver autre chose... Et alors qu'une petite voix me conseille de ne pas m'exposer, je m'entends dire : *« Oui, merci ! »* et Jérôme m'explique qu'il suffit simplement, comme au théâtre, de trouver un rôle. Oui, mais lequel ?

Septembre 2000. Jeudi. Jour J. Enregistrement du *Masque* à 20 h, la tradition. Une fois n'est pas coutume, il faut se rendre dans le plus grand des studios, salle Olivier Messiaen, au pied de l'orgue gigantesque. Journée éprouvante, à bûcher chacune des six pièces au programme comme un bachelier la veille d'une épreuve de maths. 19 h 55, je découvre Nerson, plus gentil que son personnage. Les autres me sont plus familiers et tous m'accueillent chaleureusement, avec une générosité sincère, touchante. Générique... Ah, ce fichu piano ! Comment expliquer la peur qu'il génère, serai-je à la hauteur ? Trouverai-je les mots justes ? Et si je perds le fil ?

Micro. Jérôme me donne la parole. Quelle pièce ? Je ne sais plus... Mais, scolaire, je lis mes notes et devine l'inquiétude du patron. Je dois oser l'impro, et peu à peu, me lâche et commence à prendre du plaisir à la conversation, l'opposition, l'échange. Au fil des *Masques*, le rôle s'affine. Me voilà le pseudo-« jeune », pas forcément en phase avec Nerson, qui me rappelle sans cesse que je suis « *bien trop jeune pour avoir vu telle ou telle version forcément meilleure de...* » La peur ne disparaît jamais vraiment. Heureusement, je la lis chez les autres. Pierre Murat, croisé dans la rue, m'avoue consommer un verre de vin blanc avant chaque enregistrement. Je lui confie avoir osé le Lexomil à mes débuts. Lui aussi, me dit-il... Peur de quoi, finalement, au-delà de la peur narcissique d'être (mal) jugé ? Honnêtement, il s'agit de la peur de « descendre » alors qu'on préférerait « défendre », peur de privilégier le bon mot aux dépens d'une juste analyse, peur de faire mal à un art fragile, d'atteindre profondément des artistes investis dans un spectacle. Psychologie de comptoir ? Peut-être, mais être critique au *Masque*, au-delà de l'exercice professionnel de jugement d'une œuvre, c'est aussi apprendre à dominer ses peurs ! ▪

De la maternelle au bac chez les Ursulines à Abbeville et Amiens (80) ; très malheureux en hypokhâgne-khâgne à Lille ; une maîtrise d'histoire passionnante sur l'itinéraire politique d'Yves Montand, en collaboration avec l'acteur (César, de *César et Rosalie*, c'est vraiment lui !) ; une école de journalisme à Bordeaux, puis France Inter depuis 1990. Présentation de flashes et de journaux, et depuis 1993, le plus heureux des hommes au service culturel.

Michel Ciment

Les connivences de Truffaut

DANS MON SOUVENIR, j'ai peine à isoler les joutes oratoires, les enthousiasmes communs, les dissensions ardentes que j'ai partagés depuis mon entrée au *Masque et la Plume*, il y aura bientôt trente-cinq ans, avec Robert Benayoun, Jean-Louis Bory, Georges Charensol, Odile Grand, Claude Mauriac, Michel Pérez, si regrettés aujourd'hui ; ou encore avec Philippe Collin, Danièle Heymann, Serge Kaganski, Jean-Marc Lalanne, Pierre Murat, Alain Riou, Jacques Siclier et tant d'autres. Cependant, un moment dramatique, d'un ordre très particulier, me revient plus fortement à l'esprit. C'était fin septembre 1980, *Le Dernier Métro* venait de sortir, et François-Régis Bastide, comme il aimait parfois le faire, invita le réalisateur, François Truffaut, à venir en discuter avec les critiques lors d'un enregistrement du jeudi soir. Derrière la table, outre Truffaut, Bastide et son assistante, Martine de Rabaudy, se trouvaient Claude Mauriac, Odile Grand, Georges Charensol, Robert Benayoun et moi-même.

Je n'avais quasiment jamais rencontré Truffaut, même si, dès le milieu des années 1950, j'étais assis sur les mêmes bancs de la Cinémathèque, alors rue d'Ulm. De temps en temps, plus tard, passé derrière la caméra, il me faisait parvenir avec un mot aimable quelque opuscule sur Wilder ou Kazan qu'il avait trouvé à Los Angeles ou à New York, sachant notre commune admiration pour ces cinéastes. J'aimais beaucoup certains de ses films : *Les Quatre Cents Coups*, *Tirez sur le pianiste*, *La Peau douce*, *Baisers volés* ou *L'Homme qui aimait les femmes* sans qu'il fût pourtant un de mes réalisateurs préférés. J'avais accueilli avec tiédeur ce *Dernier Métro* que je trouvais un peu guindé, représentant d'un

François Truffaut sur le tournage de *Jules et Jim* en 1962.

cinéma sans risque véritable et qui donnait de l'Occupation une vision beaucoup moins subversive que, par exemple, *La Traversée de Paris*, de Claude Autant-Lara, représentant de cette qualité française tant honnie par Truffaut critique !

Je choisis justement de faire l'éloge devant lui de son activité critique qui, avec celle de certains de ses pairs, André Bazin, Robert Benayoun ou Roger Tailleur, avait encouragé ma vocation, stimulé mon désir d'écrire. J'admirais, disais-je, le brillant styliste, l'analyste aigu de tant de films, tout en ayant toujours regretté qu'il eût dans sa jeunesse de si mauvaises fréquentations. Un passage du *Dernier Métro* m'offrit l'occasion d'un commentaire à ce sujet. Dans une scène de ce film, le comédien Bernard Granger (Gérard Depardieu) casse la figure à Daxiat (Jean-Louis Richard), le critique de théâtre de *Je suis partout* qui avait attaqué le spectacle dans son journal. Cet incident était directement inspiré de celui qui vit Jean Marais gifler Alain Laubreaux, précisément le critique de *Je suis partout*, qui avait insulté Jean Cocteau. Je demandai à Truffaut si, en signant cette séquence, l'artiste d'aujourd'hui ne prenait pas le parti inverse du critique qu'il avait été vingt-cinq ans plus tôt, celui qui affichait son amitié pour Lucien Rebatet, critique, entre autres, de cinéma, et qui avait publié sous l'Occupation *Les Décombres* et *Les Tribus du cinéma et du théâtre*, pamphlet virulent contre un monde du spectacle « enjuivé ». Pendant cinq semaines, du 4 août au 8 septembre 1957, dans l'hebdomadaire d'extrême droite *Dimanche Matin*, Truffaut avait dialogué avec François Vinneuil (alias Lucien Rebatet) dans une série d'articles intitulée *Le Jeune Amateur et le Vieux Critique*.

Je m'interrogeai aussi devant Truffaut : Rebatet étant mort depuis huit ans, prenait-il enfin ses distances avec lui via le personnage de Daxiat, et ne lui portait-il pas des coups tardivement, comme par procuration ? Claude Mauriac se leva alors, déclarant ne plus pouvoir siéger à cette tribune si Truffaut avait bien été l'ami de Rebatet. Nous le contraignîmes, non sans peine, à demeu-

En 1971, Michel Polac lui demande de participer au *Pour et le Contre*, l'émission qu'il venait de créer après son départ du *Masque*. Lecteur de *Positif*, Polac avait remarqué ses textes et lui donna sa chance, alors qu'il n'avait aucune expérience radiophonique. Quelques mois plus tard, *Le Pour et le Contre* s'arrête et François-Régis Bastide, qui l'avait écouté, lui propose, en 1972, d'intégrer son équipe. Depuis, Michel Ciment a élargi sa palette : producteur et journaliste de *Projection privée*, sur France Culture ; membre du comité de rédaction de *Positif*, où il est entré en 1963 ; auteur d'une quinzaine d'ouvrages sur le cinéma ; maître de conférences émérite en civilisation américaine à Paris-VII et président d'honneur de la Fédération internationale de la presse cinématographique (Fipresci)…

Heinz Bennent dans *Le Dernier Métro* de François Truffaut.

rer parmi nous, tandis que Truffaut avouait que son jeune âge, son anticonformisme et son manque d'informations expliquaient ces troublantes connivences. Sa réponse me laissa insatisfait, mais le débat prit un autre cours. Je ne pouvais croire qu'un homme de vingt-cinq ans, de plus fils « adoptif » d'un intellectuel de gauche comme André Bazin, eût pu ignorer, à peine douze ans après la fin de la guerre, la destinée d'un écrivain aussi connu que Lucien Rebatet, sa condamnation à mort en 1946, sa grâce, puis son emprisonnement jusqu'en 1952. Je ne pouvais oublier non plus ce que Truffaut avait écrit en 1954 : « *Les idées politiques de Brasillach furent aussi celles de Drieu La Rochelle : les idées qui valent à ceux qui les répandent la peine de mort sont forcément estimables.* »

Le lendemain, Martine de Rabaudy me téléphona pour m'apprendre que Claude Mauriac, regrettant sa fausse « sortie », avait demandé que l'on coupât l'ensemble de l'altercation lors de la diffusion, le dimanche 28 septembre 1980. Ainsi, mon souvenir le plus vivace du *Masque et la Plume* ne fut partagé que par quelques centaines de spectateurs présents à l'enregistrement. À l'antenne ce fut « silence radio » ! Mais ce fut l'unique « censure » de ce genre, dont je fus témoin en plus de trente ans de présence au *Masque*... ■

Sophie Avon

17 mars 2005

« *Nous allons être très gentils avec vous* », m'a réconfortée Jérôme Garcin.
Sa phrase m'a fait retomber en enfance. Illico. J'ai songé à mon premier rendez-vous chez le dentiste, à mon premier autobus qui me conduisait à ma première rentrée en primaire, dans une école que je voyais pour la première fois. Je n'ai pas du tout pensé, en revanche, à mon premier baiser. Ni à ma première interview. Ni à mon premier laïus en public. Seul l'écho d'un lointain passé, d'un temps que je croyais révolu, celui des sanctions scolaires et des échelons pédagogiques, est remonté de mon subconscient. Ainsi que celui de ma première apparition sur une scène d'atelier théâtre, où j'avais perdu les pédales et bredouillé un texte incompréhensible. Le monde ne s'était pas arrêté de tourner pour autant. J'avais juste compris que non, décidément, je n'étais pas faite pour ce genre d'exhibition. C'est d'ailleurs pourquoi j'ai toujours aimé la radio : pas d'apparence, juste une voix sans visage qui offre toutes les nuances du cœur. La gorge peut se serrer, le vibrato aller vers l'aigu, le débit se ralentir, le silence prendre le dessus : il y a toujours cette matière vivante qu'est le mouvement des mots, leur sillage, leur trace, il y a toujours la marche du langage qui vous place devant des abîmes pour mieux vous récupérer ensuite devant un paysage sans limites.
« *Nous allons être très gentils avec vous.* » Merci, Jérôme, de me parler comme si j'avais huit ans. Merci de m'encourager, et tant pis si ma nature craintive y décèle cette espièglerie qui fait la joie des auditeurs. Depuis quelques jours, je n'ai pas manqué de conseils, d'encouragements, de recommandations. Des amis m'ont dit : « *Tu ne pourras jamais faire ça.* » D'autres ont sagement préconisé : « *Sois toi-même.* » Sans blague. C'est quoi, être soi-même, quand on voudrait juste rentrer sous terre ? C'est quoi, d'ailleurs, être soi-même ? Feindre le détachement ? Jouer les gros bras ? S'en remettre à la prière ? Croiser les doigts ? Vaincre sa timidité naturelle ? S'entraîner pour le jour J ? Ou se laisser envahir par cette appréhension sourde qui nous fait battre le cœur à 180 pulsations/minute et y aller quand même ?

Une seule personne m'a dit : « *Oh, moi, j'ai tellement l'habitude de parler à la radio que vraiment, je n'ai plus du tout le trac.* » Bizarrement, cela m'a aidée. Car moi aussi, j'avais parlé devant un micro. Dans un studio de la taille d'un mouchoir, avec un seul interlocuteur et pas grand-monde pour écouter, mais n'empêche. À bien y réfléchir, la radio avait toujours été une vieille copine ; il était clair que ma participation au *Masque et la Plume* était le prolongement naturel de cette amicale aventure.

« Nous allons être très gentils avec vous. » Super. Ils vont être gentils. Me traiter avec délicatesse et indulgence. Ne pas me juger si je bafouille, si je dis n'importe quoi, si j'éternue ou si je me disloque. Ne pas m'en vouloir si je déraille ; me tendre la main si je m'égare ; me bâillonner si je délire. Super. Je peux y aller. Je suis une élève appliquée, un bon soldat. Disciplinée, mais capable de fantaisie. La fantaisie, nous la laisserons de côté pour cette fois. Tâchons déjà d'entrevoir ce petit miracle : le plaisir d'être écoutée, ne serait-ce qu'une minute, comme si ce qui était proféré avait une importance capitale.

Je peux y aller, il n'y a même plus que ça à faire : y aller. Nous sommes le jeudi 17 mars 2005. Un quart de Lexomil est en train de remplir son devoir. Mes neurones sont à peu près en rang. Ma vision accommodée. Ma respiration profonde. J'ai seulement la désagréable impression d'être une autre, comme si mon vrai moi avait pris la fuite, qu'il avait refusé d'assister à la déroute. Il faudra faire sans lui. La table du studio 106 est en fer à cheval, une chance, d'habitude, la tribune du « 105 » est rectangulaire, tout entière tournée vers les spectateurs. Mais il a fallu changer de studio. Si bien qu'en m'orientant un peu, je peux tourner le dos au public. Le public n'est pas aussi gentil que Jérôme, mais peut-être me pardonnera-t-il de ne pouvoir contempler que mes cheveux ? Face à moi, Jean-Marc Lalanne, que j'imaginais, Dieu sait pourquoi, le visage anguleux et portant des lunettes, me sourit. Élisabeth Quin rayonne. Michel Ciment est à ma droite, rassurant et solide. Jérôme est au centre bien sûr, élégant, allègre, qui démarre son introduction au trot enlevé, léger et ferme à la fois. C'est un casting de rêve. Où chacun a sa place, son rôle, son éloquence, son trac, son humour, ses inspirations inattendues. La phrase de Cocteau me traverse l'esprit : *« Puisque ces mystères nous dépassent, feignons d'en être l'organisateur... »*
Les écrivains offrent parfois des secours inestimables ■

Je suis née à Oran, en Algérie, le 28 avril 1959. Trop tard pour avoir des souvenirs de la terre de mes parents que j'ai longtemps cherchée, avant de comprendre qu'elle existait d'abord dans ma tête. D'où un penchant marqué pour la fiction. L'amour du cinéma et des livres m'a conduite au journalisme. Après des études aussi diverses qu'erratiques, à Bordeaux et à Paris, j'ai passé un an à Amsterdam et neuf mois au Brésil sur un voilier, avant de revenir vivre à Bordeaux. Puis je suis entrée à *Sud-Ouest* à la fin des années 1980. J'y suis responsable de la rubrique cinéma depuis 2000. Un beau jour de 2005, Jérôme Garcin m'a appelée pour me proposer de participer au *Masque*, parce qu'il *« appréciait mes papiers »*, m'a-t-il dit. Son offre m'a d'autant plus touchée que j'étais une auditrice fidèle.J'ai publié également cinq romans.

DES JOBS POUR LES JEUNES
66 % de jeunes
GRÈVE A LA S.N.C.F.
Un train de banlieue sur deux
(au moins)
demain
La cavale
en Amériq
Nadi
était
trois
mais la polic
attendait qu
pour les réunions de
h 45) - Vincen
urf

Patricia Martin

Assouline sous la table

QU'ON LUI CHATOUILLE les pieds peut plaire à une femme, mais dans le cadre de sa vie professionnelle la chose est, en principe, plutôt inattendue. C'est pourtant ce qui m'est arrivé au *Masque*.
Un soir, au studio 105, nous devions exercer notre jugement sur un livre de Pierre Assouline. Pour des raisons évidentes dans ce cas de figure, Assouline ne pouvait pas être des nôtres en tant que critique. À la dernière minute, Jérôme Garcin lui a néanmoins demandé de venir remplacer un confrère indisponible.
Nous étions assis, Assouline et moi, côte à côte à la tribune. Au moment où nous nous apprêtions à parler de son livre, il s'éclipse, conformément à ce qui était convenu avec Garcin.
Je pensais qu'il irait s'asseoir dans le public, ou sur les marches derrière nous. Pas du tout. Le voilà qui se glisse sous la table, tout contre moi, bien caché grâce à une toile en feutre qui recouvre nos pupitres.
Lorsque vint mon tour de parler, lui, plus volontiers réservé que franchement primesautier, s'est mis à... mais je vous ai déjà raconté l'histoire. Je vous en donne ma parole : Son livre n'a pas fait les frais de son audace. Ce fut difficile, car je suis très chatouilleuse.

Ndr : la scène relatée par Patricia Martin se passait à l'automne 1998, après la parution du premier roman de Pierre Assouline, *La Cliente*. Mais, relatée par Pierre Assouline lui-même, l'histoire est quelque peu différente : « *Patricia portait une jupe. Je me suis mis à lui caresser les jambes, tout doucement, d'abord les mollets, puis en remontant progressivement... Elle se trémoussait, éclatait de rire sur sa chaise et les autres et le public ne comprenaient pas pourquoi...* » ■

Patricia Martin est l'animatrice de l'émission *Philofil*, le dimanche midi sur France Inter. Elle tient également une chronique littéraire, *À titre subjectif*, le vendredi matin. Elle est entrée au *Masque* en 1993.

Pierre Assouline par Sophie Bassouls.

Jean-Louis Ézine

Le dernier roman de Ladislas Bouchignolle

LA TRAGÉDIE DU DRAME, avec *Le Masque*, c'est qu'il ne suffit pas d'avoir lu tous les livres (ça se saurait), ni même d'avoir sur eux une opinion (ce qui arrive quelquefois). Quiconque a mis un jour le pied dans ce temple de l'esprit critique a vu s'effondrer les fondamentaux du métier. Imaginons par exemple ce cas de figure, en réalité une situation-limite : trois confrères viennent de se commettre devant vous à un éloge vibrant du dernier roman de Ladislas Bouchignolle. Le premier a évoqué l'écriture, ses envoûtements, son charme noir, le deuxième a flairé le grand sujet, le troisième a repéré la scène de la mobylette en panne de la page 37 qui devait fonder votre intervention et a monopolisé votre prise de notes. On vous passe la parole. C'est sans intérêt : vous aussi, bien sûr, vous adorez Ladislas Bouchignolle, mais là, en numéro quatre, vous redondez, vous saturez, vous ennuyez. Tout a déjà été dit. Alors, vous êtes mal. Sauf à disparaître sous la honte d'un discours de psittacidé – mais la seule forme d'exotisme intolérable au *Masque* c'est d'y jouer les perroquets –, il vous faudra à toute force démontrer que si les collègues ont aimé, et certes ils ont aimé le même livre que vous, ils l'ont aimé, en ce qui les concerne, *pour de mauvaises raisons*.

Telles sont les perversions d'un pays si spirituel, le nôtre, qu'il est plus important chez nous d'avoir une opinion sur Homère que d'avoir lu Homère, d'après ce qu'en disait Stendhal. Sous l'impulsion du stendhalien Jérôme Garcin, *Le Masque et la Plume* a pourtant fait bouger tout ça. Non seulement il faut se taper les romans homériques de la saison, qui sont souvent les plus volumineux, mais encore faut-il n'en pas penser la même chose que votre voisin, sous peine de déchoir. On voit par là que cette terrible émission n'admet que les antagonismes, les conflits, la polémique. C'est un concours de lecture. Le but du jeu est d'établir que l'on a mieux compris que les autres, et la plupart du temps, il va sans dire, que l'auteur lui-même. Les livres ont pas mal d'ennemis dans la société moderne : le hard-rock, le football, l'humidité, l'incendie, le temps qui efface et va jaunir tout ça, sans parler du critique lui-même. Quelques livres ont même pour ennemis leur propre contenu. D'ailleurs, mieux vaut détester tout de suite Ladislas Bouchignolle, c'est beaucoup plus sûr, en règle générale. À la différence du plaisir, souvent consensuel et donc dangereux pour l'ambiance, l'horreur offre en effet des motifs variables et toujours renouvelés à l'exécration critique.

Pourtant, j'en suis convaincu, ce que *Le Masque* met en rivalité, ce ne sont pas des jugements sur la littérature, des partis pris, des idées ou des analyses, ni même des tempéraments ou des sensibilités, ce sont des solitudes. Il n'y a pas de lecture qui ne soit d'abord, qui ne soit surtout, qui ne soit exclusivement un tête-à-tête. Du temps où *Le Masque* n'existait pas, les Anciens désignaient cette activité (la lecture) d'un mot charmant, *umbratilis vitae*, littéralement : la vie à l'ombre. La lecture relevait alors tout entière du bonheur de vivre à l'ombre, dans l'ombre des pages, dans la forêt des pages où un livre vous tient délicieusement prisonnier. Dans cet orbe du loisir silencieux, on est à contre-jour, à contre-monde. C'est là qu'intervient le confrère (la consœur) du *Masque* : c'est à qui va vous déloger

Je suis né en 1948 à Cabourg, et déjà pour moi tout est dit. On ne naît pas à Cabourg, même les Cabourgeais s'en vont naître ailleurs. L'année non plus n'est pas indifférente. 1948 a vu apparaître la 2 CV Citroën et les Droits de l'homme : ce fut le millésime des inventions qui tiennent la route, mais que leurs usagers peineront toujours à faire avancer. Nous avons là toute une génération dont je me revendique solidaire, celle qui fêta ses vingt ans en mai 1968, marquée à jamais par un certain retard à l'allumage.

Après de douces humanités dans les matières les plus nobles (philosophie et lettres modernes) sanctionnées au pied des barricades par un titre de docteur honoris causa de l'Infanterie de marine, au grade envié de grenadier voltigeur de 2e classe, j'ai voyagé et connu les froids réveils sous la tente. Mais c'est la Normandie qui, définitivement, me tient la jambe. Elle est le paradis du génie spéculatif. Devant la récolte, l'aborigène joint les mains et psalmodie trois fois : « *Pour dire qu'il y a des pommes, il n'y a pas de pommes. Mais pour dire qu'il n'y a pas de pommes, il y a des pommes.* » C'est de la critique littéraire ou je ne m'y connais pas. Cette humilité devant l'inconnaissable est la sagesse même. Un bon critique n'a pas d'opinion, seulement des colères. C'est un modéré avec des sautes d'humeur.
Sa colère est souvent justifiée par le fait qu'il ne se reconnaît pas dans les livres des autres. Il arrive même qu'il en écrive lui-même.

de cette posture avantageuse et confortable. C'est à qui va vous sortir de l'ombre que l'on aimerait n'avoir jamais quittée.

J'ai beau être lié à Jérôme Garcin par une vieille complicité entretenue dans l'imprimé (sans vouloir me vanter, je l'ai connu tapant ses articles aux *Nouvelles littéraires* sur une Japy mécanique à ruban bicolore, il n'avait pas vingt ans selon moi et affectait alors d'en paraître trente-cinq, pour faire sérieux), elle ne m'est d'aucun secours au moment où il lance à la cantonade sa fameuse question, en feignant de chercher un volontaire des yeux : *« Alors, qui a lu Ladislas Bouchignolle autour de cette table ? »* Bien entendu, il n'y a pas de loterie ni de hasard dans ces secrètes préséances mais je n'en ai jamais deviné le système. Or, selon que vous interviendrez en premier ou en troisième rideau, votre emploi ne sera pas le même dans la comédie. Je crois bien que Jérôme adore s'amuser, tout simplement, avec nos nerfs. J'ai beau me concentrer un maximum, faire le vide (comme on dit) à l'instant où il débouche dans un silence de cathédrale sa canette d'eau gazeuse, juste avant que le rouge s'allume (signe de présence de l'Esprit saint, dans les cathédrales), je me laisse chaque fois surprendre. *« Jean-Louis, toi, je ne te demande pas: 867 pages ! »*

Le bavardage, il est vrai, est la plaie de la littérature contemporaine et les livres les plus longs sont souvent les plus vite oubliés. J'ai d'ailleurs tout oublié de mon premier *Masque*, les livres en discussion, les auteurs, l'année, le plateau, le studio, s'il pleuvait, s'il faisait beau, où j'avais garé ma voiture, comment je m'appelais, tout. Je crois qu'une indicible panique a anéanti tous mes souvenirs, et que, si l'on m'avait interrogé à la sortie, je n'aurais pas davantage su décrire ce qui venait de se passer. Je me rappelle juste de la terreur que m'inspirèrent longtemps le génial et caustique Jean-Didier Wolfromm et le public en hémicycle du Charles Trenet, tout acquis à ses cruels mots d'esprit. Où allait-il chercher tant de liberté ? Pierre Bouteiller, qui animait alors l'émission, vous envoyait au casse-pipe avec la cynique allégresse d'un colonel de parachutistes poussant dans le vide des recrues sous le feu de la DCA.

Depuis, le trac est là, bien présent chaque jour de *Masque*. *Le Masque et la Plume* a inventé la radio-réalité. On parle souvent dans les magazines spécialisés de « crise de la lecture », sans jamais trouver les bonnes raisons. Mais c'est peut-être au fond (et pour moi c'est le mérite du *Masque* de le démontrer chaque fois) parce que la lecture est *en soi* une sorte de crise, d'atteinte au confort des habitudes, de grave perturbation des équilibres quotidiens, de conflit avec le devoir et les contraintes du travail, de conflit de l'ego solitaire avec le groupe environnant, familial ou social. Il est certain que cette crise-là est encouragée autant qu'elle est combattue par *Le Masque*, raison pour laquelle on se demande chaque fois ce qu'on peut bien faire là, sans jamais parvenir à s'en passer ▪

« Alors, qui a lu Ladislas Bouchignolle autour de cette table ? »

Quelques figures du *Masque*...

DE «A» COMME PIERRE ASSOULINE à «Z» comme Jean-Louis ÉZine, en cinquante ans d'histoire, *Le Masque et la Plume* a vu défiler près d'une centaine de critiques à ses micros : c'est à la fois beaucoup et très peu, pour une si longue durée. Certains n'ont pas fait plus d'un ou deux tours de piste. Les vrais habitués, eux, étaient rares. Et aujourd'hui, l'équipe de Jérôme Garcin ne compte qu'une vingtaine de membres toutes tribunes confondues. Oui, *Le Masque* est un club... dont beaucoup voudraient pousser la porte. La plupart des grandes figures de l'émission ont déjà été évoquées dans le cours de cet ouvrage. En voici une dizaine d'autres.

Raphaël Sorin

On le verrait bien en cardinal. Il en a l'onctuosité pateline, et l'art consommé des *combinazione*. Pilier du petit milieu germanopratin de l'édition, Raphaël Sorin a tout lu, et presque tout édité. L'aventure de Champ Libre, avec Gérard Guégan et Gérard Lebovici, c'était lui. Critique littéraire dans divers journaux — *Le Monde*, *L'Express*, notamment —, il participe au *Masque* entre 1995 et 2000. Depuis 1998, il est surtout l'éditeur de Michel Houellebecq, d'abord chez Flammarion, et aujourd'hui chez Fayard : un « full time job », comme diraient les Américains. Dans l'émission du 16 mars 1997, Jérôme Garcin le plaisante sur ses goûts : « [Pour Sorin], *dans la mesure où personne ne connaît* [tel] *auteur, personne ne l'a lu et qu'il n'est quasiment pas publié en France, il est donc formidable.* »

Paul-Louis Mignon

Né en 1920, il entre à la RDF en 1945 et se lie avec Jean Tardieu, qu'il suivra au Club d'Essai. Critique dramatique au Poste parisien en 1955, il participe aux débuts du *Masque et la Plume*. C'est sur France Inter qu'il fera l'essentiel de sa carrière (jusqu'à sa retraite, en 1985). Il y fut longtemps rédacteur en chef Arts-Lettres-Spectacles.

Marcel Moussy

Né à Alger, romancier, cinéaste (*Saint-Tropez Blues*, en 1960), il fut également le coscénariste des *Quatre Cents Coups* et de *Tirez sur le pianiste*.

Georges Sadoul (1904-1967)

Ancien surréaliste, il devient communiste en même temps qu'Aragon, en 1932, et collabore aux *Lettres françaises*. En 1946, la guerre tout juste terminée, il publie le premier tome d'une volumineuse *Histoire générale du cinéma*, qui en comptera six, dont la parution s'étalera jusqu'en 1954. Il est, encore aujourd'hui, considéré comme le « pape » de la cinéphilie française. Outre ses activités de critique (il participa au *Masque* dans les années 1960), il fut également professeur à l'IDHEC.

Pierre Marcabru

Né en 1928. Déjà, étudiant (à Sciences-Po), il passait ses soirées au théâtre. Ses premiers papiers paraissent dans *Arts*, où il remplace d'abord au pied levé les « absences » du chroniqueur en titre, Antoine Blondin... Puis il passe à *Combat*, à *Paris Presse*, à *France-Soir* et enfin au *Figaro* où on le lit toujours.

Jean-Didier Wolfromm (1941-1994)

Ancien étudiant aux « Arts décos » (École nationale supérieure des Arts décoratifs) passé au journalisme, il fut chroniqueur aux *Nouvelles Littéraires*, à *L'Express*, à *Combat*, et critique au *Magazine littéraire* depuis sa fondation en 1967. Il travaillait également dans l'édition : conseiller chez Plon (de 1970 à 1975), puis directeur littéraire chez Lattès (de 1982 à 1984). En 1986, il est nommé directeur des études aux Beaux-Arts. Jean-Didier Wolfromm est par ailleurs l'auteur de trois romans : *Diane Lanster* (prix Interallié 1978), qui reprend des éléments autobiographiques – les séquelles de la polio contractée dans son enfance ; les atteintes d'une maladie de peau très grave (à l'origine de sa disparition prématurée) –, *La Lueur de plomb* en 1963 et *La Leçon inaugurale* en 1990. Sa plume acérée et son goût de la polémique avaient valu à Wolfromm une solide réputation de causticité qui en faisait une figure redoutée du milieu littéraire. Mais c'était d'abord un « *serviteur sourcilleux mais passionné de la littérature* », comme l'a rappelé, à sa disparition, Jean-Claude Lebrun, journaliste à *L'Humanité* et lui-même ancien du *Masque* : « *Au* Masque et la Plume, *où nous étions voisins de micro, Jean-Didier Wolfromm, sous la gouaille de l'amuseur, malgré la souffrance qui allait croissant, savait aller à l'essentiel, avec netteté et précision, fidèle à sa conception de la critique, "art martial nécessitant de la décision et de la rapidité"*[1]. »

1 In *L'Humanité* du 27 janvier 1994.

Serge Toubiana (né en 1949)

Né à Sousse (Tunisie), études secondaires à Grenoble, supérieures à Paris (diplômes d'études cinématographiques et de sciences sociales). L'essentiel de sa carrière s'est passé aux *Cahiers du cinéma* où il entre en 1973 : il devient rédacteur en chef adjoint dès 1976, puis rédacteur en chef à partir de 1981 et directeur de la publication jusqu'en 2000. Il fut également critique à *Libération* de 1979 à 1983, a publié de nombreux livres sur le cinéma et il participa au *Masque* de 1985 à 1992. Depuis 2001, il est producteur de l'émission *Bandes à part*, sur France Culture et, depuis 2003, il est à la tête de la Cinémathèque française.

Alain Bosquet

Il est né Anatole Bisk à Odessa (son père est le premier traducteur russe de Rilke). Après la révolution, sa famille fuit la Russie soviétique et s'installe en Bulgarie, puis en Belgique. Études de philologie romane à l'Université libre de Bruxelles. Combattant dans l'armée belge puis volontaire dans l'armée française pendant la campagne de 1939-1940. Il rejoint New York en 1942. Il y est rédacteur en chef adjoint du journal de la France libre, *La Voix de la France*. Il se lie avec André Breton — son œuvre ultérieure de poète est placée sous le signe du surréalisme. Il publie son premier recueil, *Syncopes*, en 1943 et la même année s'engage dans l'armée américaine, participe au débarquement en Normandie en 1944, sert – après la victoire – comme attaché auprès du commandement allié à Berlin. Il regagne Paris en 1951, où il reprend (jusqu'en 1953) des études à la Sorbonne, à l'issue desquelles il décide d'une carrière littéraire. Il devient chroniqueur à *Combat*, collabore également au *Monde*, aux *Nouvelles littéraires*, à la NRF puis ultimement au *Figaro* et au *Quotidien de Paris*. Directeur de collections, membre de jurys et commissions (CNL), il joue un rôle important dans l'édition de poésie. Outre son œuvre poétique, il a également publié des romans (*La Confession mexicaine*, prix Interallié 1965), des essais et des pièces (*Un détenu à Auschwitz*, 1991). Il a participé au *Masque* de 1957 à 1968.

Georges Lerminier (1915-1978)

Études secondaires à Orléans puis à Paris (Henri-IV), poursuivies jusqu'à un DES de lettres à la Sorbonne. Critique dramatique au *Parisien libéré* (à partir de 1953), il participe au premier enregistrement du *Masque*, le 13 novembre 1955 et fréquentera l'émission jusqu'en 1969. Il enseigne aussi à HEC (de 1949 à 1962), collabore au manuel de *Littérature française* d'Antoine Adam, et réalise des éditions scolaires de Mauriac (*Le Mystère Frontenac*) et Anouilh (*La Répétition*).

En 1962, il est nommé Inspecteur général des spectacles, mais continuera de fréquenter occasionnellement *Le Masque* jusqu'à la fin des années 1960. Il est par ailleurs l'auteur d'un *Jacques Copeau* (1953) – Bastide, en début d'émission, le 7 mai 1978, rappelle, pour lui rendre hommage alors qu'il vient de disparaître, qu'il se réclamait de cette filiation. Sa mémoire est honorée par le prix Georges Lerminier, décerné chaque année par le Syndicat de la critique dramatique pour le meilleur spectacle théâtral créé en région.

Odile Grand (1931-2005)

Après des débuts en tant que mannequin chez Schiaparelli, elle fait ses classes à *Paris-Presse* – où elle se lie avec Pierre Desproges – sous la direction d'Yvan Audouard. Elle entre ensuite à *L'Aurore* où elle collabore aux pages Spectacles. Sa carrière de journaliste se poursuivra dans le sillage de Jean-François Kahn, d'abord aux *Nouvelles littéraires*, puis à *L'Événement du jeudi* (en 1982) et enfin à *Marianne*, où elle restera chroniqueuse jusqu'à ce que la maladie, en 2004, la tienne définitivement éloignée du journal. En 1996, elle avait publié un livre *Couleur citron, côté cœur* (Anne Carrière), où elle revenait sur ses années d'enfance. En 1943, elle avait échappé à une rafle, mais son père, Joseph Grosz, réfugié de Hongrie, ne reviendrait pas d'Auschwitz. « *Quand j'ai participé au* Masque et la Plume, écrivait-elle, page 178, *le micro, encapuchonné de mousse plastique verte, posé devant moi, était mon micro. En donnant mon avis, éclairé ou non, sur des films, dans cette émission si chic, à tonalité si cérébrale, je vengeais mon père* [éjecté d'une émission de radio-crochet à la veille de la guerre]. »

Guy Dumur (1921-1991)

« *Cela me manquera toujours* », disait-il, évoquant la première édition du Festival d'Avignon, qu'il avait ratée. Mais il était là à la deuxième, en 1948, et n'en rata plus jamais une seule jusqu'à sa mort : c'est justement au moment de quitter Avignon, après avoir envoyé son ultime papier au *Nouvel Observateur*, qu'il fut emporté, en 1991. Figure tutélaire du milieu du théâtre, Guy Dumur, comme Matthieu Galey, comme Pierre Marcabru, comme Alfred Simon, étaient de ces critiques qui avaient connu les débuts de Vilar comme ceux d'Ariane Mnouchkine et qui accompagnèrent, dans leur métier de journalistes, ce formidable renouveau du théâtre engagé après guerre. Son premier article datait de 1944, et c'était pour la mort de Giraudoux. Longtemps critique à *Combat*, Guy Dumur avait rejoint, avec Jean Daniel, l'équipe fondatrice du *Nouvel Observateur*, en 1964. C'était un merveilleux styliste, dont la disparition a laissé beaucoup de lecteurs orphelins.

Cinquante ans de mémoire du *Masque* : les trésors de l'INA

LE 18 FÉVRIER 1965, fêtant (avec un peu d'avance) les dix ans du *Masque*, Bastide et Polac s'autorisent leur premier regard dans le rétroviseur. Ce jour-là, l'émission est émaillée d'extraits marquants de la décennie écoulée. « *C'est une anthologie sans ordre*, annonce Bastide, *contrairement aux archives, qui sont parfaitement en ordre.* » Et il ajoute : « *Ça marche très bien* [...]. *On garde les bandes, c'est formidable.* » Polac nuance : « *Il y a quand même quelques lacunes.* » Bastide avait raison. Et Polac n'avait pas tort. En cinquante ans d'existence, l'essentiel du *Masque et la Plume* est dûment archivé. Mais des trous, parfois inexplicables, apparaissent çà et là. Quant aux deux premières émissions, jamais enregistrées, elles sont à jamais perdues.

Conserver le meilleur de la radio est une idée déjà ancienne. Mais c'est à la création de la phonothèque, à la fin de l'année 1944, que l'affaire devient sérieuse. La nouvelle entité a pour tâche de regrouper les enregistrements disséminés dans les trente-neuf studios parisiens que comptait alors la radio nationale. L'originalité de la phonothèque était de centraliser, contrôler, conserver et ficher les documents sonores émis par la Radiodiffusion, mais aussi de les mettre à disposition de tous les services intéressés. Fin 1963, la phonothèque s'installe au centre de la Maison de la Radio, qui vient d'être inaugurée. Onze ans plus tard, l'éclatement de l'ORTF en sept sociétés distinctes, dont Radio France et l'INA (Institut national de l'Audiovisuel) va scinder le service de la phonothèque en deux parties : la documentation (écoute, analyse et fichage des contenus de chaque bande) reviendra à Radio France ; les fonds sont attribués à l'INA, avec mission de gestion, de restauration et d'exploitation. Le résultat sur cinquante ans est inégal : tantôt les rapports d'écoute du *Masque* sont détaillés et permettent de savoir de quelles œuvres on a débattu durant l'émission, parfois ils sont pour le moins elliptiques. Quant à la conservation, elle accuse des trous abyssaux : huit émissions, seulement, gardées en 1985, par exemple. Et vingt-cinq, soit une sur deux, en 1986. « Le Masque *traversait un peu le creux de la vague, mais c'est vrai que cette absence, dans les archives, contribue à étouffer la période. La chaîne, à cette époque, n'a plus jugé bon de conserver* Le Masque, *mais, de notre côté, peut-être aurions-nous dû insister* », reconnaît Yves Builly, adjoint de l'administrateur de la phonothèque[1]. Car tout ce qui passait à l'antenne quotidiennement n'est bien sûr pas archivé : on ne conserve pas les bulletins météo, les cours de la Bourse et autres denrées périssables. Le choix de ce qui doit être conservé est décidé, une fois par mois, par un Comité de conservation qui réunit un (ou des) représentants de la chaîne concernée (en l'occurrence France Inter), de l'INA, du dépôt légal (instauré en 1995 pour la radio) et des services de documentation de Radio France. Depuis 1995, le dépôt légal archive toutes les chaînes de Radio France, 24 heures sur 24 sur CD compressés.

Malgré toutes ces vicissitudes administratives, la succession de personnels plus ou moins concernés, plus ou moins compétents pour se charger de l'écoute et de la rédaction documentaire, *Le Masque* a traversé le demi-siècle sans grands dommages. Reste le problème de la conservation des supports : les bandes, entreposées à quarante-cinq kilomètres de Paris, aux Essarts-le-Roi, à une température constante de 12 °C, n'en sont pas moins fragiles. Certains matériaux employés dans les années 1950 et 1960 se sont avérés particulièrement peu fiables. L'INA a entrepris la numérisation de ses archives et donc du *Masque et la Plume*. Les années 1964 à 1982 sont déjà sur CD. Le reste va suivre. Les cinquante retranscriptions qui illustrent ce livre du cinquantenaire ont donc été réalisées soit à partir d'écoutes sur bandes magnétiques, soit d'écoutes numérisées. Un beau jour, peut-être, tout un chacun pourra consulter sur Internet *Le Masque* de son choix, réentendre dans son salon Bory et Charensol s'étriper, Sandier vitupérer, Kanters résumer, Nerson accabler et Ézine promener sa voix de dilettante distingué... ■

1 Yves Builly a rédigé en juin 1997 une note très complète sur le mécanisme d'archivage de la radio française, (« Le processus archivistique à la phonothèque »), dont la lecture – instructive – a nourri cet article.

Remerciements

En priorité à Lionel Leforestier, dont la collaboration à cet ouvrage s'est révélée essentielle : c'est lui qui a hérité de la tâche délicate d'écouter les bandes de l'INA. Il l'a fait avec beaucoup d'intelligence. Sa relecture attentive du manuscrit a par ailleurs été souvent profitable. Qu'il en soit ici vivement remercié.

Remerciements aussi à Jean-Pierre Guéno, directeur des Éditions de Radio France, qui est à l'origine de ce livre ; à Catherine Cadic du service Documentation de Radio France ; à la toujours souriante Janine Marc-Pezet, de l'Atelier Mémoire de Radio France – c'est elle, par ailleurs, qui a réalisé les deux CD accompagnant cet ouvrage – ; à Yves Builly, à l'INA ; à Bernard Génin, à Jérôme Dupuis et bien sûr à tous ceux qui, par leur témoignage, ont nourri cette histoire du *Masque et la Plume* aux meilleures sources. À tous, notre chaleureuse gratitude.

Remerciements également à Anne-Cécile Perrin, dont le travail sur *Le Masque*, comme étudiante dans le cadre de son devoir de maîtrise, nous a souvent été utile.

Remerciements enfin à Laurent Beccaria et à toute l'équipe des Éditions des Arènes.

Sources et crédits photographiques

Page 6 ©Coll. Part / DR **20-21** ©Coll. Part. / Photo: François Coumert **37** ©Poirier / Roger-Viollet **38** ©Rue des Archives **41** ©Lipnitzki / Roger-Viollet **43** ©Seeberger Frères / Rue des Archives **44** ©Archives Ponge. / Luc Joubert **47** ©Lipnitzki / Roger-Viollet **49** ©Collection Roger-Viollet **51** ©Robert Doisneau / Rapho **52** ©Coll. part. / DR **P 55** ©Keystone / Gamma **58** ©Édouard Boubat /Top-Rapho **61** ©Micheline Pelletier/ Corbis Sygma **63** ©Claude Lévi-Straus / Éditions Plon **64-65** ©Claude Lévi-Straus / Éditions Plon **67** ©Lipnitzki / Roger-Viollet **71** ©Coll. Cahiers du Cinéma **72** ©Coll. Cahiers du Cinéma **75** ©AGIP / Rue des Archives **77** ©Agence Bernand **78** ©Édouard Boubat / Rapho **81** ©Jacques Prayer / Gamma **87** ©AGIP / Rue des Archives **89** ©Agnès Varda / Agence Enguerand **91** ©Agnès Varda / Agence Enguerand **92** ©Henri Cartier-Bresson / Magnum Photos **95** ©Coll. Roger Pic Paris, BNF-Dép. des Arts du spectacle **96** ©Lipnitzki / Roger-Viollet **99** ©Coll. Roger Pic Paris, BNF-Dép. des Arts du spectacle **103** ©Louis Monier / Gamma **105** ©René Basset **107** ©Harlingue / Roger-Viollet **109** ©AFP **110** ©Inge Morath / Magnum Photos **116-117** ©Time & Life Pictures / Getty images **119** ©Les Archives du 7e Art **121** ©Les Archives du 7e Art **123** ©Roger-Viollet **124-125** ©Lipnitzki / Roger-Viollet **127** ©Cahiers du Cinéma **128** ©Coll. Les Cahiers du Cinéma **133** © Martinie / Roger-Viollet **135** ©Coll. Charensol. DR **137** ©Martinie / Roger-Viollet **139** ©Lipnitzki / Roger-Viollet **143** ©Coll. Part. Louis Monier / Rue des Archives **144** ©AGIP / Rue des Archives **149** ©Les Archives du 7e Art **150** ©CSFF / Rue des Archives **154-155** ©INA / Jacques Chevry **156-157** ©Coll. Part / DR **158-159** ©INA / Jacques Chevry **161** ©Édouard Boubat / Top-Rapho **164** ©Coll. Charensol / DR **167** ©Louis Monier / Rue des Archives **169** ©Coll. Roger-Viollet **171** ©Coll. Roger –Viollet **173** ©Roger-Viollet **177** ©Lapi / Roger-Viollet **179** ©Coll. Charensol / DR **180** ©Agence Enguerand-Bernand **184** ©AFP **187** ©Lipnitzki / Roger-Viollet **189** ©Henri Cartier-Bresson / Magnum Photos **189-190** ©Coll. Cahiers du Cinéma **193** ©Robert Doisneau / Rapho **195** ©AGIP / Rue des Archives **197** ©Henri Cartier-Bresson / Magnum Photos **200** ©Studio Patellani / Corbis **202** ©Les Archives du 7e Art **205** ©Les Archives du 7e Art **207** ©Bruno Barbey / Magnum Photos **209** ©AFP **211** ©Les Archives du 7e Art **212-213** ©Lennart Nilsson / AFP **217** ©Delmas / Sipa **218-219** ©Keystone / Gamma **222** ©Keystone / Gamma **223** ©Les Archives du 7e Art **224** ©Rue des Archives **225-226** ©Alain Noguès / Corbis **229** ©Agnès Varda / Agence Enguerand **233** ©Marc Enguerand **235** Coll. Charensol ©Louis Monier / Rue des Archives **237** ©Ulf Andersen / Gamma **239** ©Sophie Bassouls / Corbis Sygma **247** ©CSFF / Rue des Archives **249** ©Coll. Les Cahiers du Cinéma **251** ©Bifi Paris **252** ©Bifi Paris **255** Coll. R Pic ©Paris, BNF-Dép des Arts du spectacle **259** ©Hulton-Deutsch Collection / Corbis **260** ©Gamma **262** ©Roger-Viollet **265** ©Claudine Doury / Agence Vu **266** ©Coll. Cahiers du Cinéma **269** ©Henri Cartier-Bresson / Magnum Photos **271** ©Rue des Archives **272-273** ©DR **277** ©Sunset Boulevard /Corbis **278** ©CSFF / Rue des Archives **281** ©Martine Franck / Magnum Photos **283** L. Christophe / Columbia **284** ©Les Archives du 7e Art **286** ©Les Archives du 7e Art **289** ©Agence Bernand **291** ©René Burri / Magnum Photos **295** ©DR **296-297** ©DR **299** ©DR **301** ©Les Archives du 7e Art **302-303** ©Les Archives du 7e Art **305** ©Les Archives du 7e Art **307** ©Tallandier/ Rue des Archives **310-311** ©AGIP / Rue des Archives **315** Ted Streshinsky / Corbis **317** ©Corbis **321** ©Agence Bernand **323** ©Agence Enguerand-Bernand **324** ©Les Archives du 7e Art **326** Martine Franck / Magnum Photos **330-331** ©Martine Franck / Magnum Photos **335** ©Agence Enguerand- Bernand **337** ©Eliott Erwitt / Magnum Photos **338** ©Sophie Bassouls / Corbis Sygma **340-341** ©Tallandier / Rue des Archives **343** ©Guy Le Querrec /Magnum Photos **348** ©Le Figaro Magazine **349** ©Louis Monier / Rue des Archives **351** Coll. Charensol ©Adagp Paris 2005 **353** ©Nicolas Treatt **356** ©Martine Franck / Magnum Photos **358**©Les Archives du 7e Art **360-361** ©Les Archives du 7e Art **364** ©Les Archives du 7e Art **366** ©Les Archives du 7e Art **369** Marie Breyer ©Paris, BNF-Dép. des Arts du spectacle **376** Marie-Paul Nègre / Métis / Editing **377** AGIP / Rue des Archives **380** ©Albin-Guillot / Roger-Viollet **380-384** ©Coll. part. / DR **389** ©Louis Monier / Rue des Archives **392** ©Paris BNF-Département des Manuscrits occidentaux / Flammarion **395** ©Louis Monier / Gamma **401** ©Les Archives du 7e Art **402** ©Xavier Lambours / Editing **406** ©Les Archives du 7e Art **408-409** ©François Lehr / Sipa Press **411** ©Rue des Archives **413** ©Robert Landau / Corbis **415** ©Rue des Archives **419** ©Clasos Press / Gamma **420** ©Les Archives du 7e Art **422** ©Antonio Ribeiro / Gamma **424 et 427** Histoire du théâtre dessiné, André Degaine, 1992. Ed. Nizet. **428** ©Beth A. Keiser / Corbis **431** ©Les Archives du 7e Art **433** ©Lise Sarfati / Magnum Photos **439** ©Vincent Pontet / Agence Enguerrand-Bernand **449** © Marc Melki / Editing **453** ©Richard Dumas / Agence Vu **454** ©Serge Picard / Agence Vu **457** ©Bruno Barbey / Magnum Photos **461** ©AFP **465** ©Bruno Barbey / Magnum Photos **469** ©Philippe Halsman / Magnum Photos **473** ©INA / Bernard Pascucci **477** ©Les Archives du 7e Art **479** ©Guy Le Querrec / Magnum Photos **480** ©Sophie Bassouls / Corbis Sygma **487** ©Sunset Boulevard / Corbis Sygma **489** ©Carole Bellaïche / Corbis Sygma **492** ©Guillaume Herbaut / l'Oeil public **497** ©Time&Life / Getty images **499** ©Coll. part. ©Anne Riou **503** ©Coll. part. / DR **504** ©Coll. part. / DR **507** ©Denis Chapoullié / Editing **511** ©Richard Dumas/ Agence Vu **513** ©Rue des Archives **518** ©Coll. part / DR **521** ©BCA / Rue des Archives **525** ©Rue des Archives **527** ©Rue des Archives **530** ©Sophie Bassouls / Corbis Sygma

CD 1

L'émission des 40 ans du *Masque et la Plume*

L'émission réunit tous les animateurs successifs de l'émission : François-Régis Bastide, Michel Polac, Pierre Bouteiller, Jérôme Garcin.

Avec (par ordre d'intervention) les témoignages de Odile Grand, Georges Charensol, Jacques Siclier, Bernard Thomas, Armelle Heliot, Gilles Costaz, Jacques Nerson, Jean-Louis Ezine, Jean-Claude Lebrun, Patricia Martin, Michel Ciment, Pierre Murat, Alain Riou et Danièle Heymann.

Et deux extraits d'archives

Jean-Louis Bory et Georges Charensol s'affrontant à propos du film *Théorème* de Pierre Paolo Pasolini et Jean-Louis Bory critiquant le film *Les Œufs brouillés* de Joël Santoni.

CD 2

Quelques grands moments du *Masque et la Plume*
Conception et production Janine Marc-Pezet.
Réalisation Elisabeth Miro

Le 22 décembre 1968 *Le Livre de la Jungle* de Walt Disney • Michel Polac, Michel Aubriant, Jean-Louis Bory, Pierre Marcabru

Le 12 juin 1971 *Mort à Venise* de Luchino Visconti
Georges Charensol, Guy Braucourt, Samuel Lachize, Jean-Louis Bory

Le 26 septembre 1976 *L'Empire des sens* de Nagisa Oshima • Georges Charensol, Jean-Louis Bory

Le 3 juin 1984 *La pirate* de Jacques Doillon, *Il était une fois l'Amérique* de Sergio Leone
Pierre Bouteiller, Georges Charensol

Le 12 avril 1987 *Les enfants du silence* de Randa Hainz • Pierre Bouteiller, Odile Grand, Jacques Siclier, Michel Ciment

Le 11 janvier 1998 *Titanic* de James Cameron
Jérôme Garcin, Danielle Heymann, Philippe Collin, Thierry Jousse

Le 2 février 1975 *Les Caprices de Marianne* de Marivaux, *Pique-nique* de Clareta mise en scène par Antoine Vitez • Turcaret de Lesage
Dominique Jamet, Gilles Sandier, Alfred Simon

Le 4 octobre 1987 *Colette Stern* de Georges Cochon, *Les grands désordres* de Marie Cardinal
Pierre Bouteiller, Jean-Didier Wolfromm, Françoise Ducout, Françoise Xenakis, Raphaël Sorin.

Achevé d'imprimer en octobre 2005 sur les presses de l'imprimerie Kapp Lahure.
Dépôt légal : novembre 2005